湖北省教育科学规划2017年度项目“中华优秀传统文化在湖北省高校留学生中的传播机制研究（2017GB010）”成果

《论语》阅读思维学程

主编　朱圣权　王　耿

审订　王先海

编委　秦　强　张泽新　陈　雄　杨红燕　薛丽琴
黄晓燕　顾能武　王　静　胡祥学　贺　娟
张汉华　李　行　张文静　曹江林　陈　波
姚翠艳　宋　骥　余　丹　刘俊华　王　耿
朱圣权　陈　瑗　尤灵芝　容　黎　赵文琦
赵美琴　张明胜

WUHAN UNIVERSITY PRESS
武汉大学出版社

图书在版编目(CIP)数据

《论语》阅读思维学程/朱圣权,王耿主编.—武汉:武汉大学出版社,2018.12

ISBN 978-7-307-19800-5

Ⅰ.论…　Ⅱ.①朱…　②王…　Ⅲ.①儒家　②《论语》—青少年读物　Ⅳ.B222.2-49

中国版本图书馆 CIP 数据核字(2018)第 274912 号

责任编辑:谢群英　　责任校对:汪欣怡　　版式设计:韩闻锦

出版:**武汉大学出版社**　(430072　武昌　珞珈山)

(电子邮箱:cbs22@ whu.edu.cn 网址:www.wdp.com.cn)

印刷:北京虎彩文化传播有限公司

开本:787×1092　1/16　印张:16.5　字数:366 千字　插页:2

版次:2018 年 12 月第 1 版　　2018 年 12 月第 1 次印刷

ISBN 978-7-307-19800-5　　定价:50.00 元

作者简介

朱圣权，湖北巴东人，武汉市第十九中语文教师，湖北省特级教师，湖北省名师，武汉市黄鹤英才，武汉市学科带头人，华中师范大学教育硕士校外指导教师，湖北省新课程培训导师。著有《高考作文思维新方法例话》、《语文教学方法大辞典》、《高中作文导写教程》，主编湖北省地方教材《语文读本》，发表论文三十余篇。

王耿，湖北保康人，2008年及2011年在华中师范大学文学院先后获学士和硕士学位，2014年毕业于华中师大语言及语言教育研究中心，获博士学位，现为中南财经政法大学国际教育学院对外汉语教研室主任，硕士生导师。在《汉语学报》《语言教学与研究》《世界汉语教学》等刊物上发表专业论文多篇。

编委会名单

序　言

以古人之规矩，开自己之生面

摆在我书桌上的是享有湖北省特级教师、湖北省名师和武汉市黄鹤英才名师称号的朱圣权和中南财经政法大学国际教育学院王耿博士合作编著，朱圣权名师工作室成员参与编写的《〈论语〉阅读思维学程》书稿。编著者嘱我阅后作序，作序不敢当，但出于我与编著者的友谊以及对《论语》的热爱，便欣然允诺：认真阅读并作为一名读者说说自己的阅读感受，以期与广大青少年朋友交流。

《论语》解读的版本，在历史的长河中可谓汗牛充栋，不胜枚举。在新时代如何对传统文化进行创造性转化和创新性发展，是我们必须担当的历史使命。中共中央办公厅、国务院办公厅《关于实施中华优秀传统文化传承发展工程的意见》要求，要围绕立德树人的根本任务，遵循学生认知规律和教育教学规律，按照一体化、分学段、有序推进的原则，把中华优秀传统文化全方位融入思想道德教育、文化知识教育、艺术体育教育、社会实践教育各环节，贯穿于启蒙教育、基础教育、职业教育、高等教育、继续教育各领域。面对2017年版《普通高中语文课程标准》“整本书阅读与研讨”的任务群的要求，朱圣权、王耿主编的《〈论语〉阅读思维学程》进行了有益的探索，体现出独有的特色。

基于学习方略的“学程设计”。用表格的形式呈现本篇的学习阶段、内容、策略、反馈，目的在于深度学习。深度学习的根本目的就是促进学生思维水平的发展。思维水平的发展主要包括思维能力的提高、思维品质的提升和科学思维态度的养成。深度学习要深入知识的背后，获取知识背后丰富的思维价值，从而实现知识和思维的同步发展。学习《论语》要把握其核心思维。《论语》的核心思想是“仁”，讲做人的道理。进一步讲，就是如何做一个有高尚道德情操的“君子”。孔子认为，做人的基本原则是坚持道德自觉。人的具体行为可以根据环境条件灵活变通，唯仁、义、礼、智、信等道德意识不可须臾离弃。即所谓“君子之于天下也，无适也，无莫也，义与之比”。做人的目标是君子人格。孔子反复强调的“仁”，就是君子人格的最高境界。所谓“无求生以害仁，有杀身以成仁”，就是因为对君子而言，“仁”比生命更重要，所以为了成全“仁”甚至可以抛弃生命。“礼之用，和为贵”“和而不同”，做人要达到的社会效果是“和谐”，即减少人与外界环境的摩擦，减少人与人之间的摩擦，创造一种良好的生活环境和欢快祥和的氛围。“道德”是内心必须坚守的原则，“和谐”是道德坚持下的外在表现，“君子”是要追求的人格目标。这三者共同构成了《论语》一书的纲领。纲举目张，唯把握“道德”“和谐”“君子”三者之纲，才有可能实现对《论语》的深入理解。

基于主体意识的“思维感知”。人生观、价值观、世界观的问题，是一个人对自我、对他人、对人生的理解和感悟。这个理解和感悟依赖于知识系统的学习，也就是在以知识符号为基础的知识系统的学习过程中形成的知识世界，与他在真实问题的探究中所形成的社会生活实践，这两者之间建立起一种联系，产生一种结构，基于这样的结构才能使一个人形成一个完整的对世界、对人生的看法。所以说，人的学习是一种对外部世界探究的旅程，同时也是不断认识自我、完善自我的精神升华的历程。我们需要借助知识教学帮助学生建构正确的学习方式与思维方法，点燃学生的学习热情，挖掘学生的潜能，发展学生的智能。教育的终极目的是珍爱生命，我们更要借助这个过程培养学生认知世界的能力，学会敬畏生命、尊重生命，不断完善人格素养。

孔子曾告诫子夏曰“女为君子儒，无为小人儒”(《论语・雍也》)，意思是说，子夏呀，你要去做个君子式的儒者，不要去做那小人式的儒者。关于“君子”与“小人”之辨，孔子曾留下许多名言，诸如：“君子周而不比，小人比而不周。”(《论语・为政》)“君子坦荡荡，小人长戚戚。”(《论语・述而》)“君子成人之美，不成人之恶。小人反是。”(《论语・颜渊》)“君子求诸己，小人求诸人。”(《论语・卫灵公》)“君子不可小知而可大受也，小人不可大受而可小知也。”(《论语・卫灵公》)从其主张“君子义以为上”(《论语・阳货》)来看，孔子显然最重视“义”“利”之分：“君子喻于义，小人喻于利。”(《论语・里仁》)这就是说，在孔子看来，“君子儒”的本质特征在于其“喻于义”的行为方式。

基于语言建构的“思维积淀”。语文核心素养有四个层面：语言建构与运用，思维发展与提升，审美鉴赏与创造，文化传承与理解。这四个层面中，语言建构与运用是语文核心素养中最重要、最基础的层面。学习语言文字，历练语言文字，积累语言文字，掌握语言文字的特点及运用规律，形成个体的言语经验，并构建正确运用语言文字进行交流沟通的框架或系统。

《论语》善于通过神情语态的描写，展示人物形象。孔子是《论语》描述的中心，“夫子风采，溢于格言”(《文心雕龙・征圣》)。书中不仅有关于夫子仪态举止的静态描写，更有不少关于他个性气质的传神刻画。此外，围绕孔子这一描述中心，《论语》还成功地刻画了一些孔门弟子的形象。如子路的率直鲁莽，颜回的温雅贤良，子贡的聪颖善辩，曾皙的潇洒脱俗……每一个都称得上个性鲜明，给人留下深刻印象。《论语》中的人物大多成了中国历史文化中的典型形象，对后世产生了深远的影响。《论语》以言简意赅、含蓄隽永的语言，记述了孔子的言论。书中所记孔子循循善诱的教诲之言，或简单应答，点到即止；或启发论辩，侃侃而谈；或富于变化，娓娓动人。据统计，一部《论语》仅成语典故就有 115 个之多。可在品味《论语》语言艺术的基础上，体验丰富情感，激发审美想象，感受思想魅力，领悟人生哲理，形成自觉的审美意识和审美能力，养成高雅的审美情趣和高尚的品位。

基于析理思辨的“思维探究”。思辨性指的是思考辨析的能力。思考指的是分析、推理、判断等思维活动；辨析指的是对事物的情况、类别、事理等的辨别分析。《论语》本身是语录体，缺少明确充分的语境，所以不少章句的理解都存在歧见纷出的现象。哪一种理解是正确的，哪一种理解是错误的，选择哪一个，不选择哪一个，都颇费斟酌。《论语》说："古之学者为己，今之学者为人。"不管学什么，学的目的是最大限度地完善自己，实现自己的潜能，而不是为了表现给别人看。学是为了自己的受用和享受，这种受用和享受是追求内心幸福的人所追求的精神与心智的满足，从这里我们可以看到孔子的人生哲学与伦理思想的基础。

荀子说，"为己之学"就是君子之学，就是"美其身也"，让自己的人格更加完美。为己之学，就是"入乎耳，著乎心，布乎四体，形乎动静"的过程。而"为人之学"，就是"以为禽犊"，把学习当做一种积攒财富的手段，然后拿着这些财富去做交易。荀子讲，为人之学没有对人生产生任何的作用，只不过是贩卖家而已。求学不是为了师长，不是为了家庭，不是为了简单的社会要求，而是为了完善我们自己的人格，为了发展我们自己内在的人格资源，是"为己之学"。但是这个"己"不是孤立绝缘的个体，而是一个关系网络的中心点，从中心点来讲人的尊严，从关系网络来讲人的社会性、感通性和沟通性。思辨能力是中学生必备的一种重要能力，语文教学要在传授知识、训练语文能力的同时，培养学生良好的思维品质，促进其思辨能力的发展，从而提高学习效能，并使其成长为时代需要的人才。

基于时代精神的"思维拓展"。"以古人之规矩，开自己之生面"。坚持问题意识，着眼于现实需要，同我们正在从事的实践相结合，同我们需要解决的时代问题相联系，努力解决和回答当代中国文化建设中遇到的新情况新问题，充分发挥中华优秀传统文化资政育人、文以化人的作用，为培育和践行社会主义核心价值观服务，为建设社会主义文化强国、铸就中华文化新辉煌服务，为中国特色社会主义事业服务。

习近平总书记强调，和平年代同样需要英雄情怀。铭记英雄、崇尚英雄、捍卫英雄、学习英雄、关爱英雄，应成为社会的风尚。英模人物都来源于现实，让学生对现实社会有一个正确的认识和了解，有利于培养学生正确的价值观。榜样的力量是无穷的。学生在成长的过程中，势必会面临许多的困难和挫折。正面向上的形象导引，对学生健全人格和完美人生是有积极意义的。其实，英雄就是普通人拥有一颗伟大的心。只要在被需要的那一刻能站出来，你，就是英雄。

"一千个读者眼中就会有一千个哈姆雷特"。同样地，"恒久之至道，不刊之鸿论"的《论语》，作为一部经典，它也是无法穷尽其诠释的。《论语》作为最重要的儒家经典，从古至今各种注释解说的版本成百上千，也难免会有"误读"，但只要不背离《论语》的核心精神，能够从误读中滋生出有益于人类健康发展的思想来，这也应该是允许的。在品味与诵读《论语》的过程中，如果深切领悟到时代英模那种"先天下之忧而忧，后天下之乐而乐"的政治抱负，"苟利国家生死以，岂因祸福避趋之"的报国情怀，"富贵不能淫，贫贱不能移，威武不能屈"的浩然正气，"人生自古谁无死，留取丹心照汗青"的气节品格，让我们的时代气息融入优秀传统文化中，并能把优秀传统文化和民族精神继承和发扬下去，就意味着读出了滋味，读出了真意。

古语云："半部《论语》治天下。"《论语》是中国传统文化优秀基因的代表，是中国传统文化构成的基本元素，在很大程度上代表了中国传统文化的价值取向，锤炼和造就了中华民族的心理品格、精神风貌和行为方式，体现了中华民族的精神风貌。编著者根据新课程标准关于“培养学生广泛的阅读兴趣，扩大阅读面，增加阅读量。提倡少做题，多读书，好读书，读好书，读整本的书”的要求，从广大青少年朋友学习《论语》、优化思维的需要出发，编写了这本《〈论语〉阅读思维学程》，作为中学语文校本教材奉献给广大师生。教师要有计划地利用好这本教材，将课内阅读延伸到课外，指导学生熟诵精思，迁移运用，让中华文化的精髓渗入青少年学子的思想里，从而厚实他们的文化底蕴，健全他们的人格。

权为序。

王先海

2019 年 1 月于南湖陋斋

（王先海先生系全国优秀教师，全国教育科研优秀教师，湖北省特级教师，武汉市十大名师，享受武汉市人民政府专项津贴专家，武汉市教育界名师“王先海工作室”导师暨硚口区中学语文首席教师工作室导师，硚口区“突出贡献专家”。）

目　录

学而篇第一

学 程 设 计

学习阶段	学习内容	学习策略	学习反馈
思维感知	《学而篇》共有十六章。记有孔子言论八章，有子论述三章，曾子论述二章，子夏论述一章，子禽与子贡、子贡和孔子对话各一章。	学生略读，借助工具书，自主学习，圈点勾画，做好笔记，为精读文本奠定基础。	感知文本，建构语言。掌握字词含义；初步把握文本内容。培育思维的敏捷性。
思维积淀	深入学习文本，梳理文本各章的关联。背诵文本的精彩语句。例如“吾日三省吾身——为人谋而不忠乎？与朋友交而不信乎？传不习乎”，“入则孝，出则悌，谨而信，泛爱众，而亲仁。行有余力，则以学文”等。	精读章节，理解文本内容。合作学习，对照翻译理解各章大意，并讨论分析，熟读成诵。	审美鉴赏，含英咀华。把握文本的深层含义，能背诵重点语句。形成健康向上的审美情趣与鉴赏品位。培育思维的严密性。
思维探究	1. 孔子说的“巧言令色，鲜矣仁”应如何理解？2. 如何理解孔子说的“道千乘之国，敬事而言，节用而爱人，使民以时”？3. 应如何理解曾子说的“慎终追远，民德归厚矣”？4. 孔子为何要赞扬子贡？5. 孔子的“言而有信”该如何理解？6. 为什么孔子特别强调“患不知人也”？	利用文本注释、译文，学习检索相关评析资料，积极思考、理解、分析、比较、推理、判断，进行探究学习，突破重点、难点。在交流研讨的过程中碰撞出思维的火花。	理性探究，辨明观念。把握文本的价值取向，理解孔子论君子、孝悌、仁人、忠信、道国之法、主友之规，闻政在乎行德，由礼贵于用和，无求安饱以好学，能自切磋而乐道等。培育思维的深刻性。
思维拓展	阅读《醉翁用心良苦，逸夫不畏艰难》和《饶宗颐的书写情怀》两篇文章，思考相关问题。	联系现实，迁移理解。古今贯通，进一步领悟孔子思想在当下的体现，进行文化传承，拓展文化视野，增强文化自觉。学习评介人物，与英模人物对话。	个性感悟，确立价值。学习邵逸夫和饶宗颐的事迹，感受英模人物的人格魅力，提升思想境界，汲取营养，丰富精神世界。培育思维的独创性。

【思维感知】

1.1　子曰："学而时习之，不亦说乎？有朋自远方来，不亦乐乎？人不知而不愠，不亦君子乎？"【说：通"悦"，高兴、愉快的意思。愠(yùn)：怨恨。】

孔子说："学到的东西按时去温习和练习，不也很高兴吗？有朋友从远方来，不也很快乐吗？人家不了解我，我却不怨恨不恼怒，不也是君子吗？"

1.2　有子曰："其为人也孝弟，而好犯上者，鲜矣；不好犯上，而好作乱者，未之有也。君子务本，本立而道生。孝弟也者，其为仁之本与！"【有子：孔子的学生，姓有，名若。弟(tì)：通"悌"。犯：抵触，违反，冒犯。鲜(xiǎn)：少。与：通"欤"。】

有子说："那种孝顺父母敬爱兄长，却喜欢触犯上级的人，是很少见的；不喜欢触犯上级，却喜欢造反的人，从来没有过啊。有德行的人总是致力于抓住根本，根本树立了，'道'就会产生。孝顺爹娘，敬爱兄长，这就是'仁道'的基础吧！"

1.3　子曰："巧言令色，鲜矣仁！"【巧言令色：巧，好；令，善。巧言令色，即满口说着讨人喜欢的话，装出讨人喜欢的脸色。】

孔子说："花言巧语，伪装出一副和善的面孔，这种人是很少有仁德的。"

1.4　曾子曰："吾日三省吾身——为人谋而不忠乎？与朋友交而不信乎？传不习乎？"【曾子：孔子的学生，名参，字子舆。传(chuán)：动词作名词，老师传授的知识。】

曾子说："我每天从多方面反省自己：替别人办事是否尽心竭力了呢？同朋友交往是否诚实守信了呢？老师传授我的学业是否用心复习了呢？"

1.5　子曰："道千乘之国，敬事而信，节用而爱人，使民以时。"【道：通"导"，引导之意，这里引申为治理的意思。时：指农时。古代百姓以农业为主，这里是说役使百姓要按照农时，即不要耽误耕种与收获。】

孔子说："治理拥有一千辆兵车的国家，要恭敬谨慎地对待政事，并且讲究信用，节约费用，并且爱护人民；征用民力要尊重农时，不要耽误耕种、收获的时间。"

1.6　子曰："弟子入则孝，出则悌，谨而信，泛爱众，而亲仁。行有余力，则以学文。"【弟子：有二义，一是指年幼之人，弟是对兄而言，子是对父而言，故曰弟子；二是指学生。此处取前义。】

孔子说："弟子们无论在家还是出外都要孝敬父母，敬爱兄长。言行谨慎而诚信，广泛地关爱民众，并且亲近有仁德的人。做到这些(提高道德修养)之后，如果还有剩余的时间和精力，那么就可以用来读书学习文献知识(提高文化修养)。”

1.7 子夏曰：“贤贤易色；事父母，能竭其力；事君，能致其身；与朋友交，言而有信。虽曰未学，吾必谓之学矣。”【子夏：孔子的学生，姓卜，名商，字子夏。贤贤：第一个“贤”作动词，尊重的意思。贤贤即尊重贤者。】

子夏说：“一个人能够尊重贤者而看轻女色；侍奉父母，能尽心竭力；服事君主，能够献出生命；同朋友交往，说话诚实守信。这样的人，即使他说自己没有学习过，我也一定说他已经学习过了。”

1.8 子曰：“君子不重，则不威；学则不固。主忠信。无友不如己者。过，则勿惮改。”【无：通“毋”，不要。不如己者：指不忠不信的人，与自己不同道的人。惮(dàn)：害怕，畏惧。】

孔子说：“君子如果不庄重，就没有威严；即使读书，所学的也不会牢固。行事要以忠和信两种道德为主。不要跟不忠不信的人交朋友。有了过错，就不要怕改正。”

1.9 曾子曰：“慎终追远，民德归厚矣。”【终：老死，指父母去世。远：祖先。】

曾子说：“谨慎地办理父母的丧事，虔诚地追念祭祀远代祖先，(这样做就可以)使老百姓的道德风俗归于淳朴厚道了。”

1.10 子禽问于子贡曰：“夫子至于是邦也，必闻其政，求之与？抑与之与?”【子禽：姓陈，名亢，字子禽。子贡：孔子的学生，姓端木，名赐，字子贡，卫国人。】

子禽问子贡说：“夫子每到一个国家，一定听得到这个国家的政事，那是求人家告诉他的呢，还是别人主动告诉他的呢?”

子贡曰：“夫子温、良、恭、俭、让以得之。夫子之求之也，其诸异乎人之求之与?”【其诸：表示不肯定的语气，有“或者”、“大概”的意思。】

子贡道：“夫子是靠温和、善良、严肃、节俭、谦逊来取得的。夫子那种求得的方法，大概是不同于别人的吧?”

1.11 子曰：“父在，观其志；父没，观其行；三年无改于父之道，可谓孝矣。”【其：指儿子，不是指父亲。】

孔子说：“当他父亲活着时，要观察他本人的志向；他父亲去世后，就要考察他本人的行为了；若是他长期坚持父亲生前那些正确的原则不加改变，就可以说是尽孝了。”

1.12　有子曰："礼之用，和为贵。先王之道，斯为美；小大由之。有所不行，知和而和，不以礼节之，亦不可行也。"【先王之道：指古代圣王治国之道。】

有子说："礼的作用，以遇事都做得恰当和顺为可贵。过去的圣明君王治理国家，最可贵的地方就在这里；他们小事大事都按照这个原则去做。如有行不通的地方，仍一味地追求和顺，却不用礼法来加以节制，也是行不通的。"

1.13　有子曰："信近于义，言可复也。恭近于礼，远耻辱也。因不失其亲，亦可宗也。"【复：实践，履行。义：指思想和行为符合一定的标准，这个标准就是"礼"。远：使动用法，使之远离的意思，可译为"避免"。因：依靠、凭借。可宗：可靠。】

有子说："所守的约言符合道德规范，才可以实践诺言。态度谦恭符合礼节规矩，才可以避免被羞辱。所依靠的都是诚信谦恭亲近仁义的人，所以诚信谦恭也是人伦之道可靠的根本啊。"

1.14　子曰："君子食无求饱，居无求安，敏于事而慎于言，就有道而正焉，可谓好学也已。"【正：匡正、端正。】

孔子说："君子饮食不求满足，居住不求舒适，做事勤奋敏捷，说话谦虚谨慎，接近有道德有学问的人并向他学习，匡正自己，这样，就可以称得上是喜欢学习的了。"

1.15　子贡曰："贫而无谄，富而无骄，何如？"【何如：可以译为"怎么样"。】

子贡说："贫穷却不巴结奉承，富有却不骄傲自大，怎么样？"

子曰："可也。未若贫而乐，富而好礼者也。"

孔子说："可以了。但是还不如虽贫穷却乐于道，（即使）富有却（也）谦虚好礼呀。"

子贡曰："《诗》云：'如切如磋，如琢如磨'，其斯之谓与？"【如切如磋，如琢如磨：出自《诗经·卫风·淇奥》篇，意思是，好比加工象牙，切了还得磋，使其更加光滑；好比加工玉石，琢了还要磨，使其更加细腻。】

子贡说："《诗经》上说：'要像对待骨、角、象牙、玉石一样，先开料，再糙锉，细刻，然后磨光。'那就是这样的意思吧？"

子曰："赐也，始可与言《诗》已矣，告诸往而知来者。"【赐：子贡的名。孔子对学生一般都称名。来者：未来的事，这里借喻为未知的事。】

孔子说："赐呀，现在可以同你讨论《诗经》了，告诉你一件，你能有所发挥，举一反三了。"

1.16　子曰："不患人之不己知，患不知人也。"

孔子说："不要担心别人不了解自己，应该担心的是自己不了解别人呀。"

【思维积淀】

1. 子曰：“学而时习之，不亦说乎？有朋自远方来，不亦乐乎？人不知而不愠，不亦君子乎？”

2. 曾子曰：“吾日三省吾身——为人谋而不忠乎？与朋友交而不信乎？传不习乎？”

3. 子曰：“弟子入则孝，出则悌，谨而信，泛爱众，而亲仁。行有余力，则以学文。”

4. 子曰：“君子不重，则不威；学则不固。主忠信。无友不如己者。过则勿惮改。”

5. 子曰：“君子食无求饱，居无求安，敏于事而慎于言，就有道而正焉，可谓好学也已。”

6. 子曰：“不患人之不己知，患不知人也。”

【思维探究】

1. 孔子说的“巧言令色，鲜矣仁”应如何理解？

花言巧语者，一定是为人处世不讲原则、表面讨好别人、实际只图达到个人目的的人。这种人，孔子是一贯反对的。孔子注重人的实际行动，强调人应当言行一致，力戒空谈巧言、心口不一。这种质朴精神和本色的态度，是中国传统道德中的精华内容。巧言令色的人往往轻薄不务实，一味追求外在的悦人而不去修养内心的仁德，摆着伪善的面孔混迹在人群之中，摇唇鼓舌，惑乱人心，使人上当受骗。明末著名思想家顾炎武曾在《日知录》中归纳出天下两种最不仁的人，其一是好犯上作乱的人，其二便是巧言令色的人。孔子周游列国，识人无数，所以总结出这样的人“鲜矣仁”。

2. 如何理解孔子说的“道千乘之国，敬事而言，节用而爱人，使民以时”？

这段话反映了孔子的道德主张。他提出了五条关于治理国家的基本准则：敬事、取信于民、节用、爱人、使民以时，即要求国家管理者严肃认真地办理各方面事务，恪守信用；节约用度，爱护人民；役使百姓应注意不误农时。宋代理学家朱熹在《论语集注》中说：“言治国之要，此五者，亦务本之意。”在孔子生活的时代，西周初年建立的宗法分封制度瓦解，各个诸侯国都欲争霸天下，彼此之间战争不断，给人民带来无休止的苦痛。孔子感叹乱世之中民生之疾苦，建议执政者要以仁道治国，具体来说就是执政者要敬其事，对人民有公信力，爱护民众、节约经费，让人民服劳役要在农闲之时。直到今天，孔子这种具有民本思想的政治主张还闪耀着光芒。

3. 应如何理解曾子说的“慎终追远，民德归厚矣”？

儒家非常重视丧祭之礼，他们把祭祀之礼看作一个人孝道的继续和表现，认为通过祭祀之礼，可以培养个人对父母和先祖尽孝的情感。儒家重视孝的道德，是因为孝是忠的基础，一个不能对父母尽孝的人，是不可能为国尽忠的。所以忠是孝的延伸和外化。只要做到忠与孝，社会与家庭就可以得到安宁。孔子并不相信鬼神的存在，他说“敬鬼神而远之”，就证明了这一点。他没有提到过人死之后是否有灵魂存在的问题，而是通过祭祀亡灵，来实行教化，希望把人们塑造成有教养的忠孝两全的君子。

曾子对于慎终和追远的重视，是在于对死的敬畏和对过往的崇敬。因为生死是相对的，没有生就没有死，没有死也就无所谓生。而人从过往的历史中可以获得借鉴，也就是知古可以鉴今。历史有传承的作用，忘记历史的人也必将被历史所忘记。

4. 孔子为何要赞扬子贡？

子贡是孔门弟子中杰出的政治家和外交家，而且善于经商。他向孔子求教：贫穷而不谄媚，富有而不傲慢，怎样？想必在他看来这是很高的境界了，因为人穷气短，难免阿谀人以图私利，而富贵之人又容易财大气粗、盛气凌人，这是一般人好富恶贫的心理。所以人要能达到子贡所说的境界已经是很了不起的了。但仁者止于至善，所以孔子说：可以了。但还不如贫而乐道，富有却爱好礼节。聪明的子贡马上领悟了，并且触类旁通地去举一反三，孔子才由衷地赞扬他入门了。

这段话记载了子贡和孔子讨论如何对待贫和富的问题。孔子希望他的弟子以及所有人，都能够达到贫而乐道、富而好礼的境界，因而在平时对弟子的教育中，就把这样的思想传授给学生。贫而乐道，富而好礼，这样，个人可以得到最大限度的发展，社会无论贫富也都能各安其位，便可以保持社会的安定了。孔子还赞扬了子贡“举一反三”灵活运用知识的能力。

5. 孔子的“言而有信”该如何理解？

《论语》中共有 38 处提及“信”字。杨伯峻先生在《论语译注》中指出，“信”有四义：《论语》中 24 处“信”字谓“诚实不欺”，11 处谓“相信、可靠”；1 处谓“使相信、使信任”；2 处作形容词或副词，谓“真诚”。故而，“信”字一般作“言而有信”即“诚信”解。

“信”这一伦理范畴，在春秋时期已经出现，贵族以此处理上下等级关系，所以常常“忠、信”并提，要求下对上讲诚信。孔子对诚信思想有很大的突破。他认为人与人交往必须“谨而信”(《学而篇》)，“人而无信，不知其可也”(《为政篇》)。这里的“信”，已拓展为人与人之间必须讲的“信誉”，不只是对上而言。这在当时是一种新思想。所以弟子们感到很新鲜，纷纷阐述自己对“信”的理解。子夏说：“与朋友交，言而有信。”(《学而篇》第 7 章)有子说：“信近于义，言可复也。”(《学而篇》第 13 章)曾子更是把“信”作为每日三省的内容之一：“与朋友交而不信乎？”(《学而篇》第 4 章)可见在孔学中，“信”与“孝、悌”一样，也是实践最高道德原则“仁”的一个重要的基础道德规范。

6. 为什么孔子特别强调“患不知人也”？

“患不知人”，真正需要担忧的不是不为别人所理解，而是不理解别人。如果对于你所接触的人的思想、品质、性格特点不能准确地把握，你就不能正确地对待他人，就不能发现真正值得自己尊敬、交往、学习、效法的贤人，也可能为无德无才者所误，甚至为奸人所骗、所害，这难道不值得担忧吗？

“患不知人”也是要把人因为不被人知而产生的消极情绪引导到积极的方面。对别人不理解自己而耿耿于怀，这于事丝毫无补，不如自己采取主动去理解别人，从而打破人际关系的坚冰。孔子深知，知人很难。他曾经讲过自己这方面的体会。有的人话讲得很漂亮，但是其行为却非常令人失望，孔子说：“始吾于人也。听其言而信其行；今吾于人也，听其言而观其行。”(《公冶长》)在孔子看来，知人是非常重要的事情，他的弟子樊迟问智，孔子说“知人”，因为知人就可以分辨善恶忠奸贤不肖，从而亲君子而远小人，在治国理政时就能识别人才，量才用人。孔子说：选拔、重用正直的人，就能使邪恶的人归于正直(《颜渊》)。因此人们应当经常努力培养知人的智慧。

“患不知人”这句话实际上指明了人际关系的症结所在：即不知人。因为不知人，所以会感到不为人知。人人都因不为人知而苦恼，然而自己正是他人面前的他人，如果自己主动地去关注、关爱、理解他人，那么对于某个他人来说不就减少了不为人知的苦恼了吗？如果人人都能这样做，人们不为人知的痛苦不就大大地减少了吗？这就是孔子这句名言的深意所在。

【思维拓展】

1. 孔子说“君子食无求饱，居无求安，敏于事而慎于言，就有道而正焉，可谓好学也已。”阅读《醉翁用心良苦　逸夫不畏艰难》一文，思考：作者展现了邵逸夫的哪些优秀品格？

醉翁用心良苦　逸夫不畏艰难

上海，是电影传入中国的第一站。邵醉翁以他特有的敏锐，及时抓住了这一商机，成为最早一批涉足此道的人。而邵醉翁虽然知道六弟邵逸夫聪明伶俐，且热爱电影，却因为他年龄尚小，并未让他参与。邵氏家族的电影事业，最初是由老大邵醉翁、老二邵村人、老三邵山客兄弟三人开创的。

1925 年 6 月 14 日，上海横滨桥一带鼓乐喧天，热闹非凡，邵家亲友纷至沓来，为一家新电影公司的诞生助兴。

邵醉翁容光焕发，在隆重的剪彩仪式上向所有人大声宣告：我的影片公司取名为“天一”，就是要敢为人先，争做天下第一，决不做第二！

此时的邵逸夫，看着兄长们热火朝天地干事业，而这事业又恰是他所钟爱的电影，早已经在学校坐不住了。因为父亲生前之愿是希望他上大学，所以他只是徒然羡慕，不敢抛下学业与哥哥们并肩战斗。

他这些心思自然逃不过邵醉翁的眼睛。邵醉翁对这个六弟观察多年，时时暗自惊叹。他发现邵逸夫虽然年少，却聪明异常，尤其对电影一行，似乎前缘注定，极有悟性。其间许多技术上的东西，一点就通，一学就会。他认定，六弟是个电影天才。

恰在此时，“天一”刚刚开业，急需人手。邵醉翁考虑再三，将邵逸夫叫到跟前，淡淡说道：“老六，你学业不忙的时候，就到公司来帮忙吧。”

邵醉翁用心良苦。他深知造就一个天才，须从点滴做起。所以，他并未给邵逸夫任何特权。邵逸夫初到公司，只是干后勤。

后勤工作繁琐而辛苦：要打扫卫生，要管理道具，还要干各种杂务，谁都可以支使。演员和摄影师的脾气都很大，为了借一件道具，他跑几十里的路，一头大汗地回来，却还要挨骂，因为耽误了时间。他不敢向哥哥们抱委屈，因为哥哥们一样会骂他连这点儿事都做不好。当时的戏院，正片放映之前，往往加映新闻片。所以，干了一段时间后勤，邵醉翁又派他到放映组，去跑片源，也就是哪里有新鲜事儿，就赶紧去抢拍。这同样是非常辛苦的活儿，摄像机扛在肩上，四处奔走，要具备相当灵敏的新闻嗅觉，还要有极好的体力。那时候，邵逸夫每天都被汗水浸得全身湿透。

邵逸夫全无怨言。他爱电影，珍惜每一个锻炼的机会。他踏踏实实地做着每一件事，虚心地向每一个人学习。两年下来，他在公司的所有部门都锻炼了一遍。

邵醉翁见此，感觉时机成熟了。他发现这个倜傥少年经过历练，愈发成熟稳健，眉宇间透出自信和干练。邵醉翁暗暗点头，知道六弟已堪委以重任了。他告诉邵逸夫：“从今以后，你就开始做摄影吧。”

邵逸夫喜不自禁。他深知，对一家电影公司而言，摄影师是举足轻重的人物。当时“天一”的头牌摄影师是徐绍宇，邵逸夫从此寸步不离徐绍宇。他悟性好，又不怕辛苦，重活累活抢着干，在徐绍宇身边跑前跑后，很快就掌握了拍摄的关键技术，能够独立操机了。这时，邵逸夫试探着和大哥商量，想尝试拍剧情片。当时，公司正在筹拍上下集大型电影《珍珠塔》。邵醉翁沉吟半晌，决定让六弟放手一搏，让他和徐绍宇共同拍摄《珍珠塔》。

邵逸夫不敢怠慢，倾尽全力投入拍摄。每个镜头，他都和演员一样入戏。《珍珠塔》由邵醉翁、裘艺香执导，邵村人、裘艺香编剧，取材中国旧式小说。演员阵容相当强大，都是上海影界的当红人物。电影上映后，反响相当不俗。

第一次，邵逸夫的名字出现在银幕上、海报上。《珍珠塔》成功了，邵逸夫从此正式成为“天一”的摄影师。

随后，邵逸夫独立拍摄了《孙行者大战金钱豹》。这是邵逸夫真正的成名之作，由胡蝶主演，上映后大受欢迎。此后，邵逸夫秉承哥哥们的理念，一发不可收，连续拍摄了多部电影，部部不凡。

（摘编自《邵逸夫大传》，作者：耿晓星，韩梦）

相关链接：电影巨人的数字人生

①邵氏全盛时期员工超过 1300 人，在几十个国家建立了 200 多个发行网点，被外国传媒誉为“东方的好莱坞”。1958 年至 1987 年停产，共生产影片 1000 余部。

②作为影视娱乐业的翘楚，邵逸夫打造的影视帝国价值200亿元。

③截至2012年10月，邵逸夫基金向内地教育捐款总额已达到47.5亿港元，捐建项目总数已达到6013个。

☞【**答案要点**】①夯实基础，点滴做起；②脚踏实地，勤勤恳恳；③任劳任怨，珍惜机会。

2.《学而篇》围绕立身处世这一中心展开，主要谈论修身做人的问题。阅读下面这篇文章，思考：饶宗颐作为一名书法家具有哪些品格？

饶宗颐的书写情怀

有人把饶宗颐比作一座山、一片海、一座孤独的海岛。学术界称他为“国际瞩目的汉学泰斗”、“整个亚洲文化的骄傲”。

香港特首曾荫权说：“国学大师饶宗颐以旷世之才，文通六国，学富五车，堪为一代鸿儒。”

文化部前副部长郑欣淼说：“饶公继承了我们传统文化最精致典雅的一部分。他研究之广、学问之深，古今一人而已。”

北京大学季羡林教授说：“近年来，国内出现各式各样的大师，而我季羡林心目中的大师就是饶宗颐。”

饶氏家族是近代潮州首富，书香门第，少年饶宗颐就是在自家的藏书楼“天啸楼”中打下了学问的根基，同时也打下了书画的坚实基础。他幼年即从唐人欧阳询及颜真卿之楷书及宋人行草入手。现在其潮洲故居壁上，仍存有他13岁时以欧体楷书所写对联，笔力刚健，不似幼年人之作。他的梨俱室还藏有他20多岁所书的扇面，也是典型欧体行书，他的早年学书经历似乎与常人无异，但表现出的天赋则大异常人。

饶宗颐对前人书画艺术有极高的观察力及转化能力。他的书法能够神追古人又极具个性。他曾对张猛龙碑、龙门二十品等北碑，及唐欧阳询化度寺碑，深入研习其笔法，之后他广阅众碑之余，偶然涉笔写其他北碑与唐碑，皆能写得形神俱似而又匠心独运。他写金冬心漆书，参入了爨宝子，汉简隶体写得比金冬心还要灵动，他的隶书，扎根汉碑而广参汉镜铭、砖文、木简，同时吸收了清代隶书的意趣，既沉雄刚健，又生动有趣。行草方面，师法古人，自上而下，博精约取。篆书则广泛吸收古文字修养，独具特色。在工具的选择上，饶宗颐善用茅龙笔，且扩展其功能。亦书亦画，各体皆能，其成就远远超越茅龙笔书法的创始人理学大家陈白沙先生。

饶宗颐的书法得益于他在书画上的博、厚、通。

在学习古人上，饶宗颐博学诸家，转益多师，楷书除上述诸家外，更取法瘗鹤铭、张猛龙碑、爨宝子碑及龙门造像。章草取法简而参以急就章。行草好唐怀素与宋黄山谷、米南宫。隶书取径张迁碑、石门颂及开通褒斜石刻，而参入清人意趣，篆书于天发神谶碑，浸淫至深。正是在广博的学习和积累过程中，其书写技巧得到锤炼和升华，其书法视野得到开拓，其书法学养得以丰厚。其学书过程不仅遍临经典，而且结合自己的学术实践和思考对传统书法及其理论进行了深入的研究和思考，留下了精辟的理论，为后人提供了更多的营养。饶宗颐的“学书十要”对书法技法、学书的路径提出了自己的看法，发人深省。

饶宗颐之所以能够在学术和书画上取得如此巨大的成就，我认为有两点非常重要，一是他有一颗童心——一颗探索世界的不知疲倦的童心。他自己曾经表述过，他孜孜以求的学术之路其实都是在玩，似轻松幽默的话语包含了他的达观和童真，没有这份童真，就没有他对这个世界的探索精神，没有这份童真就没有他的独特的书画艺术。另外一点是他的书写情怀。所谓书写情怀，就是生活之闲暇可以以书画寄情，生活之沧桑可以以书画移情，生活之劳碌可以以书画悦情。

2003 年 8 月底，饶公患上了轻度中风，他的右手偏瘫，不能提笔。香港大学饶宗颐学术馆主任郑炜民博士去看望他，饶宗颐跟郑炜民说：“炜民，我将用左手写字画画，学高凤翰一样。”当时饶公已经用左手执笔，练习写字。到 2003 年 12 月 24 日，饶公来学术馆，走进他的画室内，开始画画；他已经用右手执笔绘画，很快就画成一幅《灵鹫山图》，这幅画的题字则是大约半年后才加写上去的。饶公先左手，后右手，凭着顽强的毅力和执著恢复了右手的功能，重新利用他的智慧的手书写性情，挥洒人生，他的书画情怀和书写实践验证了书画延年益寿的功能。

饶宗颐就是一位让人崇敬和瞻仰的书法大师。

（摘编自《传记文学》，2013 年 10 月第 281 期，作者：方孝坤，有删改）

☞【**答案要点**】①广泛涉猎，博采众长；②博学诸家，转益多师；③理论与实践相结合；④执著顽强，不知疲倦。

为政篇第二

学程设计

学习阶段	学习内容	学习策略	学习反馈
思维感知	《为政篇》共有二十四章。其中记载孔子论述十四章，孔子答问十章。	学生略读，借助工具书，自主学习，圈点勾画，做好笔记，为精读文本奠定基础。	感知文本，建构语言。掌握字词的含义；初步把握文本的内容。培育思维的敏捷性。
思维积淀	深入学习文本，梳理文本各章的关联。背诵文本的精彩语句。例如“为政以德，譬如北辰居其所而众星共之”，“道之以政，齐之以刑，民免而无耻，道之以德，齐之以礼，有耻且格”等。	精读章节，理解文本内容。合作学习，对照翻译理解各章的大意，并讨论分析，熟读成诵。	审美鉴赏，含英咀华。把握文本的深层含义，能背诵重点语句。形成健康向上的审美情趣与鉴赏品位。培育思维的严密性。
思维探究	1. 孔子如何表述“为政以德”思想的？2. 孔子所说的“吾十有五而志于学，三十而立，四十而不惑，五十而知天命，六十而耳顺，七十而从心所欲，不逾矩”应如何理解？3. 如何理解孔子说的“温故而知新，可以为师矣”？4. 孔子所说的“君子不器”是什么意思？5. 儒家“为政以德”理念对当今治国理政可提供哪些有益的启示？6.《为政篇》中“问孝”出现了四次，从孔子的回答中，可以看出什么是孝？	利用文本注释、译文，学习检索相关评析资料，积极思考、理解、分析、比较、推理、判断，进行探究学习，突破重点、难点。在交流研讨的过程中碰撞出思维的火花。	理性探究，辨明观念。把握文本的价值取向，理解孔子谈论的为政必须注重教化，以道德感化和教育民众；为政必须得人，任用贤人君子，实行德政以及贤人君子所应有的品质等。培育思维的深刻性。

续表

学习阶段	学习内容	学习策略	学习反馈
思维拓展	阅读《潘建伟和他的量子梦之队》和《屠呦呦与青蒿素》两篇文章，思考相关问题。	联系现实，迁移理解。古今贯通，进一步领悟孔子思想在当下的体现，进行文化传承，拓展文化视野，增强文化自觉。学习评介人物，与英模人物对话。	个性感悟，确立价值。学习潘建伟和屠呦呦的事迹，感受英模人物的人格魅力，提升思想境界，汲取文化营养，丰富精神世界。培育思维的独创性。

【思维感知】

2.1　子曰："为政以德，譬如北辰居其所而众星共之。"【共：通"拱"，环抱、环绕之意。】

孔子说："用道德的力量来治理国家，自己便会像北极星一般，安然处在自己的位置上，别的星辰都环绕着它。"

2.2　子曰："《诗》三百，一言以蔽之，曰：'思无邪'。"

孔子说："《诗经》三百篇，用一句话来概括它，就是'思想纯正'。"

2.3　子曰："道之以政，齐之以刑，民免而无耻；道之以德，齐之以礼，有耻且格。"【道：有两种解释，一说引导，一说领导、治理，与"道千乘之国"的"道"相同。此从后解。格：纠正。】

孔子说："用政令来治理百姓，使用刑罚来制约百姓，百姓只是暂时地免于罪过，却没有廉耻之心。如果用道德来治理百姓，用礼教来约束百姓，百姓不但有廉耻之心，而且会改正自己的错误。"

2.4　子曰："吾十有五而志于学，三十而立，四十而不惑，五十而知天命，六十而耳顺，七十而从心所欲，不逾矩。"【有：通"又"。】

孔子说："我十五岁立志学习，三十岁在人生的道路上站稳脚跟，四十岁心中不再迷惘，五十岁知道上天给我安排的命运，六十岁听到别人说话便可以分别真假、判明是非，七十岁能随心所欲地说话做事，不会越出规矩。"

2.5　孟懿子问孝。子曰："无违。"【孟懿子：鲁国的大夫，姓仲孙，名何忌，"懿"是谥号。无违：不要违背礼节。】

孟懿子问什么是孝道，孔子说："不要违背礼节。"

樊迟御，子告之曰："孟孙问孝于我，我对曰：'无违。'"【樊迟：孔子的学生，姓樊，名须，字子迟。御：驾车，赶车。】

不久，樊迟替孔子驾车，孔子告诉他："孟孙问我什么是孝道，我答复说：'不要违背礼节。'"

樊迟曰："何谓也？"子曰："生，事之以礼；死，葬之以礼，祭之以礼。"

樊迟道："这是什么意思？"孔子说："父母活着的时候，依规定的礼节侍奉他们；死的时候，依规定的礼节安葬他们、祭祀他们。"

2.6 孟武伯问孝。子曰："父母唯其疾之忧。"【孟武伯：仲孙彘，孟懿子的儿子，"武"是孟武伯的谥号。其：相当于"他的"、"他们的"，指子女。】

孟武伯问什么是孝道。孔子说："做爹娘的只是为自己的孩子的疾病困苦担忧。"

2.7 子游问孝。子曰："今之孝者，是谓能养。至于犬马，皆能有养；不敬，何以别乎？"【子游：孔子的学生，姓言，名偃，字子游，吴人。】

子游问什么是孝道。孔子说："如今所谓的孝，就是说能够养活父母便行了。即使狗与马也都有人饲养；对父母如果不能恭敬顺从，那和饲养狗和马有什么区别呢？"

2.8 子夏问孝。子曰："色难。有事，弟子服其劳；有酒食，先生馔，曾是以为孝乎？"【曾：céng，副词，难道。】

子夏问什么是孝道，孔子说："在父母面前经常保持和颜悦色最难。遇到事情，由年轻人效劳；有酒肉佳肴，让年长的享受，难道这样就是孝么？"

2.9 子曰："视其所以，观其所由，察其所安。人焉廋哉？人焉廋哉？"【所以：所做的事。所由：所经过的途径。安：安心。廋(sōu)：隐藏，隐蔽。】

孔子说："看一个人的所作所为，考察他处事的动机，了解他心安于什么事情。那么，这个人的内心怎能掩盖得了呢？这个人的内心怎能掩盖得了呢？

2.10 子曰："吾与回言终日，不违，如愚。退而省其私，亦足以发，回也不愚。"【回：颜回，字子渊，鲁国人。孔子最得意的弟子。省(xǐng)：观察。私：私语，指颜回和别人私下里讨论。】

孔子说："我整天给颜回讲学，他从来不提反对意见和疑问，像个蠢人。等他退回去，我观察他私下里同别人讨论时，却能发挥我所讲的，可见颜回并不愚蠢。"

2.11 子曰："温故而知新，可以为师矣。"

孔子说："在温习旧知识时，能有新体会、新发现，就可以做老师了。"

2.12　子曰："君子不器。"

孔子说："君子不能像器具那样(局限于某一种用途，而应具有理想人格)。"

2.13　子贡问君子。子曰："先行其言而后从之。"

子贡问怎样才能做一个君子。孔子说："对于他要说的话先实行了，再说出来。"

2.14　子曰："君子周而不比，小人比而不周。"【周：团结多数人。比：勾结。】

孔子说："品德高尚的人以正道广泛交友但不互相勾结，品格卑下的人互相勾结却不顾道义。"

2.15　子曰："学而不思则罔，思而不学则殆。"【罔：通"惘"，迷惘，没有收获。殆：疑惑。】

孔子说："学习而不思考就会迷惘无所得，思考而不学习就会疑惑不解。"

2.16　子曰："攻乎异端，斯害也已！"【攻：钻研、攻读。乎：于。异端：与孝悌忠信礼义廉耻仁智之德相违背的学说、事相。斯：这，那。害：危害，自招祸端。也已：语气词。】

孔子说："学习钻研非正统之学，这不过是在害自己罢了。"

2.17　子曰："由！诲女知之乎！知之为知之，不知为不知，是知也。"【由：姓仲名由，字子路。孔子的学生，长期追随孔子。】

孔子说："仲由啊，我教给你求知的正确态度吧！知道就是知道，不知道就是不知道，这才是真正的智慧啊。"

2.18　子张学干禄。子曰："多闻阙疑，慎言其余，则寡尤；多见阙殆，慎行其余，则寡悔。言寡尤，行寡悔，禄在其中矣。"【子张：孔子的学生，姓颛孙，名师，字子张，陈人。干禄：干，谋求；禄，旧时官吏的俸给。阙疑：把疑难问题留着，不下判断。阙，通"缺"。】

子张向孔子学谋求官职得到俸禄的方法。孔子说："多听，把不明白的事情放到一边，谨慎地说出那些真正懂得的，就能减少错误；多看，不明白的就保留心中，谨慎地实行那些真正懂得的，就能减少事后懊悔。言语少犯错误，行动很少后悔，官职俸禄就在这里面了。"

2.19　哀公问曰："何为则民服？"【哀公：鲁君，姓姬，名将，鲁定公之子，在位二十七年(公元前494—466)。"哀"是谥号。】

鲁哀公问道："我要怎么做才能使百姓服从呢？"

孔子对曰："举直错诸枉，则民服；举枉错诸直，则民不服。"【错：通"措"，安

置。诸："之于"的合音。】

孔子答道："把正直的人提拔起来，使他们位居不正直的人之上，百姓就服从了；若把不正直的人提拔出来，放在正直的人之上，老百姓就不会服从。"

2.20 季康子问："使民敬、忠以劝，如之何？"子曰："临之以庄，则敬；孝慈，则忠；举善而教不能，则劝。"【季康子：季孙肥，鲁哀公时正卿，当时政治上最有权力的人。"康"是谥号。以：通"与"，可译为"和"。】

季康子问道："要使百姓恭敬、忠诚并且互相勉励，应该怎么做呢？"孔子说："如果你能用庄重的态度对待他们，他们就会恭敬；如果你孝顺父母、爱护幼小，他们就会忠诚；如果你能任用贤德之士，教育品行低下的人，他们就会互相勉励了。"

2.21 或谓孔子曰："子奚不为政？"【或：有人。】

有人问孔子说："你为什么不当官参与政治呢？"

子曰："《书》云：'孝乎惟孝，友于兄弟，施于有政。'是亦为政，奚其为为政？"

孔子说："《尚书》上说，'孝呀！只有孝顺父母，才能推广到友爱兄弟，并把孝悌的精神扩展、影响到政治上去。'这也是参与政治了呀，为什么一定要做官才算参与政治呢？"

2.22 子曰："人而无信，不知其可也。大车无輗，小车无軏，其何以行之哉？"【而：如果。大车：指牛车。輗(ní)：大车辕和车辕前横木相接的关键。小车：指马车。軏(yuè)：古代车辕与横木连接的关键。】

孔子说："一个人如果不讲信誉，不知他还可以做些什么。(就像)大车子的横木两头没有活键，小车子的横木两头少了关扣一样，它靠什么行进呢？"

2.23 子张问："十世可知也？"【世：古时称三十年为一世，一世为一代，也有把"世"解释为朝代。】

子张问："今后十代(的礼仪制度)可以预知吗？"

子曰：殷因于夏礼，所损益，可知也；周因于殷礼，所损益，可知也。其或继周者，虽百世，可知也。"【因：因袭、沿袭。】

孔子说："殷朝沿袭夏朝的礼仪制度，其中废除和增加的内容，是可以知道的；周朝沿袭殷朝的礼仪制度，其中废除和增加的内容，也是可以知道的。那么以后如果有继承周朝的朝代，就是在一百代以后，也是可以预先知道的。"

2.24 子曰："非其鬼而祭之，谄也。见义不为，无勇也。"【谄：谄媚，阿谀。】

孔子说："祭祀那些不该祭祀的鬼神，这是献媚。眼见合乎正义的事而不做，这是怯懦。"

【思维积淀】

1. 子曰："为政以德，譬如北辰居其所而众星共之。"

2. 子曰："道之以政，齐之以刑，民免而无耻；道之以德，齐之以礼，有耻且格。"

3. 子曰："吾十有五而志于学，三十而立，四十而不惑，五十而知天命，六十而耳顺，七十而从心所欲，不逾矩。"

4. 子曰："君子周而不比，小人比而不周。"

5. 子曰："由！诲女知之乎？知之为知之，不知为不知，是知也。"

6. 子曰："多闻阙疑，慎言其余，则寡尤；多见阙殆，慎行其余，则寡悔。言寡尤，行寡悔，禄在其中矣。"

【思维探究】

1. 孔子是如何表述"为政以德"思想的？

首先，孔子先用比喻"为政以德，譬如北辰居其所而众星共之"来表达自己"为政以德"的思想。意思是说，统治者如果实行德治，群臣百姓就会自动围绕着你转。这是强调道德对政治生活的决定作用，主张以道德教化为治国的原则。这是孔子学说中较有价值的部分，表明儒家治国的基本原则是德治，而非严刑峻法。

接着，孔子用了一组对比"道之以政，齐之以刑，民免而无耻；道之以德，齐之以礼，有耻且格"，举出两种截然不同的治国方针及其效果。孔子认为，刑罚只能使人避免犯罪，不能使人懂得犯罪可耻的道理；而道德教化比刑罚要高明得多，既能使百姓循规蹈矩，又能使百姓有知耻之心。这反映了道德在治理国家时有不同于法制的特点及功效。

2. 孔子所说的"吾十有五而志于学，三十而立，四十而不惑，五十而知天命，六十而耳顺，七十而从心所欲，不逾矩"，应如何理解？

在"吾十有五而志于学，三十而立，四十而不惑，五十而知天命，六十而耳顺，七十而从心所欲，不逾矩"中，孔子自述了他学习和修养的过程。这一过程，是一个随着年龄的增长，思想境界逐步提高的过程。就思想境界来讲，整个过程分为三个阶段：十五岁到四十岁是学习领会的阶段；五十、六十岁是安心立命的阶段，也就是不受环境左右的阶段；七十岁是主观意识和做人的规则融合为一的阶段。在这个阶段中，道德修养达到了最高的境界。孔子的道德修养过程，其合理因素在于：第一，他看到了人的道德修养不是一朝一夕的事，不能一下子完成，不能搞突击，要经过长时间的学习和锻炼，要有一个循序渐进的过程；第二，道德的最高境界是思想和言行的融合，自觉地遵守道德规范，而不是勉强去做。

3. 如何理解孔子说的“温故而知新，可以为师矣”？

“温”指“温习”，“故”指旧的知识。意思是说：能不断地从对旧有知识的反复温习中，领悟到新的知识，这就具备了作为一位老师的资格。

“故”是不变的，但不同的人，不同的知识背景，都会对“故”有不同的理解。从“故”中获取新知，从“故”的把握中认识新问题，这不仅反映了一个人的知识水平，也反映了他不断学习、不断对新知识的追求。因为“知新”有一个条件，必须自己有所提高，才有可能对旧的知识产生新的认识。而只有不断学习、不断追求上进的人，才具备为人师的素质，才有为人师长的资格。反言之，凡不知学习上进者，皆不配为人师。

4. 孔子所说的“君子不器”是什么意思？

有人说器指器皿，言君子不能像器皿一样，只有一种用途。那么是否该有三种五种用途才行？肯定不是。“器”与“工欲善其事，必先利其器”的“器”字同训，指的是工具。《礼记·学记》说“大道不器”，也是这个意思。君子不是工具，是指君子是成德之人，有思想、有主见、有抱负、有理想，即康熙儒臣所谓“其心虚能具众理，其心灵能应万事”(《日讲四书解义》)。像时下那些不知德行修养而徒以专业知识自夸的所谓人才，那便是“器”，而不可入于君子之列。

君子是孔子心目中具有理想人格的人，他应该担负起治国安邦之重任。对内可以妥善处理各种政务；对外能够应对四方，不辱君命。所以，孔子说，君子应当博学多识，具有多方面才干，不只局限于某个方面，因此，他可以通观全局、领导全局，成为合格的领导者。

5. 儒家“为政以德”理念对当今治国理政可提供哪些有益的启示？

“为政以德”是以孔子为代表的儒家的治国方略和为政原则，儒家认为要天下大治，执政者自身就要有表率万民之德。就是说，只有为政者具备了从政治国的良好形象，具备了优秀的品德和修养，才能担当起治世的神圣使命；同时，儒家又认为执政者的道德也应该包含着对权力的制约和规范。所以，儒家的“为政以德”应该有两方面的含义：一是德性的意蕴，二是规范的意蕴。

为政以德的德性意蕴。在儒家的思想中，为政之德应该是从政者主体所具有的道德品质、道德人格和道德境界，亦即执政者的个人道德魅力。执政者的行为是民众效法的榜样，其言行就应该成为万民的表率。在尊卑高低、等级森严的封建社会政治结构中，执政者承载着民众的道德期望和道德理想，他们理应成为精英道德的代表。所以孔子“为政以德”的提出，反映了儒家对执政者品德的关注，为政之先便是有德，为政者在道德上应做出榜样和表率，同时发挥自身人格的感召和引领作用。只有这样，方可清明政治、稳定社会。因而当季康子向孔子问政时，孔子的回答便是：“政者，正也。子率以正，孰敢不正？”这个回答正是孔子君王为政思想的一个总原则。

为政以德的规范意蕴。在人们的习惯性思维中，往往是从道德品质和道德境界等德性论的意义上来理解道德本身，而忽略“德”作为道德规范的约束性意义，忽略了其规范性的意蕴。“德”不仅指道德主体实际的境界水平和品德状况，而且也指对主体自身行为具有普遍限制、约束意义的一种规范，因此“德”既有德性的意蕴，也有规范的意蕴。一方面，对社会来说，道德规范是社会治理不可缺少的重要规范系统，是社会秩序的基本保障和社会凝聚的基本力量；另一方面，对个人而言，道德规范既意味着对道德主体的限制、约束和导引，也意味着道德主体自身自觉的限制、约束和导引。具体地说，儒家认为权力就是德性，在儒家的“为政以德”中内在地包含了用道德去约束、规范、限制权力这样的含义。孔子的“为政以德”就是从道德方面对约束、限制包括君王在内的为政之权进行了探讨，其用道德去约束、限制为政者权力的目的十分明确。孔子所讲的“为政以德”，既是强调统治者道德人格之众星拱北的表率力量，同时也内在地包含着用道德去规范、去制约统治者行为的含义。

儒家“为政以德”理念为我们今天的治国理政提供了有益的启示：一方面各级领导干部在“德行”上要为全社会作出表率；另一方面领导干部在知法、懂法、守法的基础上，应充分发挥其约束、规范的作用，自觉地把“至善”的道德智慧付诸实践。（作者：傅琳凯、刘沅鑫，有改动。）

6.《为政篇》中“问孝”出现了四次。从孔子的回答中，可以看出什么是孝？

其一，孝是“无违”。

孔子对弟子的教诲大多重在启发，而非直接指出问题所在；又往往会因人而异，基于所问之人品性不同而给出不同的启发。孟懿子作为鲁国的大夫，是“三桓”之一，此人颇有权势，常有越礼的行为。在孟懿子问孝时，孔子只说了“无违”，而孔子通过与樊迟的对话确切地表达了“无违”的意思：生时以礼相待，死后以礼安葬、以礼祭奠。以礼相待的意思是以礼为典范相互尊重、相互关照，以礼相待就不会去做越礼之事；以礼安葬、以礼祭奠是对父母养育之恩的悼念，是对先人的追思，又是对自身的鞭策。通过谈“生养死葬”之孝，孔子认为尽孝以礼为准则，慎始敬终。“孝不违礼”，是“无违”于“礼”，而不是“无违”于长辈的意志。但是，在“无违”即顺从、听话的同时，孔子反对盲目、无原则、无选择的顺从，主张以礼奉养。父母在世要以礼事奉父母，应如何以礼事奉呢？《礼记·曲礼》中提出这样一些原则可作为参考：“昏定而晨省”（傍晚为父母铺好枕席，侍奉父母就寝。早晨向父母问安，看看父母一夜睡得可好，身体是否安适）；“听于无声，视于无形”（不用父母说话动作，儿女就能事先揣知父母之意，并知道怎样做才能让父母如意）。父母去世要以礼安葬、以礼祭祀。孔子的视野里，礼是尽善尽美的，而孝又是礼的基础。在孔子看来，无论生还是死，人对父母都要存有终极关怀，把行孝与守礼结合在一起。如果说孝道的精神本质是“敬”，表达敬的方式就要行为符合礼数，而孔子则直接将这种方式看作孝，不论父母生前或死后，都应按照礼的规定来行孝——所谓“孝不违礼”。

其二，孝是“父母唯其疾之忧”。

孟武伯出身贵族，骄奢淫逸且声色犬马。孔子认为，为人子，有诸多不义之行为，是最大的不孝。人得疾病，不是人的主观意志可以控制的，但是我们可以控制的是我们的思想、语言、行为，决不能让父母再忧虑我们疾病以外的事情了。能够让父母只忧虑你的疾病，当以己之心推父母之心，把父母为你疾病担心忧虑的心情反过来用于对待父母，就是最大的孝了。父母为子女操心的只有疾病之类非由人定的事，这就强调了《论语》一贯看重仁、礼、德等修身内容。人一生都应当注重道德的修养。除了疾病外，其他皆让父母宽心，这就是最大的孝了。

其三，孝是“敬养”。

针对当时社会上将奉养作为孝的主体观念，孔子认为“养亲事亲”虽是孝的必然要求，但那毕竟是最低限度的要求。孝的更高层次应该是子女“孝敬”父母，对父母要发自内心的“敬”。作为子女在物质上有抚养父母的能力和行为并不能构成真正的孝，真正的孝还应该体现于对父母心存的“敬”。养而不敬，无异于养犬马，非孝也。“养”是“敬”的表现形式，也是“敬”的起点。孔子以“敬”来区别孝与单纯的养活父母的蕴意是：孝远非自然，远非那种自然的又或本能的感情和行为。“自然”在父母和子女之间所产生的也许是某种“爱”，这种“爱”甚至在动物身上也可以观察到，但却不是敬，因为敬是只有当我能够意识到自我与他者的彻底分离，并且能够意识到他者的超越性时才萌发出的“感情”。敬将人与人的关系与动物之间的关系区别开来。侍奉父母，要做到尽力，更要做到尽心。总之，孝不是简单的报答父母的养育之恩，也不仅仅是对父母的感激之情；孝的本质是对父母的爱，是对父母的情。孝的本质在于心，孝体现出人的本性。孔子的“孝”，从人性角度、从物质和精神两个方面来界定，既做到了物质奉养和精神慰藉的有机结合，还突出了精神慰藉的重要性，以此强调人与动物的区别。

其四，孝是诚且愉色奉养。

回答子夏问孝中，孔子再次提出了敬，即要让父母体会到子女发自内心的敬爱之情，而不仅仅是解决温饱上的问题，是养而有敬的孝。敬于内而形于外，内心诚一、专注、恭敬，外部面容必然和颜悦色，婉言顺承。以孔子之意，对待父母，养是首要条件，而敬则是必要条件。在这里，孔子还是在进一步地谈孝与敬、养之间的关系。奉养父母时，要时刻保持愉悦的容颜，的确不易。而且作为儿女，侍奉父母的时候，如果有意见相左的地方，甚至觉得父母有什么不对的地方，作为子女要轻微婉转地劝止，如果自己的心意没被听从，仍要恭敬地不触犯他们，一定要控制好自己的情绪，要有一份时刻体贴父母之心，铭记父母的生养及教育之恩，扶持与鼓励之情，自己的脸色自然就会和悦了，这也免去了父母的担心忧虑。孝的最高境界是保持内心诚一且愉色奉养。由此可见，孔子“孝”的价值准则体现在相互的精神上的帮助，互相达到理想的人格。

【思维拓展】

1. 阅读《潘建伟和他的量子梦之队》，思考：潘建伟具有哪些优秀品质？

潘建伟和他的量子梦之队

2016年1月8日，人民大会堂。潘建伟接过半个上身大的红皮证书——“最具含金量”的国家自然科学奖一等奖，颁给“多光子纠缠和干涉度量学”。41岁成为“最年轻中科院院士”的他，以45岁之龄，领衔中科大微尺度物质科学国家实验室五人团队，刷新中国自然科学领域最高奖的“最年轻获奖者”纪录。

人物周刊：最近网络知名的工人作家范雨素在采访中说，她给工友讲了一堂“量子力学”的课，从中得到的感悟是：“人死了以后，思想没有消失，变成了粒子，暗物质。只是装思想的容器不存在了，灵魂还存在。所以现在各种神秘现象都能解释清楚了。”你怎么看公众对量子物理的这种理解？

潘建伟：量子力学里面，有很多基本概念，跟我们经典力学、牛顿力学的观念完全不一样，本来呢，理解它就比较困难，又没有很好地普及过，有些时候就会被别人加以各种各样的诠释，就会导致误解。其实当年跟国外同事讨论的时候我们就在说，能不能初中、高中的时候就把量子力学的基本概念也给大家介绍一下，毕竟现代物理学最重要的两大支柱，一个相对论，一个量子力学。这科普吧，得下沉，或者早点给大家讲，在认识没有固定下来之前，对它有一些理解的话就比较好，否则始终在传统的牛顿力学的观念里面，量子力学、相对论就变得难以理解了。

人物周刊：量子力学本身比较玄幻，很多人会将它跟宗教，或者另外一个层面就是“伪科学”联系在一块。你觉得这三者之间的边界在哪里？

潘建伟：科学的东西很清楚，它是可以具体来计算的。最好的做法就是宗教归宗教，科学归科学。比如说，用量子力学，可以很方便地把氢原子的光谱一条一条线都算出来，之后去测量可以测得非常精确。这个氢原子测出来是这样，另外一个氢原子也是一样的，这个东西是可重复的。在同样的条件下，我这个理论预测什么样的现象发生，那么它会总是发生，不是说今天发生了、明天就不发生了，在上海发生了、在合肥就不发生了，这就是科学。但其他的，就属于哲学层面，还有神学层面的东西，我就不知道了。我只能说，我的科学是这样，你看，我这么设计个实验，我做出来会是什么结果，我是可以重复、可以计算、可以在实验上检验的。

人物周刊：我们看到一些科学家，可能到了晚年就转向了宗教，或者把科学与宗教联系在一起去做研究。比如大家对朱清时先生就不太理解。

潘建伟：我觉得他是从另外一种层面来试图理解科学。

人物周刊：这种路径对吗？

潘建伟：怎么说呢。比如说我们回到500年前，知道怎么造手机了，你在广东给我打个电话，忽然手机那边视频也传过来了，那不把人家给吓死了吗？你肯定会被当作巫师给抓起来。无线电你摸不着、看不见，无色无味无形，那你怎么会有这个东西呢？哪怕当年一些神话里的很多东西，像千里眼、顺风耳，“天上一日，地上一年”，孙悟空的分身术之类的，最后随着科学的发展，到了后来的科学里面，多多少少有点像；而我们现在说宇宙大爆炸，说我们宇宙是有寿命的，回到几百年之前，别人都会认为你是胡说八道。我的意思是，对科学来讲，我只能说，你这么说我没办法证明你是错的，我证明不了，那你自己愿意想就想吧，只要不去威胁别人。作为科学人来讲，我觉得我自己是比较包容的，因为我没办法证明你是错的。

人物周刊：我注意到你在做科普的时候，也会使用类似“心电感应”、“超时空传输”的说法，来帮助大众理解，这个会不会也造成一定的认识误区？

潘建伟：我觉得我讲的每一句话，都是在科学的范畴里面，如果你看我的上下文的话，我觉得我没有什么问题。爱因斯坦也把量子纠缠叫作“遥远地点之间的诡异的互动”对吧，但是同时我也讲，这个东西并不意味着信息可以超光速传递。所以科学的好处是每讲一句话都有很严格的定义，有很严格的适用范畴。你把某句话给孤立出来，自己很高兴地说，潘建伟讲了这句话，拿出他这句话说是胡说八道的，那你这东西就……

人物周刊：现在就有人这样来针对你。

潘建伟：对。

人物周刊：那你觉得量子物理更重要或者美妙的地方在哪里？

潘建伟：更重要和美妙的东西，我觉得它比较包容。你看吧，我们平时的经典世界里，你在广州就不能在上海，也不能在北京，但在量子世界里面，在特定情况下，跟微观客体相关的描述它状态的波函数，可以同时对应多个地点，地点A加上地点B加上地点C。为什么当年量子力学鼻祖之一玻尔，看到中国的太极图，说这个东西很好。他说这叫白中有黑，黑中有白，阴中有阳，阳中有阴，对吧，这个东西就跟量子力学非常像。所以这个世界等你慢慢长大你也知道，没有绝对的错，也没有绝对的对。

人物周刊：你觉得物理学家和数学家、工程师最大的不同是什么？在科学审美上有差别吗？

潘建伟：牛顿力学告诉我们，R平方分之一，万有引力，那你搞数学的话编造出另外一个世界，是R的三次方分之一这么一种引力规则，那你的世界里面就有很多新的东西了，但是那新的东西跟我们这个世界可能没什么关系。所以数学家就可以天马行空，自由创造，只要逻辑是一致的，用那个公理推下去就行了。

我们物理学家一般没有那么敢于大胆想象，想象出来还得看，你定的这个法则跟自然界本身的法则是不是完全一样？比如看星星，到底是太阳围着地球转，还是地球围着太阳转，你就得造个望远镜出来，然后去看，才能证实你的想法。所以我们有前面的大胆想象之后，还得像工程师一样，把它照着现实去验证，我觉得物理学家可能这几方面的能力都得具有。

人物周刊：杨振宁先生说，爱因斯坦的时代是“黄金时代”，他赶上了“白银时代”，而现在是“青铜时代”，特点就是理论物理在短期内很难看到有大的发展可能。他经常说，如果他是在这个时代开始他的研究工作，他可能就不会搞物理，而是去做一个数学家了。

潘建伟：科学总是这么回旋的嘛，有些时候没有足够的数据，理论就很难建立起来。到现在暗物质、暗能量都还搞不清楚，我觉得也许慢慢地，应该允许理论物理学家进一步去创造了。但是可能光现在这些数据还不够，可能有个礼物包在一块布里，这个地方露出个角来了，那个地方露出个角来了，还不足以推测里面装的礼物到底是什么东西，还需要进一步做实验。做着做着，等到有足够的数据时，新的理论就能够被聪明人给建立起来。

人物周刊：你本身是从理论物理主动转向实验物理的。但我注意到虽然量子卫星现在的主要作用是通信应用方面，但你更远大的目标似乎还是希望借此为理论提供贡献。包括你们正在设计地月卫星轨道间的实验方案，对量子物理非定域性做终极检验。这是否就是你说的"科学的回旋"？

潘建伟：对对，所以有些人就说，你看你只有技术，没有理论，我说不对。没有伽利略当年的望远镜造出来朝向太空去看，怎么有我们很多学科的诞生呢？没有天文观测的数据，你怎么可能把牛顿力学建设起来呢？没有看到什么电子现象之前，你怎么可能把电动力学建设起来呢？没有什么黑体辐射、原子光学的很多实验，你怎么可能把量子力学建设起来呢？通常都是这样，大家先是摸索一些数据，然后对这些数据进行总结、深化和理论化，理论又去指导实验，实验做了后，可能发现了新的现象，原来的理论解释不了，然后又有新的理论需要建立了，所以它总是有这么个过程。物理跟数学不一样，你没有实验，理论不可能凭空造出来，所以技术的发展是很重要的，技术和理论其实是密不可分的。

（摘选自《企业观察网》，有删节）

☞【**答案要点**】①包容的品格；②深厚的学术功底；③实事求是的科学精神。

2.《为政篇》提到了贤人君子所应有的品质，阅读下面这篇文章，思考：屠呦呦作为一名科学家具有哪些品格？

屠呦呦与青蒿素

2015年10月5日，从瑞典斯德哥尔摩传来令人振奋的消息：中国女科学家屠呦呦获得2015年诺贝尔生理学或医学奖。理由是她发现了青蒿素，这种药品可以有效降低疟疾患者的死亡率。屠呦呦是第一位获得诺贝尔科学奖项的中国本土科学家、第一位获得诺贝尔生理医学奖的华人科学家。10月6日上午，一直不愿意接受采访的屠呦呦终于让记者进了家门，但她一再强调"也没什么好讲的"，她还通过央视发表了自己的获奖感言，她说，作为一名科技工作者，获得诺贝尔奖是一项很大的荣誉，青蒿素这项生物研究成果是多年研究集体攻关的成绩，青蒿素获奖是中国科学家集体的荣誉。

在获诺贝尔奖之前，大部分人或许不知道屠呦呦是何许人，一夜之间她蜚声国内外，而以她为领导的研发小组研制的新型抗疟疾药青蒿素也被大家所熟知。

1930年12月30日，屠呦呦出生于浙江省宁波市。"呦呦鹿鸣，食野之苹"，《诗经·小雅》的名句寄托了屠呦呦父母对她的美好期待。她自幼耳闻目睹中药治病的奇特疗效，立志探索它的奥秘。1951 年，屠呦呦如愿考入北京大学医学院药学系，选择了当时一般人缺乏兴趣的生药学专业。在专业课程中，她对植物化学、本草学和植物分类学最感兴趣。大学毕业后，屠呦呦就职于中国中医研究院。那时该院初创，条件艰苦。屠呦呦在设备简陋连基本通风设施都没有的工作环境中，经常和各种化学溶液打交道，一度患上中毒性肝炎，但她心无旁骛，埋头从事中药研究，取得了许多骄人的成果。其中，研制用于治疗疟疾的药物——青蒿素，是她最杰出的成就。当年轻的屠呦呦开始这项研究的时候，她当然不会意识到，在漫长而曲折的研究“抗疟”的道路上，有一顶金光闪闪的王冠正在等待她来摘取。

疟疾是一种严重危害人类生命健康的世界性流行病。世界卫生组织报告，全世界约 10 亿人口生活在疟疾流行区，每年约 2 亿人患疟疾，百余万人被夺去生命。特别是 20 世纪 60 年代初，全球疟疾疫情难以控制。当时正值美越交战，在越美军因疟疾减员 80 多万人。美国不惜投入，筛选出 20 多万种化合物，却未找到理想的抗疟新药。因疟原虫对喹啉类药物已产生抗药性，所以，防治疟疾重新成为各国医药界攻克的目标。继美国之后，英、法、德等国也花费大量人力物力，寻找有效的新结构类型化合物，但一直未能如愿。我国从 1964 年重新开始对抗疟新药的研究，从中草药中寻求突破是整个工作的主流，但是，通过对数千种中草药的筛选，却没有任何重要发现。在国内外都处于困境的情况下，1969 年，39 岁的屠呦呦临危受命，出任该项目的科研组长。她从整理历代医籍着手，四处走访老中医，搜集建院以来的有关群众来信，编辑了以 640 方中药为主的《抗疟单验方集》。然而筛选的大量样品，对抗疟均无好的苗头。她并不气馁，经过对 200 多种中药的 380 多个提取物进行筛选，最后将焦点锁定在青蒿上。但大量实验发现，青蒿的抗疟效果并不理想。她又系统查阅文献，特别注意在历代用药经验中提取药物的方法。当她再一次转向古老中国智慧时，东晋名医葛洪《肘后备急方》中称：“青蒿一握，以水二升渍，绞取汁，尽服之”可治“久疟”。琢磨这段记载，她认为很有可能在高温的情况下，青蒿的有效成分被破坏了。于是她改用乙醇冷浸法，所得青蒿提取物对鼠疟的效价显著提高；接着，用低沸点溶剂提取，效价更高，而且趋于稳定。终于，在经历了 190 次失败后，青蒿素诞生了。这剂新药对鼠疟、猴疟疟原虫的抑制率达到 100%。

疟疾，一个肆意摧残人类生命健康的恶魔，被一位中国的女性科学家制服了。

屠呦呦，以百折不挠的拼搏精神在中华科技史上谱写了一部精彩的人生传奇。

“这一医学发展史上的重大发现，每年在全世界，尤其在发展中国家，挽救了数以百万计疟疾患者的生命。在基础生物医学领域，许多重大发现的价值和效益并不在短期内显而易见。但也有少数，它们的诞生对人类健康的改善所起的作用和意义是立竿见影的。由屠呦呦和她的同事们一起研发的抗疟药物青蒿素就是这样一个例子。”这是 2011 年度拉斯克奖的颁奖词。

2015 年的诺贝尔奖虽然有些姗姗来迟，但毕竟是令人庆幸的。当颁奖词的庄严声韵回响在地球上空的时候，各种肤色的人都在向这位耄耋老人表达深深的敬意。

（摘选自《查字典语文网》，有删节）

☞【**答案要点**】①勇于承担责任；②刻苦钻研，坚持不懈；③不慕名利，无私奉献。

八佾篇第三

学程设计

学习阶段	学习内容	学习策略	学习反馈
思维感知	《八佾篇》共有二十六章，记有孔子言论十七章，孔子与弟子及时人问对八章，时人（仪封人）对孔子的评论一章。	学生略读，借助工具书，自主学习，圈点勾画，做好笔记，为精读文本奠定基础。	感知文本，建构语言。掌握字词含义，初步把握文本内容。培育思维的敏捷性。
思维积淀	深入学习文本，梳理文本各章的关联。诵读文本的精彩语句。例如“人而不仁，如礼何？人而不仁，如乐何”，“子曰：‘大哉问！礼，与其奢也，宁俭；丧，与其易也，宁戚’”等。	精读章节，理解文本内容。合作学习，对照翻译理解各章的大意，并讨论分析，熟读成诵。	审美鉴赏，含英咀华。把握文本的深层含义，能背诵重点语句。形成健康向上的审美情趣与鉴赏品位。培育思维的严密性。
思维探究	1. 如何理解孔子评价《诗经》“乐而不淫，哀而不伤”？2. 孔子为什么要强调音乐的作用？3. 孔子认为管仲“器小”的依据是什么？4. 如何理解“八佾舞于庭，是可忍也，孰不可忍也”这句话的含义？5. 在孔子看来，“礼”和“仁”的关系是怎样的？6. 如何理解孔子所说的“夷狄之有君，不如诸夏之亡也”？	利用文本注释、译文，学习检索相关评析资料，积极思考、理解、分析、比较、推理、判断，进行探究学习，突破重点、难点。在交流研讨的过程中碰撞出思维的火花。	理性探究，辨明观念。把握文本的价值取向，弄清丧礼、祭礼、射礼、乐歌、礼之本原及礼乐意义，探讨“礼”及礼乐文化的政治意义和社会意义问题。培育思维的深刻性。
思维拓展	阅读《国之歌者——聂耳》和《傅莹：中国最美外交官，优雅谦逊惊艳了全世界》两篇文章，思考相关问题。	联系现实，迁移理解。古今贯通，进一步领悟孔子思想的现实意义，进行文化传承，拓展文化视野，增强文化自觉。学习评介人物，与英模人物对话。	个性感悟，确立价值。学习聂耳和傅莹事迹，感受英模人物的人格魅力，提升思想境界，汲取文化营养，丰富精神世界。培育思维的独创性。

【思维感知】

3.1 孔子谓季氏："八佾舞于庭，是可忍也，孰不可忍也？"【季氏：季孙氏，鲁国大夫。八佾(yì)：佾，列。八佾舞，由舞者执羽而舞，以八人为一列，八列即八八六十四人。这是天子祭太庙所用的人数。诸侯六佾，六八四十八人。大夫四佾，四八三十二人。士二佾，二八十六人。季氏是鲁桓公的后裔，为鲁国的卿大夫。四佾才是季氏所应该用的。他在家庙中用八佾舞。这是严重的僭礼行为。忍：容忍。】

孔子谈到季氏，说："他在家庙的庭院里用八佾奏乐舞蹈，对这样的事情也能够容忍，还有什么事情不能够容忍呢？"

3.2 三家者以《雍》彻。子曰："'相维辟公，天子穆穆'，奚取于三家之堂？"【三家：鲁国当政的三家大夫孟孙、叔孙、季孙。《雍》：《诗经·周颂》的一篇，为周天子举行祭礼后撤去祭品、祭器时所唱的诗。彻：通"撤"，古代祭礼完毕后撤祭馔，乐人唱诗以娱神。相(xiàng)：助祭者。】

孟孙、叔孙、季孙三家祭祖时，唱着《雍》这首诗歌来撤除祭品。孔子说："《雍》诗说的'助祭的是诸侯，天子严肃静穆地在那儿主祭'，怎么能用在三家大夫的庙堂上呢？"

3.3 子曰："人而不仁，如礼何？人而不仁，如乐何？"

孔子说："做人如果没有仁德，怎样来对待礼仪制度呢？做人如果没有仁德，怎样来对待音乐呢？"

3.4 林放问礼之本。子曰："大哉问！礼，与其奢也，宁俭；丧，与其易也，宁戚。"【林放：鲁国人。易：治理、办妥。这里指有关丧葬的礼节仪式办理得很周到。戚：心中悲哀的意思。】

林放问什么是礼的本质。孔子回答说："你的问题意义重大呀！礼，与其求形式上的豪华，不如朴素俭约一些；治丧，与其在仪式上面面俱到，不如内心真正哀痛。"

3.5 子曰："夷狄之有君，不如诸夏之亡也。"【夷狄，古代中原地区的人对周边少数民族的贬称，谓之不开化。诸夏：古代中原地区华夏族的自称。亡：通"无"。】

孔子说："边远地区有君主而不讲礼节，还不如中原没有君主而讲礼节呢。"

3.6 季氏旅于泰山。子谓冉有曰："女弗能救与？"对曰："不能。"子曰："呜呼！曾谓泰山不如林放乎？"【旅：动词，祭山。在当时，只有天子和诸侯才有祭祀"名山大川"的资格。季氏只是鲁国的大夫，竟去祭祀泰山，因之孔子认为是"僭礼"。冉有：孔子的学生。姓冉，名求，字子有，比孔子小29岁。当时在季氏手下做事，所

以孔子责备他。】

季氏要去祭祀泰山。孔子对冉有说道：“你不能阻止吗?”冉有答道：“不能。”孔子道：“唉！难道说泰山之神还不如林放懂礼吗?”

3.7 子曰：“君子无所争。必也射乎！揖让而升，下而饮。其争也君子。”【射：指古代射礼。大射礼规定两人一组，相互作揖然后登堂，射完再相互作揖退下，各组射完后，再作揖登堂饮酒。揖：拱手行礼。】

孔子说：“君子没有什么可与别人争的事情。如果有，一定是比射箭了。比赛时，相互作揖谦让后上场。射箭完毕，走下堂来，然后喝酒。这是一种君子之争。”

3.8 子夏问曰：“‘巧笑倩兮，美目盼兮，素以为绚兮。’何谓也?”子曰：“绘事后素。”曰：“礼后乎?”子曰：“起予者商也！始可与言《诗》已矣。”【倩：笑容美好。盼：眼睛黑白分明。绚：有文采。起：阐明。】

子夏问道：“‘有轻盈的笑脸多美呀，黑白分明的眼睛多媚呀，好像在洁白的底子上画着美丽的图案呀。’这几句诗是什么意思?”孔子说：“先有白色底子，然后在上面画画。”子夏说：“这么说礼仪是在有了仁德之心之后才能产生的了?”孔子道：“卜商呀，你真是能启发我的人。现在可以开始同你讨论《诗经》了。”

3.9 子曰：“夏礼，吾能言之，杞不足征也；殷礼，吾能言之，宋不足征也。文献不足故也。足，则吾能征之矣。”【杞：国名，国君是夏禹的后代。征：证明、验证。宋：国名，国君是商汤的后代。文献：此处包括历代的历史资料和当时的贤者两项内容。】

孔子说：“夏代的礼仪制度，我能说出来，但它的后代杞国不足以作证；殷代的礼仪制度，我能说出来，但它的后代宋国不足以作证。这是他们的历史资料和知礼人才不足的缘故。如果有足够的历史资料和懂礼人才，我就可以证明这两代的礼了。”

3.10 子曰：“禘自既灌而往者，吾不欲观之矣。”【禘(dì)：禘礼是指古代只有天子才可以举行的祭祀祖先的非常隆重的典礼。不过周成王曾因为周公旦对周朝有过莫大的功勋，特许他举行禘祭。以后鲁国之君都沿此惯例，僭用这一禘礼，因此孔子不愿意观看。灌：禘礼中第一次献酒的仪式。】

孔子说：“对于举行禘祭的仪式，从完成第一次献酒以后，我就不愿意看下去了。”

3.11 或问禘之说。子曰：“不知也；知其说者之于天下也，其如示诸斯乎！”指其掌。【示：有两义，一为“置”，摆、放的意义，即指放在手上的东西，一目了然；一为“视”。两说皆通，今从前说。】

有人向孔子请教关于举行禘祭的规定。孔子说：“我不知道。知道这种规定的人，对治理天下的事，就会像把这东西摆在这里一样（容易）吧！”（一面说一面）指着他的手掌。

3.12 祭如在，祭神如神在。子曰：“吾不与祭，如不祭。”【与：参与。】

祭祀祖先的时候，便好像祖先真的在面前；祭神的时候，便好像神真的在面前。孔子说：“我若是不能亲自参加祭祀，祭了就跟没有举行祭祀一样。”

3.13 王孙贾问曰：“‘与其媚于奥，宁媚于灶’，何谓也？”子曰：“不然；获罪于天，无所祷也。”【王孙贾：卫灵公的大臣。媚：谄媚、巴结、奉承。奥：这里指屋内位居西南角的神。灶：这里指灶旁管烹饪做饭的神。天：以天喻君，一说天即理。】

王孙贾问道：“‘（人家都说）与其奉承奥神，不如奉承灶神’，这话是什么意思？”孔子道：“不是这样的；若是得罪了上天，那就没有地方可以祷告了。”

3.14 子曰：“周监于二代，郁郁乎文哉！吾从周。”【监：通“鉴”，借鉴。二代：这里指夏代和商代。郁郁：文采盛貌。丰富、浓郁之意。文：指礼乐制度。】

孔子说：“周朝的礼仪制度是以夏商两代为根据制定的，是多么丰富多彩呀。我遵从周朝的制度。”

3.15 子入太庙，每事问。或曰：“孰谓鄹人之子知礼乎？入太庙，每事问。”子闻之，曰：“是礼也。”【太庙：古代开国之君叫太祖，太祖之庙便叫做太庙，周公旦是鲁国最初受封之君，因之这太庙就是周公的庙。鄹（zōu）：鲁国地名，在今山东省曲阜市东南。孔子的父亲叔梁纥做过鄹大夫，所以这里称鄹人。】

孔子到了太庙，每件事都要问。有人说：“谁说叔梁纥的这个儿子懂得礼呢？他到了太庙，每件事都要向别人请教。”孔子听到此话后说：“这就是礼呀！”

3.16 子曰：“射不主皮，为力不同科，古之道也。”【皮：代表箭靶子。古代箭靶子叫“侯”，有用布做的，也有用皮做的，中心画着猛兽等。孔子此处讲的射不是军事上的射，而是练习礼乐的射，因此以中不中为主，不以穿破皮侯为主。为：因为。同科：同等，同级。科，等级。】

孔子说：“比箭，主要不是看能否射穿皮做的箭靶子，因为各人的气力大小不一样，这是古时的规矩。”

3.17 子贡欲去告朔之饩羊。子曰：“赐也！尔爱其羊，我爱其礼。”【去：去掉，废。告朔饩（xì）羊：朔，农历每月初一为朔日。告朔，古代制度，天子每年秋冬之际，把第二年的历书颁发给诸侯，告知每个月的初一日。这历书包括哪年有无闰月，每月初一是哪一天，因之叫“颁告朔”。诸侯接受了天子的历书，藏于祖庙。每逢初一，便杀一只活羊祭于庙，然后回到朝廷听政。这祭庙叫做“告朔”，听政叫做“视朔”，或者“听朔”。饩羊，祭祀用的活羊。到子贡的时候，每月初一，鲁君不但不亲临祖庙，而且也不听政，只是杀一只活羊“虚应故事”罢了。所以子贡认为不必留此形式，不如干脆连羊也不杀。孔子却认为尽管这是残存的形式，也比什么也不留好。爱：爱惜的意思。】

子贡想把鲁国每月初一日告祭祖庙的活羊废去不用。孔子道：“赐呀，你爱惜那只活羊，我则爱惜那种礼。”

3.18 子曰：“事君尽礼，人以为谄也。”

孔子说：“按照礼节去侍奉君主，别人却以为他在谄媚呀。”

3.19 定公问：“君使臣，臣事君，如之何？”【定公：鲁君，姓姬，名宋，昭公之弟，继昭公而立，“定”是谥号。】

鲁定公问：“君主役使臣子，臣子服侍君主，各应该怎么做？”

孔子对曰：“君使臣以礼，臣事君以忠。”

孔子答道：“君主应该按照礼节来役使臣子，臣子应该忠心地服侍君主。”

3.20 子曰：“《关雎》，乐而不淫，哀而不伤。”【淫：过多，过甚。如“淫雨”即过久的雨水。】

孔子说：“《关雎》这首诗，快乐而不过分，悲哀而不痛苦。”

3.21 哀公问社于宰我。宰我对曰：“夏后氏以松，殷人以柏，周人以栗，曰，使民战栗。”【社：土地神，祭祀土神的庙也称灶。宰我：孔子的学生，名予，字子我。】

鲁哀公向宰我问，作土地神的神位应该用什么木料。宰我回答说：“夏代用松木，殷代用柏木，周代用栗木，意思是使人民战战栗栗。”

子闻之，曰：“成事不说，遂事不谏，既往不咎。”【遂事：已完成的事。】

孔子听到了这话，告诫宰我说：“已经过去的事不用解释了，已经完成的事不用再劝谏了，已经过去的事不要再追究了。”

3.22 子曰：“管仲之器小哉！”【管仲：春秋时齐国人，名夷吾，做了齐桓公的宰相，使他称霸诸侯。】

孔子说：“管仲的器量狭小得很呀！”

或曰：“管仲俭乎？”

有人问：“管仲节俭吗？”

曰：“管氏有三归，官事不摄，焉得俭？”【三归：三处豪华的公馆。摄：兼职。】

孔子道：“管仲有三处豪华的公馆，他手下的人从不兼差，怎么能说是节俭呢？”

“然则管仲知礼乎？”

那人又问：“那么管仲懂得礼仪么？”

曰：“邦君树塞门，管氏亦树塞门。邦君为两君之好，有反坫，管氏亦有反坫。管氏而知礼，孰不知礼？”【塞门：用以间隔内外视线的一种东西，形式和作用可以同今天的影壁、屏风。好：友好。反坫(diàn)：古代君主招待别国国君时，放置献过酒的空杯子的土台。】

孔子又道：“国君宫殿门前，立了一个影壁，管氏也立了个影壁；国君设宴招待别国君主，举行友好会面时，在堂上设有放置空酒杯的土台，管氏宴客也有这样的土台。如果说管仲懂得礼节，那还有谁不懂得礼节呢？”

3.23 子语鲁大师乐，曰：“乐其可知也：始作，翕如也；从之，纯如也，皦如也，绎如也，以成。”【语(yù)：告诉，名词用作动词。大师：太师，乐官名。翕(xī)：意为合、聚、协调。从(zòng)：放纵、展开。纯：美好、和谐。皦(jiǎo)：音节分明。绎：连续不断。】

孔子告诉鲁国乐官奏乐过程，说道：“音乐过程是可以了解的：开始演奏，各种乐器合奏，声音洪亮而优美；乐曲展开后，美好而和谐，节奏分明，连续不断，如流水绵绵流淌，直至演奏结束。”

3.24 仪封人请见，曰：“君子之至于斯也，吾未尝不得见也。”从者见之。【仪封人：仪，地名。封人，官名。大概是镇守边疆的小官。】

仪地的一个小官请求孔子接见他，说道：“凡是到这个地方的有道德学问的人，我从没有不求见的。”孔子的学生们领他去见孔子。

出曰：“二三子何患于丧乎？天下之无道也久矣，天将以夫子为木铎。”【木铎：铜质木舌的铃子。古代要宣布政教法令时，便摇这铃，召集大家来听。】

他出来以后说：“你们这些人为什么担心失去官位呢？天下无道已经很久了，因此上天将以孔夫子为圣人来教化天下。”

3.25 子谓《韶》，“尽美矣，又尽善也。”谓《武》，“尽美矣，未尽善也。”【《韶》：舜时的乐曲名。美：指乐曲的声音。善：指乐曲的内容。《武》：周武王时乐曲名。舜的天子之位是由尧“禅让”而来，故孔子认为“尽善”。周武王的天子之位是由讨伐商纣而来，尽管是正义战争，依孔子意，却认为“未尽善”。】

孔子评论《韶》，说：“乐曲美极了，内容也好极了。”论到《武》，说：“乐曲美极了，内容却还不够好。”

3.26 子曰：“居上不宽，为礼不敬，临丧不哀，吾何以观之哉？”

孔子说：“居于执政地位的人，不能宽厚待人，行礼的时候不严肃恭敬，参加丧礼的时候也不悲哀，这种情况我怎么能看得下去呢？”

【思维积淀】

1. 孔子谓季氏："八佾舞于庭，是可忍也，孰不可忍也？"
2. 子曰："人而不仁，如礼何？人而不仁，如乐何？"
3. 子曰："大哉问！礼，与其奢也，宁俭；丧，与其易也，宁戚。"
4. 祭如在，祭神如神在。子曰："吾不与祭，如不祭。"
5. 孔子对曰："君使臣以礼，臣事君以忠。"
6. 子曰："《关雎》，乐而不淫，哀而不伤。"

【思维探究】

1. 如何理解孔子评价《诗经》"乐而不淫，哀而不伤"？

孔子借《诗经》中的名篇《关雎》，提出了哀乐都应有所节制，体现出了儒家的中庸思想。在他看来，男女情爱是很正常也很自然的事情，但是感情的表露应当以礼节之，不应过分快乐或哀伤，要把握好自己在情感上的尺度。倘若置理智于不顾，就会造成难以估量的后果，对己对人都不利。在古代的政治生活或社会生活中，有修养的人对情感的处理都会遵循这个原则，追求中庸和适度。

做人做事应当把握好分寸，不能只知道贪图享乐。历史上，因纵情声色亡国的例子数不胜数，比如陈后主陈叔宝、南唐后主李煜、齐后主高玮等。其实，不管时代如何变化，人的性情基本没有改变，正确控制和表达自己的情感是一个具有永恒性质的话题，所以孔子的这个观点即使在今天也仍具有巨大价值。他提醒我们，做事时要控制情绪、保持理智，言行应该把握好分寸。否则，很有可能会乐极生悲。

按照现代话来说，人们所表现出来的情感，不但要具备道德上的纯洁性和崇高性，还应时刻保持着理智，这样才算完美。也就是说，凡事都要讲求适度，以中庸之道处理情感与理性的关系，才能将事情做得臻于完美。这句话对于我们现代人而言，主要有两点启示：一是如何在工作和生活中做到恰如其分，管理好自己的情绪，避免走极端路线；二是重视诗教的作用，提高自身的道德修养。

2. 孔子为什么要强调音乐的作用？

乐是孔子倡导礼制的重要内容之一。"子语鲁大师乐，曰：'乐其可知也：始作，翕如也，从之，纯如也，皦如也，绎如也，以成。'"孔子就鲁国乐官演奏音乐的全过程谈到了自己的感受。从孔子的评价中，我们不难看出他在音乐方面的造诣丝毫不逊色于鲁国当时的大乐师，这也为他宣传礼乐教化打下了坚实的基础。

古时候，乐不只是一种娱乐消遣的方式，也是陶冶情操、抒发胸臆的手段，乐与礼结合起来就构成了礼制的主要内容，二者也经常会相提并论。从孔子的言语中我们不难看出，他对音乐有着很深的造诣，而且他对音乐的要求也不只是悦耳那么简单。

在孔子的眼中，音乐与为政的道理是相通的，好的音乐不但可以滋养人的性情，还能起到改变天下风俗的作用。倘若人们整日里听着靡靡之音，思想处在一片混沌之中，那么这个国家就会出现问题，埋下动乱的种子。若是音乐之中透着一股浩然之气，必能是让人心生振奋，对美政良俗的形成有着不小的影响。而孔子所处的时代，已是“礼崩乐坏”，这让他非常痛苦伤心。就连当时掌管乐的鲁国大师，也对乐的精神不甚了了。孔子实在看不下去了，便予以指点，期望能把礼乐精神传承下来。

在古代，君王主持的祭祀、节日庆典、皇帝及太后的千秋节、君臣朝会、皇帝出巡、接见外国使者的朝觐、科举放榜传胪、送将士出征、将军凯旋献俘等重大事务中，对使用的礼乐都有明确的规定。不仅如此，同一个仪式中，开始、中间、结束时所应使用的礼乐也同样有着明确的规定。在不同场合使用的礼乐，与这一事务的性质相结合，能起到烘托肃穆气氛、熏陶君臣感情、振奋精神的作用，能使相应的国务活动显得庄严隆重，对君臣礼仪和政治伦理的形成和强化、政治秩序的稳定运行，有着潜移默化的作用。此外，音乐是人们真情实感的表达和内在感受的真实流露，人的喜怒哀乐等各种心情在音乐上都具有不同的表现。古人云：“是故治世之音安以乐，其政和；乱世之音怨以怒，其政乖；亡国之音哀以思，其民困。声音之道，与政通矣。”也就是说，由于音乐有着情感化的特征，所以可以间接地反映民风民情。统治者会通过民间音乐所表达的情感来调整相关政策。反过来，音乐也“可以善民心，其感人深，其移风易俗易”，具有教化人民的作用。所以，执政者应该积极运用或倡导某种礼乐引导民风民俗。这就是孔子强调的“乐与政通”了。

3. 孔子认为管仲“器小”的依据是什么？

在整部《论语》中，孔子对管仲的评论一共有四处，其中有批评的内容，也有肯定的部分。在本章中，孔子主要就节俭和知礼两方面对管仲提出批评，其目的主要是为了宣扬儒家思想中的“节俭”和“礼制”。

之所以认为管仲“器小”，孔子有两点依据，一是管仲缺乏节俭的美德，二是管仲不遵礼制。在孔子的政治思想中，礼制居于至高无上的地位，管仲不遵礼制，当然称不上君子。在古代道德评价中，节俭占有很大的分量，而管仲生活奢侈，故而受到孔子批评。有人也许会问，遵礼和节俭与“器小”有何关系？在孔子看来，遵礼是对传统和制度的敬畏，节俭是对自己欲望的约束，越礼必然狂妄，奢侈必然放纵，狂妄放纵的人肯定偏狭，容不下不同思想和持不同意见的人，故曰“器小”。器小之人，固然可以凭才干成功于一时，但很难广采博纳，建立起为后世效法的制度。的确，管仲辅佐齐桓公建立了伟大功业，但是，在他死后，齐国便人亡政息了。也就是说，管仲并未为建立一套真正的能使齐国长治久安的制度。孔子说他器小，可不是随便说说而已。

4. 如何理解“八佾舞于庭，是可忍也，孰不可忍也”这句话的含义？

孔子对当时的“礼乐”文明的崩坏感到忧心忡忡，对社会上那些僭越礼制的行径深恶痛绝，“孔子谓季氏：‘八佾舞于庭，是可忍也，孰不可忍也！’”。他甚至认为诸夏的“礼乐”精神被摧毁，等于是自我退为禽兽，连做“夷狄”的资格都随之丧失了：“夷狄之有君，不如诸夏之亡也！”即便是像管仲这样建有丰功伟业的贤人，也逾越

“礼制”，为“礼崩乐坏”的泛滥，推波助澜，火上加油，更遑论普通人了。“邦君树塞门，管氏亦树塞门；邦君为两君之好，有反坫，管氏亦有反坫。管氏而知礼，孰不知礼?”因此，孔子对“礼”的现状极度不满，对“礼乐”精神被弃之如敝履至为愤慨，乃是显而易见的态度。

5. 在孔子看来，“礼”和“仁”的关系是怎样的?

在“礼”与“仁”的关系上，孔子所强调的是形式与内容的统一。“礼”更多地体现为形式，“仁”更多地反映为内容。说到底，“礼”是从属于、服务于“仁”的。内容更重于形式，没有“仁”，则“礼”不免流于空泛，就不能发挥其应有的作用：“子谓《韶》：‘尽美矣，又尽善也。’谓《武》：‘尽美矣，未尽善也。’”由此可见，孔子所说的“礼”，所倡导的“礼”，从本质上说，已不是传统“周礼”的简单重复，而是注入了“仁”这个新因素、新生机的“礼”。故孔子激赏子夏“礼后乎”的见解，明确提出“绘事后素”。就这个意义而言，孔子不愧为“圣之时者”，他能够与时俱进，使传统的“周礼”在新的形势下脱胎换骨，获得生机。

6. 如何理解孔子所说的“夷狄之有君，不如诸夏之亡也”?

孔子这两句话乃是针对当时华夏诸国君不君、臣不臣现象的伤时之语。孔子的思想里有明确的“夷夏观”，后世则逐渐演变成“夷夏之防”的观念。但这并非像有些人说的孔子是在宣扬大汉族主义，孔子的本义是在提倡礼乐文明的传统。

夷狄在古代指文化落后的边远地区，没有所谓的礼乐教化。当时诸夏是周朝诸国，为华夏文明区。春秋时期，周朝曾经五年没有天子；鲁国曾经九年没有国君。孔子的思想是以礼乐文化为中心，认为那些落后地区的蛮族，虽然也有君主，但没有文化，不如华夏文明区，即使没有了君主，但传统的文化精神还是在世世代代相传。所以孔子这句话的意思是说，有政权的存在而没有文化的精神，那有什么用呢?

东夷、西戎、南蛮、北狄等少数民族，当时都居住在文化落后的边疆地区，华夏族居住中原，经济文化相对发达。可习俗野蛮、文化落后的地区，也有头领，有君主、酋长。但光有形态，没有文化有什么用?不如夏朝、殷商，虽然国家亡了，但历史文化精神永垂千古，因为它有文化。国不怕亡，亡了国还有办法复国。如果一种文化亡了，则永远不得翻身。我们今天所喜欢过的农历年，就是夏朝流传下来的文化。因此文化精神的建立是一个很重要的问题。

【思维拓展】

1. 阅读《国之歌者——聂耳》一文，思考：聂耳有哪些优秀品格?

国之歌者——聂耳

1932年4月，聂耳认识了左翼剧作家兼诗人田汉，通过田汉与中国共产党党组织取得了联系，参加了“左翼戏剧家联盟”组织的各种活动。1933年初，在白色恐怖最严重的日子里，聂耳正式加入了中国共产党，介绍人田汉和监誓人夏衍在联华影业公司的一个摄影棚里，为他秘密举行了入党宣誓。1933 年 6 月他在日记中写道："音乐与其他艺术(诗、小说、戏剧)一样，它是代替大众在呐喊，大众必然会要求音乐新的内容和演奏，并要求作曲家的新态度。"随后，聂耳为电影《母性之光》创作了插曲《开矿歌》，以民间劳动号子的节奏来表现劳苦大众的斗争生活，向靡靡之音开了第一炮。

1934 年 4 月，聂耳加盟百代唱片公司音乐部，他和先期进公司的任光、安娥等人以灌制畅销电影歌曲为名，出版了一大批进步歌曲唱片。这一年成了聂耳创作最丰盛的一年。

创作《新女性》时，他天不亮就去纱厂体验女工上班的辛苦。他还在街上与小报童交上了朋友，天天问寒问暖，著名的《卖报歌》就是这样创作出来的。1933 年冬，某天聂耳路过上海霞飞路口，看见一个外号叫"小毛头"的小女孩正在卖报，叫卖声如歌唱一般动听。了解小毛头的身世后，聂耳决定为这个可怜的报童创作一首歌曲，于是他匆匆地去找词作家安娥。当聂耳拿着安娥作词、他谱曲的《卖报歌》唱给小毛头听时，小毛头非常高兴，但又提出，能不能把用铜板买几份报写进歌词，那样就能边唱边卖了。聂耳马上回去找安娥，添上了"七个铜板就买两份报"。

1934 年夏，聂耳为影片《大路》作曲时，先到上海郊区的筑路工地与工人们一起拉压路的大铁磙，体验他们的劳动生活，并就自己创作的《大路歌》《开路先锋》征求意见，反复修改。今天，辞典里有关"聂耳"这一词条，在"《国歌》的作曲者"后面通常都会加上一句"中国新音乐的创始人"。所谓作曲家的新态度，聂耳是个很好的开拓者。

1935 年春，聂耳写下了《梅娘曲》《慰劳歌》《塞外村女》《自卫歌》四首抗日救亡歌曲，上了国民党当局的黑名单。党组织决定让聂耳到日本暂避，再去欧洲和苏联学习，聂耳也希望借此机会出国深造。就在聂耳前往日本的前夕，他看到了挚友田汉编剧的影片《风云儿女》。这个故事 1934 年秋末就写好了，几个月后田汉被捕。被捕前，他把剧本以及写好的一段歌词都交给了夏衍。聂耳得知后主动找到夏衍，当他看过田汉写好的歌词后，抑制不住内心的激动，主动请缨道："我来写吧，田汉也会同意的。"这首歌就是后来唱遍大江南北、闻名于全世界的《义勇军进行曲》，这也是聂耳人生最后的作品。

聂耳在创作时，"完全被义勇军救亡感情激励着，创作的冲动就像潮水一样从思想里涌出来"。他后来对影片导演许幸之说："为创作《义勇军进行曲》，我几乎废寝忘食，夜以继日，一会儿在桌子上打拍子，一会儿坐在钢琴面前弹琴，一会儿在楼板上不停走动，一会儿又高声地唱起来。房东老太太可不答应了，以为我发了疯，并向我下逐客令，我只好再三向她表示对不起，最后她才息了怒。"经过两个多月的酝酿，聂耳完成了《义勇军进行曲》的初稿。

在谱曲时，为了使词曲配合得更加顺畅有力，聂耳大胆地对歌词作了许多处理。他把原词末尾"我们万众一心，冒着敌人的大炮飞机前进。前进！前进！前进！"改为

“我们万众一心，冒着敌人的炮火，前进！冒着敌人的炮火，前进！前进！前进！进！”增加了叠句，以铿锵有力的休止符来收尾，把中国人民向前挺进时的坚决、勇敢表现得更加强烈。

（摘编自《文史参考》，有改动）

☞【**答案要点**】①勇敢无畏、勤奋刻苦；②爱国情怀、关爱大众；③废寝忘食，夜以继日。

2. 阅读《傅莹：中国最美外交官，优雅谦逊惊艳了全世界》，思考：傅莹身上体现了哪些传统礼仪文化的魅力？

傅莹：中国最美外交官，优雅谦逊惊艳了全世界

她少年时父亲蒙冤入狱，16岁辍学，20岁学英语，如今她身居要职，被称为中国最高雅的发言人。她是中国第一位少数民族女大使，是中国第一位驻大国女大使，是全国人大首位女性新闻发言人。她，就是傅莹。

“上山下乡”经历让自己能够吃苦、更加坚强，也变得更豁达

“文革”期间，因为父亲蒙冤被关押，傅莹中断了中学课程。1970年，在“上山下乡”的热潮中，年仅16岁的她，来到内蒙古西部的一个生产建设兵团，在那里一待就是3年多。

在广播站工作期间，她毫无文弱女孩的娇气，而是像男人一样，经常携带沉重的放映设备奔走于兵团的各个站点，爬电线杆、架银幕，为战友们放映影片。“当年电话很少，消息都通过广播，我早上和中午在广播室广播，播报天气和其他消息，还是电影放映员。”

日后，每每回忆这段经历，傅莹总说让自己印象最深的其实是身体的各种极限，饥饿、寒冷、体力透支、精神磨炼：“这些体会，都是我人生最宝贵的财富，让我能够吃苦、更加坚强，也让我变得更豁达，做事情不那么斤斤计较，乐于也敢于奉献。”

没有特别的预期、规划，只是一直努力、再努力

工作的艰苦却并没能磨掉傅莹对学习的渴望与斗志。那几年，她硬是靠着自学，学完了高中各科目的知识。1973年，她进入北京外国语学院英语系学习。

对傅莹来说，能重新获得专门的学习机会太难得了，她非常珍惜。除了英语，她又选择法语作为自己的第二外语。

傅莹和丈夫郝时远都是蒙古族人，自大学时代相识至今，夫妻俩已携手走过几十年。记者想从郝时远口中问出更多二人间的往事，他“吝啬”地说，那么多件，没法挑出哪一件来仔细说，但有一点，妻子的性格的确一直没怎么变：“大家都说她温婉，我看也是。还有努力，这是她最大的特点，从小就是这样。”

在郝时远看来，“傅莹对未来并没有特别的预期、规划，只是一直努力、再努力，这才有了今天的她”。

温婉高雅，充满了东方女性所特有的妩媚

现在，人们一提起傅莹，都会不约而同地想到“温婉高雅”这个词。傅莹总喜欢根据不同的场合，以简约的素色长围巾搭配各种色彩西服外套亮相。她的穿着总会让人眼前一亮，更有人称她为“时尚外交官”。她的发型总是保持得很好，银色而微卷，衣着也很讲究，连小饰物也同样考究。

不过，虽然穿着得体，傅莹其实很节俭，并不买很贵的衣服，买衣服时也会讨价还价，还爱和家人开玩笑。

虽然在着装方面已经有很多心得，也形成了自己的风格，在第一次参加发布会前，傅莹还是拿着几套比较正式的服装，让丈夫郝时远帮忙看看穿哪套亮相更合适。“我们一起讨论了许多细节。比如，背景板可能是什么颜色？全国人大的新闻发布会，背景板上可能会出现一些大红色块，背景板之外的墙壁又是灰白色，这些色差都需要考虑进来。”最终，他们选定了一件宝蓝色西服外套。

傅莹的朋友说她“很有女人味”，已经年过60的傅莹，容貌秀丽，温文尔雅，刚毅果断，说话柔声细语，不卑不亢，充满了东方女性所特有的妩媚。

6年前英国《金融时报》对她专访，文章由这份全球知名媒体的总编巴贝尔撰文，当时正值傅莹结束驻英大使任期之际。“这位朝我们餐桌缓缓走来的女士仪态优雅，没有中国官场上常见的那种严肃表情。身着粉红格子上衣和裙子，戴着一串粉白相间的珍珠项链，笑容灿烂。”之前，鲜有中国官员在西方媒体面前能够如此表达中国。

傅莹离开悉尼时，欢送宴上，澳大利亚联邦律政部长卢铎赞誉她是“我政治生涯中所见过的、逾千各国大使中的No.1大使，最能代表和维护中国的利益，最富有影响力和魅力”。

2009年，英国《外交官》杂志授予傅莹“年度亚洲外交官奖”，称赞她“以难得的坦率和富有人情味的方式”，“充分显示了中国希望通过合作寻求和平发展，在应对国际社会面临的共同挑战方面发挥更大作用，最终建立一个和谐世界的愿望”。

会讲故事，运用比拟和剖析这些西方人习惯的表述方式

深谙与西方主流社会沟通之道的傅莹，善用各种技巧传播中国，最为引人称道的便是“会讲故事”，而不是说大道理。这被视为向世界介绍中国的“傅莹Style”——即运用个性化和人性化的话语体系，能将个人命运与国家兴衰紧密结合，运用比拟和剖析这些西方人习惯的表述方式，不生硬，不突兀，有高潮，有转折，引经据典，行云流水，娓娓道来，游刃有余。

这种被西方舆论认为“前所未有的坦率及富有人情味”的表述方式，在她参加第一次记者会时也发挥得淋漓尽致。傅莹在答问中习惯用大家感兴趣的故事开头，她提到她的家乡、她的朋友、她的女儿。这些做法，超越了外界对中国政治官员原本刻板

生硬的想象。

1977年北外毕业后，傅莹在外交部开始了十余年的翻译生涯。她擅长于英语、法语和罗马尼亚语。先是在布加勒斯特的中国使馆工作，尔后又赴英国肯特大学深造，还一度在联合国驻柬埔寨临时权力机构担任翻译。她曾为邓小平、杨尚昆、江泽民、李鹏等党和国家领导人担任高级翻译，并参与各种国际会议、外交谈判等外交活动。

2007年4月，傅莹出任中国驻英大使。在英国工作期间，在国内极其低调的傅莹开始奔走于英国政界、商界，她在牛津大学发表演讲，主动接受英国主流媒体采访并多次公开撰文，以自己的亲身经历向英国公众讲述中国的变化，她提到母亲的粮票，提到自己曾经付出过青春岁月的电厂被拆除，也常常提到她女儿所代表的这一代中国年轻人。

2008年4月，西方媒体一边倒地歪曲中国，奥运圣火传递频频受阻。傅莹通过多次危机公关为中国挽回声誉，这也为她赢得"危机大使"美誉。2010年出任外交部副部长。2013年3月，傅莹开始担当起新的使命——成为全国人民代表大会的第七位新闻发言人。

有媒体评论道，傅莹风格的新闻发布会不仅代表中国作为一个大国的气质和心态，也带有典雅、精致的国际品质以及有温度的人文关怀。希望傅莹风格能够传递下去，更多的官员能够成为中国软实力和中国故事的优秀叙事者。

爱穿民族服装，喜欢喝奶茶，爱听长调，能歌善舞

不管走到哪里，傅莹总忘不了内蒙古，她喜欢喝自己熬的奶茶，喜欢听内蒙古的长调，喜欢选择蒙古族歌曲CD当作外交礼物。内蒙古这片广袤的草原赋予了她开朗、热情的性格，也让她变得坚韧。

"在一些隆重的场合，她总是身穿民族服装。她喜欢喝奶茶，爱听长调，有时候也会讲蒙语，能歌善舞。"

2013年8月，傅莹回到呼和浩特市送女儿出嫁。"吃饭的时候，她给大家挨个敬酒，唱了一曲《送亲歌》，还跳了蒙古族舞蹈。"表弟周堂海说，"虽然60岁了，但她舞步娴熟，舞姿很优美。"

（摘编自《搜狐网》，有改动）

☞【**答案要点**】①腹有诗书气自华，知书达理的文化魅力；②谦逊有礼而又自信从容的仪态魅力；③能歌善舞多才多艺的艺术魅力。

里仁篇第四

学 程 设 计

学习阶段	学习内容	学习策略	学习反馈
思维感知	《里仁篇》共有二十六章，其中记载孔子论述二十四章，孔子与弟子问答一章、子游论述一章。	学生略读，借助工具书，自主学习，勾画圈点，做好笔记，为精读文本奠定基础。	感知文本，建构语言。掌握字词含义，初步把握文本内容。培育思维的敏捷性。
思维积淀	深入学习文本，梳理文本各章的关联。背诵文本的精彩语句。例如“君子喻于义，小人喻于利”“见贤思齐焉，见不贤而内自省也”“君子欲讷于言而敏于行”等。	精读章节，理解文本内容。合作学习，对照翻译理解各章大意，并讨论分析，熟读成诵。	审美鉴赏，含英咀华。把握文本的深层含义，能背诵重点语句。形成健康向上的审美情趣与鉴赏品位。培育思维的严密性。
思维探究	1. 孔子在《里仁篇》中提到的仁的内涵是什么？2. 如何理解“里仁为美。择不处仁，焉得知？”这句话的含义？3. 孔子说“唯仁者能好人，能恶人”，为什么要提到“恶人”？4. 如何理解孔子所说的“君子怀德，小人怀土。君子怀刑，小人怀惠”？5. 孔子为什么说“朝闻道，夕死可矣”？6. 应如何理解“德不孤，必有邻”？	利用文本注释、译文，学习检索相关评析资料，积极思考、理解、分析、比较、推理、判断，进行探究学习，突破重点、难点。在交流研讨的过程中碰撞出思维的火花。	理性探究，辨明观念。把握文本的价值取向，理解孔子在本篇中对于“仁”的论述，如何修德修身，关于父子及乡里关系的论述等。培育思维的深刻性。
思维拓展	阅读《王泽山院士：“以身相许”火炸药》和《范旭东：一生化工救国路》两篇文章，思考相关问题。	联系现实，迁移理解。古今贯通，进一步领悟孔子思想的现实意义，进行文化传承，拓展文化视野，增强文化自觉。学习评介人物，与英模人物对话。	个性感悟，确立价值。学习王泽山和范旭东的事迹，感受英模人物的人格魅力，提升思想境界，汲取文化营养，丰富精神世界。培育思维的独创性。

【思维感知】

4.1　子曰："里仁为美。择不处仁，焉得知？"【里：名词，居住之地。这里名词用作动词，居住。处（chǔ）：住处。知：通"智"。】

孔子说："居住在有仁德之风的地方才好。选择住处，不居住在有仁德之风的地方，怎么能说是明智呢？"

4.2　子曰："不仁者不可以久处约，不可以长处乐。仁者安仁，知者利仁。"【约：穷困、困窘。朱子《集注》："约，穷困也。……不仁之人，失其本心，久约必滥，久乐必淫。"安仁、利仁：安仁是安于仁道；利仁，认为仁有利才去行仁。知：通"智"。】

孔子说："没有仁德的人不可以长久地忍受生活的贫困和不幸，也不可以享受长久的荣华富贵。有仁德的人长期安心于推行慈爱精神，聪明人认识到仁有长远利益而施行仁。"

4.3　子曰："唯仁者能好人，能恶人。"【好（hào）：爱好恶（wù）：厌恶。】

孔子说："只有讲仁爱的人，才能够正确地喜爱某人，厌恶某人。"

4.4　子曰："苟志于仁矣，无恶也。"

孔子说："假如立志追求仁德，就不会去做坏事。"

4.5　子曰："富与贵，是人之所欲也，不以其道得之，不处也；贫与贱，是人之所恶也，不以其道得之，不去也。君子去仁，恶乎成名？君子无终食之间违仁，造次必于是，颠沛必于是。"【违：离开。造词：仓促、紧迫。颠沛：形容人事困顿，社会动乱。】

孔子说："富裕和显贵是人人都想要得到的，不用正当的手段去得到它们，君子是不会去享受的；贫穷与低贱是人人都厌恶的，不用正当的方法去摆脱它们，君子是不会摆脱的。君子如果背离了仁的准则，又怎么能叫君子呢？君子是没有一顿饭的时间背离仁德的，即使在最紧迫的时刻，也必须按照仁德办事；即使在颠沛流离的时候，也一定会按仁德去办事的。

4.6　子曰："我未见好仁者，恶不仁者。好仁者，无以尚之；恶不仁者，其为仁矣，不使不仁者加乎其身。有能一日，用其力于仁矣乎？我未见力不足者。盖有之矣，我未之见也。"【尚：通"上"，用作动词，超过之意。盖：副词，大概之意。】

孔子说："我不曾见到过真正爱好仁德的人会厌恶不仁德的人。真正爱好仁德的人，他的仁德表现好像没有什么超过常人值得称赞的地方；而那些厌恶不仁德的人，他其实是在实行仁德，极力让那些不仁德的行为不表现在自己身上。有谁能整天都

"用力气"使自己表现得合乎仁德呢？我还没见过谁在爱好仁德上表现出力气不足的，大概有力气不足的人吧，只不过我不曾见到罢了。"

4.7 子曰："人之过也，各于其党。观过，斯知仁矣。"【党：类别。斯：则，就。仁：通"人"。】

孔子说："人们所犯的错误类型不一，所以仔细考察一个人所犯错误的性质，就可以知道他的为人。"

4.8 子曰："朝闻道，夕死可矣。"【道：道理，指真理。】

孔子说："早晨能够得知真理，即使当晚死去，也没有遗憾了。"

4.9 子曰："士志于道，而耻恶衣恶食者，未足与议也。"

孔子说："读书人立志于追求真理，但又以自己穿破衣吃粗食为耻辱，这种人就不值得同他谈论真理了。"

4.10 子曰："君子之于天下也，无适也，无莫也，义之与比。"【适(dí)：通"嫡"，亲近、厚待。莫：疏远、冷淡。义：适宜、妥当。比：亲近、相近。无适、无莫：指没有固定的厚薄亲疏。】

孔子说："君子对于天下的人和事情，没有固定的厚薄亲疏，而只考虑怎样做才合理恰当就行了。"

4.11 子曰："君子怀德，小人怀土；君子怀刑，小人怀惠。"【怀：思念。刑：法度。】

孔子说："君子思念的是仁德，小人思念的是乡土；君子关心的是刑罚和法度，小人则关心恩惠和私利。"

4.12 子曰："放于利而行，多怨。"【放(fǎng)：依据。利：这里指个人利益。】

孔子说："依据个人利益而行动，会招致很多的怨恨。"

4.13 子曰："能以礼让为国乎，何有？不能以礼让为国，如礼何？"【为国：治国。礼让：礼节和谦让。何有：这是春秋时代的常用语，在这里是"何难之有"的意思。如礼何：把礼怎么办，即如何实行礼制呢？】

孔子说："能够用礼让的原则来治理国家，难道还有什么困难吗？如果不能用礼让的原则来治理国家，又怎么能实行礼制呢？"

4.14 子曰："不患无位，患所以立。不患莫己知，求为可知也。"

孔子说："不愁没有职位，只愁没有足以胜任职务的本领。不愁没有人了解自己，应该追求能使别人了解自己的本领。”

4.15　子曰：“参乎！吾道一以贯之。”【贯：贯穿，统贯。】

孔子说：“曾参呀！我的学说贯穿着一个根本原则。”

曾子曰：“唯。”子出，门人问曰：“何谓也？”

曾子说：“是的。”孔子走出去以后，别的学生便问曾子道：“（老师）说的是什么意思呢？”

曾子曰：“夫子之道，忠恕而已矣。”【忠恕：据朱熹注，尽己之心以待人叫作“忠”，推己及人叫作“恕”。】

曾子道：“老师的学说，只不过是忠和恕罢了。”

4.16　子曰：“君子喻于义，小人喻于利。”

孔子说：“君子懂得的是义，小人懂得的是利。”

4.17　子曰：“见贤思齐焉，见不贤而内自省也。”【贤：有贤德的人。齐：看齐。省：反省，检查。】

孔子说：“看见贤人就应该想着向他看齐；看见不贤的人，就应该自己反省（有没有同他类似的毛病）。”

4.18　子曰：“事父母几谏，见志不从，又敬不违，劳而不怨。”【几（jī）：轻微，婉转。违：触忤，冒犯。劳：劳心、担忧。】

孔子说：“侍奉父母，对他们的缺点应该轻微婉转地劝止，如果自己的意见没有被采纳，仍然要恭敬地不触犯他们，只在心里忧愁而不怨恨。”

4.19　子曰：“父母在，不远游。游必有方。”

孔子说：“父母在世，子女不出远门。如果要出远门，也要有一定的去处。”

4.20　子曰：“三年无改于父之道，可谓孝矣。”

孔子说：“如果能够长时间地不改变父亲生前所坚持的准则，就可以说做到孝了。”

4.21　子曰：“父母之年，不可不知也。一则以喜，一则以惧。”

孔子说：“父母的年纪不能不知道。一方面因（其高寿）而喜欢，另一方面又因（其年迈）而有所担忧。”

4.22　子曰：“古者言之不出，耻躬之不逮也。”【耻：动词的意动用法，认为可耻的意思。逮（dài）：及，赶上。】

孔子说："古代的君子言语不轻易出口，他们以说了而做不到为耻。"

4.23　子曰："以约失之者鲜矣。"【约：约束。】

孔子说："因为约束自己而犯过错的，这种事情比较少。"

4.24　子曰："君子欲讷于言而敏于行。"【讷(nè)：语言迟钝。】

孔子说："君子言语要谨慎迟钝，行动要勤劳敏捷。"

4.25　子曰："德不孤，必有邻。"

孔子说："品德高尚的人不会孤单，一定会有(志同道合的人来和他做)伙伴。"

4.26　子游曰："事君数，斯辱矣；朋友数，斯疏矣。"【数(shuò)：密，屡屡。这里依上下文意译为"频繁"。】

子游说："进谏君主过于频繁，就会遭受侮辱；劝告朋友过于频繁，就会反被疏远。"

【思维积淀】

1. 子曰："里仁为美。择不处仁，焉得知？"
2. 子曰："不仁者不可以久处约，不可以长处乐。仁者安仁，知者利仁。"
3. 子曰："富与贵，是人之所欲也，不以其道得之，不处也；贫与贱，是人之所恶也，不以其道得之，不去也。君子去仁，恶乎成名？君子无终食之间违仁，造次必于是，颠沛必于是。"
4. 子曰："见贤思齐焉，见不贤而内自省也。"
5. 子曰："君子欲讷于言而敏于行。"
6. 子曰："君子怀德，小人怀土；君子怀刑，小人怀惠。"

【思维探究】

1. 孔子在《里仁篇》中提到的"仁"的内涵是什么？

孔子在《里仁篇》中所提及到的"仁"主要是指的仁德，而仁德在我们现代人看来就是指一个人的道德。第一，"仁者爱人"。这种爱，有不同的层次。首先，这种爱是从"亲亲"(爱亲人)开始的，所以孝悌是"仁之本"；其次，是广泛地爱他人，即"泛爱众，而亲仁"。对他人的爱，主要表现为"忠恕"。"忠恕"的意思就是"己欲立而立人，己欲达而达人""己所不欲，勿施于人"。总之，孔子的"仁爱"是一种有差等的、推近及远的爱。第二，"克己复礼为仁"。"克己"是一种修养功夫，既包括克制私欲，又包括提高理性思维能力。孔子认为，"为仁由己"，也就是说"为仁"主要是靠自己的修养功夫而实现的。而"礼"则是社会的规范。孔子认为，"克己"的修养功夫和对礼制的恢复可以使"天下归仁"。第三，"仁"是德性的统称。孔子说，"能行五者(恭、宽、信、敏、惠)于天下，为仁矣”。第四，“仁”是孔子所追求的最高的人生境界。一方面，任何人都有可能达到“仁”的境界——“我欲仁，斯仁至矣”；另一方面，他又认为做到仁是不容易的——“若圣与仁，则吾岂敢!”

2. 如何理解“里仁为美。择不处仁，焉得知?”这句话的含义?

这里的“仁”主要是从环境的角度来阐述人们在不同的环境中受的影响也大不同，正所谓“近朱者赤，近墨者黑”。孔子说：“跟有仁德的人住在一起，才是好的。如果你选择的住处不是跟有仁德的人在一起，怎么能说你是明智的呢?”

3. 孔子说“唯仁者能好人，能恶人”，为什么要提到“恶人”?

这句话中“仁”主要指事物双方是对立的、矛盾的。儒家在讲“仁”的时候，不仅说要“爱人”，而且还有“恨人”。虽然，孔子在这里没有说到要爱什么人，恨什么人，但有爱则必然有恨，二者是相对立而存在的。只要做到了“仁”，就必然会有正确的爱和恨。

4. 如何理解孔子所说的“君子怀德，小人怀土。君子怀刑，小人怀惠”?

孔子在这里讲君子与小人在“仁”上的分别。他说君子的思想中心在道德，违反道德的事不干，小人则不管道德不道德，只要有利益就干了。这里指出了君子与小人这两个不同类型的人格形态，认为君子有高尚的道德，他们胸怀远大，视野开阔，考虑的是国家和社会的事情，而小人则只知道思恋乡土、小恩小惠，考虑的只有个人和家庭的生计。这是君子与小人之间的区别之一。

5. 孔子为什么说“朝闻道，夕死可矣”?

“道”在孔子的话语中包含很多意义，它们主要分为两类，第一类是专有名词，表示特定的哲学观念、政治原则、文化传统，就此而言，它是指圣人之道，先王之道，这主要是儒家经典所总结的古代优秀传统，如仁爱观念，以德治国、以民为本的政治思想等。他还提出“君子之道”的概念，他曾列举其中的一些具体内容：“其行己也恭，其事上也敬，其养民也惠，其使民也义。”(《公冶长篇》)第二类是一般的抽象名词，泛指最高的真理，或最深刻的哲学原理，必须遵循的政治原则，普遍的道德法则等。如《论语》中的“邦有道则仕”“邦无道则可卷而怀之”“君子谋道不食”“君子忧道不忧贫”等。此外，还表示道路和方法。“朝问道”中的“道”当是第二种意义上使用的，不排除“道”所包含的第一种意义。

在孔子看来，“道”是人生的必由之路，是必须遵循的法则，所以他说：“谁能出不由户(指门)，何莫由斯道也”(《雍也篇》)。生命的价值、生活的意义都离不开悟道。懂得“道”才能看到人生的光明，才能发现人生的真正的美、真正的乐、真正的价值，才能为生活所陶醉。如果不能真正懂得“道”，就不知道世界的真理，不懂得生活、做人的根本道理，生活就像是在黑暗中行走，懵懵懂懂，如动物一般。不仅如此，不懂得“道”的生活，一个人轻则为种种无谓的纷争所纠缠，患得患失，陷入各种烦恼和痛苦中而不能自拔，重则闯祸犯法，遭致羞辱或惩罚。因此，孔子认为只要真正悟道，即使是在贫困的生活中人们的心灵也是快乐的。所以他说“仁者无忧”（《子罕》）。

6. 应如何理解“德不孤，必有邻”？

孔子这句话是针对有道德的人产生孤独感而讲的。

在孔子看来，君子一时产生孤独感并不奇怪，但是他们要认识到，按照道德行事，终究是不会孤独的。这里值得玩味的是句中一个“必”字。它表达了孔子的信念，也是要增强有德者的信心：虽然现在感到孤单、寂寞，但是只要坚持真理，迟早会得到人们的理解和肯定。根据孔子的理想，有德者行的是中庸之道，待人接物时态度温和，就像弟子对孔子的描绘那样“温、良、恭、俭、让”（《学而》），平时“温而厉，威而不猛，恭而安”（《述而》）。有道德的人能够在坚持原则立场和独立见解的同时，尊重别人的人格和意见，正像孔子所指出的“君子和而不同，小人同而不和”（《子路》）。他们虽然不屑于与人勾结以谋私利，但却是合群的，“君子周而不比，小人比而不周”（《为政》）。因此，君子不会走极端，一般不会经常与普通人发生激烈的冲突。因此坚持道德原则并不必定会脱离群众，成为孤家寡人。而从理想的情况来说，真正有道德的人具有“所过者化”的道德感化力和人格魅力，自然会得到人们的敬仰。

孔子这句话的用意可能是为了安慰那些处于污浊的社会环境和贫贱困境之中、其思想行为不为人们所理解的情操高洁之士。孔子深信，他们也是会发现志同道合者，终究会找到知音的。因为真理、道德的光芒终究是遮掩不住的，必定会照亮越来越多的心灵。在这种光芒的照射下，那些追求真理和合乎道德的生活的人是会不期而遇的。

实际上我们可以从更大的视域解读“德不孤”，就是说，这三个字不是只在自己的周围发现知音，因为在现实中坚守节操之士感到极度孤独的时候，其精神可以超越时空，与古圣人交游。孔子自己就是这样的，他的精神不断与几百年前的周公进行心灵对话，所以他经常梦见周公。到晚年的时候，他曾为不常梦见周公而感到悲哀，说：“甚矣吾衰矣，久矣吾不复梦见周公。”（《述而》）孔子提供了一种寻求精神慰藉的方法。美国现代思想家弗罗姆曾经指出过这类方法对于那些处于严酷的逆境中的精神价值追求者的巨大作用，他说：“与世界发生精神联系可以有多种形式，居于密室而信仰上帝的僧侣、身陷囹圄而又觉得自己的同志就在身边的政治犯，在精神上就不孤独。”（弗罗姆《逃避自由》）此话有助于我们理解孔子“德不孤，必有邻”的不朽名言。

【思维拓展】

1. 阅读《王泽山院士：“以身相许”火炸药》，思考：“仁”的思想在王泽山院士身上是如何体现的？

王泽山院士："以身相许"火炸药

"学术会议参加不少，但对这种采访不太适应。"眼前这位三次获得国家最高科技大奖的"80后"院士并不太习惯面对媒体，有点腼腆地说，自己"只是个一辈子只能做好一件事情的人"。

中国工程院院士、南京理工大学教授王泽山在火炸药这个"不起眼"的国防领域，整整奋斗了64个年头，为我国火炸药事业从跟踪仿制到进入创新发展作出了重要贡献，书写了一段带领我国火炸药整体实力进入世界前列的传奇。

投身"不起眼"的火炸药领域

火炸药是火炮、火箭、导弹、航弹、鱼雷等火力打击武器的能源，完成发射、推进和毁伤功能。火炸药在很大程度上决定了一个国家武器的装备水平，并有效提升传统兵器到尖端武器的战斗效能。但在世界近代几百年的时间里，我国的火炸药技术却一直落后。

王泽山从19岁进入哈军工开始，就选择了火炸药专业。"跟航天、导弹等热门行业相比，这项工作太基础、太枯燥、太危险了，甚至一辈子也出不了名。"正因为这样，同期20多人中只有王泽山一人报了这个"不起眼"的专业。

他坚信，任何专业都可以实现自己兴国强军的梦想。甚至是在"文革"那个特殊的年代，也没有中断过自己的研究。"文革"一结束，他也迎来了自己科学研究的大"爆发"。

1985—1990年，王泽山率先攻克了废弃火炸药再利用的多项关键技术，为消除废弃含能材料公害提供了技术条件。该技术获1993年国家科学技术进步奖一等奖。

与此同时，王泽山又针对火炸药的另一世界难题——低温度感度技术发起冲击。他带领团队不断尝试，打破原有规律，构建了火药燃速与燃面的等效关系，并发现了能够弥补温度影响的新材料，解决了长贮稳定性问题，显著提高了发射药的能量利用率。该技术获1996年唯一一项国家技术发明奖一等奖。

如今，该技术已应用于我国武器装备，使武器性能摆脱了环境温度的影响。而国外的低温度感度技术至今仍存在贮药稳定性、使用局限性等问题。

回顾与火炸药"以身相许"的60多年光阴，王泽山对于当初的选择始终无怨无悔："这是一个国家需要、个人前途更加灿烂的最佳选择。"

创新就是多想一步

王泽山的学生们都说：在老师的身上，体现得最充分的是坚持不懈、永不服输的拼搏精神和追求卓越、勇攀高峰的创新精神。一个问题的解决，往往意味着他另一个新研究方向的开始。

远射程与模块发射装药是火炮实现"高效毁伤、精确打击、快速反应、火力压制"的关键技术，也是火炮系统现代化重要的发展方向。

王泽山带领团队耗时20多年，利用自己另辟蹊径创立的装药新技术和弹道理论，终于研发出了具有普遍适用性的远射程、低过载等式模块装药技术。该技术获2016

年国家技术发明奖一等奖。

通过实际验证，我国火炮在应用该技术后，其射程能够提高20%以上，或最大发射过载有效降低25%以上，应用此项技术使弹道性能全面超过其他国家的同类火炮。这项提升我军主战武器火炮性能的核心技术目前已广泛应用于我国多种武器装备和型号的研制。

“王老师经常讲，创新就是多想一步，不去重复别人的老路，遇到困难顶着上。”正因为受到王泽山学术思想和人格魅力的感召，他的首位博士生萧忠良毕业多年后又选择回到南京理工大学与他一起工作。

王泽山在学术研究上时常谆谆教导他的团队：“凡是从事工程技术研究的人，不能一味地跟踪国外的研究、简单地仿制研究，一定要有超越意识，要做出真正有水平的研究成果。”

如今，82岁的王泽山带领他的团队已经将目标瞄准了新的研究方向，准备向新的技术难关发起冲击。他说：“作为从事科学工作的人，我更加明白科学技术的力量，也深深懂得重要科技领域的优势是维护国家安全的重要筹码。中华民族的伟大复兴是每个中国人渴求的，也是人人有责的。正是它在始终支撑着我。”

“低温感”的学术大家

在王泽山的生活里，从来没有节假日的概念。即使是现在80多岁了，他一年之中，依然还有二分之一的时间是工作在试验场地。

由于火炸药的易燃易爆性，很多实验尤其是弹药性能的验证过程都必须在人烟稀少的野外进行，这就注定了实验环境条件都是艰苦的。尽管如此，王泽山从来不在办公室里坐等实验数据和结果出来，而是不顾年事已高，亲临一线参加相关实验。

让大家印象深刻的是，有一次他们去内蒙古阿拉善靶场做实验，当时室外的温度只有零下二十六七度，就连做实验用的高速摄像机都“罢工”了。可80岁的王泽山却和年轻人一样，在外面一呆就是一整天。他还开玩笑地说：“我天生‘低温感’，承受得住。”

这位受人敬重的学术大家，在生活上却是异常简单的人。王泽山自己理发，平时出差自己上网订机票、订宾馆。由于需要频繁出差，他的手机里存了很多出租车司机的电话。在他看来，要求学校派车，别人就要多跑一趟，有时还会遇到晚点等各种情况，还不如自己叫车来得方便。

当选院士之后，社会工作容易牵扯较多的时间和精力，王泽山一直很清醒地认为：“自己这一辈子，除了能做火炸药研究这一件事，别的都不擅长。我的生活已经跟科研分不开了。一旦离开，就会感觉自己好像失去了生活的重心。”

每当一个人的时候，王泽山会躺在床上，静静地思考一个个和火炸药相关的问题。想到关键的时候，他会猛然起身，拿起纸和笔记录下来。“只要是在工作，即使只是简单地吃个盒饭，也是一种幸福。”王泽山享受这样的感觉。

（摘自《科学网》，2017年5月15日）

☞【**答案要点**】重义轻利，为了家国大义，他舍弃了自己的小利，在这个“太基础、太枯燥、太危险、甚至一辈子也出不了名”的领域默默坚守。

2. 阅读《范旭东：一生化工救国路》，结合《里仁篇》分析范旭东先生在“义”与“利”之间的选择的意义。

范旭东：一生化工救国路

范旭东，原名源让，字明俊，生于湖南湘阴。6 岁时，祖父和父亲相继去世，家境由小康而一贫如洗。因姑母资助，才得以就学。17 岁时，随兄源濂东渡日本求学。(参看《范源濂》)时值戊戌政变不久，庚子国难正甚，于是他改名锐，字旭东，“表示一辈子锐意进取的决心”。在日本，范旭东涉猎政治、哲学、武术、医学等科，最终立志“工业救国”。1908 年，他考入京都帝国大学应用化学科，两年后毕业，留校任教。至辛亥革命消息传来，当即决定回国。

1912 年，范旭东回到北京，得时任民国教育总长的乃兄照应，任职财政部。翌年，奉派赴欧洲考察盐政，回国后，不料政局发生变动。在梁启超、范源濂等支持下，他辞去公职，在天津塘沽集资创办了久大精盐股份公司，自 1915 年投产，至 30 年代成为中国最大的精盐企业。不过，范旭东创办“久大”并非初衷：“他原准备从制碱入手”，“创建中国的重化学工业”；因制碱技术复杂，故决定先从盐业干起。

家世渊源原本让他可走辽阔的仕途，或成为一个轻松的官商，他却甘心以一个科学家的身份投身于艰辛的民族工业。早年，他被家人送到日本读书，一个日本校长对他说：“俟君学成，中国早亡矣。”此言，刺激了他的一生。从京都帝国大学理学院应用化学系毕业后，他随即回国，立志于复兴中国的盐业。当时，西方发达国家已明确规定，氯化钠含量不足 85%的盐不许用来做饲料；而在中国许多地方仍用氯化钠含量不足 50%的盐供人食用。实际上，制作精盐并不难，成本也不高，只是中国当时缺少化工人才，无人涉足该领域。精盐市场，长期被英商和日商垄断。

1915 年，范旭东在天津创办久大精盐公司，股本 5 万元。他在塘沽的渔村开始研制精盐，很快令纯度达到 90%以上。范旭东亲自设计了一个五角形的商标，起名“海王星”。

久大精盐很快遭到国内外盐商的围剿，日商在报纸上散布“海王星”有毒的谣言，英国驻华公使甚至企图用军舰封锁天津港，阻止运盐船出港。国内的盐商更是群起攻伐。数百年间，全国的食盐产销历来由官商合伙垄断，江淮大盐商们左右着盐的价格，他们形成了一个庞大而错综的利益集团。久大精盐在很长时间内无法销到长江以南，范旭东甚至还被军阀绑架，后由家人四处斡旋才被放了回来。1917 年，久大精盐销出 1 万担，1923 年增加到 4 万多担，1936 年达到顶峰，约 50 万担。

在精盐上取得突破后，范旭东马上又转战制碱业。1918 年，永利制碱公司在塘沽成立。

1924 年 8 月，永利投入 200 万元，终于产出了第一批成批量的碱制品。可是，令人失望的是，这批碱制品仍是红黑相间的劣质碱。消息传出，英资公司发出一阵嘲笑之声。此时，4台船式煅烧炉全部烧坏，无法再用，全厂一度被迫停产，苦候数年的股东们已是失去了耐心，唯有范旭东仍然咬牙坚持。

一年多后，1926年6月29日，永利终于生产出纯净洁白的合格碱，全厂欢腾。8月，在美国费城举行的万国博览会上，永利纯碱荣膺大会金质奖章，专家的评语是："这是中国工业进步的象征。"

范旭东在创办实业的同时，积极提倡科学救国，尊重知识，尊重人才，积极参与和支持科学研究工作。

早在1922年，他就创办了黄海化学工业研究社，把久大、永利两公司给他的酬金用作该社的科研经费。这是我国第一家专门的化工科研机构，也是他自喻为毕生创办的第三件大事业。黄海化学工业研究社的前身为久大塘沽盐厂的化验室，开始主要利用精制食盐余下的卤水制取硫代硫酸钠，以及生产咸味刷牙水和漱口水等，后来又利用永利碱厂的副产品生产碳酸钙、碳酸镁。它出产的明星牌牙膏(也带有盐分)，在抗战前后一个时期内独步市场，风行一时。

范旭东创设黄海化学工业研究社的宗旨和目的，不仅为本企业的生产服务，解决制盐和制碱中的一些科研问题，而且培养造就了一批化工科技人才，为振兴我国的化学工业服务。

黄海与永利、久大联合组成"永久黄集团"。集团还创办了《海王旬刊》。该刊在范旭东的主持下制订了"四大信条"：1. 在原则上绝对相信科学；2. 在事业上积极地发展实业；3. 在行动上宁愿牺牲个人，顾全大局；4. 在精神上以服务社会为最大光荣。从1928年至1949年，《海王旬刊》累计出版600多期，范旭东先后亲自为该刊撰稿逾百篇。永利、久大两公司和黄海化学工业研究社的数千名职工在"四大信条"的鼓舞和鞭策下，为发展我国的化学工业和科学研究事业迈出了坚定的步伐，其中范旭东不愧是实践这些信条的典范。

范旭东本着"以能为社会服务为最大光荣"的信条，抗战期间还创办了中国工业服务社。他亲自为该社拟订章程，规定其宗旨是："协助有志兴办工业的团体或私人，为其提出的工业生产项目，共同进行调查研究，如资源、厂址、技术工艺、设备要求和投资计划及市场需要等。"一经委托和受托双方取得协议，即由该社提出建设方案和工程计划，从永利、久大、黄海等单位中抽调人员协同委托单位实施。这个服务社刚刚办起，就与四川省南川县的一煤矿签订合同。这也是我国化工科技咨询服务工作早期的一次成功范例。

范旭东十分热衷于学术活动和教育事业，曾担任中国自然科学社理事达30余年，曾被推选为中华化学工业会副会长、中国化学会副理事长。他还继兄长范源濂之后担任过中华书局董事，对出版事业提出了许多有益的建议。他还是天津南开大学和湖南私立隐储女校的校董。他对南开大学化学系和经济研究所捐赠过奖学金，以鼓励优秀学生。

1945年10月2日，范旭东终因操劳过度，致积劳成疾，突患恶疾(据称急性肝炎)，10月4日下午3点溘然长逝，终年62岁。临终前，叮嘱后人要"齐心合力，努力前进”。

范旭东性格直率坦荡，不假掩饰；事业外，没有任何业余爱好。他身上充满了企业家精神，不置汽车，不营大厦，一生只拿50元工资。卢作孚曾讲：“中国真正的人才，范旭东先生要算一个。”

（摘编自《中国论文网》，作者：华声，有删改）

☞**【答案要点】**①出身仕宦，不为官商，舍利取义，真君子；②涉足“盐”道，打破垄断，为民谋福利，有胆识；③兴学术，办教育，拿低薪，利国利民，有大义。

公冶长篇第五

学 程 设 计

学习阶段	学习内容	学习策略	学习反馈
思维感知	《公冶长篇》共有二十八章。记有孔子言论十八章，孔子与子贡对话六章，与漆雕开、孟武伯、子张对话各一章，与颜渊、季路对话一章。	学生略读，借助工具书，自主学习，圈点勾画，做好笔记，为精读文本奠定基础。	感知文本，建构语言。掌握字词含义，初步把握文本内容。培育思维的敏捷性。
思维积淀	深入学习文本，梳理文本各章的关联。背诵文本的精彩语句。例如“敏而好学，不耻下问”，“十室之邑，必有忠信如丘者焉，不如丘之好学也”等。	精读章节，理解文本内容。合作学习，对照翻译理解各章大意，并讨论分析，熟读成诵。	审美鉴赏，含英咀华。把握文本的深层含义，能背诵重点语句。形成健康向上的审美情趣与鉴赏品位。培育思维的严密性。
思维探究	1. 如何理解“能见其过而内自讼”？2.“子使漆雕开仕”这个语段中，让孔子高兴的原因是什么？3.“孟武伯问子路仁乎”这段文字中，孔子对自己三个学生的评价标准是什么？4. 如何理解孔子所说的“赐也，非尔所及也”？5. 如何理解子路、颜渊和孔子的志向？6. 从《公冶长篇》中，我们可以看出孔子怎样的处世智慧？	利用文本注释、译文，学习检索相关评析资料，积极思考、理解、分析、比较、推理、判断，进行探究学习，突破重点、难点。在交流研讨的过程中碰撞出思维的火花。	理性探究，辨明观念。把握文本的价值取向，理解本篇中主要记述孔子从仁德的各个角度品评古今人物之得失，并与弟子从各个侧面探讨仁德的特征。培育思维的深刻性。
思维拓展	阅读《逝者：“布鞋院士”李小文生前二三事》和《中国现代气象学之父叶笃正》两篇文章，思考相关问题。	联系现实，迁移理解。古今贯通，进一步领悟孔子思想的现实意义，进行文化传承，拓展文化视野，增强文化自觉。学习评介人物，与英模人物对话。	个性感悟，确立价值。学习李小文和叶笃正的事迹，感受英模人物的人格魅力，提升思想境界，汲取营养，丰富精神世界。培育思维的独创性。

【思维感知】

5.1　子谓公冶长，“可妻也。虽在缧绁之中，非其罪也”。以其子妻之。【公冶长：孔子的学生，复姓公冶，名长。妻(qì)：名词作动词用，指把女子嫁给某人。缧绁(léi xiè)：捆绑犯人的绳索，这里代指监狱。子：古时儿女都称子，这里指女儿。】

孔子谈到公冶长时说：“可以把女儿嫁给他。他虽然被关在监狱之中，但那不是他的罪过。”于是便把自己的女儿嫁给了他。

5.2　子谓南容：“邦有道，不废；邦无道，免于刑戮。”以其兄之子妻之。【南容：孔子的学生，姓南宫，名适，字子容。兄之子：孔子的哥哥先于孔子去世，所以孔子替他女儿主婚。】

孔子谈到南容时说：“国家政治清明的时候，他不会被罢免；国家政治黑暗的时候，他也可以免于刑罚。”于是把自己兄长的女儿嫁给了他。

5.3　子谓子贱，“君子哉若人！鲁无君子者，斯焉取斯?”【子贱：姓宓，名不齐，字子贱。生于公元前521年，比孔子小49岁。若人：这个，此人。斯焉取斯：斯，此。第一个“斯”指子贱，第二个“斯”字指子贱的品德。】

孔子评论子贱说：“这个人是君子呀！如果鲁国没有君子的话，他是从哪里获得这种好品德的呢?”

5.4　子贡问曰：“赐也何如?”子曰：“女，器也。”曰：“何器也?”曰：“瑚琏也。”【瑚琏：古代祭祀时盛粮食用的器具，很珍贵。】

子贡问孔子：“我这个人怎么样?”孔子说：“你呀，好比一个器具。”子贡又问：“是什么器具呢?”孔子说：“是瑚琏。”

5.5　或曰：“雍也仁而不佞。”子曰：“焉用佞？御人以口给，屡憎于人。不知其仁，焉用佞?”【雍：孔子的学生，姓冉，名雍，字仲弓。佞(nìng)：能说会道，有口才。御：抵挡，这里指争辩。口给(jǐ)：指应对敏捷，嘴里随时都有回应的话语，也就是“佞”的意思。】

有人说：“冉雍这人有仁德，却没有口才。”孔子说：“何必要有口才呢？伶牙俐齿地同别人争辩，常常惹人讨厌。我不知道他是否可称得上仁，但为什么要有口才呢?”

5.6　子使漆雕开仕。对曰：“吾斯之未能信。”子说。【漆雕开：孔子的学生，姓漆雕，名开，字子若。吾斯之未能信：是“吾未能信斯”的倒装。信，信心。斯，代词，指孔子让他出仕这件事。说：通“悦”。】

孔子叫漆雕开去做官。漆雕开回答说：“我对做官还没有信心。”孔子听了非常高兴。

5.7　子曰："道不行，乘桴浮于海。从我者，其由与?"子路闻之喜。子曰："由也好勇过我，无所取材。"【桴(fú)：用来在水面浮行的木排或竹排，大的叫筏，小的叫桴。从：跟随、随从。】

孔子说："如果我的主张的确无法推行，我就乘上木筏子漂流到海外去。能跟随我的，大概只有仲由吧?"子路听到这话很高兴。孔子说："仲由啊，好勇的精神超过了我，这就没有什么可取呀。"

5.8　孟武伯问："子路仁乎?"子曰："不知也。"又问。子曰："由也，千乘之国，可使治其赋也，不知其仁也。"

孟武伯问孔子："子路算得上有仁德吗?"孔子说："我不知道。"孟武伯又问。孔子说："仲由呀，在拥有一千辆兵车的国家里，可以让他管理军事，至于他有没有仁德，我就不知道了。"

"求也何如?"子曰："求也，千室之邑，百乘之家，可使为之宰也，不知其仁也。"【宰：卿大夫的家臣、总管。】

孟武伯又问："冉求这个人怎么样?"孔子说："冉求这个人，可以让他在一个有千户人家的公邑或有一百辆兵车的大夫封地里当总管，至于他有没有仁德，我就不知道了。"

"赤也何如?"子曰："赤也，束带立于朝，可使与宾客言也，不知其仁也。"【赤：姓公西名赤，字子华，生于公元前509年，孔子的学生。束带立于朝：指穿着礼服立于朝廷。】

孟武伯又问："公西赤又怎么样呢?"孔子说："公西赤嘛，可以让他穿着礼服，站在朝廷上，与宾客会谈，至于他有没有仁德，我就不知道了。"

5.9　子谓子贡曰："女与回也孰愈?"对曰："赐也何敢望回? 回也闻一以知十，赐也闻一知二。"子曰："弗如也! 吾与女弗如也。"【女：通"汝"，你。愈：超过，胜过。望：比。】

孔子对子贡说："你和颜回哪一个强些?"子贡回答说："我怎么敢和颜回相比呢? 颜回听说一件事就可以类推出十件事，我听说一件事不过类推出两件事罢了。"孔子说："赶不上他，我和你都赶不上他!"

5.10　宰予昼寝。子曰："朽木不可雕也，粪土之墙不可杇也。于予与何诛?"子曰："始吾于人也，听其言而信其行；今吾于人也，听其言而观其行。于予与改是。"【杇(wū)：通"圬"，涂抹，粉刷。与(yú)：通"欤"，语气词，下文"于予与改是"中的"与"同义。诛：责备。】

宰予在白天睡觉。孔子说："腐烂的木头不能雕刻。粪土一样的墙面不能粉刷!

对于宰予这样的人，还有什么好责备的呢？”又说：“起初我对于人，听了他说的话就相信他的行为；现在我对于人，听了他说的话却还要观察他的行为。这是因为宰予的表现而改变了我对人的态度的。”

5.11 子曰：“吾未见刚者。”或对曰：“申枨。”子曰：“枨也欲，焉得刚？”【申枨（chéng）：孔子的学生。】

孔子说：“我没有见过刚毅不屈的人。”有人答道：“申枨是这样的人。”孔子说：“申枨欲望很多，怎么可能刚毅不屈呢？”

5.12 子贡曰：“我不欲人之加诸我也，吾亦欲无加诸人。”子曰：“赐也，非尔所及也。”【加：施加。】

子贡说：“我不愿别人（把不合理的事）强加给我的，我也不愿（把不合理的事）强加给别人。”孔子说：“赐呀，这不是你可以做得到的。”

5.13 子贡曰：“夫子之文章，可得而闻也；夫子之言性与天道，不可得而闻也。”【文章：这里指孔子传授的诗书礼乐等古代文献学问。性：人的本性。天道：天命。《论语》书中孔子多处讲到天和命，但不见有孔子关于天道的言论。】

子贡说：“老师讲授的礼、乐、诗、书的学问，是（我们）能够听到的；老师讲授的人性和天道的理论，（我们）从来没有听到过。”

5.14 子路有闻，未之能行，唯恐有闻。

子路在听到了什么道理，如果没有来得及亲自去实行，便唯恐又听到新的道理。

5.15 子贡问曰：“孔文子何以谓之‘文’也？”子曰：“敏而好学，不耻下问，是以谓之‘文’也。”【孔文子：卫国大夫，姓孔，名圉，谥号“文”。耻：意动用法，以……为耻。】

子贡问道：“孔文子为什么被谥为‘文’呢？”孔子回答说：“他聪敏又勤奋好学，不以向不如自己的人请教为耻，所以被谥为‘文’。”

5.16 子谓子产：“有君子之道四焉：其行己也恭，其事上也敬，其养民也惠，其使民也义。”【子产：春秋时郑国的贤宰相，著名政治家。姓公孙，名侨，字子产，在郑简公、郑定公时执政22年，使郑国能够在晋国和楚国两大强国之间得到尊敬和安全。行己：自我修养。】

孔子谈论子产说：“他具备君子之道的地方有四个方面：自我修养严肃认真，服事君王恭敬谨慎，教养人民多用恩惠，役使百姓合乎道义。”

5.17 子曰：“晏平仲善与人交，久而敬之。”【晏平仲：即晏婴，春秋时齐国著

名贤大夫，齐灵公、齐庄公、齐景公时执政。】

孔子说："晏平仲善于和别人交朋友，交往越久，别人越尊敬他。"

5.18 子曰："臧文仲居蔡，山节藻棁，何如其知也？"【臧文仲：姓臧孙名辰，"文"是他的谥号。因不遵守周礼，被孔子指责为"不仁"、"不智"。居蔡：居，作动词用，藏的意思。蔡，国君用以占卜的大龟。蔡这个地方产龟，所以把大龟叫做蔡。山节藻棁(zhuō)：节，柱上的斗拱。棁，房梁上的短柱。把斗拱雕成山形，在棁上绘以水草花纹。这是古时装饰天子宗庙的做法。知：通"智"。】

孔子说："臧文仲为产自蔡地的大乌龟盖了一间房子，房子的斗拱雕成山的形状，短柱上画以水草花纹，他这样做算一种什么样的聪明呢？"

5.19 子张问曰："令尹子文三仕为令尹，无喜色；三已之，无愠色。旧令尹之政，必以告新令尹。何如？"【令尹子文：令尹，楚国的官名，相当于其他国家的宰相。根据《左传》记载，子文于鲁庄公三十年开始做令尹，到僖公二十三年让位给子玉，其中相距28年，在这28年中几次被罢免又被任命。三：不是实指，而是概数，可译为"几"。已：停止，这里指被罢免。】

子张向孔子问道："楚国的令尹子文，三次当令尹，没有喜悦的神色；三次免官，没有怨恨的神色。自己在任期间的事务，一定会告诉新上任的令尹。这个人怎么样？"

子曰："忠矣。"

孔子说："可以说是尽忠了。"

曰："仁矣乎？"

子张再问："算得上仁吗？"

曰："未知，焉得仁？"【知：通"智"。】

孔子说："他的智还没有显示出来，这怎么能算是仁呢？"

"崔子弑齐君，陈文子有马十乘，弃而违之。至于他邦，则曰，'犹吾大夫崔子也。'违之。之一邦，则又曰：'犹吾大夫崔子也。'违之。何如？"【崔子：崔杼，齐国的大夫。陈文子：齐国大夫，名须无。违：离开。】

子张又问道："崔杼杀了齐庄公，陈文子有四十匹马，他都舍弃不要，就离开了齐国。到了另一个国家，说道：'这里的执政者和我国的崔子差不多'，又离开了。再到了一个国家，又说道：'这里的执政者和我国的崔子差不多'于是又离开。这个人怎么样呢？"

子曰："清矣。"

孔子说："可算得上清高啊。"

曰："仁矣乎？"

子张问道："算不算仁呢？"

曰："未知，焉得仁？"

孔子说："他的智还没有显示出来，这怎么能算是仁呢?"

5.20 季文子三思而后行。子闻之，曰："再，斯可矣。"【季文子：鲁国大夫季孙行父，素以谨慎多疑著称。"文"是谥号。再：两次。】

季文子遇事总要反复考虑多次后才行动。孔子听说后说："考虑两次也就可以了。"

5.21 子曰："宁武子，邦有道，则知；邦无道，则愚。其知可及也；其愚不可及也。"【宁武子：卫国大夫，姓宁，名俞，"武"是谥号。】

孔子说："宁武子这个人，当国家政治清明的时候就聪明，当国家政治黑暗的时候就装傻。他的那种聪明是别人可以做到的，他的装傻却是没有人能够赶得上的。"

5.22 子在陈，曰："归与！归与！吾党之小子狂简，斐然成章，不知所以裁之。"【陈：古国名，大约在今河南东部和安徽北部一带。吾党之小子：古代以500家为一党。吾党意即我的故乡。狂简：志向远大但行为粗率。斐(fěi)然：有文彩的样子。裁：剪裁，引申为教育、指导。】

孔子在陈国，说："回去吧！回去吧！我家乡的那些学生志向远大但行为粗率，文采虽然很出众，我真不知道该如何去指导他们。"

5.23 子曰："伯夷、叔齐不念旧恶，怨是用希。"【伯夷、叔齐；商代时孤竹君的两个儿子，父亲死后因互相推让王位，都逃到周文王那里。周武王起兵讨伐商纣时，他们以为这是以臣弑君，拦住车马劝阻。周朝统一天下后，他们以吃周朝的粮食为可耻，饿死于首阳山。旧恶：宿怨，旧仇。是用：是以，因此。希：通"稀"，少。】

孔子说："伯夷、叔齐不记过去的旧仇，因此别人对他们的怨恨很少。"

5.24 子曰："孰谓微生高直？或乞醯焉，乞诸邻而与之。"【微生高：姓微生名高，鲁国人。以直爽著称。醯(xī)：醋。】

孔子说："谁说微生高这个人直爽？有人向他求点醋，他却向邻居那里讨来给人家。"

5.25 子曰："巧言、令色、足恭，左丘明耻之，丘亦耻之。匿怨而友其人，左丘明耻之，丘亦耻之。"【左丘明：鲁国史官，相传为《春秋左氏传》和《国语》的作者。】

孔子说："花言巧语，面貌伪善，过分恭敬，这种人，左丘明认为可耻，我也认为可耻。心底暗藏对某人的怨恨，表面却要去和那人交好，这种人，左丘明认为可耻，我也认为可耻。"

5.26 颜渊、季路侍。子曰："盍各言尔志?"【侍：古代后辈陪从在尊长者之旁叫做侍。若坐侍，则称侍坐。盍："何不"的合音字。】

颜渊、子路侍立于孔子身旁。孔子说："何不各自谈谈你们的志向呢?"

子路曰："愿车马，衣轻裘，与朋友共，敝之而无憾。"

子路说："我愿拿出自己的车马、穿的衣服，来和朋友们共享，即使用坏了也毫不遗憾。"

颜渊曰："愿无伐善，无施劳。"【伐善：夸耀自己的长处。施：表白。】

颜渊说："我愿不夸耀自己的长处，不宣扬自己的功劳。"

子路曰："愿闻子之志。"

子路又说："(我们)希望听一听老师您的志向。"

子曰："老者安之，朋友信之，少者怀之。"【怀：关怀，照顾。】

孔子说："我愿老年人安度晚年，朋友之间相互信任，年幼的人得到照顾。"

5.27 子曰："已矣乎，吾未见能见其过而内自讼者也。"【讼：责，责备。】

孔子说："算了吧！我没有见到过发现自己有错误便能自我责备的人。"

5.28 子曰："十室之邑，必有忠信如丘者焉，不如丘之好学也。"

孔子说："在只有十户人家的小地方，也一定有像我这样忠诚守信的人，只是他们不像我这样好学罢了。"

【思维积淀】

1. 子曰："敏而好学，不耻下问，是以谓之'文'也。"

2. 子谓子产："有君子之道四焉：其行己也恭，其事上也敬，其养民也惠，其使民也义。"

3. 季文子三思而后行。子闻之，曰："再，斯可矣。"

4. 子曰："巧言、令色、足恭，左丘明耻之，丘亦耻之。匿怨而友其人，左丘明耻之，丘亦耻之。"

5. 子曰："老者安之，朋友信之，少者怀之。"

6. 子曰："十室之邑，必有忠信如丘者焉，不如丘之好学也。"

【思维探究】

1. 如何理解"能见其过而内自讼"?

孔子这句话是基于他对人性的弱点和人类的通病的深刻观察而提出的。

"能见其过"四字表明孔子这句话首先要人们能够看到自己的过错，这是最起码的要求。有些人犯了过错以后羞于承认，以为承认自己的错误是很不光彩的，所以往往强词夺理，千方百计为自己辩解，竭力加以掩饰；有的则"以攻为守"，用攻击别人的做法来为自己开脱。实际上这正是邪恶在进攻自己健康的心灵。

特别值得体味的是“自讼”两字，在孔子看来，产生了错误以后不应当只是在外部压力之下被动地、勉强地、轻描淡写地自我检查一番，而是要按照自己良心的需要，主动地痛下决心，以严厉的态度审问自己，以犀利的批判之刀锋解剖自己。“讼”是打官司，以严正的态度，充满义愤地揭露罪恶，司法者在起诉犯人时，对其罪行务求不遗漏一项，件件落实；对其犯法行为的危害和恶果加以充分揭露，态度严峻，言辞尖锐，惟恐人们对犯人及其罪行轻易放过。孔子希望人们用这样的态度来检查自己的错误。这种“自讼”不是故意跟自己过不去，而是为了使灵魂获得新生。强烈的内疚显示了一个人的生命力，它能使其精神从昏昏欲睡中清醒过来。良心的觉醒就是灵魂的伟大。

2.“子使漆雕开仕”这个语段中，让孔子高兴的原因是什么？

不是高兴漆雕开对做官还没有信心这事本身，而是高兴他能够说出这样的话。

所谓“人贵有自知之明”。漆雕开能够自我认识，认为自己对于做官还不太有把握，于是便实事求是地说了出来，而不是一听老师说让自己去做官，便不管三七二十一，一口答应下来，走马上任去混它一混了事。这一方面说明他很有自知之明，谦虚谨慎；另一方面也说明他对做官这事已有所认识，不然他怎么会认为自己离胜任还有所差距呢？除了这两方面之外，还可以看出他并不像一般读书人那样急功近利，汲汲于功名富贵。由于有这些方面的原因，所以孔子对他的回答非常满意。当然，最主要的，还是因为他有自知之明，而一般人却很难做到这一点。

3.“孟武伯问子路仁乎”这段文字中，孔子对自己三个学生的评价标准是什么？

其评价标准就是“仁”。他说，他们有的可以管理军事，有的可以管理内政，有的可以办理外交。在孔子看来，他们虽然各有自己的专长，但所有这些专长都必须服务于礼制、德治的政治需要，必须以具备仁德情操为前提。实际上，他把“仁”放在更高的地位。

4. 如何理解孔子所说的“赐也，非尔所及也”？

子贡是孔子的高材生，又抓住了老师思想体系中的一个核心问题来谈体会，按理说该得到赞许，却不料被老师一盆冷水迎面泼下来，说：“赐呀，这不是你可以做得到的。”连子贡都没能做到，又有谁做到了呢？恐怕就只有颜回了吧。可惜我们在《论语》中还没有看到孔子对颜回这方面的评价。倒是在《卫灵公》里，当子贡问老师有没有一个字可以终身奉行时，孔子回答道：“那就是‘恕’吧——己所不欲，勿施于人。”原来，就是在孔子自己的心目中，“己所不欲，勿施于人”也是非常难以做到的，所以要作终身的努力。既然如此，不仅子贡没能做到这一点不足为怪，就是我们大家都没能做到这一点又有什么可怪的呢？只能说，“恕”道之难，难于上青天啊！

5. 如何理解子路、颜渊和孔子的志向？

子路是豪侠之志，讲义气，够哥们。从大处说，则犹如诗圣杜甫所吟唱：“安得广厦千万间，大庇天下寒士俱欢颜!”颜渊是仁者之志，道德修养非常高。一方面非常谦逊，不愿意表白自己的好处；另一方面要实行孔子所一再倡导，并认为要终生奉行的恕道，不把劳苦的事施加给别人。一武一文的志向，一个豪爽，一个隐忍。而圣人自己的志向呢?

“老者安之，朋友信之，少者怀之。”“老者安之”，就是要让老年人无论在精神上和物质上都得到安顿。“朋友信之”，就是要让人与人之间互相理解，互相信任，再没有欺诈，没有仇怨。“少者怀之”，就是要关心下一代的成长，永远爱护下一代，让世界充满爱。老中青三代都有了着落，社会安定而美好。圣人之志，就是要实现世界大同的理想。

6. 从《公冶长篇》中，我们可以看出孔子怎样的处世智慧?

在《论语》当中，孔子经常把“仁”与“智”相并称，但是仁者其实是包含智者的，因为仁是心之全德。这个心之全德是非常不容易做到的，你可能在一方面做得很好，但是孔子认为你不够智慧，你还不能够称得上是仁。所以子张就问，说楚国的令尹子文，他曾经多次做到丞相之职，却没有表现出一种得意的神情，又多次被罢官、罢相，他也没有表现出郁闷不平，他做丞相时的那些政务他都事无巨细地交代给新的丞相，这样的人，怎么样呢?孔子说这样的人啊，称得上是一个忠于职守的人。那么子张就问，这样的人难道不能称得起“仁”吗?孔子说他这个人缺乏智慧，他怎么能够称得上仁呢?为什么说子文他缺乏智慧呢?因为他曾经举荐一个大将叫子玉去打仗，结果大败。所以他缺乏知人之智，所以还不能称得上仁。

子张又问，当时齐国的大夫崔杼把齐庄公给杀掉了，后来这个事情很轰动，齐国的史官就记下来叫“崔子弑其君”。当时齐国的陈文子，他家里面有很大的一笔财产，他都不要了，然后就到其他的国家去流亡。结果到这个国家一看，这个国家也是君不君臣不臣，跟我们国家的那个大夫崔杼一样。他又到另外一个国家，这个国家(也是)君不君臣不臣，跟我们的崔杼一样，又离开。这样的人怎么样呢?孔子就说，这样的人称得上是非常清高的。子张问：“难道他还不称得上是仁吗?”孔子说他不够智慧，因此也称不上仁。为什么说他不够智慧呢?跟前面联系起来，为什么孔子更加地称颂南宫适?孔子倡导的是一种韧性的战斗，所以他认为说，你在邦无道的情况之下，其实到哪里一样，你要保全好自己，你要去传承文化，尽量可能的去帮助老百姓。这是孔子的一种基本见解。

鲁国的大夫季行父，后来谥号文子，他做事情都要三思而后行，孔子知道这件事情以后，就评价说，思考两次就足够了吧?因为只思考一次可能会冲动，两次就比较审慎，但是到了三次以后，一个人可能就会畏首缩尾，就会显得有点优柔寡断，所以孔子在这里面强调一种中庸之道。

而“愚不可及”这个词，今天已经成了一个贬义词，就是这个人蠢得根本没有办法比得上。但是在孔子那里，“愚不可及”是一个褒义词，他分别称颂了两个人愚不可及，一个就是宁武子，一个就是他最喜欢的学生颜回。

可见，孔子所认同的其实是这样一种人，是一种能够长期坚持战斗的、韧性战斗的人。

【思维拓展】

1.《公冶长篇》中，孔子说“巧言，令色，足恭，左丘明耻之，丘亦耻之”，在弟子言志时说“老者安之，朋友信之，少者怀之”。阅读《逝者：“布鞋院士”李小文生前二三事》思考李小文能“当选院士”，其中内在原因有哪些。

“布鞋院士”李小文生前二三事

今天(2月10日)距我国遥感领域“泰斗级”人物、中科院院士、北京师范大学地理学与遥感科学学院李小文教授因病逝世刚好一个月。

再谈及李小文，可以聊的地方很多，例如，希望体面地走，不插管不抢救；病逝前曾每天一斤二锅头。当然，最令人怀念的还是那张极具“仙风道骨”的照片——蓄着胡子，身穿黑衣黑鞋，坐在中国科学院大学讲台前低头念稿……其实“布鞋院士”李小文的故事还有很多。《三联生活周刊》曾刊发长文回忆院士最后时光和生前几件小事，观察者网摘编如下，以飨读者。

想做“网络红人”?

去年，李小文穿布鞋的照片在网络流传后，他一时成了媒体报道的热点人物，突然被网络以“扫地僧”称呼。他的一位老朋友看到报道，不满意，打电话去直接问他：“‘扫地僧’是怎么回事？李老难道也想做‘网络红人’?”李小文直率地回答：“我不知道这件事。”但他也心平气和地说：“但这也不是坏事啊，这反映的是大众心目中对一个真正科学家应有的朴素的本质认识。”

与他臭味相投，一向很谈得来的一位博士后告诉我：“李老师心里应该还是暗自有点高兴的。他本质上也是个喜欢热闹的人。但他也清楚，在网络上突然走红的他，其实是一个大众想象中的真科学家的形象——淡泊名利，思想自由，这些科学家本来应该有的品质，被附加到他这个载体上了。这说明，在现在这个浮躁的社会中，这样的人格太不易得，人们也呼唤这样的精神。”

给华为做广告代言没拿一分钱

这件事后不久，华为把李小文作为了自己的代言人。有李小文形象的华为广告整版的出现在一些报纸上。他的这位老朋友也专门问过他：“怎么给华为做广告代言了?”李小文回答说：“华为的副总来找过我。这件事我确实点头同意了，但条件是，一分钱代言费也不能给。”接近李小文的人都这样告诉我：“要跟李老师谈钱非常非常难。他对生死、金钱都看得比较淡，他很注重名节，的确有侠客精神。”李小文在科学网的博客上，以“黄老邪“称呼自己。据说，他还曾写过武侠小说。

爱喝酒爱逍遥

李小文带过的一位博士后以前组织过“星光小组”和“高光谱地质小组”两个学习小组。李小文经常来参加他们的讨论。“有一次，他拿来一个矿泉水瓶子，让我尝一口里面的液体。我一尝，辣得我舌头跳。他笑嘻嘻的说，这可是70多度的二锅头。”关于李小文爱喝酒的事情，跟他打过交道的人，都有所闻。有一次，他与某部卫星中心的领导共同乘坐高铁出差，说着说着，就从自己的口袋里掏出来一瓶二锅头，喝上了。

“他喝酒不是为了排除压力，而是一种对自己的实验，他就是想保持这种豪放喝酒的习惯。在他下放时，躲在农民的地里喝酒，就已经养成了。”还有一次，两个单位的业务对接会上，李小文是主讲。他走进会议室，东瞅瞅西瞅瞅，好像不知道自己该坐在哪儿，然后就一屁股坐在了最后一排的学生旁听座位上，直到被找不到他的组织人员拎回到主席桌边。在一些实际上是走程序的项目评审会上，作为专家被邀请的李小文，遇到自己不感兴趣的话题，干脆就在下面打起了瞌睡。他的逍遥，给每个人都留下了很深的印象。

超脱处事

两位与李小文私交很好的遥感界学者告诉我，他们每过一段时间就去李小文在北京师范大学的家里去探访他。他的家在师大校园里，“只是两居室的不大房子，估计70来平米”。“我们的学术观点不尽相同。但李老师跟我们一样，都是没大没小，天性里很像小孩儿的人。在学术方向性问题上，我们也说不同意就不同意，也固执己见，但他丝毫不在意。”

他很喜爱的一位学生告诉我，“有时在网上写点啥，他看到了，就打电话来讨论。有一次，我在网上发狠愿，说要推翻遥感界一批老家伙的学说。写了马上又觉得不妥，就想删了。结果还没等删，他的电话就来了，笑嘻嘻地问，‘我是不是这批老家伙中的一个啊’？”

李小文能够以其如此超脱的处事，以如此率直本色的性格处理本应很复杂的院士角色，其在遥感界的人格和风骨，是人所公认的。但他的脱颖而出，也离不开他的卓越才华与极佳的机遇。早在美国留学时，他就因为和导师一起创立了Straher-李小文几何光学学派，而成为国际知名的一流学者。

世纪之交，中国的遥感经历了前所未有的爆发式发展。“美国发送的一颗高光谱遥感卫星，对外公开了数据；国外民间的传感器也提供了很好的数据。到了2003年，国内科研界已蜂拥着去做高光谱遥感了。也正是在这个机遇期，李小文当选院士是理所当然的。”

（摘编自《观察者网》，有删节）

☞【**答案要点**】①淡泊名利，思想自由，贴近时代生活；②性情率真，超脱处事，从不虚饰；③科研认真，成果卓著，领世界之先。

2.《公冶长篇》中强调“三思而后行”“邦有道则知”“敏而好学，不耻下问”。阅读下面的文字，思考叶笃正院士具有哪些优秀品质。

中国现代气象学之父叶笃正

2006年1月9日，91岁的中国科学院大气物理研究所院士叶笃正荣获“国家最高科学技术奖”。面对前来祝贺的同事和学生，这位与中国第一份气象记录同龄的老人淡然地说：“获得这个奖，只是我们大气科学研究这出大戏的序幕，我愿意和大家一起继续演下去。”

1916 年，叶笃正降生于天津一个前清道台家中，14 岁考入南开中学，1935 年考入清华大学。两年后，结识了学长钱三强。在这位日后影响中国的核物理学家的劝说下，叶笃正放弃了自己喜爱的物理专业，选择了对国家更为实用的气象学。1945 年，叶笃正前往美国，师从世界著名气象和海洋学家罗斯贝。

硕士、博士都师从叶笃正的黄刚说：“叶老最受益的就是罗斯贝的治学精神。在中国，一般是老师讲，学生听；但是在国外，学生经常会打断老师，提出问题。罗斯贝重视事实，一切都从事实出发，他总是朝前看。视野很阔，不是就事论事来讨论一个具体的问题。”这种治学方式后来也延续到了叶笃正身上。叶笃正认为自然科学要以事实服人，他最不能接受“似乎、好像、大概”这样的字眼，如果有谁的论文中出现类似推论，都会被立刻划掉。

1949 年，叶笃正结束在美国的学业，他的博士论文引起了美国气象界的关注，并借此获得了一份年薪 4300 美元的工作，而当时，美国一个大学教授也只有 5000 美元。但是叶笃正选择了离开，他对导师罗斯贝说：“我觉得新中国是有希望的，我想为自己的国家做点事。”1950 年 10 月，在新中国正欢度第一个国庆日时，叶笃正与妻子登上轮船，辗转回到了中国。

回国后的叶笃正，被任命为中国科学院地球物理研究所北京工作站主任，在西直门内北魏胡同一座破旧的房子里开始了中国的气象研究。整个气象室 10 多个人，没有一张像样的天气图。叶笃正曾向弟子们描述当时的工作状况：“没有图，我们自己画，第一张图画出来，是五百毫巴地面图，相当于五公里左右高度的天气图，实验室所有的人专门做了庆贺。”在当时，天气图在国外是最普通的配件，做研究做预报都要用，可中国没有。他的很多学生都记得叶笃正指着挂在墙上的巨幅天气图所说的话：“中国的天气预报要在物理、数学的基础上建立起来，今后，天有不测风云的时代该在中国结束了。”

1984 年，几位美国气象学家专程来到中国，寻求叶笃正的支持。这一次合作的成果，被叶笃正认为是自己最大的贡献。当时，他已接近古稀之年，因开创了国内大气动力学的研究，已是世界上著名的气象学家之一，但这一次，他又把全部的精力投入到了另一领域，成为“全球变化”这个国际研究新领域在中国的开山鼻祖。

2005 年 12 月，学经济的丑洁明在叶笃正门下学习四年后，顺利完成博士论文。很多人都很吃惊，气象学家为什么要招一个学经济的研究生，叶笃正的回答是“我们是互相学习”。

2006 年 1 月 11 日，中科院大气物理所 305 室，十多平方米的房间里摆了 5 张办公桌，叶笃正的办公桌放在最里面，桌上杂乱地堆积着两厚沓学术刊物，一个工作了 10 多年的老式台灯还在继续“服役”。91 岁的叶笃正，每周一、三、五的早上，会准时出现在办公室。“所里给叶老安排了一个单独的办公室，可是叶老喜欢跟年轻人在一起，就把自己的办公桌搬到我们办公室。”黄刚说。

叶笃正从不认为自己是权威，总把自己的成绩归功于他人，他常常挂在嘴边的就是“个人离不开群众，荣誉归于大家，要感谢舞台，因为舞台是大家给的；要感谢大家，因为单人唱不成戏，配角甚至更光彩……”

在大气物理研究所，所有的人都把叶笃正尊称为叶老，叶笃正的秘书崔桂云说，几百个人的所里，80%的研究人员都是叶笃正的学生。“作为晚辈，我们跟叶老在一起，从来不用担心相处问题，他不会因为你资历浅而不重视你，也不会因为你声望高而轻信你。你可以轻松地跟他开玩笑，不同意他的观点也可以直接跟他争辩。”

在近 60 年的科学生涯中，叶笃正在大气动力学、青藏高原气象学、东亚大气环流以及全球变化科学等领域成就显著，被公认为是我国现代气象学和全球变化学科的奠基人之一。近年来，叶笃正一直从事如何利用全球变暖的正面效应、降低负面效应的研究。2003 年，他首次提出了“有序人类活动”的概念。同年，87 岁的中科院院士叶笃正代表中国人第一次获得了国际气象界的“诺贝尔奖”——“国际气象组织奖”。

（摘编自《豆丁网》，有删改）

☞【**答案要点**】①热爱祖国。放弃自己喜欢的物理专业，选择对国家更为实用的气象学；学成后放弃优厚待遇，选择报效祖国。②淡泊、谦虚。面对前来祝贺的同事和学生，老人淡然地说，这个奖只是大气科学研究这出大戏的序幕。③治学严谨，实事求是。科学研究以事实服人，谁的论文中出现类似推论，都会被立刻划掉。他认为中国的天气预报要在物理、数学的基础上建立起来。④平等待人，不耻下问。和年轻人相处，互相学习，不会因为资历浅而不重视，也不会因为声望高而轻信。

雍也篇第六

学程设计

学习阶段	学习内容	学习策略	学习反馈
思维感知	《雍也篇》共有三十章。记有孔子言论二十六章，闵子骞论述一章，孔子与季康子对话一章，孔子与冉有对话一章，孔子与子贡对话一章。	学生略读，借助工具书，自主学习，圈点勾画，做好笔记，为精读文本奠定基础。	感知文本，建构语言。掌握字词含义，初步把握文本的内容。培育思维的敏捷性。
思维积淀	深入学习文本，梳理文本各章的关联。背诵文本的精彩语句，例如"质胜文则野，文胜质则史。文质彬彬，然后君子"，"知之者不如好之者，好之者不如乐之者"等。	精读章节，理解文本内容，小组合作学习，对照翻译理解各章大意，并讨论分析，熟读成诵。	审美鉴赏，含英咀华。把握文本的深层含义，能背诵重点语句。形成健康向上的审美情趣与鉴赏品位。培育思维的严密性。
思维探究	1. 孔子如何看待"文"与"质"的关系？2. 如何理解"中人以上，可以语上也；中人以下，不可以语上也"？3. 如何理解"齐一变，至于鲁；鲁一变，至于道"？4. 如何理解"中庸之为德也，其至矣乎！民鲜久矣"？5. 孔子认为统治者选用人才应该看重什么？6. 本篇中，孔子多次赞赏颜回，颜回身上有哪些优秀品质？	利用文本注释、译文，学习检索相关评析资料，积极思考、理解、分析、比较、推理、判断，进行探究学习，突破重点、难点。在交流研讨的过程中碰撞出思维的火花。	理性探究，辨明观念。把握文本的价值取向，理解孔子论文质、中庸，谈教育要因材施教，选拔人才重在贤能等。培育思维的深刻性。
思维拓展	阅读《文汇报副刊·笔会记者周毅采访杨绛笔谈录(节选)》和《袁隆平：科学着农民着》两篇文章，思考相关问题。	联系现实，迁移理解。古今贯通，进一步领悟孔子思想的现实意义，进行文化传承，拓展文化视野，增强文化自觉。学习评介人物，与英模人物对话。	个性感悟，确立价值。学习杨绛和袁隆平的事迹，感受英模人物的人格魅力，提升思想境界，汲取营养，丰富精神世界。培育思维的独创性。

【思维感知】

6.1 子曰："雍也，可使南面。"【南面：古时尊者坐北朝南，天子、诸侯和官员在听政时都是面向南而坐。这里孔子是说可以让冉雍去从政做官治理国家。】

孔子说："冉雍这个人啊，可以让他去做官。"

6.2 仲弓问子桑伯子。子曰："可也，简。"仲弓曰："居敬而行简，以临其民，不亦可乎？居简而行简，无乃大简乎？"子曰："雍之言然。"【桑伯子：人名，鲁人，此人生平不可考。仲弓：冉雍。简：简要，不烦琐。居敬：做事心存恭敬。临：面临、面对。此处有"治理"的意思。无乃：难道，用于反问句。大：通"太"。】

仲弓问孔子，桑伯子(这个人怎么样)。孔子说："这个人还可以啊，办事简要而不烦琐。"仲弓说："居心恭敬严肃而行事简要，用这样的方式来治理百姓，不是也可以吗？(但是)内心思想粗疏，又以简要的方法办事，这岂不是太简单了吗？"孔子说："冉雍，你这番话说得对。"

6.3 哀公问："弟子孰为好学？"孔子对曰："有颜回者好学，不迁怒，不贰过，不幸短命死矣。今也则亡，未闻好学者也。"【不贰过："贰"是重复、一再的意思。这是说不犯同样的错误。短命死矣：颜回死时年仅31岁。亡：通"无"。】

鲁哀公问："你的学生中谁最爱好学习？"孔子回答说："有一个叫颜回的学生爱好学习，他从不迁怒别人，也从不会犯同样的过错。不幸他短命死了。现在没有那样的人了，没有听说谁最爱好学习。"

6.4 子华使于齐，冉子为其母请粟。子曰："与之釜。"请益。曰："与之庾。"冉子与之粟五秉。子曰："赤之适齐也，乘肥马，衣轻裘。吾闻之也，君子周急不继富。"【子华：姓公西，名赤，字子华，孔子的学生。冉子：冉有，在《论语》书中被孔子弟子称为"子"的只有四五个人，冉有即其中之一。粟：小米。釜(fǔ)：古代量器，一釜约等于六斗四升。庾(yǔ)：古代量器，一庾等于二斗四升。秉：古代量器，一秉等于十六斛；一斛为十斗。周：周济、救济。】

公西华出使齐国，冉有替公西华的母亲向孔子请求给一些小米。孔子说："给她六斗四升。"冉有请求再增加一些。孔子说："再给她二斗四升。"冉求却给她八十石。孔子说："公西华到齐国去，乘坐着肥马驾的车子，穿着又轻又暖的皮袍。我听说过，君子应该周济急需救济的人，而不应该是去给富人添富的人。"

6.5 原思为之宰，与之粟九百，辞。子曰："毋！以与尔邻里乡党乎！"【原思：姓原，名宪，字子思，鲁国人。孔子的学生，生于公元前515年。孔子在鲁国任司法官的时候，原思曾做他家的总管。宰：家宰，管家。邻里乡党：古代地方单位的名称。古代以5家为邻，25家为里，12500家为乡，500家为党。】

原思担任孔子家总管，孔子给他小米九百的报酬，原思推辞不要。孔子说："你不要推辞！(如果有多的)就拿去给你的邻里乡亲吧！"

6.6 子谓仲弓曰："犁牛为之骍且角，虽欲勿用，山川其舍诸？"【犁牛：即耕牛。古代祭祀用的牛毛色为红，角长得端正，不能用耕牛代替，且单独饲养的。骍且角：骍(xīn)：红色。山川：山川之神。此喻上层统治者。其舍诸：其，通"岂"，难道。舍，舍弃。诸，兼词，相当于"之于"。】

孔子对仲弓说："耕牛产下的牛犊长着红色的毛，角也长得整齐端正，人们虽然不想用它做祭品，但山川之神难道会舍弃它吗？"

6.7 子曰："回也，其心三月不违仁。其余则日月至焉而已矣。"【三月：指较长的时间。日月：指较短的时间。违仁：心里离开了仁德。至焉：至，到来、出现；焉，仁德。】

孔子说："颜回这个人啊，他的内心可以长久地不离开仁德。其余的学生就只能在短时间内做到罢了。"

6.8 季康子问："仲由可使从政也与？"子曰："由也果，于从政乎何有？"【季康子：他在公元前492年继其父为鲁国正卿，此时孔子正在各地游说。8年以后，孔子返回鲁国，冉求正在帮助季康子推行革新措施。孔子于是对此三人做出了评价。果：果断、决断。】

季康子问孔子："仲由这个人，可以让他管理国家政事吗？"孔子说："仲由做事果断，管理国家政事有什么困难呢？"

曰："赐也可使从政也与？"曰："财也达，于从政乎何有？"【达：通达、顺畅。】

季康子又问："端木赐这个人，可以让他管理国家政事吗？"孔子说："端木赐通达事理，管理政事有什么困难呢？"

曰："求也可使从政也与？"曰："求也艺，于从政乎何有？"【艺：有才能技艺。】

季康子又问："冉求这个人，可以让他管理国家政事吗？"孔子说："冉求有才能，对于管理国家政事有什么困难呢？"

6.9 季氏使闵子骞为费宰，闵子骞曰："善为我辞焉！如有复我者，则吾必在汶上矣。"【闵子骞：姓闵，名损，字子骞，鲁国人，孔子的学生。费：季氏的封邑，在今山东费县西北一带。复我：再来找我。汶(wèn)：水名，即今山东大汶河，当时流经齐、鲁两国之间。古书云："水以阳为北，凡言某水上者，皆谓水北。"汶上暗指齐国之地。】

季氏(派人去)请闵子骞去做他的采邑费地的长官，闵子骞(对来请他的人)说："请好好替我推辞吧！如果再有人为这事来找我，那我一定逃到汶水那边去了。"

6.10 伯牛有疾，子问之，自牖执其手，曰："亡之，命矣夫，斯人也而有斯疾也！斯人也而有斯疾也！"【伯牛：姓冉名耕，字伯牛，鲁国人，小孔子7岁，72贤之一，与闵子骞、颜回并称"仁德三杰"，是孔门弟子中仁德修养最好的三个人之一。成语"伯牛之疾"，意为不治之症。到底得了什么病，不得而知，反正是恶疾，看文中意思应为传染病。牖(yǒu)：窗户。之：补足音节，不译。夫(fú)：语气词，相当于"吧"。】

伯牛得了恶疾(已经病入膏肓了)，孔子前去探望他，(由于此病可能传染，孔子只好)从窗户外面拉着冉耕的手叹息说："(伯牛)不行了，这就是命吧！这么好的人竟会得这样的病啊！这么好的人竟会得这样的病啊！"

6.11 子曰："贤哉，回也！一箪食，一瓢饮，在陋巷。人不堪其忧，回也不改其乐。贤哉，回也！"【箪(dān)：古代盛饭用的竹器。陋巷：此处指颜回的住所。乐：乐于学。】

孔子说："颜回多么有修养啊！一筐饭，一瓢水，住在简陋的房屋里。别人都忍受不了这种穷困的忧愁，颜回却没有改变他好学的乐趣。颜回多么有修养啊！"

6.12 冉求曰："非不说子之道，力不足也。"子曰："力不足者，中道而废。今女画。"【说(yuè)：通"悦"。画：通"划"，划定界限，停止前进。】

冉求说："我不是不喜欢您的学说，而是我的能力不够呀。"孔子说："如果真是能力不足，只会半途而废。现在你是自己给自己划了界限不想前进呀。"

6.13 子谓子夏曰："女为君子儒，无为小人儒。"

孔子对子夏说："你要做君子式的儒者，不要做小人式的儒者。"

6.14 子游为武城宰。子曰："女得人焉耳乎？"曰："有澹台灭明者，行不由径。非公事，未尝至于偃之室也。"【武城：鲁国的小城邑，在今山东费县境内。焉耳乎：此三个字都是语助词。澹台灭明：姓澹台，名灭明，字子羽，武城人，孔子弟子。偃：子游自称其名。】

子游做了武城的长官。孔子说："你在武城时有人才来了没有？"子游回答说："有一个叫澹台灭明的人，走路从来不斜插小路，没有公事从不到我屋里来。"

6.15 子曰："孟之反不伐，奔而殿。将入门，策其马，曰：'非敢后也，马不进也。'"【孟之反：名侧，鲁国大夫。伐：夸耀。奔：败走。殿：殿后，在全军最后作掩护。】

孔子说："孟之反不夸耀自己。军队打了败仗，他留在最后掩护全军。快进城门的时候，他鞭打着自己的马说：'不是我愿意留在最后，而是我的马不肯快跑啊。'"

6.16 子曰："不有祝鮀之佞，而有宋朝之美，难乎免于今之世矣。"【祝鮀(tuó)：字子鱼，卫国大夫，有口才，以能言善辩受到卫灵公重用。佞：口才。宋朝：宋国的公子朝，《左传》中曾记载他因美貌而引起卫国的宫廷祸乱。】

孔子说："如果没有祝鮀那样能言善道的口才，和宋国公子朝那样的美色，在当今之世难以免除(祸患)了啊。"

6.17 子曰："谁能出不由户？何莫由斯道也？"【户：门。何莫：为什么没有。】

孔子说："谁能不经过屋门而走出去呢？为什么没有人走(我指出的)这条路呢？"

6.18 子曰："质胜文则野，文胜质则史。文质彬彬，然后君子。"【质：朴实，指内在的本质。文：文采，文饰，指外在的形式。野：此处指粗鄙，缺乏文彩。史：言词华丽，这里有虚浮不实的意思。彬彬：指文与质的配合恰到好处的样子。】

孔子说："质朴胜过了文采，就流于粗俗；文采胜过了质朴，就流于虚浮。只有质朴和文采配合恰当，然后才可以成为君子。"

6.19 子曰："人之生也直，罔之生也幸而免。"【罔：通"枉"，与"直"相对，指不正直或诬罔不直的人。】

孔子说："人的生存是由于正直，而不正直的人虽然也能生存，那只是他侥幸地避免了灾祸。"

6.20 子曰："知之者不如好之者，好之者不如乐之者。"

孔子说："(对于任何学问和事业，)懂得它的人，不如爱好它的人；爱好它的人，又不如以它为乐的人。"

6.21 子曰："中人以上，可以语上也；中人以下，不可以语上也。"【语(yù)：动词，告诉。】

孔子说："具有中等以上才智的人，可以给他讲授高深的学问；在中等才智以下的人，不可以给他讲高深的学问。"

6.22 樊迟问知，子曰："务民之义，敬鬼神而远之，可谓知矣。"问仁，曰："仁者先难而后获，可谓仁矣。"【知(zhì)：通"智"，聪明。务：从事，致力于。义：人道之所宜。】

樊迟问怎样才算是聪明，孔子说："专心致力(提倡)老百姓应该遵从的道德，严肃对待鬼神但要远离它，可以说就是聪明的了。"樊迟又问什么叫仁，孔子说："把难做的事抢在前面(来做)，把获利的事情放在后面，可以说这就是仁了。"

6.23 子曰："知者乐水，仁者乐山；知者动，仁者静；知者乐，仁者寿。"【知

者乐(yào)水，仁者乐山：“知”，通“智”；乐，喜爱。】

孔子说：“聪明的人喜爱水，有仁德的人喜爱山；聪明的人爱好活动，有仁德的人爱好沉静。聪明的人快乐，有仁德的人长寿。”

6.24　子曰：“齐一变，至于鲁；鲁一变，至于道。”

孔子说：“齐国(的政治和教育)一有改革，就可以达到鲁国这个样子；鲁国一有改革，就可以达到先王之道了。”

6.25　子曰：“觚不觚，觚哉！觚哉！”【觚(gū)：古代盛酒的器具，上圆下方，有棱，容量约有二升。后来觚被改变了，所以孔子认为觚不像觚。后世学者猜想孔子是在慨叹当日事物名实不符。】

孔子说：“觚不像个觚的样子，这也算是觚吗？这也算是觚吗？”

6.26　宰我问曰：“仁者，虽告之曰，‘井有仁焉’，其从之也？”子曰：“何为其然也？君子可逝也，不可陷也；可欺也，不可罔也。”【仁：这里指有仁德的人。逝：往。这里指到井边去看并设法救之。陷：陷入。】

宰我问道：“对于有仁德的人，别人告诉他‘井里掉下去一位仁人啦’，他会跟着跳下去吗？”孔子说：“为什么要这样做呢？君子可以到井边去救，却不可以让自己陷入井中；君子可能被欺骗，但不可能被迷惑。”

6.27　子曰：“君子博学于文，约之以礼，亦可以弗畔矣夫。”【约：约束。畔：通“叛”，背叛，背离。矣夫：语气词，表示较强烈的感叹。】

孔子说：“君子广泛地学习文化典籍，又用礼节来约束自己，也就可以不离经叛道了。”

6.28　子见南子，子路不说。夫子矢之曰：“予所否者，天厌之！天厌之！”【南子：卫灵公的夫人，当时实际上左右着卫国政权，有淫乱的行为，名声不好。说：通“悦”，高兴。矢：通“誓”，此处讲发誓。所：如果，假若。】

孔子去见南子，子路不高兴。孔子发誓说：“如果我做了什么不正当的事，就让上天厌弃我吧！就让上天厌弃我吧！”

6.29　子曰：“中庸之为德也，其至矣乎！民鲜久矣。”【中庸：中，谓之无过无不及。庸，平常。至：极致，顶点。鲜：少】

孔子说：“中庸作为一种道德，该是最高的了吧！人们缺少这种道德已经为时很久了。”

6.30　子贡曰：“如有博施于民而能济众，何如？可谓仁乎？”子曰：“何事于仁？

必也圣乎！尧舜其犹病诸！夫仁者，己欲立而立人，己欲达而达人。能近取譬，可谓仁之方也已。"【施：动词。众：指众人。尧舜：传说中上古时代的两位帝王，也是孔子心目中的榜样，圣人。病诸：病，担忧。诸，相当于"之于"。夫：句首发语词。能近取譬：能够就眼前事物去实践。】

子贡说："假若有一个人，他能给老百姓很多好处又能周济大众，怎么样？可以算是仁道了吗？"孔子说："哪里仅是仁道，简直是圣德了！就连尧、舜大概都难以做到。至于仁，就是自己想要站得住，同时也使别人站得住；自己想要事事行得通，也使别人事事行得通。凡事能就眼前事物一步步去做（而推己及人），可以说就是实行仁道的方法了。"

【思维积淀】

1. 子曰："有颜回者好学，不迁怒，不贰过。"

2. 子曰："贤哉，回也！一箪食，一瓢饮，在陋巷，人不堪其忧，回也不改其乐。"

3. 子曰："质胜文则野，文胜质则史。文质彬彬，然后君子。"

4. 子曰："知之者不如好之者，好之者不如乐之者。"

5. 子曰："知者乐水，仁者乐山；知者动，仁者静；知者乐，仁者寿。"

6. 子曰："夫仁者，己欲立而立人，己欲达而达人。"

【思维探究】

1. 孔子如何看待"文"与"质"的关系？

文与质的正确关系和君子的人格模式，高度概括了孔子的文质思想。文与质是对立的统一，互相依存，不可分离。质朴与文采是同样重要的。孔子的文质思想经过两千多年的实践，不断得到丰富和发展，极大地影响了人们的思想和行为。

2. 如何理解"中人以上，可以语上也；中人以下，不可以语上也"？

孔子向来认为，人的智力从出生就有聪明和愚笨的差别，即上智、下愚与中人。既然人与人之间有差距，那么，孔子在教学过程中，就提出"因材施教"的原则，即根据学生智力水平的高低来决定教学内容和教学方式，这是他教育思想的一个重要内容，为我国教育学的形成和发展作出了积极贡献。

3. 如何理解"齐一变，至于鲁；鲁一变，至于道"？

孔子此处所讲的"道"是治国安邦的最高原则。在春秋时期，齐国因封建经济发展较早，而且实行了一些改革，成为当时最富强的诸侯国。与齐国相比，鲁国封建经济的发展比较缓慢，但意识形态和上层建筑保存得比较完备，所以孔子说，齐国改变就达到了鲁国的样子，而鲁国再一改变，就达到了先王之道。这反映了孔子对周礼的无限眷恋之情。

4. 如何理解"中庸之为德也，其至矣乎！民鲜久矣"？

中庸是孔子和儒家的重要思想，作为一种道德观念，尤为孔子和儒家提倡。《论语》中提及"中庸"一词，仅此一条。中庸属于道德行为的评价范畴，也是一种德行，而且是最高的德行。宋儒说，不偏不倚谓之中，平常谓庸。中庸就是不偏不倚的平常的启发。中庸又被理解为中道，中道就是不偏于对立双方的任何一方，使双方保持均衡状态。中庸又称为"中行"，中行是说，人的气质、作风、德行都不偏于一个方面，对立的双方互相牵制、互相补充。中庸是一种折中调和的思想。调和与均衡是事物发展过程中的一种状态，这种状态是相对的、暂时的。孔子揭示了事物发展过程的这一状态，并概括为"中庸"，这是对古代认识史的贡献。

5. 孔子认为统治者选用人才应该看重什么？

孔子认为，人的出身并不是最重要的，重要的在于自己应有高尚的道德和突出的才干。只要具备了这样的条件，就会受到重用。作为统治者，选拔重用人才，不能只看出身而舍弃贤才，反映了孔子举贤才的思想和反对任人唯亲的主张。

6. 本篇中，孔子多次赞赏颜回，颜回身上有哪些优秀品质？

颜回(公元前522—前482年)，字渊，又称子渊，春秋末年鲁国人。他在德行科位列第一，在孔门中有突出的地位，是孔子赞扬最多、最为欣赏的学生，更是历代中国文人士子的道德楷模。

在《雍也篇》中，子曰："回也，其心三月不违仁，其余则日月至焉而已矣。"在孔子看来，只有颜回的心可以在相当长的时间内不背离人生正途，其余的学生只能在短时间内做到这一步。仁是儒家的核心思想，但是在坚持行仁的路途中，我们的心有时候会流离失所，有时会偏离轨道，只有颜回不仅可以行仁，而且还能让自己一直走在人生的正路上。正是因为他有一颗"仁"心，他可以做到"一箪食，一瓢饮，在陋巷，人不堪其忧，回也不改其乐"。所以，孔子评价他时说："贤哉，回也！"在《论语》中我们很少看到孔子会用这样的语气来称赞学生。"贤"字有三个用法：德行好，叫做贤良；特别聪明，叫做贤明；能力超过别人，叫做贤能。颜渊的贤表现在别人都受不了一筐饭、一瓢水和住在破旧的巷子里的时候，他可以做到，他不仅忍受得了这样贫穷的生活，更不改自己原有的快乐。对于贫穷，孔子曾说："贫与贱，是人之所恶也。"没有人喜欢贫穷和低贱。富与贵是每个人都喜欢的，但如果不以正当途径加于君子身上，君子是不能接受的。贫与贱是每个人都讨厌的，但如果以正当途径加于君子身上，君子也不会排斥。因为生逢春秋这个乱世，像颜回这样的人没有机会展现才能，陷入了贫困，但是他没有选择逃避，反而借这个机会修炼自己，展现出贫而乐道的美德。

【思维拓展】

1.《雍也篇》中，孔子说“贤哉，回也！一箪食，一瓢饮，在陋巷，人不堪其忧，回也不改其乐”“务民之义，敬鬼神而远之，可谓知矣”。请阅读《文汇报副刊·笔会记者周毅采访杨绛笔谈录(节选)》，思考杨绛是怎样做到修身和自我完善的？

文汇报副刊·笔会记者周毅采访杨绛笔谈录(节选)

周毅：杨先生，您觉得什么是您在艰难忧患中，最能依恃的品质，最值得骄傲的品质，能让人不被摧毁、反而越来越好的品质？您觉得您身上的那种无怨无悔、向上之气来自哪里？

杨绛：我觉得在艰难忧患中最能依恃的品质，是肯吃苦。因为艰苦孕育智慧；没有经过艰难困苦，不知道人生的道路多么坎坷。有了亲身经验，才能变得聪明能干。

我的“向上之气”来自信仰，对文化的信仰，对人性的信赖。总之，有信念，就像老百姓说的：有念想。

抗战时期国难当头，生活困苦，我觉得是暂时的，坚信抗战必胜，中华民族不会灭亡，上海终将回到中国人手中。我写喜剧，以笑声来作倔强的抗议。

我们身陷上海孤岛，心向抗战前线、大后方。当时凡是爱国的知识分子，都抱成团。如我们夫妇，陈西禾，傅雷，宋淇等，经常在生活书店或傅雷家相会，谈论国际国内战争形势和前景。我们同自愿参加“大东亚共荣圈”的作家、文化人泾渭分明，不相往来。

有一天，我和锺书得到通知，去开一个不记得的什么会。到会后，邻座不远的陈西禾非常紧张地跑来说：“到会的都得签名。”锺书说：“不签，就是不签！”我说：“签名得我们一笔一画写，我们不签，看他们怎么办。”我们三人约齐了一同出门，把手插在大衣口袋里扬长而去，谁也没把我们怎么样。

到“文化大革命”，支撑我驱散恐惧，度过忧患痛苦的，仍是对文化的信仰……我绝对不相信，我们传承几千年的宝贵文化会被暴力全部摧毁于一旦，我们这个曾创造如此灿烂文化的优秀民族，会泯灭人性，就此沉沦。

周毅：能谈谈您喜欢的古今作家吗？

杨绛：这个题目太大了，只好作个概括性的回答。我喜欢和人民大众一气的作家，如杜甫；不喜欢超出人民大众的李白。李白才华出众，不由人不佩服，但是比较起来，杜甫是我最喜爱的诗人。

周毅：杨先生，您一生是一个自由思想者。可是，在您生命中如此被看重的“自由”，与“忍生活之苦，保其天真”却始终是一物两面，从做钱家媳妇的诸事含忍，到国难中的忍生活之苦，以及在名利面前深自敛抑、“穿隐身衣”、“甘当一个零”。这与一个世纪以来更广为人知、影响深广的“追求自由，张扬个性”的“自由”相比，好像是两个气质完全不同的东西。这是怎么回事？

杨绛：这个问题，很耐人寻思。细细想来，我这也忍，那也忍，无非为了保持内心的自由，内心的平静。你骂我，我一笑置之。你打我，我决不还手。若你拿了刀子要杀我，我会说："你我有什么深仇大恨，要为我当杀人犯呢？我哪里碍了你的道儿呢？"所以含忍是保自己的盔甲、抵御侵犯的盾牌。我穿了"隐身衣"，别人看不见我，我却看得见别人；我甘心当个"零"，人家不把我当个东西，我正好可以把看不起我的人看个透。这样，我就可以追求自由，张扬个性。所以我说，含忍和自由是辨证的统一。含忍是为了自由，要求自由得要学会含忍。

周毅：孔子"十五志于学，三十而立，四十而不惑"那一段话，已进入中国人的日常生活，成为一个生命的参照坐标，不过也只说到"七十而从心所欲不逾矩"。期颐之境，几人能登临？如今您有登泰山而小天下的感觉吗？能谈谈您如今身在境界第几重吗？

杨绛：我也不知道自己如今身在境界第几重。年轻时曾和费孝通讨论爱因斯坦的相对论，不懂，有一天忽然明白了，时间跑，地球在转，即使同样的地点也没有一天是完全相同的。现在我也这样，感觉每一天都是新的，每天看叶子的变化，听鸟的啼鸣，都不一样，New experince and new feeling in everyday。

树上的叶子，叶叶不同。花开花落，草木枯荣，日日不同。我坐下细细寻思，我每天的生活，也没有一天完全相同，总有出人意外的事发生。我每天从床上起来，就想"今天不知又会发生什么意外的事？"即使没有大的意外，我也能从日常的生活中得到新体会。八段锦早课，感受舒筋活络的愉悦；翻阅报刊看电视，得到新见闻；体会练字抄诗的些微进步，旧书重读的心得，特别是对思想的修炼。要求自己待人更宽容些，对人更了解些，相处更和洽些，这方面总有新体会。因此，我的每一天都是特殊的，都有新鲜感受和感觉。

我今年一百岁，已经走到了人生的边缘，我无法确知自己还能往前走多远，寿命是不由自主的，但我很清楚我快"回家"了。我得洗净这一百年沾染的污秽回家。我没有"登泰山而小天下"之感，只在自己的小天地里过平静的生活。

细想至此，我心静如水，我该平和地迎接每一天，过好每一天，准备回家。

周毅：有人认为好性情只能来自天生，但您的好性情，来自您一直强调的"修炼"。您大部分作品是70岁以后创作的，堪称"庾信文章老更成"的典范。您认为"人是有灵性、有良知的动物。人生一世，无非是认识自己，洗练自己"。您看重曾参所说，"自天子以至于庶人，壹是皆以修身为本"；在《走到人生边上》的自问自答中，您得出的结论是"天地生人，人为万物之灵。神明的大自然，着重的该是人，不是物；不是人类创造的文明，而是创造文明的人。只有人类能懂得修炼自己，要求自身完善"，"这个苦恼的人世，恰好是锻炼人的处所，经过锻炼才能炼出纯正的品色来"。对您这些话，我没有疑问，也不求回答。在此复述一遍，只为给您一个响应。

☞**【答案要点】**①不畏吃苦，艰苦孕育智慧；②对民族的信心，对文化的信仰，对人性的信赖；③关心时事，对思想进行修炼，深悟人的可贵在于人的本身；④心性平静，以平和心态迎接每一天。

2.《雍也篇》中，孔子说“知之者不如好之者，好之者不如乐之者”，“知者乐水，仁者乐山。知者动，仁者静。知者乐，仁者寿”。请阅读下文，思考袁隆平有哪些优秀品格？

袁隆平：科学着农民着

在一篇报道中，有记者借用国外一名水稻专家的话形容袁隆平是“中国最出名的农民”。但当记者提到农民一词的时候，袁老赶紧纠正：“我不是农村人，我生在北京协和医院，小学初高中是在武汉读的，大学在重庆读，在大城市长大的，我家还算是知识分子家庭呢！”

袁先生的父亲在当时的国民政府担任文职，是冯玉祥部第二集团军上校秘书，母亲是教会学校的英语老师——旧中国典型的知识分子家庭。

然而眼前的袁隆平从哪儿看也不像是大城市长大的。高颧骨，矮个子，背微驼，小平头，古铜色的脸庞爬上了些许老年斑，宽阔的额头上岁月刀刻了许多皱纹，晒得黝黑的手臂被稻叶划上了一道道伤痕。若换上一身土布衣服，扛把锄头赤脚在田间漫步，便是十足经典的农民形象，没有人会怀疑他是农民堆里的无间道。

为此他还获得一个绰号，叫做“刚果布”，他笑着解释刚果人特点就是黑，我天天下田晒得很黑，又比较结实，就像非洲的刚果人一样——你看看他们，哪个有我黑！他指着旁边那些带着眼镜的研究生们说，立刻引来一阵爽朗的笑声。

秋天是收获的季节，像往年一样，2004 年袁隆平照例收获一堆拿起来烫手看起来扎眼的国际大奖——以色列政府颁发的沃尔夫奖，泰国公主诗琳通颁发的金镰刀奖，以及世界粮食基金会颁发的本年度世界粮食奖。

拿奖在袁老的一生当中是家常便饭，这些沉甸甸的奖励给他罩上一层神圣的光环，“杂交水稻之父”的荣誉把他送上了神坛。然而这些对天性自由的袁隆平来说却显得非常不自在，像是做好的笼子——袁隆平很害怕一些记者把他写成一个典型的学术大师，正襟危坐，不苟言笑，谈学术永远都是义正辞严。

我不过是个幸福的老头。他咧着嘴，笑得很开心。

其乐融融

马坡岭，到长沙市区有十多公里，湖南杂交水稻研究中心就建在这里。隔壁是一所水稻学校，周围除了一个小储蓄所和邮局便只剩下一块块的稻田，水稻研究中心就像稻海里的贝壳，而袁隆平家则是贝壳里的珍珠。

小小的乡间别墅，坐落在水稻中心科研大楼后面，房子外面是袁隆平的老伴邓哲悉心照料的花园，旁边的车库里停了几辆摩托和一辆小奥拓，摩托是以前袁先生骑着下田的，现在不骑了，都是自己开车，就是那辆。袁隆平的学生给记者介绍。

袁隆平很忙，全世界跑，参加各种研讨会，出席各种国际国内会议……但是他最快乐的时光，还是在自己家中享受天伦之乐，在水稻实验田里像农夫一样劳作。

清晨，你会看见袁隆平背着手，从家里踱步到办公室，处理研究中心和隆平高科的一些事情。哪位研究人员有什么新的实验成果和发现，都会首先跑去通知袁老，一起下田去检测新发现。

正午时分，袁隆平会出现在离研究中心不远的实验稻田里——长沙很热，水稻中心正式上班时间是下午3点，而此时袁隆平已经从田里归来，因为正午阳光充足，是观测花蕊的最佳时间。

夕阳西下的时间是属于邓阿姨的。他们一般都约请一帮老伙伴打排球，袁老照例是和邓阿姨分在一拨——说是排球，其实是比气球重不了多少的排球内胆。袁隆平和老伴玩得不亦乐乎，他总自称是主攻手，比赛中不时地埋怨邓阿姨打得臭。这时要是自己的孙子在旁边看热闹，老头便会恶作剧地用软球砸他的脑袋。

晚上袁隆平家里一般客人很多，有自己的学生，有自己的朋友，也有来采访他的记者。记者登门拜访的时候他正在看一部叫做《大汉天子》的连续剧，抱着一只黑猫，目不转睛地盯着屏幕，很八卦地为剧中人的命运平白担心。

要是人够一桌，袁隆平便组织大家打麻将——打是打，不赌钱的。输的人钻桌子！有一位记者来采访，被拉着一起打麻将，结果第二天看报纸，配的图片是麻将桌，袁隆平在旁边幸灾乐祸地看别人钻桌子。“其实那天晚上我钻得最多，大概是他觉得我这样的大科学家钻桌子的照片登出来太不成体统。”

很多人都知道袁老喜欢游泳。他高中的时候是武汉市中学生游泳冠军，而现在在泳池里面的袁隆平依然身手矫健。“我们单位举行游泳比赛，我只参加一项，要是所有项目都参加，那所有的冠军肯定都被我拿，那多没意思啊！”

乐而忘暑

2004年是世界水稻年，袁隆平将于10月14日参加美国在艾奥瓦州举行的世界粮食奖的颁奖仪式。世界粮食奖设立于1986年，由总部在美国艾奥瓦州得梅因市的世界粮食奖基金会每年颁发一次，授予为人类提供营养丰富、数量充足的粮食做出突出贡献的个人。此奖被看做国际上在农业方面的最高荣誉。今年除了他之外，另外一位获奖的是非洲水稻专家蒙蒂·琼斯博士。

在今年3月举行的世界粮食奖发布仪式上，世界粮食奖基金会主席肯尼斯·奎因表示，在今年联合国国际水稻年授予两位水稻科学家本年度世界粮食奖尤其显得重要，因为稻米目前是世界大约30亿人的主要食物，而这两位科学家为大大提高亚洲和非洲亿万人民的粮食安全取得了突破性的科学成就。

然而袁隆平起初开始杂交水稻研究的时候，却没有考虑过这些。科学研究和发现发明是一名科学家最为快乐的事情，袁隆平为了研究杂交水稻，简直到了忘我的境界，总是在中午太阳最毒的时候下田，真可谓是乐而忘暑。

但谈起如何走上农业科研的道路，袁隆平却连连说自己是“上当受骗”。小学一年级的时候他在武汉读书，有一次老师带小朋友们去郊游，到了一个园艺场，进去以后，到处的花草景象深深吸引着袁隆平。桃子结在树上红红的，好美丽。葡萄一串串一串串的，引得我口水直流。这学农美啊！

这件事情成为袁隆平后来坚决选择学农的直接原因，他是个浪漫的人，然而真正学农以后却让他大失所望。如果当时郊游老师带我到真正的农村，又穷又苦、又脏又累的地方，恐怕我就不会学农了。人常说生活中不缺乏美，缺乏的是发现美的眼睛，而独具慧眼的袁隆平很快就在农业研究中找到了快乐。

袁先生刚过完74岁生日，享福的年纪了，却仍然和年轻人一样天天下田。他所有的快乐仿佛都来自稻田，乡土的味道和稻穗的喷香总是让袁隆平流连不已。“我每天都要下田，要是哪天没有去就觉得吃不下饭，总觉得什么事情没有干。”

1953年，袁隆平从西南农学院毕业以后被分配到偏僻的湖南省安江农校任教，在一个特殊的年代，开始了一段奇特而又充满快乐的科学之旅——几十年过去了，记者再次来到这里，地处湘西雪峰山麓的安江农校，仿佛置身于天人和谐的世外桃源，青山、绿水、几百岁的大棒树和古典而独具湘西特色的楼房相得益彰，处处是瓜果园和稻田，琅琅读书声和果实的芳香仿佛是这田园景象的背景音乐……

当地的老师指着一片稻田说袁老师以前每天中午就在这里观察水稻的花蕊。

水稻是自花授粉植物，雄蕊雌蕊都在一朵花里面，雌雄同株，没有杂种优势——杂种优势是生物界的普遍现象，小到细菌，大到人，近亲繁殖的结果是种群的退化。但是水稻因为花小，其杂交是当时公认的世界难题，设在马尼拉的世界水稻研究中心就是因为困难重重，差点关闭。袁隆平偏不信这个邪，他突发灵感专门培养一种特殊的水稻品种——雄花退化的雄性不育系，没有自己的花粉，这样不就可以做到杂种优势了吗?

于是，漫长的寻找过程开始了，要找到这样一株雄花退化而且杂交之后产量猛增的太监水稻简直是大海捞针。

从湖南到海南，从四川到云南，从1964年开始，袁隆平跑遍了大半个中国，就是为了寻找那株雄性不育系。就像相隔两世的恋人，即使是大海捞针，但是有一种信念在支持着袁隆平。

寻寻觅觅，观察细小的花蕊。正午阳光最足，也最毒辣——科学研究是袁隆平最大的快乐，晒一点算什么!

功夫不负有心人，1972年，袁隆平的学生李必湖在海南发现一株野生的雄性不育系水稻野败，杂交水稻的研究之路豁然开朗。

乐天知命

我在年轻时做过一个梦：我们种的水稻，像高粱那么高，穗子像扫把那么长，颗粒像花生那么大，我和几个朋友就坐在稻穗下面乘凉!

袁隆平说起自己的梦想，笑容灿烂，使人联想起金秋沉甸甸的稻穗。

袁隆平回忆起自己小时候看过的黑白电影《摩登时代》，留给他印象最深的不是高楼大厦，而是未来社会里处处挂满的瓜果，到处绽放的鲜花，人们丰衣足食，不再忍受饥饿。

“1960年闹饥荒，我亲眼看见，很多人慢慢倒在田坎边，饿死。”

民以食为天，然而土地的萎缩和人口大爆炸却使吃饭问题越来越严重。美国一位学者布朗写过一本书《谁来养活中国》，认为中国不仅养不活自己，而且还会成为世界的负担。袁隆平当然很反对，认为布朗没有考虑到科学发展对农业增产的决定性作用。但是袁先生很清楚，如果土地状况继续恶化，布朗的预言绝不是危言耸听。

袁隆平计划在2005年完成自己超级杂交稻的大面积推广工作，也就是亩产达到800公斤——水稻现有的平均产量是亩产500公斤左右，而亩产800公斤在袁隆平的实验田里已经成功，下一步是大面积推广。

他的理想是1000公斤——水稻产量可能达到的上限。但是他清楚，这个目标可能只是一个遥远的梦想，在一次接受采访的时候他表示700公斤我们实现了，800公斤我们马上就要实现，1000公斤就等你们来接班！他笑着对台下的中国农大的年轻学生说。

他不知道自己有生之年是否可以亲眼看到亩产1000公斤的梦想实现，但是年过古稀的袁先生仍然像年轻人一样每天下田，偶尔还自己开着小奥拓到田间兜风——享受生活，享受工作，将来的事，有将来的人操心。

中国农民都说吃饭靠两平，一是邓小平，一是袁隆平，然而袁先生对此只是表示我只是做了一点点工作，一点点。

沉迷在科学发现的快乐和享受成功的喜悦中，他咧嘴笑，一脸的幸福。

（摘编自《读者》，2005年第1期，作者：马磊，有删节）

☞**【答案要点】**①青年学生时代热爱大自然，立志投身农业研究；②不盲从迷信权威，坚持真理，否定无性杂交学说；③着眼世界粮食安全事业，投身高产量杂交水稻研究；④热爱科学，献身科学，不畏艰辛，以苦为乐；⑤热爱生活，享受生活，享受工作，对科学研究心存梦想。

述而篇第七

学程设计

学习阶段	学习内容	学习策略	学习反馈
思维感知	《述而篇》共有三十八章。记有孔子言论三十五章，另有孔子与子贡、陈司败、子路对话各一章。	学生略读，借助工具书，自主学习，勾画圈点，做好笔记，为精读文本奠定基础。	感知文本，建构语言。掌握字词的含义，初步把握文本的内容。培育思维的敏捷性。
思维积淀	深入学习文本，梳理文本各章的关联。背诵文本的精彩语句，例如“默而识之，学而不厌，诲人不倦，何有于我哉？不义而富且贵，于我如浮云”，“君子坦荡荡，小人长戚戚”等。	精读章节，理解文本内容。合作学习，对照翻译理解各章大意，并讨论分析，熟读成诵。	审美鉴赏，含英咀华。把握文本的深层含义，能背诵重点语句。形成健康向上的审美情趣与鉴赏品位。培育思维的严密性。
思维探究	1. 如何理解“述而不作，信而好古”？2. 如何理解“钓而不纲”、“弋不射宿”？3. 如何理解“三人行，必有我师焉。择其善者而从之，其不善者而改之”？4. 如何理解“仁远乎哉？我欲仁，斯仁至矣”？5. 孔子为什么大赞《韶》乐？6. 孔子在本篇中对教育理念、教学方法、治学精神进行了多方位的阐释与解读，这些对于我们现在的教学境界的确立有何指引作用？	利用文本注释、译文，学习检索相关评析资料，积极思考、理解、分析、比较、推理、判断，进行探究学习，突破重点、难点。在交流研讨的过程中碰撞出思维的火花。	理性探究，辨明观念。把握文本的价值取向，理解孔子论教育、治学，谈生活、礼仪等。培育思维的深刻性。
思维拓展	阅读《生命的张力和炙热》和《天殷嘱我重斯文——记两弹元勋彭桓武》两篇文章，思考相关问题。	联系现实，迁移理解。古今贯通，进一步领悟孔子思想的现实意义，进行文化传承，拓展文化视野，增强文化自觉。学习评介人物，与英模人物对话。	个性感悟，确立价值。学习孟驰北和彭桓武的事迹，感受英模人物的人格魅力，提升思想境界，汲取营养，丰富精神世界。培育思维的独创性。

【思维感知】

7.1　子曰："述而不作，信而好古。窃比于我老彭。"【述而不作：述，阐述；作，创造。窃：私，私自，私下。老彭：人名。有的说是老子和彭祖两个人，有的说是殷商时代的贤大夫彭祖。】

孔子说："只阐述而不创作，相信而且喜好古代的文化，我私下把自己比做老彭。"

7.2　子曰："默而识之，学而不厌，诲人不倦，何有于我哉？"【识（zhì）：通"志"，记住。诲：教诲。】

孔子说："默默地记住（所学的知识），勤奋学习不觉得厌烦，教诲别人不知道疲倦，对于我来说，除了这些还有什么呢？"

7.3　子曰："德之不修，学之不讲，闻义不能徙，不善不能改，是吾忧也。"【徙（xǐ）：迁移。靠近，做到。】

孔子说："（许多人）对品德不去修养，学问不去讲求，听到义不能去做，有了缺点不能改正，这些都是我所忧虑的事情。"

7.4　子之燕居，申申如也，夭夭如也。【燕居：安居，家居，闲居。申申：衣冠整洁。夭夭：行动迟缓、斯文和舒。】

孔子闲居在家里的时候，衣冠楚楚，仪态温和舒畅，一副悠闲自在的样子。

7.5　子曰："甚矣吾衰也！久矣吾不复梦见周公。"【周公：姓姬，名旦，周文王的儿子，周武王的弟弟，成王的叔父，鲁国国君的始祖。传说是西周典章制度的制定者，他是孔子所崇拜的"圣人"之一。】

孔子说："我衰老得很厉害了！我已经好久没有梦见周公了。"

7.6　子曰："志于道，据于德，依于仁，游于艺。"【德：德者，得也。能把"道"贯彻到自己心中而不失掉就叫德。艺：六艺，指礼、乐、射、御、书、数等六种技艺。】

孔子说："以道为志向，以德为根据，以仁为凭藉，在（礼、乐等）六艺的范围之内活动。"

7.7　子曰："自行束脩以上，吾未尝无诲焉。"【束脩（xiū）：脩，干肉，又叫脯。束脩就是十条干肉。孔子的学生以十条干肉作为学费。后来，就把学生送给老师的学费叫做"束脩"。诲：教诲。】

孔子说："只要自愿拿着十条干肉作为拜师挚礼来见我的人，我没有不给他教诲的。”

7.8　子曰：“不愤不启，不悱不发。举一隅不以三隅反，则不复也。”【愤：苦思冥想而仍然领会不了的样子。悱(fěi)：想说又不能明确表达出来的样子。“举一隅”三句：举出一个角为例来告诉学习的人，而他不能推断其他三个角如何，就不用再教他了，因为他不用心思考。隅，角落。】

孔子说：“(教导学生,)不到他努力想弄明白而不得的程度，不要去开导他；不到他心里明白却不能完善表达出来的程度，不要去启发他。教给他一个方面的东西，他却不能由此而推知其他三个方面的东西，那就不要再反复地给他举例了。”

7.9　子食于有丧者之侧，未尝饱也。

孔子在有丧事的人旁边吃饭，不曾吃饱过。

7.10　子于是日哭，则不歌。

孔子在这一天为吊丧而哭泣，就不再唱歌。

7.11　子谓颜渊曰：“用之则行，舍之则藏，惟我与尔有是夫!”【舍之则藏：舍，舍弃，不用；藏，隐藏。夫：语气词，相当于“吧”。】

孔子对颜渊说：“用我呢，我就去干；不用我，我就隐藏起来，只有我和你才能做到这样吧!”

子路曰：“子行三军，则谁与?”【三军：是当时大国所有的军队，每军约一万二千五百人。与：在一起的意思。】

子路问孔子说：“老师您如果统帅三军，那么您愿和谁在一起共事呢?”

子曰：“暴虎冯河，死而无悔者，吾不与也。必也临事而惧，好谋而成者也。”【暴虎：空拳赤手与老虎进行搏斗。冯河：无船而徒步过河。临事不惧：惧是谨慎、警惕的意思。遇到事情便格外小心谨慎。】

孔子说：“赤手空拳和老虎搏斗，徒步涉水过河，死了都不会后悔的人，我是不会和他在一起共事的。我要找的，一定是遇事小心谨慎，善于谋划而能完成任务的人。”

7.12　子曰：“富而可求也；虽执鞭之士，吾亦为之。如不可求，从吾所好。”【富：指升官发财。而：假设连词，如果。求：指合于道，可以去求。执鞭之士：古代为天子、诸侯和官员出入时手执皮鞭开路的人。意思指地位低下的职事。】

孔子说：“如果富贵合乎于道就可以去追求，虽然是给人执鞭的下等差事，我也愿意去做。如果富贵不合于道就不必去追求，那就还是按我的爱好去做事。”

7.13　子之所慎：齐，战，疾。【齐：通“斋”，斋戒。古人在祭祀前要沐浴更

衣，不吃荤，不饮酒，不与妻妾同寝，整洁身心，表示虔诚之心，这叫做斋戒。】

孔子谨慎小心对待的是斋戒、战争和疾病这三件事。

7.14 子在齐闻《韶》，三月不知肉味。曰："不图为乐之至于斯也。"【《韶》：舜时古乐曲名。不图：想不到，没想到。】

孔子在齐国听到了《韶》乐，有很长时间尝不出肉的滋味。他说："想不到《韶》乐的美达到了这样迷人的地步。"

7.15 冉有曰："夫子为卫君乎?"【为：帮助。卫君：卫出公辄，是卫灵公的孙子。公元前492年—前481年在位。他的父亲因谋杀南子而被卫灵公驱逐出国。灵公死后，辄被立为国君，其父回国与他争位。】

冉有(问子贡)说："老师会帮助卫国的国君吗?"

子贡曰："诺，吾将问之。"【诺：答应的说法。】

子贡说："嗯，我去问问他。"

入，曰："伯夷、叔齐何人也?"

于是就进去问孔子，说："伯夷、叔齐是什么样的人呢?"

曰："古之贤人也。"

(孔子)说："他们是古代的贤人。"

曰："怨乎?"

(子贡又)问："他们有怨恨吗?"

曰："求仁而得仁，又何怨?"

(孔子)说："他们追求仁而得到了仁，为什么又怨恨呢?"

出，曰："夫子不为也。"

(子贡)出来(对冉有)说："老师不会去帮助卫君。"

7.16 子曰："饭疏食，饮水，曲肱而枕之，乐亦在其中矣。不义而富且贵，于我如浮云。"【饭疏食：饭，吃，作动词。疏食，粗粮。曲肱(gōng)：弯着胳膊。肱，胳膊，由肩至肘的部位。】

孔子说："吃粗粮，喝白水，弯着胳膊当枕头，乐趣也就在这中间了。用不正当的手段得来的富贵，对于我来说就像是天上的浮云一样。"

7.17 子曰："加我数年，五十以学《易》，可以无大过矣。"【加：通"假"，给予。五十以学《易》：孔子一生有两次机会接触到《易象》，第一次是五十岁以后，可惜错过了。第二次是晚年六十八岁以后，孔子利用这最后一次机会倾其全部心血学习《易象》，作"十翼"。孔子后悔早年五十岁左右担任鲁国大司寇时没有利用职务之便到鲁大史氏研习《易象》(五十以学《易》)，"加我数年"是追悔之言。】

孔子说："再给我增加几年寿命，到五十岁学习《易》，我便可以没有大的过错了。”

7.18　子所雅言：《诗》《书》、执礼，皆雅言也。【雅言：周王朝的京畿之地在今陕西地区，以陕西语音为标准音的周王朝的官话，在当时被称作“雅言”。孔子平时谈话时用鲁国的方言，但在诵读《诗》《书》和执行礼事时，则以当时陕西语音为准。】

孔子有时讲雅言，读《诗》、念《书》和执行礼事时，用的都是雅言。

7.19　叶公问孔子于子路，子路不对。子曰：“女奚不曰：其为人也，发愤忘食，乐以忘忧，不知老之将至云尔。”【叶(shè)公：叶公姓沈名诸梁，楚国的大夫，封地在叶城(今河南叶县南)，所以叫叶公。云尔：云，如此；尔通“耳”，而已，罢了。】

叶公向子路问孔子是个什么样的人，子路没有回答。孔子(对子路)说：“你为什么不这样说：他这个人，发愤用功，连吃饭都忘了，快乐得把一切忧虑都忘了，连自己快要老了都不知道，如此而已。”

7.20　子曰：“我非生而知之者，好古，敏以求之者也。”

孔子说：“我不是生来就懂得知识的人，只是爱好古代的文化，并勤奋敏捷地去求得知识的人。”

7.21　子不语：怪、力、乱、神。

孔子不谈论怪异、暴力、变乱、鬼神。

7.22　子曰：“三人行，必有我师焉。择其善者而从之，其不善者而改之。”

孔子说：“三个人一起走路，其中必定有人可以作我的老师。我选择他善的品德向他学习，看到他不善的地方就作为借鉴，改掉自己的缺点。”

7.23　子曰：“天生德于予，桓魋其如予何?”【桓魋(tuí)：宋国主管军事行政的官，宋桓公的后代。】

孔子说：“上天把德赋予了我，桓魋又能把我怎么样呢?”

7.24　子曰：“二三子以我为隐乎？吾无隐乎尔。吾无行而不与二三子者，是丘也。”【二三子：这里指孔子的学生们。】

孔子说：“学生们，你们以为我对你们有什么隐瞒的吗？我是丝毫没有隐瞒的。我没有什么事不是和你们一起做的。这就是我孔丘的为人啊。”

7.25　子以四教：文、行、忠、信。【文：文献、古籍等。行：德行。忠：忠诚。信：守信，诚实。】

孔子以文、行、忠、信四项内容教授学生。

7.26　子曰："圣人，吾不得而见之矣！得见君子者，斯可矣。"

孔子说："圣人，我是不可能看到了！能够看到君子，这就可以了。"

子曰："善人，吾不得而见之矣！得见有恒者，斯可矣。亡而为有，虚而为盈，约而为泰，难乎有恒矣。"【恒：恒心。约：穷困。泰：富足。】

孔子又说："善人，我不可能看到了！能见到始终如一(保持好的品德的)人，这也就可以了。没有却装作有，空虚却装作充实，穷困却装作富足，这样的人是难于有恒心(保持好的品德)的。"

7.27　子钓而不纲，弋不射宿。【纲：大绳。这里作动词用。在水面上拉一根大绳，在大绳上系许多鱼钩来钓鱼，叫纲。弋(yì)：用带绳子的箭来射鸟。宿：归巢歇宿的鸟。】

孔子只用(有一个鱼钩)的钓竿钓鱼，而不用(有许多鱼钩的)大绳钓鱼。只射飞鸟，但不射巢中歇宿的鸟。

7.28　子曰："盖有不知而作之者，我无是也。多闻，择其善者而从之，多见而识之，知之次也。"

孔子说："大概有自己不懂却凭空造作的人吧，我没有这样做过。多听，选择其中好的来学习；多看，然后记在心里，这是次一等的智慧。"

7.29　互乡难与言，童子见，门人惑。子曰："与其进也，不与其退也，唯何甚？人洁己以进，与其洁也，不保其往也。"【互乡：地名，具体所在已无可考。与：赞许。洁己：洁身自好，努力修养，成为有德之人。】

(孔子认为)很难与互乡那个地方的人谈话，但互乡的一个童子却受到了孔子的接见，学生们都感到迷惑不解。孔子说："我是赞许他的进步，不是赞许他退步。何必做得太过分呢？人家改正了错误以求进步，我们赞许他改正错误，不要死抓住他的过去不放。"

7.30　子曰："仁远乎哉？我欲仁，斯仁至矣。"

孔子说："仁难道离我们很远吗？只要我想达到仁，仁就来了。"

7.31　陈司败问："昭公知礼乎？"孔子曰："知礼。"【陈司败：陈国主管司法的官，姓名不详，也有人说是齐国大夫，姓陈名司败。昭公：鲁国的君主，名裯(chóu)，公元前541—前510年在位。"昭"是谥号。】

陈司败问："鲁昭公懂得礼吗？"孔子说："他懂得礼。"

孔子退，揖巫马期而进之，曰："吾闻君子不党，君子亦党乎？君取于吴，为同姓，谓之吴孟子。君而知礼，孰不知礼?”【揖：做揖，行拱手礼。巫马期：姓巫马，名施，字子期，孔子的学生。党：偏袒、包庇的意思。取：通“娶”。为同姓：鲁国和吴国的国君同姓姬。周礼规定，同姓不婚，昭公娶同姓女，是违礼的行为。吴孟子：鲁昭公夫人。春秋时代，国君夫人的称号，一般是她出生的国名加上她的姓，但因她姓姬，故称为吴孟子，而不称吴姬。】

孔子出来后，陈司败向巫马期作了个揖，请他走近自己，对他说：“我听说，君子是没有偏私的，难道君子也包庇别人吗？鲁君从吴国娶了一位夫人，是鲁君的同姓，称她为吴孟子。如果鲁君算是知礼，还有谁不知礼呢?”

巫马期以告。子曰：“丘也幸，苟有过，人必知之。”

巫马期把这句话告诉了孔子。孔子说：“我真是幸运。如果有过错，别人一定会知道。”

7.32 子与人歌而善，必使反之，而后和之。【反：反复，重复。和：附和，合唱。】

孔子与别人一起唱歌，如果别人唱得好，他一定要请别人再唱一遍，然后自己还会和着别人唱。

7.33 子曰：“文，莫吾犹人也。躬行君子，则吾未之有得。”【莫：约摸、大概、差不多。】

孔子说：“就书本知识来说，大约我和别人差不多。做一个身体力行的君子，那我还没有做到。”

7.34 子曰：“若圣与仁，则吾岂敢？抑为之不厌，诲人不倦，则可谓云尔已矣。”公西华曰：“正唯弟子不能学也。”【抑：表转折的语气词，只不过是。云尔：这样说。】

孔子说：“如果说到圣与仁，那我怎么敢当！不过(向圣与仁的方向)努力而不感厌烦地做，教诲别人也从不感觉疲倦，可以说只是这样罢了。”公西华说：“这正是我们学不到的啊。”

7.35 子疾病，子路请祷。【疾病：疾指有病，病指病情严重。请祷：向鬼神请求和祷告，即祈祷。】

孔子病情严重，子路向鬼神祈祷。

子曰：“有诸?”子路对曰：“有之。《诔》曰：‘祷尔于上下神祇。’”子曰：“丘之祷久矣。”【有诸：诸，相当于“之于”。《诔》(lěi)：祈祷文。神祇(qí)：古代称天神为神，地神为祇。】

孔子说：“有这回事吗?”子路说：“有的。《诔》文上说：‘为你向天地神灵祈祷。’”孔子说：“我早就祈祷过了。”

7.36 子曰："奢则不孙，俭则固。与其不孙也，宁固。"【孙：通"逊"，恭顺。不孙，即为不顺，这里的意思是"越礼"。固：简陋、鄙陋。这里是寒酸的意思。】

孔子说："奢侈了就会越礼，节俭了就会寒酸。与其越礼，(我)宁可寒酸。

7.37 子曰："君子坦荡荡，小人长戚戚。"【坦荡荡：心胸宽广、开阔、容忍。长戚戚：经常忧愁、烦恼。】

孔子说："君子心胸宽广，小人经常忧愁。"

7.38 子温而厉，威而不猛，恭而安。

孔子温和而又严厉，威严而不凶猛，庄重而又安详。

【思维积淀】

1. 子曰："默而识之，学而不厌，诲人不倦，何有于我哉？"
2. 子曰："不愤不启，不悱不发。举一隅不以三隅反，则不复也。"
3. 子曰："我非生而知之者，好古，敏以求之者也。"
4. 子曰："三人行，必有我师焉。择其善者而从之，其不善者而改之。"
5. 子曰："仁远乎哉？我欲仁，斯仁至矣。"
6. 子曰："奢则不孙，俭则固。与其不孙也，宁固。"

【思维探究】

1. 如何理解"述而不作，信而好古"？

孔子一生自觉地致力于整理文化遗产，普及文化教育。在这一章里，孔子总结自己的事业是"述而不作"，是他老人家对传统的尊重，后人不必把保守的帽子扣在前人头上。

孔子谦称"述而不作"，并没有让后人奉为原则，其实，孔子是述而且作的，以"仁"解"礼"就是孔子的创作。在教育上，孔子一贯是鼓励有所发扬、有所创新的。

孔子生活在春秋时代，之前光辉灿烂的文明成果深深吸引了他，于是他投入了一生精力进行学习、理解、转化、诠释、传授与弘扬。作为其父母之邦的鲁国，是周代礼乐文化保存最为完整的地方，因此孔子自幼接触周公创制的礼乐文明，加之他"好古，敏以求之"，四方游历，转益多师，以至"博学于文"，对先王之道和礼乐文明有了精深的理解。而他生活的时代，又是"礼坏乐崩"的春秋末期，种种政治与社会的危机和挑战，深深激发了其"挽狂澜于既倒"的抱负与担当，于是他以"述而不作"为志向，希冀能保存先王之道，使天下重新回归到礼乐和合的文明秩序。孔子的"述而不作"并非纯粹"复古"，而是"寓作于述"、"以述为作"的辩证文化观。随着现代社会"单线进化论"所带来的负面影响日益严重，"述而不作"的文化观对于保存人类曾经创造的辉煌文明成果，为真正的“创新”积累养料的重大意义将愈发凸显。如果我们能够懂得“述”与“作”的辩证关系，在创新与保守之间达成一种辩证的平衡，那么中华民族的文化复兴大业将更加顺遂。

2. 如何理解“钓而不纲”、“弋不射宿”？

在捕鱼的时候，孔子“钓而不纲”；在射猎的时候，他“弋不射宿”。这样做是在告诉人们要对动物心存仁爱，不可滥捕滥杀，影响到动物的正常繁衍。儒家学说重视天人关系，主张万物和谐共存，这种思想，就是所谓的“上天有好生之德”。孔子重视仁道，主张人类应该效仿上天，不仅对人类自己，即便是对鸟兽，也应该心怀仁德。孔子垂钓射猎的行为，就表现了这种仁德情怀。

在我国的传统观念里，人们最看重的就是人与自然的和谐，凡事都要讲求个度，如若过了这个度，那就是无道的表现。孔子此举，体现的是“取物以节”的思想，讲求的是节制欲求。孔子的这种思想，对后世有着深远的影响。历朝历代统治者，在鸟兽捕猎、山林砍伐等方面，都有严格规定，特别强调“斧斤以时入山林”。否则，便视为违禁，理由是这样做“有干天和”，也就说违背了上天好生之德，应该受到严厉惩罚。

本章所描述的这两种行为，虽然看似平常，却是对孔子爱人之心的扩充，可以将其理解为仁德思想，也可以将其看作是孔子的行教。

3. 如何理解“三人行，必有我师焉。择其善者而从之，其不善者而改之”？

孔子这句极为著名的话，已经成为历代有志之士、好学之士的座右铭。凡有一点特长的人，他都认为有可资借鉴取法之处。即使是有错误的人，他也认为可以作为反面教材观照自己的言行。他喜欢以别人为师，总觉得自己的知识不够。

这句话的道理很简单，就是为学者要谦虚好学。但是做起来非常不容易，因为人往往会自以为是，免不了虚荣和傲慢。孔子之所以能成为伟大的思想家和教育家，离不开这种谦虚好学的精神。能够虚心向别人学习，这种精神已经十分可贵，更可贵的是，不仅要师人之善，还要以别人的缺点为鉴戒。这是平凡而伟大的真理，对于指导我们处世待人、修身养性、增长知识，都是十分有益的

4. 如何理解“仁远乎哉？我欲仁，斯仁至矣”？

从孔子的言论来看，仁其实离我们很近。人天生的本性之中就有仁的成分，因此为仁只要诚心去做，“我欲仁，斯仁至矣”。这种认识的基础，是靠道德的自觉，要经过不懈的努力，就有可能达到仁的境界了。这里，孔子强调了人的主观能动性，意义重要。孔子坚信，只要愿意以“仁”的标准要求自已，持之以恒地按照“仁”的规范来行动，那么就能达到“仁”的境界了。孔子把“仁”看作人固有的本性，为“仁”全靠自已，不能依靠外力。只要自觉努力，人人都可以成为道德高尚的仁人。

5. 孔子为什么大赞《韶》乐？

从功能上来说，《韶》是雅乐的一种，统治者用于祭祀及朝会典礼等场合的音乐。这种音乐，风格庄严肃穆，音律中正和平，歌词典雅纯正，能够充分展示帝王至高无上的地位和尊严。从文化和制度的角度讲，雅乐和礼制一起，共同构成了西周的礼乐制度。《韶》乐是雅乐中的杰出代表，它以排箫为主要伴奏乐器，又名《箫韶》，传说是舜时代的宗教性乐舞，该乐舞有九次变化，歌也有九段，在后世又被称为《九歌》。《韶》乐是西周宫廷最具权威性的祭祀礼乐之一，也是“乐教”的经典教材。在孔子眼里，礼乐制度是国家的根本性制度，而以《韶》乐为代表的雅乐则是体现礼乐制度的艺术形式。因此，他才对《韶》乐极端重视和推崇，说它达到了尽善尽美的境界。

孔子之所以对《韶》乐着迷，一方面因为韶乐的旋律极为优美，能给人以极大的艺术享受，让人百听不厌；同时，乐曲风格庄重肃穆，平和宽厚，具有端正人心的强大情感力量。更重要的是《韶》乐与礼制从思想上高度契合，是礼乐制度的文化形式。这种音乐，不仅能给人艺术陶冶，更是维护社会秩序的有力工具。

6. 孔子在本篇中对教育理念、教学方法、治学精神进行了多方位的阐释与解读，这些对于我们现在的教学境界的确立有何指引作用？

孔子是中国历史上最伟大的教育家。他顺应当时社会“学在官府”被打破、“学术下移”私学勃兴的潮流，率先将教育推向社会、普及民众，开创了学在民间的崭新局面。他的教育宗旨是主张教育平民化、经典化、社会化，使更多的人能够获得教育的权利，通过教育这个途径，使大众的整体素质得到全面的提升，从而影响和推动社会的全面进步。故在教育范围对象上，他提倡“有教无类”，“自行束脩以上，吾未尝无诲焉”。

在孔子看来，教育对一个人来说，乃是终生的事业，是一日不可有懈怠的。他曾拿自己对学问与道德锲而不舍的追求现身说法：“发愤忘食，乐以忘忧，不知老之将至”，“我非生而知之者，好古，敏以求之者也”。所以，作为受教者，当“默而识之，学而不厌”；作为教育者，则应当做到“诲人不倦”。在教育的环节处理上既需要继承传统，以历史文化传承为本，“述而不作，信而好古”，又要不断注入新的内容，来满足时代的需要，迎接现实的挑战。

教育是“百年树人”的大事，不可能立竿见影、快捷速成，而是一个潜移默化、感化挹注的长期过程。所以需要教育者摒弃急功近利的浮躁心态，全身心投入其中，默默耕耘，春风化雨，“随风潜入夜，润物细无声”（杜甫《春夜喜雨》），真正乐在其中、陶然忘机。“子在齐闻《韶》，三月不知肉味，曰：‘不图为乐之至于斯也’”，这段话形象而生动地反映了孔子全身心投入事业的风貌，并在其教育实践中得以体现，“若圣与仁，则吾岂敢！抑为之不厌，诲人不倦，则可谓云尔已矣”。

由此可见，孔子是把教育当作最崇高、最神圣的事业来看待的，是视人生价值实现与教育大业成功两者为一体的。所以能真正以此为生命中的自然组成部分，乐此不疲，休戚与共：“饭疏食，饮水，曲肱而枕之，乐亦在其中矣。不义而富且贵，于我如浮云。”正是有这样的信念，孔子才对当时的教育现状怀有深深的忧虑，希望得到切实的改变、积极的提升：“德之不修，学之不讲，闻义不能徙，不善不能改，是吾忧也。”

孔子不仅对教育的重要性有高度的认识，而且对贯彻与运用正确的教育方法也有独到的见解，认为只有实行正确的方法，才能使教育收到最佳的效果，事半而功倍，举一而反三。为此，他强调要善于向他人学习，“三人行，必有我师焉。择其善者而从之，其不善者而改之”。提倡多闻多识，最大限度地吸收各种知识，并进行独立思考，使书本或他人的知识转化为自己的东西：“多闻，择其善者而从之，多见而识之，知之次也。”主张开展启发性教学，反对满堂灌输，“不愤不启，不悱不发。举一隅不以三隅反，则不复也”。推崇活到老、学到老，将学习视为生命的本能，生命不息，学习不止：“加我数年，五十以学《易》，可以无大过矣。”这些教育思路与方法都饱含着孔子一生教育实践的经验体会，直到今天，依然是有其重要的借鉴与启示意义的。

如果孔子的教育思想仅止于此，那么，孔子仍然只是一个成功的教育家，而不能成为“万世师表”、一座不可企及的不朽丰碑。孔子之所以为一代圣人，成为中国思想史、中国教育史上一座无法逾越的高峰，是因为他提出最完善的教育理念，并把这种高明的理念贯彻于他的全部教育实践活动之中，从根本上解决了教育的方向选择与主旨确立问题，为古代教育规范了基本的原则，为现代的教育提供了重大启迪。

孔子的教育理念，重点是为了解决教育的基本目标问题，是为了对教育的方向作出战略性的选择。它的核心宗旨，是主张教育的基本功能不能仅仅满足于知识的传授，而更重要的任务乃是完整人格的熏陶与造就，使一个人精神境界得到全面的提升，真正做到道德、文章均臻一流，智商、情商堪称完美，成为全面发展，有理想、有觉悟、有知识、有能力，德才兼备的优秀人才。

这种理念，落实到具体的教学内容上，就是文化知识的学习与社会实践的开展并行不悖，学问的积累与人格的培育相辅相成，所谓“子以四教：文、行、忠、信”，就是孔子教育内容全面性、互补性的具体体现。

为了使这些教学内容得到具体的界定，使自己的教育理念获得生动而直观的展现，孔子提出了一个笼括其教育理念的核心主张，为教书育人指引了一个明确而具体的方向：“志于道，据于德，依于仁，游于艺。”这是孔子对自己一生志业的概括，同时也是其所认定的教育所要达到的终极目标。

“志于道”，这意味着儒家教育核心宗旨是培养能够践行儒学“大道”、品德高尚、政治正确、思想醇正、行为适宜的人才，意味着品质的优秀要优先于知识的拥有，这样，就从根本上规定了人才培养上的方向性问题，这也是最高层次的战略性抉择。但是，所谓“道”毕竟是抽象的，所谓“形而上者谓之道”，要真正体现“道”的精神，必须借助于具体的德行来呈现，于是，孔子逻辑地推导出，在“志于道”的基础上，教育应该“据于德”，“‘道’见之于人心或践履中的人于‘道’有所得，谓之‘德’。”（黄克剑《论语解读》）所谓“德”，就是“道”的具体化、纲目化、实践化，仁、义、忠、信、礼、智、廉、耻等，就是“德”的具体呈现，它们是切实可体验的，也是具体可践行的。正是有了“据于德”，孔子“志于道”的抽象教育宗旨就获得了具体的依据，可以开展具体的“进德修身”，为培育人格完善的一代新人奠定了坚实的基础，创造了必要的条件。

“据于德”固然重要，但这中间还有一个优先顺序问题，必须在“据于德”问题上突出重点，把握关键。在孔子看来，在“德”的各种要素中，“仁”处于核心的地位，发挥着关键的作用，是“德”的本质属性的最直观也最具体的反映，“仁远乎哉？我欲仁，斯仁至矣”。所以，“据于德”，优先必须“依于仁”。这在教育理念的构筑中也无例外，理想人格的完善，一代新人的造就，在道德修养的层面，首要之务，就是“依于仁”。“求仁而得仁”，则教育的成功就有了最基本的保证，就有了广阔的前景。

当然，仅仅做到这一步，还是远远不够的，“志于道”“据于德”“依于仁”，云云。不能托之以空言，而必须落实到具体的环节，必须有可供教育的载体，可供学习的对象，否则依然是空中楼阁、画饼充饥。孔子认为，这个具体的载体与对象，就是“六艺”，它可以使得“道”、“德”、“仁”等宗旨与原则转化为具体的内涵，换言之，“志于道”、“据于德”、“依于仁”，必须借助于具体的学习内容而得以贯彻落实，从而圆满实现教育宗旨、教育内容、教学环节的有机整合与统一。基于这样的认识，孔子逻辑地提出了教育载体对象上要做到“游于艺”，将礼、乐、射、御、书、数等六艺作为具体的学习对象。至此，孔子向人们展示了自己完整的教育理念，为造就人格健全、品行完善的人才提供了一个精心设计的系统方案，规划了一张充满希望的路线图。

（摘编自 2017 年 5 月 10 日《中华读书报》，有改动）

【思维拓展】

1. 阅读《生命的张力和炙热》，结合文本分析孟驰北生命的张力体现在哪些方面，这与《论语·述而》之中孔子有哪些相似之处？

生命的张力和炙热

孟驰北 80 多年的人生道路，曾经历了蒙古王公贵族后裔到早年的革命青年、西南联大学生、中国抗日远征军战士、解放军战士、新闻记者、学者、作家的历程。

15 岁，孟驰北只身远离家乡内蒙，去四川江津上学。大冬天，他赤脚穿草鞋，冻疮裂口渗出缕缕血丝；饿极了，只好到校外路口向挑担赶集的农民讨要一点萝卜南瓜之类果腹。这样的生活，他不以为意，谨记苦读，成绩优良。一次闹学潮，孟驰北被开除，颠沛流离，辗转三所学校，才得以高中毕业。不久，他以优异的成绩考入西南联大哲学系。仅读一年，适逢中国远征军招收兵员，他毅然放弃得之不易的读书机会，投笔从戎，到印度、缅甸，与美国、英国、印度等国军队并肩抗击日军。孟驰北在艰难的岁月中彰显出生命最初的力量。

全国解放，孟驰北成了一名新闻记者，他写出不少有分量的报道，尤其是被称为“文艺轻骑兵”的报告文学，得过全国报告文学大奖。直到晚年，他依然兴致盎然地带领年轻记者去天山南北采访。

2010 年春节的大年初一，他以 85 岁的高龄，踏雪去乌鲁木齐郊区农家采访。人们笑说，他应是中国新闻采访第一线最年长的记者。

孟驰北生命的张力不只体现在新闻记者这个职业上。他在人生最需要积累的时候碰上了社会动荡，等到风波平静下来已是到了快退休的年纪。就这样他开始了第二次崭新的生命——研究学术，从60岁开始重新定位自己的人生。

孟驰北最大的贡献是深刻揭示了草原文化的本质，他像哥伦布发现新大陆一样，发现了游牧民族和草原文化在欧亚历史上所起的重大作用。他历时14年，完成了当今世界上第一部关于草原文化和人类发展的恢宏巨著《草原文化与人类历史》(上、下卷)，开创了人类草原文化学系统理论。此后又经过多年的研究，孟驰北再次创造性地推出用草原文化观点解释历史问题的《占有论》。近些年他体衰多病，仍坚持学术研究，又完成了60万字的巨著《中国历史新视角》(上、下两卷)，更加完善了人类草原文化学系统理论，从农耕文化和游牧文化的相互冲突和相互交融中阐述中华民族向前发展的历史。孟驰北先生被称为“草原文化学之父”。

暮年的孟驰北更乐意把精力花在寻找自己的弱势和欠缺之处上，绽放生命的热忱。他每天花大量时间阅读，让知识的启发带给自己生命的活力，减少惰性。这些活力让他始终愿意和年轻人做朋友，他和青年议论时政，交流阅读心得，鼓励他们多读书勤写作，为他们组织作品讨论会，向外界推荐。孟驰北还很关心社会。出去散步，不论是专家学者或路边摆摊的修鞋的人，他都能倾听他们说话，与他们讨论问题，了解他们的喜怒哀乐。“对人不能冷漠”，他常常这样说，“任何人身上都有值得学习的东西。”

相关链接：

①“人的生理老了，生命也老了。这是误区。其实生理和生命是逆向的。作为生理主体的我是要老的，但我的生命是不老的，且越老生命越丰满。老年期应该是大有作为的一个时期，是从零点起步的一个新的创造期！”

——孟驰北

②驰北淡泊名利，为人温暖。早年，国家发行公债，你总多买，熟人中谁家经济负担重，你就把债券全部分送给他们。平时外出采访或朋友聚会，你常抢着掏钱请客，为的是不给别人增加负担。评职称，人多积极争取，甚至找领导，走门路，而你谢绝，你的很多学生都是高级职称了，你干了一辈子新闻记者却从无职称，工资一直很低，却始终无悔。

——孟驰北之妻罗绿绿《应笑不负此生》

③好像他身上有两个“自我”，一个忧郁、疲倦、阴沉，另一个则愉快、生气勃勃、开朗。我尤其惊叹的是他眼中的热情，那是一种对生活的热情，对自己所热爱、所追求事物的热情，这是一种根植于他天性中的热情，丝毫也没有被岁月侵蚀，从中丝毫也看不到衰老的影子。

——作家孙金钰《初识孟驰北》

☞【**答案要点**】①面对苦难的坚韧：孟驰北一生历经坎坷，在极端艰苦的条件下求学；投笔从戎，直至成为新闻工作者、学者；暮年依然不放弃人生的追求。孔子对待学习的态度就是“默而识之，学而不厌，诲人不倦”“发愤忘食，乐以忘忧”。②研究领域宽，多有成就：无论作为新闻记者还是作为学者，他都在相关领域作出了杰出的贡献；他写出不少有分量的报道，尤其获得过全国报告文学大奖；被称为“草原文化学之父”。孔子在谈到追求富贵之时，也指出了：“富而可求也；虽执鞭之士，吾亦为之。如不可求，从吾所好。”③越老越乐于学习，充满活力：乐于寻找自己的弱势和欠缺；与年轻人做朋友，帮助他们；倾听社会各类人说话。这与孔子所提的“三人行，必有我师焉。择其善者而从之，其不善者而改之”的精神相对应。孟驰北还说“老年期应该是大有作为的一个时期，是从零点起步的一个新的创造期”，这与孔子提出“加我数年，五十以学易，可以无大过矣”、“好古，敏以求之者也”相呼应。

2. 阅读《天殷嘱我重斯文——记两弹元勋彭桓武》，思考：彭桓武身上有哪些可贵的精神品格与本篇所展现的孔子形象有相似之处？

天殷嘱我重斯文

——记两弹元勋彭桓武

1915 年 10 月 6 日，彭桓武出生于吉林长春。16 岁考入清华大学物理系。1935 年作为“清华四杰”之一毕业后，考入清华大学研究生院，跟随周培源教授进行相对论研究。

1938 年，彭桓武留学英国爱丁堡大学理论物理系，师从马克斯·玻恩，后与波动力学创始人薛定谔一起做研究，在固体理论、介子物理和量子场论等前沿研究领域做了一系列开创性工作，先后获得哲学博士和科学博士学位。1945 年，他与玻恩等合作进行场论方面的研究，共同获得爱丁堡皇家学会的麦克杜格尔·布里斯班奖。

1947 年底，彭桓武回到祖国，先后执教于云南大学、清华大学、北京大学。1950 年，他参与组建了我国第一个核科学研究机构——中国科学院近代物理研究所，先后担任理论物理组组长、副所长，积极开展理论研究和实际应用，为我国原子能科学事业的发展作出了开创性、奠基性的贡献。

曾有记者问彭桓武，当年在国外已大有成就，为什么还要回到千疮百孔的中国？他气愤地说：“你这个问题的提法不对！你应该说为什么不回国。回国不需要理由，不回国才需要理由！”他还作诗言道：“世乱驱人全气节，天般嘱我重斯文。”

1961 年初，全国抽调了一批杰出科学家和工程技术人员到北京第九研究所，后被公认为核武器研制“三根台柱”的彭桓武、王淦昌、郭永怀就是其中的杰出代表。彭桓武作为主管理论部的副所长，组织领导并亲自参与理论研究，加速了原子弹、氢弹理论突破的进程。他大力倡导“粗估”法则，引导大家抓主要矛盾，化繁为简，缩短研究周期。这一法则成为当年理论部研究的重要手段之一，对突破原子弹原理的“九次计算”攻关，起到了重要作用，使原子弹设计工作得以全面展开。

通过大量计算和系列理论研究，攻克了一道道难关，我国终于掌握了原子弹爆炸过程的基本规律，于 1963 年完成了原子弹装置初步物理设计方案。彭桓武随即迅速组织力量向突破氢弹理论转移。在他的领导下，重视基础理论研究、发扬学术民主和协同攻关等原子弹突破的成功经验，也成为突破氢弹原理的利器。十余年后，“原子弹氢弹设计原理中的物理力学数学理论问题”项目获得国家自然科学一等奖，彭桓武作为该项目排名第一的获奖者，被公认为最有资格接受本奖项唯一的一枚金质奖章。但他坚决谢绝：“这是集体的功勋，不应由我一人独享。”提议奖章由九所集体保存，并提笔写下：“集体集体集集体，日新日新日日新。”

彭桓武专心致志地探索自然界的奥秘，从早期在量子力学、介子场论等领域的研究到核武器理论研究工作，再到后来开展交叉学科、凝聚态物理、生物物理和理论化学物理等研究，毕生不懈地求索创新。

1995 年在“何梁何利基金科技成就奖”颁奖会上，80 岁高龄的彭桓武检讨自己“不够艰苦勤奋”，并保证“获奖后继续在国内从事科学研究和技术至少三年”。他说到做到，生病住院也不停歇。2005 年，90 岁高龄的他亲自作学术报告，讲述研究相对论的最新成果。他写诗自勉：“愿宁静而致远，求深新以升腾。惟童心不泯，耄耋期颐，总似年轻。”

功成事毕，彭桓武总是悄然隐退，奖掖后辈，只做“铺路石”，不做“绊脚砖”。“两弹”突破后，他于 1972 年回到中科院，继续理论研究工作。1978 年，他担任第一届理论物理研究所所长，该所刚步入正轨，便递上辞呈把机会留给更年轻的同志。

获得“何梁何利基金科技成就奖”的 100 万元港币奖金，他自认为“没用处”，于是建立了一个“彭公纪念赠款”，每年将钱分赠给当年一起为“两弹”事业奋斗的同事或其亲属，在 1996 年至 2004 年的 9 年间先后赠给 35 人，直到全部赠完。

在近 70 年的科教生涯中，彭桓武言传身教，鼓励学生“主动继承，放开拓创，实事求是，后来居上”。他的学生、曾任中国工程物理研究院九所所长和中国科学院院长的周光召说：“随着时代的转移和国家的需要，彭桓武不断地开辟新的研究方向，带出了一批又一批的学生。我国理论物理工作者为国民经济和国防建设作出的贡献，在科学发展上的成就，无不与彭桓武教授的努力密切相关。”

2007 年 2 月 28 日，彭桓武孑然一身地低调走完了他辉煌的一生。

彭桓武曾在《送别钱三强》一诗中写道：“科学为人民服务，核能促世界和平。忠心遵照党领导，服务竭诚终此生。”这首诗同样适合他自己，可以诠释他作为一名纯粹的科学家，践行强国梦的心愿和行动。

（摘编自《光明日报》，有删节）

☞【**答案要点**】①强烈的爱国精神。彭桓武在国外已大有成就时，仍然回到千疮百孔的祖国，并且认为回国不需要理由。这与孔子毕生致力于恢复周礼有极大的相似之处。②可贵的创新精神。彭桓武毕生不懈地求索创新。而对于学习，孔子给自己的定位是：“发愤忘食，乐以忘忧，不知老之将至云尔。”“好古，敏以求之者也。”③勤奋的工作精神。80 岁时检讨自己不够勤奋。90 岁亲自作学术报告。孔子也提出“加我数年，五十以学易，可以无大过矣”。④淡泊名利、关爱他人的精神。有了成就，彭桓武不肯独享奖励，把机会留给更年轻的同志，把奖金陆续地全部分赠给一起奋斗的同事或其亲属。就像孔子所说过的“君子坦荡荡”。

泰伯篇第八

学程设计

学习阶段	学习内容	学习策略	学习反馈
思维感知	《泰伯篇》共有二十一章。记有孔子言论十六章，曾子论述五章。	学生略读，借助工具书，自主学习，圈点勾画，做好笔记，为精读文本奠定基础。	感知文本，建构语言。掌握字词的含义，初步把握文本的内容。培育思维的敏捷性。
思维积淀	深入学习文本，梳理文本各章的关联。背诵文本的精彩语句，如“恭而无礼则劳，慎而无礼则葸，勇而无礼则乱，直而无礼则绞”等。	精读章节，理解文本内容。小组合作学习，对照翻译理解各章大意，并讨论分析，熟读成诵。	审美鉴赏，含英咀华。把握文本的深层含义，能背诵重点语句。形成健康向上的审美情趣与鉴赏品位。培育思维的严密性。
思维探究	1. 泰伯为什么会得到孔子的称赞？2. 曾子借用《诗经》里的句子，来表达什么观点？3. 如何理解“问于不能”，“问于寡”，“有若无”，“实若虚”，“犯而不校”？4. 孔子为什么十分反感“狂而不直，侗而不愿，悾悾而不信”？5. 孔子为什么用“大哉，尧之为君也！”这样美好的言辞对尧帝大加赞赏？6. 本篇中，“君子”一词出现了四次。从泰伯身上可以看出君子的内涵有哪些？	利用文本注释、译文，学习检索相关评析资料，积极思考、理解、分析、比较、推理、判断，进行探究学习，突破重点、难点。在交流研讨的过程中碰撞出思维的火花。	理性探究，辨明观念。把握文本的价值取向，理解孔子论君子的仁德、古代圣君的治国之道，曾子对孔子仁和孝的弘扬等。培育思维的深刻性。
思维拓展	阅读《百岁学人周有光先生谈话录》和《“两弹一星”功臣——郭永怀》两篇文章，思考相关问题。	联系现实，迁移学习。古今贯通，进一步领悟孔子思想在当下的体现，进行文化传承，拓展文化视野，增强文化自觉。用自己的语言评介人物，与英模人物对话。	个性感悟，确立价值。学习周有光和郭永怀的事迹，感受英模人物的人格魅力，提升思想境界，汲取营养，丰富精神世界。培育思维的独创性。

【思维感知】

8.1　子曰："泰伯，其可谓至德也已矣。三以天下让，民无得而称焉。"【泰伯：周代始祖古公亶父的长子。三：多次。称：赞扬。】

孔子说："泰伯可以说是品德最高尚的人了。他几次推让王位给季历，老百姓都找不到合适的词句来称赞他了。"

8.2　子曰："恭而无礼则劳，慎而无礼则葸，勇而无礼则乱，直而无礼则绞。君子笃于亲，则民兴于仁，故旧不遗，则民不偷。"【劳：辛劳，劳苦。葸（xǐ）：拘谨，畏惧的样子。绞：说话尖刻，出口伤人。笃：厚待、真诚。故旧：故交，老朋友。偷：淡薄。】

孔子说："只是恭敬而不知礼，就会徒劳无功；只是谨慎而不知礼，就会畏缩拘谨；只是勇猛而不知礼，就会莽撞作乱；心直口快而不知礼，就会说话尖刻，出口伤人。君子如果厚待自己的亲属，老百姓当中就会兴起仁的风气；君子如果不遗弃老朋友，老百姓就不会对他人冷漠无情了。"

8.3　曾子有疾，召门弟子曰："启予足！启予手！《诗》云：'战战兢兢，如临深渊，如履薄冰。'而今而后，吾知免夫！小子！"【启：开启，曾子让学生掀开被子看自己的手脚。免：指身体免于损伤。小子：对弟子的称呼。】

曾子生了重病，把他的学生召集到身边来，说道："看看我的脚！看看我的手（看看有没有损伤）！《诗经》上说：'小心谨慎呀，好像站在深渊旁边，好像踩在薄冰上面。'从今以后，我知道我的身体可以免于受到损伤了！弟子们！"

8.4　曾子有疾，孟敬子问之。【孟敬子：即鲁国大夫孟孙捷。问：探望、探视。】

曾子生病了，孟敬子去看望他。

曾子言曰："鸟之将死，其鸣也哀；人之将死，其言也善。君子所贵乎道者三：动容貌，斯远暴慢矣；正颜色，斯近信矣；出辞气，斯远鄙倍矣。笾豆之事，则有司存。"【动容貌：使自己的内心感情表现于容貌。暴慢：粗暴，怠慢。正颜色：使自己的脸色庄重严肃。出辞气：出言，说话。指注意说话的言辞和口气。鄙倍：鄙，粗野。倍通"背"，背理。笾（biān）豆之事：笾和豆都是古代祭祀和典礼中的用具。有司：指主管某一方面事务的官吏，这里指主管祭祀、礼仪事务的官吏。】

曾子对他说："鸟将要死时，它的叫声是悲哀的；人将要死时，他说的话是善意的。君子所应当重视的道有三个方面：使自己的容貌庄重严肃，这样可以避免别人粗暴和怠慢；使自己的脸色端庄严正，这样就接近于诚信；使自己说话的言辞和语气谨慎小心，这样就可以避免粗野和背理。至于祭祀和礼节仪式，自有主管这些事务的官吏来负责。"

8.5 曾子曰："以能问于不能，以多问于寡；有若无，实若虚，犯而不校。昔者吾友尝从事于斯矣。"【校(jiào)：同"较"，计较。吾友：我的朋友。】

曾子说："自己有才能却向没有才能的人请教，自己知识广博却向知识少的人请教；有学问却像没学问一样，知识很充实却好像空虚没有知识；被人侵犯却也不计较。从前我的朋友就曾这样做到了。"

8.6 曾子曰："可以托六尺之孤，可以寄百里之命，临大节而不可夺也。君子人与？君子人也。"【托六尺之孤：孤，死去父亲的小孩叫孤。六尺，弘一大师有篇《周尺考》，讲周朝时候的尺，大概是现在的尺的一半。古人以七尺指成年。邢昺《注疏》引郑康成批注说，15 岁以下的都统称"六尺之孤"，所以这里不是实指。托孤，君主临终之际，希望找一位老成持重的人委托他来养育、辅佐自己的幼儿，以继承自己的君位，这叫托孤，即受君主临终前的嘱托辅佐幼君。寄百里之命：寄，寄托、委托。百里之命，指掌握国家政权和命运。】

曾子说："可以把年幼的君主托付给他，可以把国家的政权托付给他，面临生死存亡的紧急关头而不动摇屈服。这样的人是君子吗？是君子啊！"

8.7 曾子曰："士不可以不弘毅，任重而道远。仁以为己任，不亦重乎？死而后已，不亦远乎？"【弘毅：弘，广大。毅，强毅。】

曾子说："士不可以不弘大刚毅，因为他责任重大，道路遥远。把实现"仁"作为自己的责任，难道还不重大吗？到死方才停止下来，难道路程还不遥远吗？"

8.8 子曰："兴于《诗》，立于礼，成于乐。"【兴：开始。】

孔子说："(人的修养)开始于学《诗》，自立于学礼，完成于学乐。"

8.9 子曰："民可使，由之，不可使，知之。"

孔子说："对于老百姓，如果他们懂得听从号令，(官府)就由着他们去完成工作(不要过多干预他们)；如果他们不懂得听从号令，(官府)就应该让他们知道号令的意义。"

8.10 子曰："好勇疾贫，乱也。人而不仁，疾之已甚，乱也。"【疾：恨、憎恨。不仁：不符合仁德的人或事。已甚：太过分。已，太。】

孔子说："喜好勇敢而憎恨穷困，就会出乱子。对不仁德的人或事恨得太过分，也会出乱子。"

8.11 子曰："如有周公之才之美，使骄且吝，其余不足观也已。"

孔子说："(一个在上位的君主)即使有周公那样美好的才能，如果骄傲自大却又吝啬小气，那其他方面也就不值得一看了。”

8.12 子曰：“三年学，不至于谷，不易得也。”【不至于谷：做不了官。谷，古代以谷作为官吏的俸禄，这里用“谷”代表做官。】

孔子说：“学习了三年，还做不了官的，是不容易找到的。”

8.13 子曰：“笃信好学，守死善道。危邦不入，乱邦不居。天下有道则见，无道则隐。邦有道，贫且贱焉，耻也；邦无道，富且贵焉，耻也。”【见（xiàn）：通“现”。】

孔子说：“坚定信念并努力学习，誓死守卫并完善治国与为人的大道。不进入政局不稳的国家，不居住在动乱的国家。天下有道就出来做官；天下无道就隐居不仕。国家有道而自己贫穷鄙贱，是耻辱；国家无道而自己富有显贵，也是耻辱。”

8.14 子曰：“不在其位，不谋其政。”

孔子说：“不在那个职位上，就不考虑那职位上的事。”

8.15 子曰：“师挚之始，《关雎》之乱，洋洋乎盈耳哉！”【师挚：鲁国的乐师。始：乐曲的开端，序曲。乱：乐曲的末章。】

孔子说：“从太师挚演奏的序曲开始，到最后演奏《关雎》结尾，丰富而优美的音乐都充盈在耳边。”

8.16 子曰：“狂而不直，侗而不愿，悾悾而不信，吾不知之矣。”【狂：急躁、急进。侗（tóng）：幼稚无知。愿：谨慎、小心、朴实。悾悾（kōng）：通“空”，诚恳的样子。】

孔子说：“狂妄却不正直，无知却不谨慎，（表面上）诚恳却不守信用，我真不知道有的人为什么会是这个样子。”

8.17 子曰：“学如不及，犹恐失之。”

孔子说：“学习知识就像追赶不上那样，还担心会丢掉什么。”

8.18 子曰：“巍巍乎！舜禹之有天下也，而不与焉。”【巍巍：崇高、高大的样子。舜禹：舜、禹都是传说中的圣君明主。传说上古时代，尧禅位给舜，舜后来又禅位给禹。不与：不参与其富贵，不图自己享受。】

孔子说：“多么崇高啊！舜和禹拥有天下，不是为了自己享受的。”

8.19 子曰：“大哉，尧之为君也！巍巍乎！唯天为大，唯尧则之。荡荡乎，民无能名焉。巍巍乎，其有成功也！焕乎，其有文章！”【尧：中国古代传说中的圣君。

则：效法。荡荡：广大的样子。名：形容，称赞。焕：光辉。文章：礼仪制度。】

孔子说："真伟大啊，尧这样的君主！多么崇高啊！只有天最高大，只有尧才能效法天的高大。(他的恩德)多么广大啊，百姓们真不知道该用什么语言来称赞他！他的功绩多么崇高，他制定的礼仪制度多么光辉啊！"

8.20 舜有臣五人而天下治。武王曰："予有乱臣十人。"【舜有臣五人：传说是禹、稷、契(xiè)、皋陶(yáo)、伯益等人。乱臣：据《说文》"乱，治也"，此处所说的"乱臣"，应为"治国之臣"。】

舜有五位贤臣，就能治理好天下。周武王说过："我有十个能治理国家的臣子。"

孔子曰："才难，不其然乎？唐虞之际，于斯为盛。有妇人焉，九人而已。三分天下有其二，以服事殷。周之德，其可谓至德也已矣。"【唐虞之际：传说尧在位的时代叫唐，舜在位的时代叫虞。斯：这里指周武王时期。有妇人焉：指武王的乱臣十人中有武王之妻邑姜。三分天下有其二：《逸周书·程典篇》说，"文王令九州之侯，奉勤于商"。相传当时分九州，文王得六州，为三分之二。】

孔子说："人才难得，难道不是这样吗？唐尧和虞舜及周武王这个时期，人才是最盛了。但十个治国之臣当中有一个是妇女，实际上只有九个人而已。周文王得了天下的三分之二，仍然事奉殷朝。周朝的德，可以说是最高的了。"

8.21 子曰："禹，吾无间然矣。菲饮食，而致孝乎鬼神；恶衣服，而致美乎黼冕；卑宫室，而尽力乎沟洫。禹，吾无间然矣。"【间：空隙。此处用作动词。菲：菲薄，不丰厚。致：致力、努力。黻冕(fú miǎn)：祭祀时，穿的礼服叫黻，戴的帽子叫冕。卑：低矮。沟洫(xù)：洫，沟渠。】

孔子说："对于禹，我没有什么可以挑剔的了。他的饮食很简单，却尽力去孝敬鬼神；他平时穿的衣服很简朴，却在祭祀时尽量穿得华美；他自己住的宫室很低矮，却把精力完全用在修治水利事宜上。对于禹，我确实没有什么可以挑剔的了。"

【思维积淀】

1. 子曰："恭而无礼则劳，慎而无礼则葸，勇而无礼则乱，直而无礼则绞。"
2. 曾子曰："以能问于不能，以多问于寡；有若无，实若虚，犯而不校。"
3. 曾子曰："士不可以不弘毅，任重而道远。仁以为己任，不亦重乎？死而后已，不亦远乎？"
4. 子曰："民可使，由之，不可使，知之。"
5. 子曰："不在其位，不谋其政。"
6. 子曰："学如不及，犹恐失之。"

【思维探究】

1. 泰伯为什么会得到孔子的称赞？

传说古公亶父知道三子季历的儿子姬昌有圣德，想传位给季历，泰伯知道后便与二弟仲雍一起避居到吴。古公亶父死，泰伯不回来奔丧，后来又断发文身，表示终身不返，把君位让给了季历，季历传给姬昌，即周文王。武王时，灭了殷商，统一了天下。这一历史事件在孔子看来，是值得津津乐道的，三让天下的泰伯是道德最高尚的人。天下只有让与贤者、圣者，才有可能得到治理，而让位者则显示出高尚的品格，老百姓对他们是无比称赞的。

2. 曾子借用《诗经》里的句子，来表达什么观点？

曾子借用《诗经》里的三句诗，来说明自己一生谨慎小心，避免损伤身体，能够对父母尽孝。据《孝经》记载，孔子曾对曾参说过："身体发肤，受之父母，不敢毁伤，孝之始也。"就是说，一个孝子，应当极其爱护父母给予自己的身体，包括头发和皮肤都不能有所损伤，这就是孝的开始。曾子在临死前要他的学生们看看自己的手脚，以表白自己的身体完整无损，是一生遵守孝道的。可见，孝在儒家的道德规范当中是多么重要。

3. 如何理解"问于不能"，"问于寡"，"有若无"，"实若虚"，"犯而不校"？

首先，曾子在这里所说的话，完全秉承了孔子的思想学说。"问于不能"，"问于寡"等都表明在学习上的谦逊态度。"智者千虑，必有一失；愚者千虑，必有一得。"没有知识、没有才能的人并不是一钱不值的，在他们身上总有值得你学习的地方。所以，在学习上，既要向有知识、有才能的人学习，又要向少知识、少才能的人学习。其次，曾子还提出"有若无"、"实若虚"的说法，希望人们始终保持谦虚不自满的态度。再次，曾子说"犯而不校"，表现出一种宽阔的胸怀和忍让精神，这也是值得学习的。

4. 孔子为什么十分反感"狂而不直，侗而不愿，悾悾而不信"？

"狂而不直，侗而不愿，悾悾而不信"都不是好的道德品质，孔子对此十分反感。因为这几种品质不符合中庸的基本原则，也不符合儒家一贯倡导的"温、良、恭、俭、让"和"仁、义、礼、智、信"的要求。所以孔子说：我真不知道有的人为什么会是这个样子。

5. 孔子为什么用"大哉，尧之为君也！"这样美好的言辞对尧帝大加赞赏？

尧是中国远古时代的圣君，他虽然有天下却不为一己之私，视天下为众人之天下，这种浩大的胸襟只有上天才具有。尧效法于天，其恩惠泽被万民后世，制定典章制度让天下有章可循，有礼可依，是文明文化的启端。孔子在这里用极美好的语言称赞尧，尤其赞美当时的礼仪文明，表达了他对古代先王的崇敬之情。

6. 本篇中，"君子"一词出现了四次。从泰伯身上可以看出君子的内涵有哪些？

君子是中华文化独有的道德人格概念，是中华优秀传统文化中的瑰宝。对于君子和君子人格的理解，不妨从《论语·泰伯》中寻找答案。

《泰伯》是《论语》的一篇，其主旨不像《论语》其他诸篇那么显著和明确。在这里，孔子和他的弟子(主要是曾参)或通过对著名历史人物的评价，或借助直抒胸臆，表达了对大丈夫精神的讴歌，反映了孔子及其弟子内心深处的基本是非原则与鲜明价值取向。

所谓“大丈夫精神”，说到底是一种光明正大、仁慈淳厚、博大宽广的君子人格。“君子之德风，小人之德草。草上之风，必偃。”君子人格之所以难能可贵，就是因为君子是道德的表率，即所谓“君子笃于亲，则民兴于仁；故旧不遗，则民不偷”。

首先，君子为“仁”，能厚德载物，包容谦让。孔子表扬泰伯，认为泰伯人格高尚、无与伦比，堪称道德楷模，“可谓至德也已矣”。而泰伯之所以能达到“至德”的境界，就是能宽容、谦让，“三以天下让”。现实中，更多的人是为了蝇头微利而争夺不止，为了身外之物而尔虞我诈。要改变这种状况，就必须培养博大包容的襟度，必须提倡君子人格的养成。

君子能“谦让”，缘于君子能“虚心”，从不自满，大度随和，如曾子所言，“以能问于不能，以多问于寡，有若无，实若虚，犯而不校”。可见，虚怀若谷，方可以有为无；内敛低调，方可以实为虚。

其次，君子睿智，能圆融豁达，进退合宜。孔子认为，君子为人处世，知道判断，懂得选择，能够做到收放自如，进退合度。在孔子看来，把握“度”的要义是应该以“礼”为节。换言之，“礼”是睿智的具体表现形式，以“礼”为度，就可以防止走极端、走偏颇，所谓“恭而无礼则劳，慎而无礼则葸，勇而无礼则乱，直而无礼则绞”。“恭”“慎”“勇”“直”等本来都是优秀的品行，但是如果没有“礼”来节度，那就“过犹不及”。

最后，君子取“义”，能刚毅正直，勇于担当。君子睿智，但不投机取巧；君子识度，但不苟且附和。君子可以外圆，但一定内方；君子可以权变，但一定守经。用曾子的话来说，就是“士不可以不弘毅，任重而道远。仁以为己任，不亦重乎？死而后已，不亦远乎”！这样的君子“可以托六尺之孤，可以寄百里之命，临大节而不可夺也”，才能成为社会的栋梁，才能成为民众的表率，才是民族振兴的力量之所在。

能谦让、有睿智、敢担当的君子人格的造就，离不开自身的无私和襟怀的坦荡。正如《孙子兵法》所言：“进不求名，退不避罪，惟民是保，而利合于主，国之宝也。”真正致力于“内圣”的境界，这是孔子及其儒门的凛然正气，也是《论语·泰伯》篇的永恒启迪。

(摘编自《光明日报》，2017 年 5 月 6 日，作者：黄朴民，有改动)

【思维拓展】

1. 结合《泰伯篇》中的君子品格，阅读《百岁学人周有光先生谈话录》，思考：周有光能“终生保持旺盛的创造力”，其内在原因有哪些？

百岁学人周有光先生谈话录

客(陈明远，人文学者)：周先生，您自称是“百岁学人”，而婉言谢绝了其他头衔，如大师、泰斗之类，我们这篇谈话录题目叫“百岁学人周有光先生谈话录”，您觉得可以吗?

主(周有光，1906年生人。我国杰出的经济学家、语言文字学家和文化研究学者)：这样很好！人际称呼是一种特殊符号，是社会语言学和语用学、符号学的研究对象。有些称呼本来意思还是好的，然而在实际使用过程中就逐渐变味了。有些人缺乏自知之明，妄称“大师”而适得其反。我觉得我自己还是叫“百岁学人”实事求是一些。

客：您早年从事经济研究和教学工作，并已取得了很大的成绩。那时银行界的人都知道有个聪明、有干才的周有光。您的《新中国的金融问题》出版后，很受关注。但在您年届50时，改行投身文字改革工作，参加制定《汉语拼音方案》《汉语拼音正词法基本规则》等。人们常说隔行如隔山，请问您是如何做到的?

主：其实，我早年从事经济学是很自然的，中途改行钻研语言文字学也是很自然的。20岁左右我在上海圣约翰大学攻读经济时，就对语言文字发生了兴趣。那个时期，大学的学科分工很粗，只分文理两科；而且学生听课可以跨系、跨专业。分得很粗有一个好处，就是培养“通才”，但缺点是深度不够。那么以后还可以根据自己的需要和爱好再去深造，做到博而精、一专多能。

由于我对语言文字有兴趣，那时就选学了不少语言学方面的课程。这样以后转行就比较方便。后来，20世纪30年代兴起了语文现代化运动，我参加了这个运动，做了些业余的语文研究工作，写了一些文章。那完全是出于业余爱好吧。至于50岁以后正式改行，到了北京，从事语言文字学工作，却是出于偶然的机遇。

客：请问您在半个世纪以前是怎样从美国到上海，又从上海到北京的?

主：中华人民共和国成立后，我应周总理的邀请，从美国回到上海，在复旦大学和上海财经学院担任经济学教授。因为业余爱好，我在1954年花费一年工夫写了一本《字母的故事》，参考国际上的研究成果，普及“字母学”知识。1955年国务院召开“全国文字改革工作会议”，周总理点名要我出席这个会议。会后，当时的文字改革委员会主任吴玉章出面要我留在北京，担任文改会委员，专门负责汉语拼音研究室工作。我推脱说：“搞文字改革我是外行啊。”但他说：“这是一项新的工作，大家都是外行；你在这方面有著作、有文章，怎么是外行呢?”我就这样留在北京了。我边干边学，就这样转行了。有意思的是，到我年届第二个半百的时候，我又学习新的学问，是关于世界范围内“比较文化”的学问。从语言文字学转到了“文化学”。

客：最近您开通了“百岁学人周有光博客”，几个月内点击阅读率已经超过80万人次，请问您为什么要开通博客呢?

主：我一直关注和从事汉字电脑化的工作，25年前我就用拼音输入法进行电脑打字，此后就习惯于使用电脑键盘写作，几乎每周都要用电脑打一两篇文章。我非常喜欢新生事物。现在是网络——新媒体时代，如果不懂得电脑、不会从互联网上获取新的信息资源，那么他就是新时代的文盲。

客：您已超过百岁，还是每隔两三天就发表一篇博客文章，又有新的著述《朝闻道集》出版。一个人能终生保持旺盛的创造力是很不容易的。请问您的目的是什么呢？

主：我现在写文章，一方面是让大家了解一些情况，例如美国的社会发展是一个大问题，写一本书普通人不会去看，写一篇小文章来介绍一下，大家就很喜欢。另外一方面当然是防止衰老。我写文章只是一个习惯，人们总认为老了就不要再用脑筋了，而科学家研究，脑子多用可以长寿，不易衰老。老是多方面的，但最可怕的是脑筋坏了。

客：您所受的学校教育和教过您的老师，对您形成这种不断思考的习惯是否有影响？

主：应该说有关系。我那时的老师强调，没有兴趣，什么东西都学不好。教育就是把学生自己天然的思考能力，天然的智慧引导、激发出来，这是古希腊哲学家苏格拉底的思想。我在圣约翰大学学习时，图书馆书报杂志很多。老师非常鼓励我们去图书馆广泛阅览，培养兴趣。另外，老师还教我们怎样阅读。大一时，我们每天去图书馆看报，有一个英国老师教我们读报时要问自己：今天新闻中哪条最重要？为什么这条新闻最重要？这条新闻的历史背景是什么？不知道就去查书。后来我们按照他的方法去看报，真的很有收获。以后我把这种方法用在读书、做研究上，这对我的影响是很大的。

☞【**答案要点**】访谈伊始，周有光对人际称呼的分析，与其说是他的一种职业习惯，不如说是他实事求是、谦逊平和性格特点的体现。①对国家的爱和责任感：年届半百因为祖国的需要，转行语言文字学，并终身从事语文工作；百岁后，开通“百岁学人周有光博客”，写群众希望知道的小文章，以启民智。②注重兴趣的培养和发展，由于对语言文字的兴趣，他上大学时选修语言文字的课程；工作后，他用业余时间写有关语言文字的文章和著作。③不断思考的习惯和进取精神：喜欢新生事物，不断接受新的挑战，活到老、学到老、思考到老，晚年不断地看书、思考、笔耕不辍。

2. 品味“士不可以不弘毅，任重而道远”，思考：郭永怀有哪些优秀品格？

“两弹一星”功臣——郭永怀

郭永怀于1940年9月进入加拿大多伦多大学攻读应用数学，仅半年就获得硕士学位。1941年5月转到美国加州理工学院深造，在国际空气动力学研究中心研究跨声速流体的不连续性，他凭借自己在数学和物理学及空气动力学方面的扎实功底获得博士学位。1946年，郭永怀和钱学森合作发表了论文《可压缩流体二维无旋亚声速和超声速混合型流动及上临界马赫数》，这一观点得到证实后，人类才首次突破声障，实现了超声速飞行。1956年11月，他毅然放弃了在国外已取得的荣誉地位和优越的工作条件，冲破重重阻力，几经周折，回到阔别多年的祖国。

1960年5月，郭永怀被调到九院(中国工程物理研究院)担任副院长，负责力学和工程方面的领导工作。他在原子弹的研制过程中，对引爆方式问题，提出了主攻研究方向，获得成功，并很快得到应用。爆破物理实验，是突破原子弹技术的重要一环，郭永怀和王淦昌等科学家，经常深入试验现场，钻进帐篷，和试验人员一道搅拌炸药，亲自把关，指导实验，使试验得以顺利进行。为了进行大型爆轰试验，为原子弹的爆炸试验做准备，年过半百的郭永怀和九院试验人员一起转入西北核武器试验基地。由于海拔3800多米的高原地区气候变化无常，最低温度达零下40多摄氏度，他克服了常人难以想象的困难。原子弹试验成功后，在核弹武器化的后期发展工作中，郭永怀一直负责总体结构设计、外观设计以及环境模拟实验的领导工作。无论在弹体外壳方面，还是在核航弹、氢弹在空投过程中的飞行弹道、伞弹弹道特征的计算上，他都亲自把关。

郭永怀十分重视科技的总体发展和人才的培养，他具有深邃的科学思想和战略眼光，他关心的不只是一两个学科的发展，而是我国科学技术的总体发展。重视学科间的联系与渗透，强调开创性研究，强调理论与实践结合。郭永怀常把自己说成是一颗石子，说他回国就是给国家培养人才，为国内的科技事业打基础，做铺路石的。尽管教育不是郭永怀的主要工作，但他还是在力所能及的情况下，以各种方式培养了大批骨干人才。1956年，我国恢复建立研究生制度，郭永怀积极筹划力学研究所的研究生培养工作，亲自带5名研究生，对他们进行严格要求和具体指导。1957年，力学研究所和清华大学合办了工程力学研究班，第一届学生就有120多人。郭永怀担任了班主任，除了班务工作外，还亲自讲授《流体力学概论》。他从不以权威自居，而是认真发扬学术民主，启发助手和研究生。

郭永怀的贡献之多令人惊叹。为了保护像他这样的科学家的安全，周恩来总理叮嘱，不让他们乘飞机。但为了抢时间，郭永怀在进行我国第一颗导弹热核武器发射试验时，发现了一个重要线索，急着要赶回北京，并强行登机。1968年12月5日，飞机从兰州飞到北京，在首都机场着陆时发生事故，郭永怀不幸以身殉职，终年59岁。

（摘编自马威、胡大春主编《名流成功之路》，中国文史出版社）

相关链接：

郭永怀(1909—1968)，山东人。著名力学家、应用数学家、空气动力学家，中国科学院学部委员，近代力学事业的奠基人之一。郭永怀长期从事航空工程研究，1965年9月，中国第一颗人造卫星的研制工作再次启动，郭永怀受命参与“东方红”卫星本体及返回卫星回地研究的组织领导工作。1966年10月27日，中国第一颗装有核弹头的地地导弹爆炸成功。对氢弹，郭永怀也从结构形式、弹体重量、减速装置等方面提出了一些科学见解，从而保证了中国第一颗氢弹空投试验的圆满成功。1967年6月17日，中国第一颗氢弹空爆试验成功。1999年，郭永怀被授予“两弹一星”荣誉勋章，他是该群体中唯一一位获得“烈士”称号的科学家。

（摘编自《新中国科学家》）

☞【**答案要点**】①热爱祖国。他毅然放弃了在国外已取得的荣誉地位和优越的工作条件，冲破阻力回到阔别多年的祖国。②一丝不苟。他对工作认真负责，对科学一丝不苟，表现在对原子弹、氢弹等的研制方面。③谦虚平和。他把自己比作“铺路的石子”，不以权威自居，不居功自傲。④以身殉职。乘坐飞机发生事故，不幸以身殉职。

子罕篇第九

学程设计

学习阶段	学习内容	学习策略	学习反馈
思维感知	《子罕篇》共有三十一章。记有孔子言论二十六章、行为一章，子牢论述一章，颜渊论述一章，孔子与子贡对话二章。	学生略读，借助工具书，自主学习，圈点勾画，做好笔记，为精读文本奠定基础。	感知文本，建构语言。掌握字词的含义，初步把握文本的内容。培育思维的敏捷性。
思维积淀	深入学习文本，梳理文本各章的关联。背诵文本的精彩语句，例如“逝者如斯夫！不舍昼夜”，“三军可夺帅也，匹夫不可夺志也”，“岁寒，然后知松柏之后凋也”等。	精读章节，理解文本内容。小组合作学习，对照翻译理解各章大意，并讨论分析，熟读成诵。	审美鉴赏，含英咀华。把握文本的深层含义，能背诵重点语句。形成健康向上的审美情趣与鉴赏品位。培育思维的严密性。
思维探究	1. 孔子为什么赞同用丝代替麻做帽子，却不赞成众人“拜乎上”的做法？2. 如何理解“吾少也贱”“吾不试”？3. 如何理解孔子责备子路准备用大夫之礼厚葬自己的行为？4. 孔子对待美玉的做法表达了怎样的人生态度？5. 孔子对待齐衰者、冕衣裳者、瞽者的态度对我们有怎样的启发？6. 如何理解孔子关于知者、仁者和勇者的观点？7. “子绝四：毋意，毋必，毋固，毋我”的真正含义是什么？	利用文本注释、译文，学习检索相关评析资料，积极思考、理解、分析、比较、推理、判断，进行探究学习，突破重点、难点。在交流研讨的过程中碰撞出思维的火花。	理性探究，辨明观念。把握文本的价值取向，理解孔子论敬畏心和怜悯心，谈积极进取和求知无功利等。培育思维的深刻性。
思维拓展	阅读《数学奇才华罗庚》和《黄侃先生二三事》两篇文章，思考相关问题。	联系现实，迁移理解。古今贯通，进一步领悟孔子思想的现实意义，进行文化传承，拓展文化视野，增强文化自觉。用自己的语言评介人物,与英模人物对话。	个性感悟，确立价值。学习华罗庚和黄侃的事迹，感受英模人物的人格魅力，提升思想境界，汲取营养，丰富精神世界。培育思维的独创性。

【思维感知】

9.1　子罕言利，与命，与仁。【罕：稀少，很少。与：赞成，赞许，赞同。】

孔子很少谈到功利，（他）赞成天命和仁德。

9.2　达巷党人曰：“大哉孔子！博学而无所成名。”子闻之，谓门弟子曰：“吾何执？执御乎？执射乎？吾执御矣。”【达巷党人：达巷，地名。党，五百家为党。达巷党，即达巷里（或屯）。】

达巷党这个地方有人说：“孔子真是伟大啊！他学问渊博无所不能，乃至没有一项专长可以使他成就名声了。”孔子听了这话，对弟子们说：“我究竟该专执哪一项呢？是去专执驾马车呢，还是专执去当射箭手呢？我还是专执驾马车吧！”

9.3　子曰：“麻冕，礼也；今也纯，俭，吾从众。拜下，礼也；今拜乎上，泰也。虽违众，吾从下。”【麻冕：麻布做的礼帽。纯：丝绸，黑色的丝。俭：俭省。麻冕费工夫，用丝则俭省。泰：这里指骄纵，傲慢。】

孔子说：“用麻布来做礼帽，这是合乎礼的规定的；现在用黑丝绸来做礼帽，这样比过去节省了，我赞成大家的做法。（臣见国君）先要在堂下跪拜（然后再到堂上跪拜），这也是合乎礼的规定的。现在大家都（免去了在堂下跪拜）到堂上跪拜，这是倨傲的表现。虽然与大家的做法不一样，但我还是主张先在堂下跪拜。”

9.4　子绝四：毋意，毋必，毋固，毋我。【意：通“臆”，主观地揣测。我：这里指自以为是。】

孔子杜绝了四种弊病：不主观猜疑，不绝对肯定，不固执己见，不自以为是。

9.5　子畏于匡，曰：“文王既没，文不在兹乎？天之将丧斯文也，后死者不得与于斯文也；天之未丧斯文也，匡人其如予何！”【畏：受到威胁。这里指围困。《史记·孔子世家》中记载，孔子离开卫国，去往陈国途中经过匡地。因为匡地曾遭受过鲁国阳货的掠夺和残杀，而孔子的相貌与阳货很像，于是误认为孔子就是曾经残害过匡地的人而将其围困。与：同“举”，这里是掌握的意思。如予何：把我怎么样。】

孔子被匡地的人们所围困时，他说：“周文王死了以后，周代的礼乐文化不都体现在我这里吗？上天如果想要消灭这种文化，那我这个后死之人就不可能掌握这种文化了；上天如果不消灭这种文化，那么匡人又能把我怎么样呢？”

9.6　太宰问于子贡曰：“夫子圣者与？何其多能也？”子贡曰：“固天纵之将圣，又多能也。”子闻之，曰：“太宰知我乎！吾少也贱，故多能鄙事。君子多乎哉？不多也。”【太宰：官名，掌管国君宫廷事务。纵：让，使。鄙事：卑贱的事情。】

太宰问子贡说：“孔夫子应该是位圣人吧？（否则）为什么这样多才多艺呢？”子贡

说："这本是上天让他成为圣人，而且使他多才多艺。"孔子听了这些话，说："太宰怎么会了解我啊！我因为少年时候贫贱，所以学会了许多卑贱的技艺。君子会有很多的技艺吗？不会有很多的啊。"

9.7 宰曰："子云：'吾不试，故艺。'"【试：用，被任用。】

子牢说："孔子说过：'我（年轻时）不被国家所用（做官），所以学得一些技艺。'"

9.8 子曰："吾有知乎哉？无知也。有鄙夫问于我，空空如也。我叩其两端而竭焉。"【鄙夫：没有知识的人。空空如也：孔子指自己心中了无所知。叩其两端而竭焉：指孔子就鄙夫所问的问题，从首尾两头开始反过来叩问他，一步步问到穷竭处，问题就不解自明了。叩，叩问。两端，指鄙夫所问问题的首尾。竭，穷尽，尽力追究。】

孔子说："我有知识吗？其实没有知识啊。有一个地位低下的人向我询问，我对他谈的问题本来一点也不知道。我只是从他所提问题的正反两头去探求，这样才弄清楚这个问题。

9.9 子曰："凤鸟不至，河不出图，吾已矣夫！"【古代传说，凤凰是一种神鸟，是祥瑞之兆，凤凰出现表示天下太平。又说圣人受命，黄河就出现图画。孔子说这几句话是比喻当时天下无清明之望。】

孔子说："凤鸟不来了，黄河中也不出现八卦图了。我这一生也就完了吧！"

9.10 子见齐衰者、冕衣裳者与瞽者，见之，虽少，必作；过之，必趋。【齐衰（zī cuī）：古代丧服，用麻布制成。冕衣裳者：冕，官帽。衣，上衣。裳，下服。这里统指官服。冕衣裳者指贵族。作：站起来。趋：快步走。】

孔子遇见穿丧服的人，穿戴着礼帽礼服的贵族和盲人时，虽然他们年轻，也一定要站起来；从他们面前经过时，一定要快步走过。

9.11 颜渊喟然叹曰："仰之弥高，钻之弥坚，瞻之在前，忽焉在后。夫子循循然善诱人，博我以文，约我以礼，欲罢不能。即竭吾才，如有所立卓尔。虽欲从之，末由也已。"

颜渊感叹地说："（对于老师的学问与道德），越抬头仰望，越觉得高；越努力钻研，越觉得深。看着它好像在前面，忽然又像在后面。老师善于一步一步地诱导我，用各种典籍来丰富我的知识，又用各种礼节来约束我的言行，使我想停止学习都不可能。直到我用尽了我的全部才力，似乎有一个高大的东西立在我面前。虽然我想追随上去，却找不到可以遵循的路径了。"

9.12　子疾病，子路使门人为臣。病间，曰："久矣哉，由之行诈也！无臣而为有臣。吾谁欺？欺天乎？且予与其死于臣之手也，无宁死于二三子之手乎？且予纵不得大葬，予死于道路乎？"【病间：病情减轻。大葬：古代大夫的隆重葬礼。】

孔子患了重病，子路派了(孔子的)门徒去充当家臣(准备料理丧事)。后来，孔子的病渐渐好了，他说："仲由很久以来就干这种弄虚作假的事情！我明明没有家臣却偏偏冒充有家臣。我欺骗谁呢？我欺骗上天吧？我与其在家臣的侍候下死去，不如在你们这些学生的侍候下死去啊！即使我不能以大夫之礼来安葬，难道就会被丢在路边没人埋葬吗？"

9.13　子贡曰："有美玉于斯，韫椟而藏诸？求善贾而沽诸？"子曰："沽之哉！沽之哉！我待贾者也。"【韫椟：收藏物品的匣子。善贾：识货的商人。】

子贡说："这里有一块美玉，是把它收藏在匣子里呢，还是找一个识货的商人卖掉呢？"孔子说："卖掉它吧！卖掉它吧！我正在等着识货的人呢。"

9.14　子欲居九夷。或曰："陋，如之何？"子曰："君子居之，何陋之有？"【九夷：古代对于东方少数民族的通称。陋：这里指文化闭塞，不开化。】

孔子想要搬到九夷去居住。有人说："那里非常落后闭塞，怎么能住呢？"孔子说："君子居住到那里(教化人们)，还有什么闭塞落后呢？怎么会鄙陋呢？"

9.15　子曰："吾自卫反鲁，然后乐正，《雅》《颂》各得其所。"【乐正：调整乐曲的篇章。这里指雅乐得到修正。《雅》《颂》：《诗经》内容分类的名称，同时也是乐曲分类的名称。】

孔子说："我从卫国返回到鲁国，雅乐才得到整理订正，《雅》和《颂》也才各有了适当的位置。"

9.16　子曰："出则事公卿，入则事父兄，丧事不敢不勉，不为酒困，何有于我哉。"【困：因醉酒而误事。】

孔子说："在外事奉公卿，在家孝敬父兄，有丧事不敢不尽力去办，不被酒所困扰，这些事我又做到了哪些呢？"

9.17　子在川上曰："逝者如斯夫！不舍昼夜。"【舍：停留。】

孔子在河边感叹说："消逝的时光就像这河水一样啊！日夜不停地向前流去。"

9.18　子曰："吾未见好德如好色者也。"

孔子说："我没有见过像好色那样好德的人。"

9.19　子曰："譬如为山，未成一篑，止，吾止也；譬如平地，虽覆一篑，进，

吾往也。”【孔子此句要表达“为仁由己”的意思。篑：装土的筐子。】

孔子说：“譬如用土堆山，只差一筐土就完成了，如果应该停止，那是我自己要停下来的；譬如在平地上堆土成山，虽然只倒下一筐土，这时继续（堆土）进行，那是我自己要进行的。。”

9.20 子曰：“语之而不惰者，其回也与！”【语：告诉。】

孔子说：“听我说话而能毫不懈怠的，大概只有颜回（一个人）吧！”

9.21 子谓颜渊，曰：“惜乎！吾见其进也，未见其止也。”

孔子谈到颜渊时，说：“可惜呀！我只见他不断前进，从来没有看见他停止过。”

9.22 子曰：“苗而不秀者有矣夫！秀而不实者有矣夫！”【秀：吐穗扬花。实：结果实。】

孔子说：“庄稼有只长苗而不能吐穗扬花的情况吧！也有吐穗扬花而不结果实的情况吧！”

9.23 子曰：“后生可畏，焉知来者之不如今也？四十、五十而无闻焉，斯亦不足畏也已。”【畏：敬畏。】

孔子说：“年轻人是值得敬畏的，怎么就知道后一代不如现在的人呢？如果到了四五十岁时还默默无闻，这样的人就没有什么值得敬畏之处的了。”

9.24 子曰：“法语之言，能无从乎？改之为贵。巽与之言，能无说乎？绎之为贵。说而不绎，从而不改，吾末如之何也已矣。”【法语：正言劝告。巽与：巽，恭顺、谦敬。与：称许，赞许。绎：原意为“抽丝”。这里指抽出事物的条理，加以分析鉴别。】

孔子说：“符合礼法的正言规劝，谁能不听从呢？但（只有按它来）改正自己的错误才是可贵的。恭顺赞许的话，谁听了能不高兴呢？但只有认真推究它（的真伪是非），才是可贵的。只是高兴而不去分析，只是表示听从而不改正错误，（对这样的人）我也实在是没有什么办法了。”

9.25 子曰：“主忠信，毋友不如己者，过则勿惮改。”【惮：害怕。】

孔子说：“要以忠实和诚信两种道德为主，没有不如自己的朋友；有了过错，就不要害怕改正。”

9.26 子曰：“三军可夺帅也，匹夫不可夺志也。”【三军：12500人为一军，“三军”包括大国所有的军队。匹夫：这里泛指老百姓。】

孔子说：“一国军队，可以丧失它的主帅；但一个男子汉，他的志向是不能强迫改变的。”

9.27 子曰：“衣敝缊袍，与衣狐貉者立，而不耻者，其由也与？‘不忮不求，何用不臧？’”子路终身诵之。子曰：“是道也，何足以臧？”【衣(yì)：穿，动词。敝：破旧。缊：旧的丝棉絮。狐貉(hé)：这里指用狐和貉的皮做的裘皮衣服。忮(zhì)：嫉妒。臧：善，好。】

孔子说：“穿着破旧的絮棉袍子，与穿着狐貉皮袍的人站在一起而不觉得羞愧的，大概只有仲由了吧。(《诗经》上说：)‘不嫉妒，不贪求，有什么不好呢？’”子路听后，从此常常吟诵这句诗。孔子又说：“只做到这样，怎么能说够好了呢？”

9.28 子曰：“岁寒，然后知松柏之后凋也。”

孔子说：“到了寒冷的季节，才知道松柏是最后凋谢的啊。”

9.29 子曰：“知者不惑，仁者不忧，勇者不惧。”

孔子说：“聪明人不会迷惑，有仁德的人不会忧愁，勇敢的人不会畏惧。”

9.30 子曰：“可与共学，未可与适道；可与适道，未可与立；可与立，未可与权。”【适道：适，往。此为志于道、追求随之意。权：秤锤，引申为权衡轻重，随机应变。】

孔子说：“可以一起学习的人，未必能够和他一起追求共同的大道；能够与他一起追求共同的大道的人，未必能够与他一起事事坚守大道；能够与他一起事事坚守大道的人，未必能够同他一起通权达变。”

9.31 “唐棣之华，偏其反而。岂不尔思？室是远而。”子曰：“未之思也，夫何远之有？”【偏：通“翩”，随风摆动。室是远而：家离得太远。】

“唐棣的花朵啊，翩翩地摇摆。难道我不是在思念你吗？只是由于家住的地方太远了。”孔子说：“那他还是没有真正的想念，如果真正的想念，有什么遥远的呢？”

【思维积淀】

1. 子在川上曰：“逝者如斯夫！不舍昼夜。”

2. 子曰：“主忠信，毋友不如己者，过则勿惮改。”

3. 子曰：“三军可夺帅也，匹夫不可夺志也。”

4. 子曰：“譬如为山，未成一篑，止，吾止也；譬如平地，虽覆一篑，进，吾往也。”

5. 子曰：“岁寒，然后知松柏之后凋也。”

6. 子曰：“知者不惑，仁者不忧，勇者不惧。”

【思维探究】

1. 孔子为什么赞同用丝代替麻做帽子，却不赞成众人“拜乎上”的做法？

孔子从俗从宜，但对君主大礼仍持慎重态度。中国是礼仪之邦，孔子认为只要合理，改动一些小的方面是可以接受的，但关乎到像对待国君尊严的大礼，他坚决不同意更改。儒家文化博大精深，孔子对于“礼”的坚定维护不仅在当时有积极的意义，时至今日仍然应当成为我们为人处世的基本原则。一个人人守“礼”的社会才会是文明、和谐的社会。

2. 如何理解“吾少也贱”“吾不试”？

这既表现了孔子的谦虚，同时也说明了实践出真知以及求知不能功利等道理。孔子自认为知识渊博是因为少时贫贱，因为贫贱所以饱尝世间辛苦，看透人情冷暖，才从艰苦的生活中学会自立，有所成就。孔子也把自己不受重用看成多才多艺的原因，因为不受重用，所以读书求学时便少了许多名利之心，全凭对知识本身的兴趣，故能做到“一心只读圣贤书”。

3. 如何理解孔子责备子路准备用大夫之礼厚葬自己的行为？

他的这一行为可以从两个方面理解。其一，这是孔子对“礼”的坚持和维护。子路准备用大夫之礼安葬老师，但孔子当时已经不是大夫了。作为“礼”的倡导者和坚定维护者，他绝对不会做超越礼制的事情。其二，孔子一向认为，能够对千秋万代产生影响的不是权力和富贵，而是道德和学识，因此他个人对于类似于“厚葬”这样的排场是不以为然的。

4. 孔子对待美玉的做法表达了怎样的人生态度？

孔子运用借喻的手法，一方面表达了自己生不逢时、怀才不遇的无奈，另一方面也表达了积极入世的人生态度。孔子学识渊博，一直有辅佐君王成就大业的主观愿望，但由于多种原因导致其“仁政”理想无法实现。对于这样的现实处境，虽然有失望和无奈，但正如美玉不是要束之高阁，而是要让天下人共赏之一样，孔子一直抱着藏德待用的积极态度等待机会，施展自己的抱负。

5. 孔子对待齐衰者、冕衣裳者、瞽者的态度对我们有怎样的启发？

孔子面对身着丧服的人站起来，是表示对死者的虔敬、对生者的同情；对身着官服的人站起来，表示对国家的肃敬；对盲者站起来，是对弱势群体的怜悯。一些看似微不足道的细节，体现的却是孔子这位先贤圣者崇高的道德修养。

我们今天提倡弘扬传统文化，强调教育要以“立德树人”为根本任务。传统文化和道德绝不仅仅是一些空洞的概念，我们学习古代典籍，了解古人事迹，不能只是“明于心”，更加重要的还在于“见于行”，就是在言行举止的细微之处体现良好的个人修养。

6. 如何理解孔子关于知者、仁者和勇者的观点？

知识能使人有辨别能力，遇事以求知的心态去解惑，不以智者自居，故不容易上当受骗。真正有仁德的人，无愧于天地，心胸坦荡，忧愁何来？真正的勇者，能够从容面对人生中经历的一切失败与挫折、挑战与危机，何惧之有？一个人如果能够具有大智、大仁、大勇的品格，就达到了人格修养的最高境界。

7. "子绝四：毋意，毋必，毋固，毋我"的真正含义是什么？

孔子提出了个人在认识、判断客观事物方面的四个原则。这是对自我的超越。"绝四"是孔子自制自知的表现，这涉及人的道德观念和价值观念。人只有做到不凭空猜测、不绝对肯定、不固执己见、不自以为是这四点才可以增加智慧，培养高尚的道德人格。

冯友兰在《论孔子》中指出，孔子"绝四：毋意，毋必，毋固，毋我"(《论语·子罕》)："意"是猜度，也就是主观的成见，"毋意"就是没有主观的成见。"言不必信，行不必果"是"毋必"，孔子说他自己是"无可无不可"(《论语·微子》)。他认为行为的标准是可变的，而非固定的，是活的而不是死的，是因时因地为转移的。他的行为"无可无不可"，这就是"毋固"。就是说，不死守教条，可以随时变通。孔子善于向别人学习，"择其善者而从之，其不善者而改之"，这就是"毋我"。

按《论语》的记载，孔子对于学生所提出的问题的回答，总是因具体的环境和学生的具体思想情况而有不同。如子路问孔子说："听见一个道理，就立刻照着去行吗？"孔子回答说："还有父兄在上，怎么自己就立刻去行？"又有一个学生冉有提出同样的问题。孔子回答说："立刻照着去行。"学生公西华觉得很困惑，就问孔子，为什么对于同一个问题，回答不同。孔子说：求(冉有)向来松懈，所以我鼓励他前进。由(子路)向来冒失，所以我向后拉他一下(《论语·先进》)。这也是孔子在教育方面"绝四"的一个例证。

照上面所引的，孔子的思想方法，注重闻见，注重证据，注重阙疑，注重引申类推，注重"一贯"，又注重"绝四"。就这一方面说，他的思想方法在一定程度上，既有唯物主义的精神，也有辩证法的意味。

【思维拓展】

1. "班门弄斧"、"观棋不语真君子，落子无悔大丈夫"都是具有广泛影响并流传至今的熟语，华罗庚却从另一个角度翻出新意。阅读《数学奇才华罗庚》，思考：你认为华罗庚的改动有没有道理？孔子的哪些言论体现了类似的思维方式？

数学奇才华罗庚

无论研究数学中的哪一个分支，华罗庚总能抓住中心问题，并力求在方法上有所创新。他反对将数学割裂开来，永远只搞一个小分支或其中的一个小题目，而对别的东西不闻不问。他将这种做法形容为“画地为牢”。他曾多次告诫学生：“我们不是玩弄整数，数论跟其他分支是有密切关系的。”在《数论导引》中，华罗庚首先强调的就是数学的整体性与各部分之间的联系。

1945年，尽管华罗庚已经是世界数论界的领袖学者之一，但他并不满足，决心中断他的数论研究，另起炉灶。关于他改变自己研究方向的主要原因，正如他以后多次说的，“假如我当时不改行，大概再写几篇数论文章，我的数学生命就结束了，但改行了就不一样了”，“在研究数学时，选准方向拼命进攻固然很重要，但退却有时也很重要。善于退却，把握住退却的时机，这本身就是一种艺术”。他的改行，实际上是其治学之道“宽、专、浸”中的“浸”，即他在搞熟弄通的分支附近，扩大眼界，在这个过程中逐渐转到另一个分支，使自己的专业知识“浸”到其他领域。这样，原来的知识在新的领域还有用，选择的范围就会越来越大。他一直认为，从解析数论中“浸”出来是他一生研究数学的得意之笔。

对于我国数学教育中存在的问题，华罗庚认为，主要出在太注意方法而忽略了原则。一个数学问题往往要教十几种方法，其实只要一种就够了。学会一种方法，别的自然可以想到。在教学方法上，一种毛病是不少老师不愿意改作业，许多题目自己在黑板上演算一遍，让学生照抄了事；另一种毛病是不愿当堂答复学生的问题，这一种态度最坏。华罗庚上课时，对学生提的任何问题总要在课堂上答复，认为这样可以训练学生如何去“想”。有时实在解决不了，他也很坦白地告诉学生，他要回去继续想，而不是只顾面子，使问题解决得模模糊糊。他还讲到“由薄到厚”和“由厚到薄”的读书方法：“譬如我们读一本书，厚厚的一本，加上自己的注解，就会愈读愈厚，我们知道的东西也就‘由薄到厚’了。但这还只是接受和记忆的过程，读书并不是到此为止。‘由厚到薄’是消化、提炼的过程，即把那些学到的东西，经过咀嚼、消化，融会贯通，提炼出关键性的问题来。”

1979年3月底，华罗庚应英国伯明翰大学邀请，去英国讲学，历时八个月，其间还应邀到荷兰、法国与西德访问了一个多月。7月下旬，“解析数论会议”在英国达勒姆召开，华罗庚应邀参加，他的学生王元与潘承洞也参加了。王元代表华罗庚和他自己做了《数论在近似分析中的应用》的大会报告，潘承洞做了《新中值公式及其应用》的大会报告。一些白发苍苍的数学家用“突出的成就”、“很高的水平”等评语，赞扬中国数学家在研究解析数论方面所作的努力，并向华罗庚表示祝贺。

通过对欧洲的访问，华罗庚深刻领悟到“班门弄斧”这个成语是要人隐讳缺点，不要暴露，不如改成“弄斧必到班门”。他每到一个地方去演讲，必讲对方最拿手的东西，其目的就是希望得到帮助与指教。他形象地说：“你要耍斧头就要敢于到鲁班那儿去耍，如果他说你有缺点，一指点，我下回就好一点了；他如果点点头，就说明我们的工作有相当成绩。”在《数论导引》的序言里，华罗庚曾把搞数学比作下棋，号召大家找高手下，即与大数学家去较量。1982年，在淮南煤矿的一次演讲中，华罗庚还将“观棋不语真君子，落子无悔大丈夫”改成“观棋不语非君子，落子有悔大丈夫”。意思是说，当你看到别人搞的东西有毛病时，一定要指出来；当你发现自己搞的东西有毛病时，一定要及时修正，这才是“真君子”与“大丈夫”。可见，华罗庚的这些想法是一脉相承的。

（摘编自王元《华罗庚》）

☞【**答案要点**】观点一：有道理。华罗庚的改动很有创造性。①“弄斧必到班门”，敢于同高手过招，才能得到帮助与指教，提高自己；②“观棋不语非君子”发现别人的研究有不足，应主动指出来；③“落子有悔大丈夫”，发现自己的研究有缺点，也一定要及时改正。观点二：没有道理。华罗庚的改动会造成对这些熟语的误解。①“班门弄斧”只是告诫人们不要在行家面前卖弄本领，善于藏拙，才能扬长避短；②比赛场上，必须尊重棋手，“观棋不语真君子”；③遵守比赛规则，“落子无悔大丈夫”。观点三：两种说法都有道理。但又都有特定的适用范围。①为人做事，切忌“班门弄斧”；求知问学，“弄斧必到班门”；②赛场观战，“观棋不语真君子”；乐于助人，“观棋不语非君子”；③弈棋对决，“落子无悔大丈夫”；知错即改，“落子有悔大丈夫”。

任何一种观点、一种结论都有其成立的特定语境，我们应该学会古今贯通、一分为二的加以分析。孔子对人、对事的很多看法都体现了这种思维方式。

2. 阅读《黄侃先生二三事》，思考：按照黄侃的说法，中国学问有哪些特点？我们应当采取怎样的治学态度？这与本篇中孔子的哪些观点相吻合？

黄侃先生二三事

中国文人似有放诞的传统，然而在大多数情况下，放诞与其说是真性情的流露，不如说是专制制度下无奈的装疯卖傻。就群体而论，文人放诞怪僻的行为，既能见自由之态又能显率性之真，恐怕也只有晚清和民国间的读书人了。如章太炎将袁世凯所授大勋章贬作扇坠，辜鸿铭大辫长袍徜徉北大校园，逻辑学家金岳霖与鸡共餐……黄侃也堪列其中。

黄侃为章太炎门生，学术深得其师三昧，后人有“章黄之学”的美誉；其禀性一如其师，嬉笑怒骂，恃才傲物，任性而为，故时人有“章疯”“黄疯”之说。

1908 年春，光绪帝与慈禧太后先后病逝，清廷下令各地举行“国丧”。当时，高等学堂学生、同盟会会员田桓在“哭临”（指追悼皇帝的仪式）时，流露不满情绪，堂长杨子绪高悬虎头牌警吓，并欲开除田桓学籍。黄侃获悉，大怒，闯入学堂，砸烂虎头牌，大骂一顿而去。又过几天，田桓带头剪辫以示反清，杨子绪恼怒异常，又悬挂虎头牌。黄侃闻讯，手持木棒冲进学堂，先砸烂虎头牌，又要痛打杨子绪。

1911 年 7 月，黄侃因宣传革命，被河南豫河中学解职。返乡途径汉口之际，同盟会同志及友人为他设宴洗尘。席间论及清廷腐败、革命浪潮的高涨，黄侃激愤不已。当晚，黄侃借酒性挥毫成文，题为“大乱者，救中国之妙药也”。文章刊出，舆论哗然，各地报刊或纷纷报道，或全文转载，清廷惊恐万分。

黄侃曾经在中央大学任教。学校规定师生进出校门需佩带校徽，而黄侃偏偏不戴。门卫见此公不戴校徽，便索要名片，黄侃竟说："我本人就是名片，你把我拿去吧!"争执中，校长出来调解、道歉才算了事。在中央大学兼课的名流颇多，大多西装革履，汽车进出，最起码也有黄包车。惟有黄侃进出学校，常穿一件半新不旧的长衫或长袍，并用一块青布包几本常读之书。一个雨天，其他教授穿胶鞋赴校，而黄侃却穿一双土制皮木钉鞋以防滑溅泥。课后天晴，他换上便鞋，将钉鞋用报纸包上夹着出校门。新来的门卫不认识黄侃，见他土里土气，又夹带一包东西，便上前盘问，还要检查纸包。黄侃放下纸包就走，从此不再去上课。系主任见黄教授连续几天未到校，以为生病，便登门探望。黄侃闭口不言，系主任不知所以然，急忙报告校长。校长亲自登门，再三询问，黄侃才说："学校贵在尊师，连教师的一双钉鞋也要检查，形同搜身，成何体统?"校长再三道歉，后又托名流相劝，均无效果。

志士之狂、名士之狷，当然不是黄侃的全貌，他对学术的谨严与虔敬，恐怕才是他性情的根本。黄侃治学非常严谨，对待著述十分谨慎、认真。所治经、史、语言文字诸书俱反复数十遍，熟悉到能随口举出具体的篇、页、行数，几乎没有差误。即便如此，依然不轻易为文。他常说，学问之道有五："一曰不欺人，二曰不知者不道，三曰不背所本，四曰为后世负责，五曰不窃。"黄侃还经常教育学生，中国学问犹如仰山铸铜，煮海为盐，终无止境。作为一个学者，当日日有所知，也当日日有所不知，不可动辄曰我今天有所发明，沾沾自喜，其实那所谓发明，未必是发明。

以学术"新"、"旧"论，黄侃与陈独秀、胡适、鲁迅等新文化学人可谓泾渭分明。但在内在精神方面，他们对学术独立、自由精神的追求、甚至革命行动的激烈等，恐怕也有许多相似之处吧。

（根据刘作忠《国学大师黄侃的妙闻趣事》改写）

☞**【答案要点】**①中国学问的特点：博大精深、包罗万象、学无止境。②治学态度：严谨认真求实、不欺世盗名、有敬畏之心。这与本篇中孔子说到自己知识渊博的时候讲"吾不试，故艺"以及"我叩其两端而竭焉"有相通之处。

乡党篇第十

学程设计

学习阶段	学习内容	学习策略	学习反馈
思维感知	《乡党篇》共有二十七章。记有孔子行为和主张二十三章，孔子言论四章。	学生略读，借助工具书，自主学习，圈点勾画，做好笔记，为精读文本奠定基础。	感知文本，建构语言。掌握字词的含义，初步把握文本的内容。培育思维的敏捷性。
思维积淀	深入学习文本，梳理文本各章的关联。背诵文本的精彩语句，如“食不厌精，脍不厌细”，“食不语，寝不言”等。	精读章节，理解文本内容。小组合作学习，对照翻译理解各章大意，并讨论分析，熟读成诵。	审美鉴赏，含英咀华。把握文本的深层含义，能背诵重点语句。形成健康向上的审美情趣与鉴赏品位。培育思维的严密性。
思维探究	1. 孔子在家乡时，在朝廷上，在国君面前的容貌举止有什么不同？体现了孔子哪些品格？2. 如何理解“厩焚。子退朝，曰：‘伤人乎？’不问马。”？3. 如何理解“乡党”中的“党”？4. 孔子为什么如此强调“礼”？5. 如何看待孔子对“礼”的坚守和实践？6.《乡党篇》集中记载了孔子的容色举动、衣食住行等生活习惯，它们是如何体现孔子“克己复礼”思想的？	利用文本注释、译文，学习检索相关评析资料，积极思考、理解、分析、比较、推理、判断，进行探究学习，突破重点、难点。在交流研讨的过程中碰撞出思维的火花。	理性探究，辨明观念。把握文本的价值取向，理解孔子在容色行动、衣食住行方面的主张，对“礼”的重视及坚守等。培育思维的深刻性。
思维拓展	阅读《诗文大家余光中》和《种子，西藏，和一个善梦者》两篇文章，思考相关问题。	联系现实，迁移理解。古今贯通，进一步领悟孔子思想在当下的体现，进行文化传承，拓展文化视野，增强文化自觉。用自己的语言评介人物，与英模人物对话。	个性感悟，确立价值。学习余光中和钟扬的事迹，感受英模人物的人格魅力，提升思想境界，汲取营养，丰富精神世界。培育思维的独创性。

【思维感知】

10.1 孔子于乡党，恂恂如也，似不能言者。其在宗庙朝廷，便便言，唯谨尔。【恂恂：温和恭顺。如：相当于“然”。便便(pián)：形容说话明白畅达。】

孔子在本乡的地方上显得非常温和恭顺，好像不太会说话的样子。他在宗庙里、朝廷上，说话(却)明白而流畅，只是说得比较谨慎而已。

10.2 朝，与下大夫言，侃侃如也；与上大夫言，訚訚如也。君在，踧踖如也，与与如也。【侃侃：说话理直气壮，不卑不亢，温和快乐的样子。訚訚(yín)：正直，态度诚恳而又能直言诤辩。踧踖(cù jí)：恭敬而不安的样子。与与：小心谨慎、威仪适中的样子。】

孔子在上朝的时候，(国君还没有到来，)同下大夫说话，显出温和而快乐的样子；同上大夫说话，显出诚恳正直而恭敬的样子。国君来了，他显得恭敬而不安的样子，却又仪态适中。

10.3 君召使摈，色勃如也，足躩如也。揖所与立，左右手，衣前后，襜如也。趋进，翼如也。宾退，必复命曰：“宾不顾矣。”【摈(bìn)：同“傧”，负责招待宾客的官员。色勃：脸色立即庄重起来。躩(jué)：脚步快的样子。襜(chān)：衣服整齐。趋近：快步向前。翼如：像鸟儿展翅一样。】

鲁君召孔子去接待宾客，孔子神色立即庄重起来，脚步也快起来。他向和他站在一起的人作揖，手向左或向右作揖，衣服随之前后摆动，却整齐不乱。快步向前，像鸟儿展开双翅一样。宾客辞别后，(他)一定向君主回报说：“客人已经不回头张望了。”

10.4 入公门，鞠躬如也，如不容。立不中门，行不履阈。过位，色勃如也，足躩如也，其言似不足者。摄齐升堂，鞠躬如也，屏气似不息者。出，降一等，逞颜色，怡怡如也。没阶，趋进，翼如也。复其位，踧踖如也。【鞠躬如：谨慎而恭敬的样子。阈(yù)：门槛。摄齐(zī)：摄，提起。齐，衣服的下摆。提起衣服的下摆。逞：舒展开，松口气。没阶：走完了台阶。】

孔子走进朝廷的大门，就显出敬畏而谨慎的样子，好像没有(他的)容身之地。站，他不站在门的中间；走，也不踩门坎。经过国君的座位时，他面色便庄重起来，脚步也加快起来，说话也好像中气不足一样。提起衣服下摆向堂上走的时候，就显出恭敬谨慎的样子，屏住气好像不呼吸一样。走出来，下一级台阶，面色便舒展放松了，显出怡然自得的样子。走完了台阶，快步地向前走，好像鸟儿舒展翅膀一样。回到自己的位置，又是恭敬而谨慎不安的样子。

10.5 执圭，鞠躬如也，如不胜。上如揖，下如授。勃如战色，足蹜蹜，如有循。享礼，有容色。私觌，愉愉如也。【圭：一种上圆下方的玉器。举行典礼时，不同身份的人拿着不同的圭。出使邻国时，大夫拿着圭作为代表君主的凭信。战色：战战兢兢的样子。蹜蹜(sù)：小步快走。如有循：沿着。好像沿着一条直线往前走一样。享礼：享，献上。指向对方贡献礼物的仪式。觌(dí)：会见。】

(孔子出使别的诸侯国，举行典礼时)，拿着圭，恭敬谨慎，好像拿不动的样子。向上举圭时好像在作揖，向下时好像在给别人递东西。面色庄重，战战兢兢，步子也很小，好像在沿着一条直线往前走。在举行赠送礼物的仪式时，满脸和气。私下里和外国君臣会见时，就显出轻松愉快的样子。

10.6 君子不以绀緅饰，红紫不以为亵服。当暑，袗絺绤，必表而出之。缁衣，羔裘，素衣，麑裘，黄衣，狐裘。亵裘长，短右袂。必有寝衣，长一身有半。狐貉之厚以居。去丧，无所不佩。非帷裳，必杀之。羔裘玄冠不以吊。吉月，必朝服而朝。【不以绀(gàn)緅(zōu)饰：绀深青透红，斋戒时服装的颜色。緅，黑中透红，丧服的颜色。这里是说，不以深青透红或黑中透红的颜色布给平常穿的衣服镶上边作饰物。红紫不以为亵(xiè)服：亵服，平时在家里穿的衣服。古人认为，红紫不是正色，便服不宜用红紫色。袗絺绤(zhěn chīxì)：袗绤，单衣。絺，细葛布。绤，粗葛布。这里是说，穿细的或粗的葛布单衣。必表而出之：把麻布单衣穿在外面，里面还要衬有内衣。缁衣：黑色的衣服。羔裘：羔皮衣。古代的羔裘都是黑羊皮，毛皮向外。麑(ní)：小鹿，白色。短右袂(mèi)：袂，袖子。右袖短一点，是为了便于做事。寝衣：睡衣。狐貉之厚以居：狐貉之厚，厚毛的狐貉皮。居，坐。帷裳：上朝和祭祀时穿的礼服，用整幅布制作，不加以裁剪。折叠缝上。必杀之：一定要裁去多余的布。杀，裁。羔裘玄冠：黑色皮礼帽。吉月：每月初一。】

君子不用深青透红或黑中透红的布镶边，不用红色或紫色的布做平常在家穿的衣服。夏天，穿细的或穿粗的葛布单衣，但一定要套在内衣外面。黑色的罩衣配黑色的羔羊皮袍；白色的罩衣配白色的鹿皮袍；黄色的罩衣配黄色的狐皮袍。平常在家穿的皮袍做得长一些，右边的袖子短一些。睡觉一定要有睡衣，要有一身半长。用狐貉的厚毛皮做坐垫。服丧期满，脱下丧服后，便佩带上各种各样的装饰品。如果不是礼服，一定要加以剪裁。不穿着黑色的羔羊皮袍和戴着黑色的帽子去吊丧。每月初一，一定要穿着上朝的礼服去朝拜君主。

10.7 齐，必有明衣，布。齐必变食，居必迁坐。【齐(zhāi)：通“斋”。明衣：斋前沐浴后穿的浴衣。变食：改变平常的饮食。指不饮酒，不吃韭、葱、蒜等有刺激味的东西，不吃鱼肉。居必迁坐：指从内室迁到外室居住，不和妻妾同房。】

斋戒沐浴的时候，一定要有浴衣，用布做的。斋戒的时候，一定要改变平常的饮食，居住也一定要改换卧室，(不与妻妾同房)。

10.8 食不厌精，脍不厌细。食饐而餲，鱼馁而肉败，不食。色恶，不食。臭恶，不食。失饪，不食。不时，不食。割不正，不食。不得其酱，不食。肉虽多，不使胜食饩。唯酒无量，不及乱。沽酒市脯，不食。不撤姜食，不多食。【厌：满足。脍(kuài)：切细的鱼肉。饐(yì)：陈旧，食物放置时间长了。餲(ài)：变味了。馁(něi)：鱼腐烂，这里指鱼不新鲜。败：肉腐烂，这里指肉不新鲜。不时：应时，时鲜。割不正：肉切得不方正。饩(xì)：粮食。乱：酒醉。脯(fǔ)：熟肉干。】

粮食不满足于舂得精，鱼和肉不满足于切得细。粮食陈旧和变味了，鱼和肉腐烂了，都不吃。食物的颜色难看，不吃。气味难闻，不吃。烹调不当，不吃。不到该当吃饭的时候，不吃。不是按一定的方法砍割的肉，不吃。没有一定调味的酱醋，不吃。席上的肉虽多，但吃的量不超过主食。只有酒不限量，但不至喝醉。从市上买来的肉干和酒，不吃。每餐必须有姜，但也不多吃。

10.9　祭于公，不宿肉，祭肉不出三日。出三日，不食之矣。【不宿肉：不使肉过夜。古代大夫参加国君祭祀以后，可以得到国君赐的祭肉。但祭祀活动一般要持续二三天，所以这些肉就已经不新鲜，不能再过夜了。祭肉：祭祀用的肉。】

孔子参加国君祭祀典礼时分到的肉，不能留到第二天。祭祀用过的肉留存不超过三天。超过三天，就不吃了。

10.10　食不语，寝不言。

吃饭的时候不交谈，睡觉的时候也不说话。

10.11　虽疏食菜羹，瓜祭，必齐如也。【瓜祭：古人在吃饭前，把席上各种食品分出少许，放在食具之间祭祖。齐(zhāi)：通“斋”。】

即使是粗米饭蔬菜汤，吃饭前也要先把它们取出一些来祭祖，而且要像斋戒时那样严肃恭敬。

10.12　席不正，不坐。

坐席摆放得不端正，不就坐。

10.13　乡人饮酒，杖者出，斯出矣。【杖者：拄拐杖的老人。】

行乡饮酒的礼仪结束后，(孔子)一定要等老年人先出去，然后自己才出去。

10.14　乡人傩，朝服而立于阼阶。【傩(nuó)：古代迎神驱鬼的宗教仪式。阼(zuó)阶：东面的台阶。主人迎客所立之地。】

乡里人举行迎神驱鬼的仪式时，孔子总是穿着朝服站在东边的台阶上。

10.15　问人于他邦，再拜而送之。【问：问候。古代人在问候时往往要致送礼

物。再拜而送之：在送别客人时，两次拜别。】

(孔子)托人向在其他诸侯国的朋友问候送礼，便向受托者拜两次送行。

10.16　康子馈药，拜而受之。曰：“丘未达，不敢尝。”

季康子馈赠药给孔子，孔子拜谢之后接受了，却说：“我对药性不了解，不敢尝试服用。”

10.17　厩焚。子退朝，曰：“伤人乎?”不问马。

马棚失火烧掉了。孔子退朝回来，说：“伤到人了吗?”不问马的情况。

10.18　君赐食，必正席先尝之。君赐腥，必熟而荐之。君赐生，必畜之。侍食于君，君祭，先饭。【荐：进奉。这里进奉的对象是自己的祖先，但不能看为祭祀。】

国君赐给熟食，孔子一定摆正座席先尝一尝。国君赐给生肉，一定煮熟了，先给祖宗上供。国君赐给活物，一定要饲养起来。陪侍国君吃饭，在国君举行饭前祭礼的时候，自己先为国君尝食。

10.19　疾，君视之，东首，加朝服，拖绅。【东首：头朝东。指孔子病重仍旧卧床而言。古人卧榻一般设在南窗的西面，国君来，从东边台阶走下来，所以孔子面朝东来迎接他。加朝服，拖绅：孔子卧病在床，自不能穿朝服，只能盖在身上。绅是束在腰间的大带。束了以后，仍有一节垂下来。】

孔子病了，国君来探视，他便头朝东躺着，身上盖上朝服，垂着大带子。

10.20　君命召，不俟驾行矣。

国君下令召见(孔子)，他不等车马驾好就先步行走去了。

10.21　入太庙，每事问。

(孔子)进入太庙，每件事情都要问个仔细明白。

10.22　朋友死，无所归，曰：“于我殡。”【殡：停放灵柩和埋葬都可以叫殡，这里泛指丧葬事务。】

(孔子的)朋友死了，没有负责收殓的人，孔子说：“丧事由我来料理吧。”

10.23　朋友之馈，虽车马，非祭肉，不拜。

朋友馈赠的物品，即使是车马，只要不是祭肉，(孔子在接受时)也是不行拜谢礼的。

10.24 寝不尸，居不客。

(孔子)睡觉时不像死尸一样挺着，平日家居也不像作客或接待客人时那样庄重严肃。

10.25 见齐衰者，虽狎，必变。见冕者与瞽者，虽亵，必以貌。凶服者，式之。式负版者。有盛馔，必变色而作。迅雷风烈必变。【齐衰(zī cuī)：指丧服。狎(xiá)：亲近。瞽者：盲人。亵：常见、熟悉。凶服：丧服。式：通“轼”，古代车辆前部的横木。这里作动词用。遇见地位高的人或其他人时，驭手身子向前微俯，伏在横木上，以示尊敬或者同情。这在当时是一种礼节。负版者：背负国家图籍的人。当时无纸，用木版来书写，故称“版”。作：站起来。】

(孔子)看见穿丧服的人，即使是关系很亲密的，也一定要把态度变得严肃起来。看见当官的和盲人，即使是很熟的，也一定要表现得有礼貌。在乘车时遇见穿丧服的人，便俯伏在车前横木上(以示同情)。遇见背负国家图籍的人，也这样做(以示敬意)。如果有丰盛的筵席，就神色一变，并站起来致谢。遇见迅雷大风，一定要改变神色(以示对上天的敬畏)。

10.26 升车，必正立，执绥。车中，不内顾，不疾言，不亲指。【绥：上车时扶手用的带子。】

上车时，一定先端正地站好，然后拉着扶手带上车。在车中，不向内回顾，不大声说话，不用自己的手指指点点。

10.27 色斯举矣，翔而后集。曰：“山梁雌雉，时哉！时哉！”子路共之，三嗅而作。【色斯举矣：色，脸色。举，鸟飞起来。翔而后集：飞翔一阵，然后落到树上。鸟群停在树上叫“集”。共：“共”通“拱”。嗅(jù)：通“狊”，鸟张开两翅。】

(孔子在山谷中行走，看见一群野鸡在那儿飞，)孔子神色动了一下，野鸡便飞向天空，盘旋一阵，又都停在了一处。孔子说：“这些山梁上的母野鸡，得其时呀！得其时呀！”子路向它们拱拱手，野鸡便叫了几声飞走了。

【思维积淀】

1. 食不厌精，脍不厌细。
2. 食不语，寝不言。
3. 席不正，不坐。
4. 厩焚。子退朝，曰：“伤人乎?”不问马。
5. 朋友死，无所归，曰：“于我殡。”
6. 升车，必正立，执绥。车中，不内顾，不疾言，不亲指。

【思维探究】

1. 孔子在家乡时，在朝廷上，在国君面前的容貌举止有什么不同？体现了孔子哪些品格？

孔子在乡里态度恭顺温和，好像是不善于说话的人，是因为乡里大都是前辈，故恭顺和善。在朝廷上则态度恭敬而有威仪，不卑不亢，敢于讲话。在国君面前，温和恭顺，局促不安，庄重严肃又诚惶诚恐。所有这些，都显示出孔子正直、仁德的品格。

2. 如何理解“厩焚。子退朝，曰：‘伤人乎？’不问马”？

孔子主张克己复礼，最痛恨的就是礼崩乐坏。按照当时的礼制，大夫外出，需驾车马，不可徒行。因此，车马在孔子看来，重要的不是财产上的意义，而是礼制上的意义。没有车马，就意味着丧失了大夫的身份；既是大夫，就不能没有车马，与礼崩乐坏同流合污。本篇第 23 章“朋友之馈，虽车马，非祭肉，不拜”，在财物(车马)和礼制(祭肉)面前，孔子重视的是后者。因此，孔子拒绝拍卖车马为颜渊买椁木，不是舍不得钱财，而是要维护礼制。

通过“问人”与“不问马”的比较，来体现孔子对于“仁”的认识。人与马的比较，即“人与畜”的对比，这就属于“仁”的范围大小的问题，仁的对象究竟是局限于“人”(哪怕是社会地位低下、在计算财产时与马等价的人)，还是要惠及万物。人与马的比较，也就是“人与财”的对比，这就属于“仁”与“利”孰轻孰重的问题。在孔子看来，仁是重于利的。

3. 如何理解“乡党”中的“党”？

党作为一个单位组织，至少不晚于周朝，《周礼·地官·大司徒》中规定：“令五家为比，使之相保；五比为闾，使之相爱；四闾为族，使之相葬；五族为党，使之相救；五党为州，使之相赒；五州为乡，使之相宾。”意思是令五家组成一比，使他们互相担保。五比组成一闾，使他们(有事时)可以互相托付。四闾组成一族，使他们有丧葬事时可互相帮助。五族组成一党，使他们(有灾荒时)互相救助。五党组成一州，使他们互相周济。五州组成一乡，使他们(对乡中的贤者)以宾客之礼相待。由此可推算出，古代的政区规划以五百家为党，一万二千五百家为乡，合而称乡党。乡党，有本乡、故乡的意思。或说，乡党乃父兄宗族之所在，后来便慢慢变成了家乡的代称。孔子出生在陬邑的昌平乡，后迁曲阜的阙里。孔子的乡党，就是指这两处地方。

4. 孔子为什么如此强调“礼”？

在古代，“礼”能够维持社会、政治秩序，巩固等级制度，“礼”也是调整人与人之间各种社会关系和权利义务的规范和准则。“礼”既是中国古代法律的渊源之一，也是古代法律的重要组成部分。

周公制“礼”，典章制度较前代更为完备，发展到了“郁郁乎文哉”(《论语·八佾》)的程度，使孔子赞叹不已，宣称“吾从周”。周人本以“尊礼”著称，到了春秋时代，王室衰微，礼乐征伐自诸侯出，陪臣执国命，等级制度破坏，统治者内部对于礼任意僭用，礼崩乐坏，所以司马迁说，“孔子之时，周室微而礼乐废”(《史记·孔子世家》)。但由于周代礼制非常完善、周密，仍为士大夫所向往，力图予以恢复。春秋时代，孔子以前的人，如师服、内史过等，与孔子同时的人，如叔向、晏婴、游吉等，论“礼”的很多。但论“礼”最多，并自成体系的首推孔子。他一生以诗书礼乐教育弟子。他之所以如此强调“礼”，是想从理论上说明“礼”的重要性，强调立身治国都非有“礼”不可。

5. 你如何看待孔子对“礼”的坚守和实践？

孔子生活在春秋中后期，这个时期是一个充满动荡、变化和血腥的时代。王室式微，战争频仍，而这些战争无不是因权力、财富而进行的血腥争夺。面对分裂动荡、道德沦丧的社会环境，孔子一方面为“礼乐崩坏”而痛苦，一方面积极探索治理社会的“良方”，提出了“克己复礼”的主张。在他看来，周代的等级制度是十分完善和合理的，故当时社会稳定、上下和谐，而他所处的时代却是“礼乐征伐自诸侯出”“陪臣执国命”，臣子杀君主，儿子杀老子……一片混乱，在痛心疾首的同时，他决定通过对“礼”的维护，以实现如同西周时期那样安定和谐的社会秩序。为此他身体力行，周游列国，宣传自己的政治主张，尽管不断受挫，仍然以一种“知其不可为而为之”的精神，力图挽狂澜于既倒，表现出对社会强烈的责任感和使命感。

6.《乡党篇》集中记载了孔子的容色举动、衣食住行等生活习惯，它们是如何体现孔子“克己复礼”思想的？

克己复礼，天下归仁。孔子以“克己复礼”为己任，一生为恢复周礼四处奔波，虽屡屡碰壁，但始终不渝，“知其不可为而为之”。其实，孔子对于周礼并非只是顽固地维护，可贵的是他能够对“礼”进行补充和完善，并把它作为教育学生的教材，使“礼”成为其思想的重要组成部分，对后世产生了深远影响。

以情安“礼”——使人自觉守礼。孔子出生于士族之家，而为士者必习礼。自然自幼就耳濡目染，以礼为重。孔子自谓十有五而“志于学”，学习礼乐射御书数六艺。一生学“礼”、教“礼”、重“礼”的孔子，对“礼”的态度自然也反映在记载他言行的《论语》当中。《论语》讲“礼”75次，包括“礼乐”并言的。可见，对“礼”的态度是《论语》关注的重要态度之一。随着东周政权的日渐衰弱，西周末年氏族统治和公社共同体的社会结构的瓦解，造成“民散久矣”“民恶其上”。孔子所处的春秋时期，已经礼崩乐坏，“君臣之礼既坏矣”。周礼不断遭到破坏，服饰上“紫之夺朱也”，音乐上“郑声之乱雅乐也”，言辞上“利口之覆邦家也”，“文胜质”或“质胜文”的现象屡屡出现。

正是在春秋中后期而面临周室衰微、诸侯僭礼事件不断发生的时候，“礼”的政治权威被动摇而走向衰退。面临礼崩乐坏的政治局面，于是孔子大力主张复礼。

孔子曾经指责礼乐崩坏的情况下“为礼不敬，临丧不哀”所造成的情理分离，在林放问礼之本时，子曰“礼，与其奢也，宁俭；丧，与其易也，宁戚”，强调了情之于礼的基础作用。从人情的角度要求与规范众人自觉守礼。

赋行于“礼”——使人践行守礼。面临礼崩乐坏，在阐明“情”“礼”关系后，人们应该如何重申礼？怎么样践行礼？这方面孔子自身率先做出了典范。

首先，孔子举止得体。不管是在举行仪式，还是托人办事均遵循“礼”：“乡人傩，朝服而立于阼阶”，“问人于他邦，再拜而送之”。

其次，孔子因时而异，待人的态度随条件变化而变化。他在面对乡人、国君、接待宾客等不同人有不同的态度，但均谦恭有礼，应对得宜。

再次，孔子时时处处以正人君子的标准要求自己，使自己的言行尽量符合礼的规定。他认为，礼是至高无上的，是神圣不可侵犯的，一举手、一投足都符合礼的原则。“升车，必正立，执绥。车中，不内顾，不疾言，不亲指。”

此外，孔子还主张进一步学习礼乐，强调礼的重要性。子曰：“周监于二代。郁郁乎文哉。吾从周。”当子贡欲去告别朔之饩羊时，子曰：“赐也，尔爱其羊，我爱其礼。”孔子时时处处强调“礼”的重要性，并且身体力行，以身作则，一生为“礼”的践行四处奔波。

赋仁以“礼”——为礼奠定道德基础。孔子的学生把孔子视为圣人，孔子辩解说：“若圣与仁，则吾岂敢？抑为之不厌，诲人不倦，则可谓云尔已矣。”学而不厌、诲人不倦正是无限的过程，也是仁的终极境界——“己欲立而立人，己欲达而达人”。仁者不但要求自己人格的完美统一，更要求天下人同臻于至善之域。

这种完美统一的道德人格要如何获得？孔子一直强调视听言动都符合“礼”的规范，只要我们能做到这点，就达到仁的意境了。孔子强调“克己复礼”，而后才能“天下归仁”，希望通过礼的潜移默化，激发我们的良知良能，从而得以培养完美的道德人格。换而言之，就培育仁德这一面说，礼是工具，仁是目的。因此，孔子要求世人在践礼的过程中，不只是一心一意地注意礼仪的形式，而是要掌握礼意。内心掌握了礼意而践行礼，就是掌握了行仁之方。这样在践礼的过程中，仁德也就呈现了。

纵观孔子的礼仁思想，我们发现，“仁”本来是为“礼”奠定思想基础的，但由于“仁”的精神内核比“礼”的外在形式获得更为广泛的接受面，孔子化“礼”为“仁”，于是，“仁”成了内容，而“礼”成了形式，这原非孔子的卫礼本意，却成就了孔子的“至圣”地位。

（《孔子与中国古代礼仪文化》，作者：高飞卫，有改动）

【思维拓展】

1. 阅读《诗文大家余光中》，思考：余光中是怎样对待与人交往的？

诗文大家余光中

学富五车的人可以妙趣横生吗？儒雅冷静的人可以豪情万丈吗？矮小的人可以巨

大吗？水火可以同源吗？可以。余光中就是这样一组奇妙的矛盾组合体。

身高不过五尺三寸，体重不足50公斤，散文家思果却形容他“全身每一钱都是脑”，大女婿戏称他为“小巨人”。女儿姗姗说：“父亲那种外敛而内溢的个性，似乎一座冰封的火山，只有在笔端引爆才安全。”

平时谨言慎行，自律甚严，写作时宛如苦行僧，不烟不酒，只要一杯红茶或普洱苦茶。他的生活，距离清教徒可能不远，他是那种随时保持冷静的人。他说他的书房非常斯巴达，并非艺术之宫、象牙之塔，而是苦练之地；又说他的书桌是缪斯接生的手术台。

这样潜心育人的人师，却也是极端浪漫的诗人。他看花事，总是“看到绝望才离开”。他追逐美景，神魂颠倒：思果曾目睹他“为了追捕淡水河堤上日落前的片刻景致，赶着开车前去，神魂都贯注进去了，口中还喃喃有词，有些恍惚，怪不得他诗思那么妙”。他是个唯美主义者，对于美的人、事、物，品味十分敏感，他的耳目所接，常成妙谛，美不胜收。他自称是“艺术的多妻主义者”。

梁锡华说他“平常是冷静明澈像一泓秋水的人物”。杨牧早年就以“冷静文明”一词来形容他，但是他热情起来，可以和朋友畅谈深宵，心情一好，就妙语如珠，让人应接不暇。不过，据黄国彬的观察，“在一般的场合，余光中说话不多，碰见话不投机的人，更常常正襟危坐，态度颇为严肃，完全遵守荀子的忠告……可是，一旦置身于可与言的朋友之间，他就会慷慨地打开话匣，展现里面的珠玑了”。

余光中在《娓娓与喋喋》一文中曾说，“朋友之间无所用心的闲谈，如果两人的识见相当，而又彼此欣赏，那真是最快意的事了……真正的知己，就算是脉脉相对，无声也胜似有声”。所以在宴会上，不幸和俗人相邻而坐，偏偏对方又喋喋不休，诗人就会“恨不得他忽然被鱼刺梗住”。

西班牙哲人桑塔耶纳说：“雄辩滔滔是民主的艺术，清谈娓娓的艺术却属于贵族。”余光中向往的显然是品位上的贵族的“娓娓”了。

余光中的字典里似乎没有“马虎”两个字，不论他做什么，即使是娱乐，都要全神贯注。他不懂为什么有人能够一面听音乐，一面读书。在余家，平常是听不到音乐的。他说：“为了对音乐家的尊敬，听音乐就该正襟危坐，聚精会神。”所谓“背景音乐”在余家是不受欢迎的。

以此类推，余光中做任何事情，都抱持同样的态度。珊珊说：“爸爸是不容许有错误的人。”文章不能出错，生活不能出错，品德不能出错。他是个完美主义者。

（摘选自《查字典语文网》，有删节）

☞**【答案要点】**余光中碰见话不投机的人，便正襟危坐，不与之交谈；遇到“可与言的朋友”，便口角生风。从中我们可以看出，余光中是一个既冷静又热情，喜欢有品位的谈话的坦诚、直率的人。他希望朋友之间的谈话是不设防的，是无所用心的，足见其坦诚；他追求见识相当、彼此欣赏的交谈，追求与真正的知己交谈，不希望和俗人交谈。

2. 阅读《种子，西藏，和一个善梦者》，思考：钟扬在坚守事业方面有什么特点？

种子，西藏，和一个善梦者

——记植物学家、复旦大学教授钟扬

2017年9月25日，如果不是出差时清晨赶赴机场途中的车祸，53岁的复旦大学生命科学学院教授钟扬，将在三天后再次踏上西藏的土地，与同事、学生一起，继续收集种子，为那里的植物学学科发展做事。

生命戛然而止。留下的，是许多人脑海里他始终爽朗大笑的黑红脸庞，是他16年间西藏行路50万公里，是他与团队在高原上收集到的4000万颗种子——我国生物学研究和基因资源的宝贵财富。

在他生前，不止一人曾好奇，实验室攻坚，多出论文，同样可以攀登科学之巅，何以选择这半生跋涉？他却说起了最近采集到的高山雪莲种子，位于珠穆朗玛峰北坡，海拔5000米之上。

“雪莲的青藏高原种群相较其他环境优越地区的种群，明显要差得多，但这些矮小的植株竟能耐受干旱、狂风、贫瘠的土壤以及45℃的昼夜温差——它之所以能成为世界上分布最高的植物，就是靠一群又一群不起眼的小草，向新的高地一代又一代缓慢推进……当一个物种要拓展其疆域而必须迎接恶劣环境挑战的时候，总需要一些先锋者牺牲个体优势，以换取整个群体乃至物种新的生存空间和发展机遇。”

他一生追梦，不曾稍停。

他的故事里，主角是种子。

“疯子”，曾与他共事多年的复旦大学副校长金力用这两个字描述他，因为钟扬看待世界的角度异于常人。这个“异”，在于他更愿意追逐人类的真理，以无用为大用。钟扬曾对他说过，“这辈子，一个人留下的不在于文章、奖项，而是故事”。

钟扬的故事里，主角是种子。“一个基因可以为一个国家带来希望，一颗种子可以造福万千苍生。”很多次他在科普活动中说的话，道出根由。1984年，他被分到中科院武汉植物研究所，所里的一个重头研究对象是猕猴桃。那时他知道了，如今名满世界的奇异果，其种子的母体，来自中国宜昌农村的20根无人关注的野生猕猴桃枝条。

2000年，钟扬接受复旦生命科学学院的元老级人物陈家宽教授邀请，从武汉来到了上海，与同事们一起确定了生命科学学院将要突破的方向，其中之一是种质资源的研究。科学家们相信，种质资源几乎是所有重大研究成果的基础，它可以被看作物种遗传信息的一种载体，也是未来科技较量必争之地。而钟扬，将目光投向了西藏。

“西藏的植物资源从来没有进行过彻底盘点，即使在全世界最大的种子资源库中，也没有西藏地区的植物种子。”2001年，钟扬主动请缨来到这片土地，寻找青藏高原上生物进化的轨迹。然而，要盘点清楚这些生物“家底”却并非易事，仅收集种子样本一项，一年就至少要收集600个，而且每一个样本都要收集5000颗种子，不同的样本种群所在地相隔的直线距离还不能少于50公里。按此计算，钟扬一年至少要行走3万公里。

如何收集种子？钟扬曾开玩笑说，最简单的是蒲公英，“随手抓一颗蒲公英，就有大约200颗种子。最麻烦的是椰子，8000颗种子的话，需要数辆卡车才能拖回来，这才算收集了一种植物的种子。”

而这个过程，在海拔最高的地方，又是怎样？从藏北到藏南，从阿里无人区到雅鲁藏布江，在林芝、日喀则，在那曲、阿里，哪里有需要寻找的种子，哪里就有他带队的身影。医学上常见的18种高原反应，每次上西藏，他都会碰上一两种，心跳甚至慢至每分钟44跳。学生朱彬记忆犹新，去阿里地区的路上，自己因为缺氧快昏倒了，当时钟扬也有严重高原反应，却急着招呼给他吸氧。小朱担心老师，拔掉氧气管往他眼前送，钟扬一把抓住他的手，笑着说：“别动，怎么这么不讲卫生，快点插回去！”

他的藏族学生，如今的西藏大学副教授拉琼，忘不了跟着钟扬登珠峰采集高山雪莲的那一次。2011年，为了一个课题，他们开始寻找一种叫鼠麯雪兔子(高山雪莲)的植物。“我们在珠峰大本营周围没有找到，准备继续向上。当时我觉得钟老师不是藏族，又不熟悉山情，可能还有危险，建议他待在帐篷里等着我们。”拉琼说，“谁知被他一句‘你能进我也能进，你能爬我也能爬’顶了回来。”最终，他们在一处5400米海拔的冰川退化后裸露的岩石缝里看到了高仅10厘米、长着灰白小绒球花朵的不起眼植物。抚着花形宛如拇指的高山雪莲，钟扬开怀大笑，所有辛劳，化为心头激荡。

藏北的窗，那一束晨光

“那年8月，我们的考察队沿着泥泞小道穿越羌塘草原……半夜，一阵胸闷将我从睡梦中惊醒。我急忙唤醒同屋的博士生老王，说‘开点窗吧’。他应声起床。黑暗中，却听‘哐当’一声巨响，一股寒风扑面而来——糟糕，老王把整面窗户从二楼推了下去……第二天清晨，队伍重新启程，车开了回头看，熟悉的土墙，挂满经幡的玛尼旗杆，旅馆老板一家子挥舞告别的手臂。那后面，一缕晨光正巧投进洞开的窗口，心头顿时涌起暖意。”

一篇蓝色圆珠笔手写的小文——《藏北的窗》，是钟扬对工作日常的记录。16年前，他独自踏上这地球“第三极”，也爱上了这片土地。他有了自己的藏文名字“索朗·顿珠”，口袋里时常放一个MP3播放器，循环藏语教学音频，渐渐地，能听懂三分之一。两年前，因为脑溢血住院治疗后，仅仅9个月，他又飞到西藏工作，与之前不同的是，原先酒量不错的他，滴酒不沾了，身边多了个透明塑料小药盒子，每天三顿，特别认真地数药、放药、吃药。出院时医生叮嘱过三条，一不能再喝酒，二要按时吃药，三不能再去高原了。

他戒得了酒，戒不了去西藏。

在探寻西藏生物多样性的过程中，他认识到，这里不仅需要植物学家，更需要教育发力。在这片土地上，收集种子的同时，传递力量，播种未来——16年间，他为西藏大学争取到了历史上第一个国家自然科学基金项目，成为西藏自治区第一位长江特聘教授，帮助西藏大学培养出第一位植物学博士，带出西藏自治区第一个生物学教育部创新团队。而今，这支“地方队”的研究力量已经开始参与国际竞争。

当他初到西藏大学，提出“以项目来带学科带队伍”的方向时，琼次仁副教授和不少老师一样，不相信能做得成。因为此前，那里还没人申请到一个国家自然科学基金项目。屡败屡战，2002 年，他和朝夕相处的同事琼次仁联合申请国家自然科学基金，因为种种原因失败了。第二年再次出发，“西藏大花红景天的居群分布、化学成分变化及地理信息系统研究”项目申报成功，整个西藏大学沸腾了。

“中国 56 个民族，我想为每个民族，都培养一个植物学博士。”钟扬曾跟同事这么说。扎西次仁是他在复旦指导的一个藏族植物学博士生，在确定了“西藏巨柏保护的遗传学研究”博士论文课题后，师徒俩用三年时间在藏东南地区沿雅鲁藏布江两岸调查巨柏的分布与生存状况。当年的学生已投身西藏种质资源库建设。

2015 年，武汉大学生命科学学院教授、西藏大学理学院副院长刘星，因为钟扬的一句话，下定决心延长自己的援藏时间。“这里的博士点要评估了，需要多一些懂专业的人一起推动，你能不能留下来?”深夜恳谈之际，钟扬被来自母亲的电话打断，刘星隐约听到“……你身体不好，别又上(西藏)去了。”他答着“放心、放心”，放下电话，钟扬告诉他，自己也会继续参加第八批援藏。

从 2001 年第一次踏上青藏高原，跋山涉水寻草访树，到 2010 年起成为中组部第六批、第七批、第八批援藏干部，复旦大学教授钟扬，已经在沪藏之间“飞行工作”了整整 16 年。

不是杰出者爱做梦，而是善梦者杰出

“不是杰出者爱做梦，而是善梦者杰出”，徐汇区建襄小学张歆老师依然记得听钟老师讲座时，留在心底的一句话。

许多人说，他用 53 岁人生，做完了 100 岁都做不完的事。这本以生命书写的大书里，他几乎奔跑着追逐自己的梦想。

梦想，又何止于西藏？作为国际大都市的上海，海边多为滩涂，一直是这位植物学家的心头憾事。一次，他从全球变暖造成澳洲冰酒热销的新闻里得到启示：地球变暖，植物北移是大势所趋，那么常识中只适合在南北纬 25 度之间生长的海滨理想植被红树，能否常驻申城海边，形成一道风景线？如今，当初的梦想逐渐成真，红树林已经在上海临港海滨扎根。

为钟扬订过机票的经佐琴老师记得，他的行程会密集到 7 天要坐 10 趟飞机；每当他回上海，就抓紧与学生见面，要么就是拎上破旧的帆布袋，和学生一起采标本，要么就在办公室“坐诊”，直到深夜；有时呆到凌晨一两点，实验楼的大门早已用铁链拴上。但推一推，人还能从缝隙中挤出。为了不吵醒门卫，身高 1.8 米、110 公斤的钟扬，要先跨过链条、再吸肚子，一点点从狭窄的缝隙中挤出，还不忘朝旁边的弟子得意一笑。老同学黄梵有一次和他共进早餐，钟扬吃了 7 个包子、3 碗粥、4 碟小菜。他说没办法，在西藏习惯了，一定要一顿吃很多才能保存体力。长时间下来，胃都被撑大了。

这样一位充满理想、活力和热情的植物学家突然离去，周围的人都是惋惜和不舍。妻子张晓艳声声呼唤："钟扬，从我认识你的那天起，就知道，你是为科研而生，为事业而生，为理想而生。"很多人知道，钟扬与张晓艳的约定——"孩子15岁以前，你管。15岁以后，我来。"如今双胞胎孩子15岁刚满，钟扬却失约了。同样有很多人知道，孩子名字的由来。2002年他们出生时，钟扬正在研究红树植物。两娃娃便一个叫云杉，一个叫云实。

网上一篇纪念钟扬的文章，跟着许多评论，其中一条静静地发问：爸爸你也敢走，我还没长大呢！

（《解放日报·上观新闻》，作者：朱珉迕，彭德倩，王潇）

☞【**答案要点**】①家国情怀。②忠于理想，忠于承诺，忠于职守。③将梦想化作实际行动。

先进篇第十一

学程设计

学习阶段	学习内容	学习策略	学习反馈
思维感知	《先进篇》共有二十六章。记有孔子言论十章，孔子与弟子及他人对话十三章，孔子弟子的叙述三章。	学生略读，借助工具书，自主学习，圈点勾画，做好笔记，为精读文本奠定基础。	感知文本，建构语言。掌握字词含义；初步把握文本内容。培育思维的敏捷性。
思维积淀	深入学习文本，梳理文本各章的关联。背诵文本的精彩语句如“回也非助我者也，于吾言无所不说”，“过犹不及”，“所谓大臣者，以道事君，不可则止”等。	精读章节，理解文本内容。小组合作学习，对照翻译理解各章的大意，并讨论分析，熟读成诵。	审美鉴赏，含英咀华。把握文本的深层含义，能背诵重点语句。形成健康向上的审美情趣与鉴赏品位。培育思维的严密性。
思维探究	1. 颜回去世时孔子为什么拒绝卖掉自己的车子为他置办外椁？2. 孔子为什么认为颛孙师与卜商没有分别？3. 如何看待孔子对颜回这个最穷的弟子和子贡这个最富的弟子的评价？4. 孔子为什么反对子羔(高柴)去担任费邑的长官？5. 对于“弟子孰为好学”的问话，孔子与鲁君的问答和与季氏的问答有繁简之不同，说一说其中说明了什么。6.《先进篇》中，孔子评价了他的很多学生，我们能够从中学到什么？	利用文本注释、译文，学习检索相关评析资料，积极思考、理解、分析、比较、推理、判断，进行探究学习，突破重点、难点。在交流研讨的过程中碰撞出思维的火花。	理性探究，辨明观念。把握文本的价值取向，通过孔子对弟子的评论理解孔子关于礼、为政以及因材施教的思想等。培育思维的深刻性。
思维拓展	阅读《将军赋采薇》和《不合时宜的老院士》两篇文章，思考相关问题。	联系现实，迁移理解。古今贯通，进一步领悟孔子思想的现实意义，进行文化传承，拓展文化视野，增强文化自觉。用自己的语言评介人物，与英模人物对话。	个性感悟，确立价值。学习戴安澜与潘际銮的事迹，感受英模人物的人格魅力，提升思想境界，汲取营养，丰富精神世界。培育思维的独创性。

【思维感知】

11.1　子曰："先进于礼乐，野人也；后进于礼乐，君子也。如用之，则吾从先进。"【先进于礼乐：这里指先学习礼乐而后再做官的人。野人：这里指朴素粗鲁的人，或乡野平民。后进于礼乐：先做官而后再学习礼乐的人。君子：这里指统治者阶层。】

孔子说："先学习礼乐而后再做官的人，是(原来没有爵禄的)平民；先做了官然后再学习礼乐的人，是(卿大夫的)子弟。如果要我选用人才，我主张选用先学习礼乐的人。"

11.2　子曰："从我于陈、蔡者，皆不及门也。"【陈蔡：陈国和蔡国。从：跟随。不及门：门，这里指受教的场所。不及门，即不在跟前受教。】

孔子说："跟随我在陈国、蔡国的学生，(如今)都不在我的身边了。"

11.3　德行：颜渊，闵子骞，冉伯牛，仲弓。言语：宰我，子贡。政事：冉有，季路。文学：子游，子夏。【文学：指古代文献，即孔子所传的《诗》《书》《易》等。】

(孔子的学生各有所长。)德行见长的有：颜渊、闵子骞、冉伯牛、仲弓。长于辞令的有：宰我、子贡。政事见长的有：冉有、子路。通晓文献知识的有：子游、子夏。

11.4　子曰："回也非助我者也，于吾言无所不说。"

孔子说："颜回不是能给我启发帮助的人，他对我的话没有不心悦诚服的。"

11.5　子曰："孝哉闵子骞！人不间于其父母昆弟之言。"【间：非难、批评。昆：兄长。】

孔子说："闵子骞真是孝顺呀，人们对于他父母兄弟称赞他的言语没有异议。"

11.6　南容三复白圭，孔子以其兄之子妻之。【白圭：这四句诗见于《诗经·大雅·抑篇》，意思是白圭的污点还可以磨掉，我们言语中的污点却没有办法去掉。】

南容反复诵读"白圭之玷，尚可磨也；斯言之玷，不可为也"的诗句，孔子便把自己的侄女嫁给了他。

11.7　季康子问："弟子孰为好学？"孔子对曰："有颜回者好学，不幸短命死矣，今也则亡。"【短命死矣：颜回死时年仅31岁。亡：通"无"。】

季康子问道："你学生中谁最好学？"孔子答道："有一个叫颜回的好学，不幸短命死了，现在就再没有这样的人了。"

11.8 颜渊死，颜路请子之车以为之椁。子曰："才不才，亦各言其子也。鲤也死，有棺而无椁。吾不徒行以为之椁。以吾从大夫之后，不可徒行也。"【颜渊：孔子最为得意的弟子，列孔门十哲德行之首。椁(guǒ)：古代棺材，里面的一重叫棺，外面一重叫椁。鲤：孔鲤，字伯鱼，孔子的儿子，年五十死，那时孔子年七十。以吾从大夫之后：以，因为。从，跟随。】

颜渊死了，（他的父亲）颜路请求孔子卖掉车子来替颜渊买个外椁。孔子道："（颜渊和孔鲤）不管有才能或者没有才能，但各自都是自己的儿子。我的儿子鲤死了，也只有内棺，没有外椁。我没有卖掉车子步行来替他买椁。因为我也曾做过大夫，是不可以步行的。"

11.9 颜渊死。子曰："噫！天丧予！天丧予！"

颜渊死了，孔子道："唉！这是老天要我的命呀！这是老天要我的命呀！"

11.10 颜渊死，子哭之恸。从者曰："子恸矣！"曰："有恸乎？非夫人之为恸而谁为？"【恸：哀伤过度，过于悲痛。夫：指示代词"那"，此处指颜渊。】

颜渊死了，孔子哭得极其悲痛。跟随孔子的人说："您悲伤得过度了！"孔子道："悲伤过度了吗？我不为这个人悲伤过度，又为谁呢！"

11.11 颜渊死，门人欲厚葬之。子曰："不可。"门人厚葬之。子曰："回也视予犹父也，予不得视犹子也。非我也，夫二三子也。"【厚葬：隆重地安葬。】

颜渊死了，孔子的弟子们想厚葬他，孔子说："不可以。"弟子们仍然厚葬了他。孔子说："颜回把我当父亲一样看待，我却不能把他当亲生儿子一样看待。这不是我的过错，是那些学生干的啊。"

11.12 季路问事鬼神。子曰："未能事人，焉能事鬼？"曰："敢问死。"曰："未知生，焉知死？"【季路：即仲由，字子路。敢：表示尊敬对方的谦辞。】

子路问侍奉鬼神的方法。孔子说："人都还没有侍奉好，又怎能谈侍奉鬼神呢？"子路又说："我冒昧地请问死是怎么回事？"孔子道："生的道理还没有弄明白，又怎么能够懂得死呢？"

11.13 闵子侍侧，訚訚如也；子路，行行如也；冉有、子贡，侃侃如也。子乐。"若由也，不得其死然。"【訚訚(yín)：和悦温顺。行行(hàng)：刚强。侃侃：说话温和快乐。】

闵子骞站在孔子身旁，显出和悦而温顺的样子；子路显出很刚强的样子；冉有、子贡显出温和而快乐的样子。孔子很高兴。（接着叹息说：）"像仲由这样，恐怕不能善终啊。"

11.14　鲁人为长府。闵子骞曰："仍旧贯，如之何？何必改作？"子曰："夫人不言，言必有中。"【仍旧贯：沿袭老样子。】

鲁国翻修长府的金库。闵子骞道："照着老样子下去怎么样？为什么一定要翻造呢？"孔子道："这个人平日不大开口，一开口就说到要害上。"

11.15　子曰："由之瑟，奚为于丘之门？"门人不敬子路。子曰："由也升堂矣，未入于室也。"

孔子道："仲由弹瑟，为什么在我这里来弹呢？"因此孔子的学生们都不尊敬子路。孔子道："仲由么，学问已经不错了，只是还不够精深罢了。"

11.16　子贡问："师与商也孰贤？"子曰："师也过，商也不及。"曰："然则师愈与？"子曰："过犹不及。"【师：颛孙师，即子张。商：卜商，即子夏。愈：胜过，强些。】

子贡问孔子："颛孙师(子张)和卜商(子夏)两个人，谁强一些？"孔子道："师呢，有些过头；商呢，有些赶不上。"子贡道："那么，您是说师强一些吗？"孔子道："过头和赶不上同样不好。"

11.17　季氏富于周公，而求也为之聚敛而附益之。子曰："非吾徒也。小子鸣鼓而攻之，可也。"【季氏富于周公：季氏比周朝的公侯还要富有。周公：泛指周天子左右的卿士。一说为周公旦。聚敛：积聚和收集钱财，即搜刮。益：增加。】

季氏比周朝的公侯还要富有，而冉求还帮他搜刮来增加他的财富。孔子道："冉求不是我的学生了，你们可以大张旗鼓地去攻击他吧！"

11.18　柴也愚，参也鲁，师也辟，由也喭。【高柴，字子羔，孔子弟子。鲁，迟钝义。辟(pì)：偏激。子张志高而流于偏。喭(yàn)：刚猛，鲁莽，粗鲁。】

高柴愚直，曾参鲁钝，子张偏激，仲由刚猛。

11.19　子曰："回也其庶乎，屡空。赐不受命，而货殖焉，亿则屡中。"【庶：庶几，差不多，一般用在称赞的场合。空：财货缺少叫贫，前途无出路叫穷。"空"字兼有两个意思。赐：孔子的学生端木赐，子贡。货殖：从事商业活动。亿：通"臆"，猜测，判断。】

孔子说："颜回的学问道德接近于完善了罢，可是生活却常常贫困。端木赐不接受命运的安排，去从事商业，猜测行情，竟然往往能猜中。"

11.20　子张问善人之道。子曰："不践迹，亦不入于室。"【践迹：踏着前人的脚印走。入于室：喻学问和修养达到了精深的地步。】

子张问怎样才能做善人。孔子道："善人能不循着前人的脚印走，但学问道德也难以达到精深的境界。”

11.21 子曰：“论笃是与，君子者乎？色庄者乎？”【论笃是与：“与论笃”的倒装。与，推许。“论笃”就是“论笃者”的意思。“论笃是与”意即“推许言论笃实的人”。】

孔子说：“总是推许言论笃实的人，但是要辨识他到底是真正的君子呢，还是仅仅是外表庄重的人呢？”

11.22 子路问：“闻斯行诸？”子曰：“有父兄在，如之何其闻斯行之？”

子路问：“听到就行动起来吗？”孔子道：“有父兄健在，怎么能听到就行动起来呢？”

冉有问：“闻斯行诸？”子曰：“闻斯行之。”

冉有问：“听到就行动起来吗？”孔子道：“听到就行动起来。”

公西华曰：“由也问闻斯行诸，子曰，‘有父兄在’，求也问闻斯行诸，子曰，‘闻斯行之’。赤也惑，敢问。”

公西华道：“仲由问听到就行动起来吗，您说‘有父兄健在，（不能这样做）’；冉求问听到就行动起来吗，您说‘听到就行动起来’。（两个人问题相同，而您的答复相反，）我有些糊涂，冒昧地来问问。”

子曰：“求也退，故进之；由也兼人，故退之。”【兼人：好勇过人。】

孔子道：“冉求平日做事总是退缩，所以我鼓励他；仲由的胆量却有两个人的大，所以我要约束他。”

11.23 子畏于匡，颜渊后。子曰：“吾以女为死矣。”曰：“子在，回何敢死？”【畏：受到威胁。这里指围困。】

孔子被匡地的人们所围困时，颜渊最后一个逃出来。孔子道：“我以为你死了呢。”颜渊道：“先生还活着，我怎么敢死呢？”

11.24 季子然问：“仲由、冉求可谓大臣与？”子曰：“吾以子为异之问，曾由与求之问。所谓大臣者，以道事君，不可则止。今由与求也，可谓具臣矣。”【季子然：当为季氏的同族之人。曾：相当于“乃”，竟然。具臣：备位充数之臣。】

季子然问：“仲由和冉求可以说是大臣吗？”孔子道：“我以为你是问别的人，竟然问的是仲由和冉求呀。我们所说的大臣，应该用正道来辅佐君主，如果这样行不通，宁肯辞职不干。如今由和求这两个人，只能说是备位充数的臣属罢了。”

曰：“然则从之者与？”子曰：“弑父与君，亦不从也。”

季子然又道：“那么，他们会一切顺从季氏吗？”孔子道：“像杀父亲、杀君主的事情，他们也不会跟着干的。”

11.25　子路使子羔为费宰。子曰："贼夫人之子。"【贼：害。夫人之子：人家的子弟，此指子羔。】

子路叫子羔去做费邑的长官。孔子道："这种任命是害了别人的子弟！"

子路曰："有民人焉，有社稷焉，何必读书，然后为学？"【社稷：社，祭祀土地神的地方；稷，祭祀谷神的地方。古代社稷是国家政权的象征。】

子路道："那地方有老百姓，有土地和五谷，治理百姓、祭祀神灵都是学习，为什么一定要认为读书才叫做学习呢？"

子曰："是故恶夫佞者。"

孔子道："所以我厌恶佞者，就是因为他们像你这样巧语狡辩。"

11.26　子路、曾皙、冉有、公西华侍坐。

子路、曾皙、冉有、公西华四个人陪着孔子坐着。

子曰："以吾一日长乎尔，毋吾以也。居则曰：'不吾知也！'如或知尔，则何以哉？"【居：平日、平常。】

孔子说道："(不要)因为我比你们年长一些，就不说了。你们平日总在说：'没有人了解我呀！'假若(现在)有人了解你们，你们打算怎么做？"

子路率尔而对曰"千乘之国，摄乎大国之间，加之以师旅，因之以饥馑；由也为之，比及三年，可使有勇，且知方也。"【比(bì)：等到。】

子路不加思索地答道："一千辆兵车的中等国家，夹在几个大国的中间，外面有别国的军队侵犯它，国内接连下来又有灾荒。(如果)我去治理(这样一个国家)，等到三年之后，就可以使人人都有勇气，而且懂得为人的道理。"

夫子哂之。

孔子微微一笑。

"求！尔何如？"

"冉求，你怎么样？"

对曰："方六七十，如五六十，求也为之，比及三年，可使足民。如其礼乐，以俟君子。"【方六七十：纵横各六七十里或五六十里的(小国)。如：或者。】

(冉有)回答道："国土纵横各六七十里或者五六十里的小国家，(如果)让我去治理，等到三年之后，可以使人人富足。至于礼乐教化，那只有等待贤人君子了。"

"赤！尔何如？"

"公西赤，你怎么样？"

对曰："非曰能之，愿学焉。宗庙之事，如会同，端章甫，愿为小相焉。"【端章甫：端，古代礼服之名；章甫，古代礼帽之名。这里都作动词用，"端章甫"意为"穿着礼服，戴着礼帽"。小相(xiàng)：相，赞礼之人。小相，这里指诸侯祭祀或会盟、朝见天子时，替国君主持赞礼和司仪的官。】

公西华回答道："不敢说我有什么本领，我只是愿意学习。诸侯祭祀祖先的事，或者同别国盟会，我愿意穿着礼服，戴着礼帽，做一个小小的司仪。"

“点！尔何如？”

“曾点，你怎么样？”

鼓瑟希，铿尔，舍瑟而作，对曰：“异乎三子者之撰。”【舍瑟而作：作，站起来。】

曾皙弹瑟的声音逐渐放缓，接着“铿”的一声把瑟放下，站了起来，回答道：“我的志向和他们三位所讲的不同。”

子曰：“何伤乎？亦各言其志也。”

孔子道：“那有什么妨碍呢？只是要各人说出自己的志向啊！”

曰：“莫春者，春服既成，冠者五六人，童子六七人，浴乎沂，风乎舞雩，咏而归。”【莫：通“暮”。冠者：成年人。古代子弟到20岁行冠礼，表示已经成年。沂：水名。舞雩(yú)：地名，在今山东曲阜。】

(曾皙便)说道：“暮春三月，春装都已经穿定了，(我跟)五六位成年人，六七个小孩，在沂水旁边洗洗澡，在舞雩台上吹吹风，一路唱着歌走回来。”

夫子喟然叹曰：“吾与点也！”

孔子长叹一声道：“我赞同曾点的主张呀！”

三子者出，曾皙后。曾皙曰：“夫三子者之言何如？”

子路、冉有、公西华三人都出来了，曾皙落在后面。曾皙问(孔子)道：“他们三人的话怎么样？”

子曰：“亦各言其志也已矣。”

孔子道：“也不过各人说说自己的志向罢了。”

曰：“夫子何哂由也？”

曾皙又道：“您为什么要笑仲由呢？”

曰：“为国以礼，其言不让，是故哂之。”

孔子道：“治理国家应该讲求礼让，可是他的话却一点不谦虚，所以笑他。”

“唯求则非邦也与？”

“是不是冉有所讲的不是治理国家呢？”

“安见方六七十如五六十而非邦也者？”

“哪里见得横纵各六七十里或者五六十里的土地就不是一个国家呢？”

“唯赤则非邦也与？”

“那么是不是公西华所讲的不是治理国家呢？”

“宗庙会同，非诸侯而何？赤也为之小，孰能为之大？”

“有宗庙祭祀、诸侯盟会，不是国家大事又是什么？如果公西华只能做一个小相，又有谁能来做大相呢？”

【思维积淀】

1. 子曰：“回也非助我者也，于吾言无所不说。”

2. 子曰：“过犹不及。”

3. 子曰："所谓大臣者，以道事君，不可则止。"

4. 德行：颜渊，闵子骞，冉伯牛，仲弓。言语：宰我，子贡。政事：冉有，季路。文学：子游，子夏。

5. 子贡问："师与商也孰贤？"子曰："师也过，商也不及。"曰："然则师愈与？"子曰："过犹不及。"

6.（曾皙）曰："莫春者，春服既成，冠者五六人，童子六七人，浴乎沂，风乎舞雩，咏而归。"

【思维探究】

1. 颜回去世时孔子为什么拒绝卖掉自己的车子为他置办外椁？

颜渊死了，尽管孔子十分悲痛，却不同意卖掉车子。因为他曾经担任过大夫一级的官员，而大夫必须有自己的车子，不能步行，否则就违背了礼的规定。这一章反映了孔子对"礼"的严谨态度。礼大于感情。礼者理也，是驾驭人类感情的一种方式，一种规则，是当时乃至现在的社会约束力。孔子认为：从颜渊的家境和地位看，厚葬颜渊在当时是不符合礼的。为颜子置办外椁是一种礼，大夫乘车更是礼，因礼而废礼，两礼都会失去。

2. 孔子为什么认为颛孙师与卜商没有分别？

孔子认为颛孙师在实行周礼上太过了，而卜商在这点上又不足。孔子的思想中包括中庸思想，即采取中道、适度原则，太过分和不足就没有了分别，都不能达到刚刚好的效果。

首先，"过"与"不及"都不是恰到好处。孔子主张中庸之道，主要指折中、适当、不走极端。现实生活中狂放之人，志向远大而不切合实际，过了头，不好；而操守苛谨、不肯变通的人也不好，因为这类人做事情容易缩手缩脚。其次，孔子认为中庸之道不是不讲原则的折中主义。不讲原则、四面讨好、自私伪善，孔子称之为"乡愿"，"乡愿，德之贼也"。

3. 如何看待孔子对颜回这个最穷的弟子和子贡这个最富的弟子的评价？

孔子把颜回与子贡作了个比较，其重点便在"受命"与"不受命"，这里"命"作"天命"解。颜回受命，是说颜回的学问道德已达知命，只有知命，才能受命。所谓知命便是知道形而上与形而下合一的人的限制性，从而肯定、接受这种限制，在其有限的范围内获得生命的自由，这便是受命。颜回做到了这一点，所以他能安贫乐道。但子贡却不同，他并不受命，而是用自己的聪明才智去与命抗争，但也屡屡获胜。但我们从孔子的语气中可以看出，他对颜回是怀着欣赏的态度的，而对子贡则有所讥讽。

当然孔子并不是要我们屈服于命运，其实际意义是说，我们应该在人之有限性范围内活动，在此范围内充分发挥人的能动作用，而不应去作超出人能力的无用抗争。

至于子贡的成功，不过是一种侥幸。孔子主张“君子居易以俟命”，反对“小人行险以徼(jiǎo)幸”。

4. 孔子为什么反对子羔(高柴)去担任费邑的长官？

子羔品质美，但从学不久，没有受过多少教育，且为人愚直。孔子担心让他贸然治民，管理一方政事，他能力难以胜任，败事误民，反害于己，故反对说：“这种的任命，是害人子弟啊。”

子路不肯认错，狡辩说：“他可以边工作，边从实践中学习；学习并非只有读书一条途径，何必一定要先读书呢？”

子路的话，违逆了孔子的一贯原则。

孔子认为，从政是件高尚、严肃且责任重大的事；所有从政者，原则上都必须“学而优”；没有经过学习、不懂诗书礼乐的人，没有资格从政。政者，管理众人也，事大且危，犯错再改代价太大，让一个没有受过技能与道德培训的人，贸然从政，就犹如让一个不会操刀的人，仓促去分割祭肉——他虽然也可能成功，但失败的几率更大。

先经过学习培训再上岗，并不能保证上岗后就没有失误或过错，但却能保证比未学者少犯错。孔子的这一主张，后来演化成了中国特有的贤人政治传统。

子路故意掩过，孔子没有正面斥责他；在当时，不学而仕者甚众，子路只不过是顺风从俗罢了。

孔子拐了个弯，教训子路说：“我厌恶佞者，就是因为他们文过饰非，巧语狡辩。”

5. 对于“弟子孰为好学”的问话，孔子与鲁君的问答和与季氏的问答有繁简之不同，说一说其中说明了什么。

季康子问道：“您学生中谁用功？”孔子答道：“有一个叫颜回的用功，不幸短命死了，现在就再没有这样的人了。”

鲁哀公问孔子：“你的学生中谁是最好学的呢？”孔子回答说：“有一个叫颜回的学生好学，他从不迁怒于别人，也从不重犯同样的过错。不幸短命死了。现在没有那样的人了，没有听说谁是好学的。”

从这里可以看出两点：孔子在不同的场合极为称赞他的得意门生颜回，认为他好学上进，自颜回死后，已经没有如此好学的人了，表现了对颜回的欣赏和对失去他的痛惜与伤感，此其一。其二，在孔子对颜回的评价中，他特别谈到不迁怒、不贰过这两点，也从中可以看出孔子教育学生，重在培养他们的道德情操。这其中包含有深刻的哲理。

6.《先进篇》中，孔子评价了他的很多学生，我们能够从中学到什么？

孔门弟子禀性各有差异，特长各有不同，成就各有分别。其大抵可区分为四大类，即所谓“孔门四科”。四科中各有其标志性人物，如“德行科”以颜渊、闵子骞、冉伯牛、仲弓为代表；“言语科”以宰我、子贡为典型；“政事科”以冉有、子路为首选；“文学科”以子游、子夏为楷模。不过从“德行”居于“四科”之首的排序来看，“以德为先”、道德品质优先，是孔子衡量人物的主要标准。所谓“进于礼乐”，最核心的内涵就是品行的砥砺、道德的养成。这样，我们就能理解，为什么本篇中孔子论及的弟子中，与颜渊有关的占最大的比重。在孔子看来，颜渊立志好学、锲而不舍，日以修身进德为务，这是孔门其他弟子所无法企及的，认为这才是真正的儒者之大业。在孔子心目中，颜渊就是自己的儿子，是自己精神生命的延续与寄托，没有其他学生可以取代颜渊的地位。

但令人钦佩的是，孔子对学生爱之能省识其不足，不以百善而掩盖其欠缺，即使是颜渊这样的第一门徒在这方面也不例外。在孔子眼里，颜渊固然十分优秀，几近完美，但是并不是毫无瑕疵，十分完美。他对颜渊的最大遗憾，是颜渊在老师面前百依百顺，一味迎合，个性不够鲜明，言行缺乏独立，“回也非助我者也，于吾言无所不说”，“无所不说”的为弟子之道，在某种程度上会妨碍“教学相长”的效果，不利于弟子自身的成长。由此可见，孔子品评人物是坚持两分法的，既充分肯定其优点，也如实指出、批评其存在的不足。这种态度与做法无疑是正确的，它避免了人物评价上一味拔高或一笔抹煞的偏颇，所得出的看法能够比较公允，比较合理。

孔子对学生的评价，善于从日常细节中去认识品题对象的本质属性。南容“三复白圭”，孔子据此而判断南容内心善良，注重自身修养，这样的人自然可以信任与依赖，于是孔子就将其兄的女儿下嫁给南容。闵子骞在鲁国长府修建问题上一句评论，孔子从中看到了闵子骞的识见不凡，于是倍加激赏，称道不已：“夫人不言，言必有中。”很显然，孔子对人物的评价，往往是从大处着眼，从细节切入，能做到一针见血，恰到好处。这种人物评价上的能力，其实就是孔子“知人论世”睿智的体现。

孔子有关学生优劣高下的评议，还蕴涵了孔子“因材施教”的基本精神。学生提同样的问题，孔子的回答可能会是截然的不同。如对子路，孔子敦促他遇事要三思而后行；对冉求，孔子则鼓励他遇事当机立断，即刻行动。之所以同样的问题(“闻斯行诸”)孔子给予不同的答复，原因就在于子路与冉求个性上有极大的差异，子路性格鲁莽，所以要适时挫挫他的锋芒，让其在行动之前能经过深思熟虑，避免犯冒进的错误；相反，冉求遇事谨慎退缩，这时就需要积极鼓励他，帮助他克服畏葸的缺点，敢于挺身而出，敢作敢当。从这个意义上讲，“中庸”适度的精神同样体现在孔子的人物品题上。在孔子的心目中，自己的学生在为人处世上，都应该把握好一个“度”，做到平和恰宜，防止过分张扬或过分低调，“过犹不及”。

孔子有些时候对学生是相当严厉的，批评指责可谓不假辞色。如他批评自己的弟子高柴愚笨傻蠢，曾参迟钝反应太慢，颛孙师偏激独行，子路鲁莽不成熟。又如他厌恶冉求充当季氏搜刮敛财的急先锋，扬言并威胁断绝师生之谊，“(冉求)非吾徒也。小子鸣鼓而攻之可也”。再如他指责子路巧嘴利舌、强词夺理，“是故恶夫佞者”，等等，就是这方面的生动事例。但这其实反映了孔子非常在乎自己学生的表现，急于希望看到自己学生走正道、做正事的努力，是所谓“爱之深而责之切”。孔子对冉求等人某些行为表示不满，更多的是“恨铁不成钢”心理的驱使。应该说，这是对学生真正负责的态度。如果不严格要求，对学生身上的局限与毛病睁一眼闭一眼，不讲是非，单纯地包含纵容，放任自流，那么，这就是放弃做老师应尽的责任，对学生的成长进步没有任何的好处，没有丝毫的帮助。从这个意义上来讲，孔子对学生的严格要求，是真正践履为师之道的具体体现。

尤其难能可贵的是，孔子的理想追求无处不在，这在和学生一起“言志”时有同样的体现，而成为他品题人物的一个重要环节。在《子路、曾皙、冉有、公西华侍坐》中，孔子认同并向往曾皙“言志”中所提及的境界：“莫春者，春服既成，冠者五六人，童子六七人，浴乎沂，风乎舞雩，咏而归。”在这里，孔子呈示了其洒脱、自由的心态与风貌。他没有丝毫的矫揉造作，没有任何的矜持严肃，而只有彻底的精神超越与情感流露。这看上去似乎与孔子平常在学生面前的形象截然不同，似乎与孔子平常评论学生的做法迥然有别，但实际上这也是孔子评论弟子的另一种方式，只是它已经进入了更高的层面，即生活中不是只有一种色调，在绝对的“礼乐”规范遵循之上，还有绝对的精神超越与心灵解放！

（黄朴民：《知人论世的样本：〈论语·先进篇〉品藻》，选自《中华读书报》，有改动）

【思维拓展】

1. 在孔门四科中，“德行”被排在首位。阅读《将军赋采薇》一文，思考戴安澜将军身上体现了哪些道德情操？

将军赋采薇

戴安澜任第73旅旅长后，回顾多年对日作战的经验教训，认定要取得胜利必须依靠部属努力，而部属的旺盛士气来自他们的爱国热情。他特意抄录岳飞的《满江红》和文天祥的《过零丁洋》，印发给各级官兵背诵吟唱，激发大家精忠报国的爱国热忱。

为了抗战大业，戴安澜摒弃党派成见，团结爱国人士。《自由报》记者宗祺仁前来采访，与他彻夜讨论时局，探讨国共合作抗日的未来，两人很快成为莫逆之交。这时有人提醒戴安澜，说宗是共产党，须多加提防。他坦然答道：“现在是国共合作抗战，何防之有？宗是否共产党我不知道，我只知道他是新闻记者，写过许多真实感人的报道，有卓越的见解。我们正缺少这样的爱国志士。”几天后，他还把自己的军事著作交给宗祺仁修改并题词。

太平洋战争爆发后，中国决定派远征军赴缅甸对日作战。当命令到达时，已升任第200师师长的戴安澜高唱《满江红》，并向官兵宣讲诸葛亮远征的事迹，以“鞠躬尽瘁，死而后已”的精神激励官兵。赴缅途中，他激情满怀，赋《远征》二首以明志。其一云：“万里旌旗耀眼开，王师出境岛夷摧。扬鞭遥指花如许，诸葛前身今又来。”其二云："策马奔车走八荒，远征功业迈秦皇。澄清宇宙安黎庶，先挽长弓射夕阳。"

入缅不久，日军主力迫近东瓜，军长杜聿明决定集中主力击溃日军。戴安澜立下誓言："此次远征，系唐明以来扬国威之盛举，虽战至一兵一卒，也必死守东瓜。"这时，英军突然撤走，我方援军未至，形势危急，戴安澜决心以身报国。他宣布："本师长立遗嘱在先：如果师长战死，以副师长代之；副师长战死，参谋长代之……以此类推，各级皆然。"他给夫人王荷馨写了绝命家书："余此次奉命固守东瓜，因上面大计未定，与后方联络过远，敌人行动又快，现在孤军奋斗，决以全部牺牲报国家养育。为国家战死，事极光荣。所念者，你们母子今后生活，当更痛苦。望你珍重，并爱护诸儿，侍奉老母。老父在皖，可不必呈闻。"面对日军发动步兵、炮兵和空军联合进攻，狂轰滥炸，施放毒气，戴安澜率部同仇敌忾，顽强战斗，抗击四倍于己的日军长达十余日。中印缅战区美军司令兼中国战区统帅部参谋长史迪威表示："近代立功异域，扬中华声威者，以戴将军为第一人。"日本人战后回忆时也承认："该部队自始至终战斗意志旺盛……虽是敌军，但令人佩服！自司令官坂田中将以下各将官无不赞叹其勇气。"

东瓜保卫战虽然给予日军沉重打击，但因盟军失利，缅北战局急转直下，腹背受敌的远征军被迫突围。这时，英国要求远征军申请难民身份，以便英国军队收容。戴安澜发誓："我戴某人宁愿与日寇战死，绝不苟且偷生。"于是率部进入缅北野人山，向祖国方向艰难跋涉。就在部队到达离祖国最近的一条公路时，突遭日军伏击，他立即命令分散突围。激战中，戴安澜胸腹中弹。时值缅甸雨季，大雨滂沱，部队既要突破日军堵击，还需忍饥挨饿，穿越荒山密林。1942 年 5 月 26 日，他们行至缅北茅邦村，戴安澜伤势恶化，以身殉国，年仅 38 岁。弥留之际，参谋长问他下一步的行动路线，这时他已不能说话，手指地图，示意部队从莫洛过瑞丽江向北回国，又让人扶着他面向祖国注视许久，安然而逝。

戴安澜牺牲后，遗体由官兵抬回国内。渡过瑞丽江后，乃将遗体火化，骨灰装入小木箱，以马驮载。这一情景感动了沿途民众，一位老华侨痛心地说："寿材这么小，怎能配得上将军的英名与地位？"随即捐出自备的楠木寿材。腾冲县长率全县父老乡亲 20 万人，沿街跪迎将军灵车。随后，国民政府追赠戴安澜为陆军中将，美国总统罗斯福追授戴安澜懋绩勋章。国民政府在广西全州举行安葬仪式，中共领袖毛泽东派人送来挽诗："外侮需人御，将军赋采薇。师称机械化，勇夺虎罴威。浴血东瓜守，驱倭棠吉归。沙场竟殒命，壮志也无违。"周恩来、朱德等也敬献挽词、挽联。中华人民共和国成立后，中央人民政府追认戴安澜为革命烈士，并以毛泽东主席的名义向遗属颁发"革命牺牲军人家属光荣纪念证"。

（摘编自茅海建主编《国民党抗战殉国将领》）

☞【**答案要点**】①超越党派利益，献身正义事业，血酬壮志，精忠报国，视死如归；②为人平和，不求功名，临危不惧，胸怀坦荡；③关爱家人，情真意切，侠骨柔肠，勇于担当。

2. 人说颜渊不敢轻死，是因为了解传道之任重大。阅读下面三个片段，谈谈潘际銮是如何面对“传道之任重大”的。

不合时宜的老院士

一

北京初冬的一个早晨，戴着蓝色棒球帽的潘老先生，蹬起一辆半旧的电动自行车，“呼呼”地穿行在清华大学校园里。车轮子不时滚过枯黄的落叶，一路把他从北边的宿舍楼，带到机械工程系的焊接馆。这年，潘院士已经年过80了。

对这位“身陷”焊接领域50多年的专家而言，年龄不是衡量他是否已经“老”了的唯一指标。这位老院士像年轻人一样，玩微信、看微博，家中电脑QQ“噔噔”上线的声音不时响起。尽管已过耄耋之年，他可以不借助眼镜，轻松地翻查手机号码。他自由穿梭在铁块拼接起来的焊接机器人和墙角的缝隙间，俯下身随手拣起一块普通成年人才掂得动的钢板。当然，他还能清晰地说出某个发动机焊接转子的转速、直径以及气压值。这位中国焊接科学的奠基者，摊开双手，自信地说：“我现在研究的课题，是焊接领域的前沿，比如‘高超超临界’，仍是没有解决的世界难题。”

他和年轻的同事吃饭时，时常念叨他的西南联大。2012年11月3日，在“西南联大建校75周年纪念大会”上，潘际銮和一百多位老校友，他们中的很多人双手抚着桌沿，颤颤巍巍地站着，齐声唱着西南联大的校歌。他们唱到“多难殷忧新国运，动心忍性希前哲。待驱除仇寇复神京，还燕碣”时，潘际銮的心里激动不已。

1980年被评选为中国科学院学部委员(院士)时，填了一张表，简单地写下完成的工程成果，而且“当时也没发几篇论文”。“我所获得的荣誉，都不是我追求的结果。”潘际銮说。不少接触过潘际銮的人一致评价他“对名和利，不敏感”。

（节选自陈璇《不合时宜的老派院士》，《中国青年报》2013年11月27日）

二

高中毕业时，云南省会考，我拿了全省第一，被西南联大录取。我父亲一直怀抱着工业救国的理想，受他的影响，我选择了机械系。西南联大对学生的要求很严，每学期考试不及格的学生大概有三分之一，没有一个人能在联大随随便便就混到毕业文凭。当时的教室是土坯墙，屋顶仅盖一层铁皮，夏天像蒸笼，冬天寒风穿堂入室。下雨的时候，雨点打在屋顶上叮叮当当作响，老师得提高嗓门大声喊叫，才能压得过风声和雨声。

1948年我本科毕业，1950年赴哈尔滨工业大学继续深造，从此选择了焊接领域作为我的终身职业。当时有人笑话我：“学焊接？焊洋铁壶、修自行车吗？”实际上，焊接是非常重要的。火箭、导弹、军舰、航母都是焊出来的，清华的第一个核反应堆是我负责的，建秦山核电站时，我也是顾问。

我常说，这辈子我做事有两个驱动力，年轻时候父母很少过问我的学习，靠的是“兴趣”。后来是“成就感”，当自己的研究工作取得了成绩、为国家建设解决了实际问题时，那才是最快乐的时刻。

（节选自《潘际銮自述》，《环球人物》2015 年第 22 期）

三

潘际銮知道焊接技术是一门新兴的先进技术，国内还是一片空白，这门发展中的技术一定会在新中国的未来经济建设中发挥重要作用。1952 年哈工大决定成立焊接专业，潘际銮被任命为焊接教研室代理主任，在我国高等教育界创建了第一个焊接专业。1955 年夏天，潘际銮返回清华，又在清华大学建立焊接教研组，潘际銮被任命为焊接教研组主任，成为我国第二个焊接专业和焊接教研组的建设者。60 年代，他率领一支由教师、工人、学生组成的队伍，承担了由清华大学设计建造的核反应堆的焊接工程任务，历时 3 年终于成功完成了核反应堆的焊接工程任务。为了解决反应堆中的燃料棒和控制棒焊接问题，他又在没有任何资料的情况下，研究成功我国第一台电子束焊机。

潘际銮获得了很多荣誉，如国家技术发明奖一等奖、何梁何利基金科学与技术进步奖、中国焊接终身成就奖等。谈到这些荣誉，他认为，“那只是奋斗的结果，绝不应是奋斗的目标！”他始终认为，只有当自己的创造发明获得成功，给社会带来巨大的利益时，才会享受到人生的真正幸福。

（节选自《把自己与祖国的发展“焊”在一起》）

☞【**答案要点**】潘际銮的“传道之任重大”，是指他将自己的命运和祖国发展紧密联系在一起。具体表现：①学业（机械系）、事业（焊接）的选择与祖国紧密关联。②在焊接科学领域取得的巨大成就与祖国的发展密切相关。③将自己的快乐、幸福建立在为国家做出的贡献上。

颜渊篇第十二

学程设计

学习阶段	学习内容	学习策略	学习反馈
思维感知	《颜渊篇》共有二十四章。记有孔子言论四章，孔子与弟子及他人对话十六章，孔子的弟子对话三章，曾子言论一章。	学生略读，借助工具书，自主学习，圈点勾画，做好笔记，为精读文本奠定基础。	感知文本，建构语言。掌握字词的含义，初步把握文本的内容。培育思维的敏捷性。
思维积淀	深入学习文本，梳理文本各章的关联。背诵文本的精彩语句，例如“克己复礼为仁”，“博学于文，约之以礼”，“君子成人之美，不成人之恶”等。	精读章节，理解文本内容。小组合作学习，对照翻译理解各章大意，并讨论分析，熟读成诵。	审美鉴赏，含英咀华。把握文本的深层含义，能背诵重点语句。形成健康向上的审美情趣与鉴赏品位。培育思维的严密性。
思维探究	1. 有若的观点体现了儒家的什么思想？2. 孔子“居之无倦”的观点有什么现实意义？3. 怎样理解孔子的“君子成人之美，不成人之恶。小人反是”？4. “政者正也。子帅以正，孰敢不正”，孔子政治思想中，对为官者要求十分严格。结合上面语段，联系现实，谈谈你对“正”的看法。5. 如何理解孔子的“不可则止，毋自辱焉”的交友论？6. 怎样理解曾子的“君子以文会友，以友辅仁”？7. 如何理解“己所不欲，勿施于人”？	利用文本注释、译文，学习检索相关评析资料，积极思考、理解、分析、比较、推理、判断，进行探究学习，突破重点、难点。在交流研讨的过程中碰撞出思维的火花。	理性探究，辨明观念。把握文本的价值取向，理解孔子论仁、君子、明、崇德辨惑、达与闻等。培育思维的深刻性。
思维拓展	阅读《傅斯年的人文品格》和《爱国科学家邓叔群》两篇文章，思考相关问题。	联系现实，迁移理解。古今贯通，进一步领悟孔子思想在当下的体现，进行文化传承，拓展文化视野，增强文化自觉。用自己的语言评介人物，与英模人物对话。	个性感悟，确立价值。学习傅斯年和邓叔群的事迹，感受英模人物的人格魅力，提升思想境界，汲取营养，丰富精神世界。培育思维的独创性。

【思维感知】

12.1　颜渊问仁。子曰："克己复礼为仁。一日克己复礼，天下归仁焉。为仁由己，而由人乎哉？"【克己复礼：克，克制。复，恢复。一日：副词，一旦，表示如果有一天。归仁：归顺仁道。】

（有一次）颜渊请教如何才能达到仁的境界。孔子回答说："努力约束自己，使自己的言语行为符合礼的要求，就是仁。一旦言行符合礼，天下的人都会向仁德的方向汇聚、靠拢。实践仁德，全在于自己，难道还在于别人吗？"

颜渊曰："请问其目。"子曰："非礼勿视，非礼勿听，非礼勿言，非礼勿动。"【目：具体的条目。】

颜渊又问："那么具体应当如何去做呢？"孔子道："不合礼的事不看，不合礼的话不听，不合礼的话不说，不合礼的事不做。"

颜渊曰："回虽不敏，请事斯语矣。"【敏：聪明，敏捷。事：从事，照着去做。】

颜渊（听后向老师）说："我虽然不够聪明，但愿意按照先生的话去做。"

12.2　仲弓问仁。子曰："出门如见大宾，使民如承大祭。己所不欲，勿施于人。在邦无怨，在家无怨。"仲弓曰："雍虽不敏，请事斯语矣。"【邦：诸侯统治的国家。家：这里指卿大夫统治的封地。】

仲弓问怎样做才是仁。孔子说："出门办事如同去会见贵宾，役使百姓如同去承担重大祭祀（都要严肃认真）。自己所不喜欢的事物，就不强加于别人。做到在诸侯的朝廷上不会有人怨恨（自己），在卿大夫的封地里也不会有人怨恨（自己）。"仲弓说："我虽然不够聪明，但愿意按照先生的话去做。"

12.3　司马牛问仁。子曰："仁者，其言也讱。"曰："其言也讱，斯谓之仁已乎？"子曰："为之难，言之得无讱乎？"【讱（rèn）：话难说出口。这里引申为说话谨慎。斯：就。】

司马牛问怎样做才是仁。孔子说："仁德的人，说话是慎重的。"司马牛说："说话慎重，这就叫做仁了吗？"孔子说："做起来不容易，说起来能不慎重吗？"

12.4　司马牛问君子。子曰："君子不忧不惧。"曰："不忧不惧，斯谓之君子已乎？"子曰："内省不疚，夫何忧何惧？"

司马牛问怎样做一个君子。孔子道："君子不忧愁，不恐惧。"司马牛道："不忧愁，不恐惧，这样就可以叫做君子了吗？"孔子道："自己问心无愧，那有什么可以忧愁和恐惧的呢？"

12.5　司马牛忧曰："人皆有兄弟，我独亡。"子夏曰："商闻之矣：死生有命，富贵在天。君子敬而无失，与人恭而有礼。四海之内皆兄弟也，君子何患乎无兄弟也？”

司马牛忧愁地说道：“别人都有兄弟，只是我没有。”子夏道：“我听说过：死生是由命中注定的，富贵是由上天安排的。君子只要严肃认真地对待所做的事情，不出差错，对人恭敬而合乎于礼的规定。天下之大，到处都是好兄弟，君子又何必担忧没有兄弟呢？”

12.6 子张问明。子曰：“浸润之谮，肤受之愬不行焉，可谓明也已矣；浸润之谮，肤受之愬不行焉，可谓远也已矣。”【谮(zèn)：谗言。愬(sù)：诬告。】

子张问怎样才叫做明智。孔子道：“点滴而来、日积月累的谗言和肌肤所受、急迫切身的诬告，在你这里都行不通，那你可以算是明智的了；点滴而来、日积月累的谗言和肌肤所受、急迫切身的诬告，在你这里都行不通，那你可以算是有远见的了。”

12.7 子贡问政。子曰：“足食，足兵，民信之矣。”【兵：军备。】

子贡问怎样去治理政事。孔子道：“充足的粮食，充足的军备，赢得百姓的信赖。”

子贡曰：“必不得已而去，于斯三者何先？”曰：“去兵。”

子贡道：“如果迫于不得已，在粮食、军备和人民的信赖三者之中一定要去掉一项，先去掉哪一项呢？”孔子道：“去掉军备。”

子贡曰：“必不得已而去，于斯二者何先？”曰：“去食。自古皆有死，民无信不立。”

子贡道：“如果迫于不得已，在粮食和人民的信赖两者之中一定要去掉一项，先去掉哪一项呢？”孔子道：“去掉粮食。(没有粮食，不过死亡，但)自古以来谁都免不了死亡。如果人民不信任政府，那么国家就不能存在了。”

12.8 棘子成曰：“君子质而已矣，何以文为？”子贡曰：“惜乎，夫子之说君子也！驷不及舌。文犹质也，质犹文也。虎豹之鞟犹犬羊之鞟。”【棘子成：卫国大夫。驷不及舌：驷是指四匹马拉的车。说马车追不上舌头，犹如现在所谓“一言既出，驷马难追”。鞟(kuò)：去掉毛的兽皮，即革。】

棘子成说：“君子只要具有好的本质就行了，要那些外在的纹饰干什么？”子贡说：“真遗憾啊，先生这样谈论君子！一言既出，驷马难追。本质就像文采，文采就像本质，都是同等重要的。去掉了毛的虎、豹皮，就如同去掉了毛的犬、羊皮一样。”

12.9 哀公问于有若曰：“年饥，用不足，如之何？”

鲁哀公向有若问道：“年成不好，国家用度不够，应该怎么办？”

有若对曰：“盍彻乎？”【盍：何不。彻：西周时期的一种田税制度，即抽取十分之一的税。】

有若答道：“为什么不实行‘彻’法，只抽十分之一的田税呢？”

曰："二，吾犹不足，如之何其彻也?"【二：抽取十分之二的税。】

哀公道："十分抽二，我还不够，怎么能实行"彻"法，只十分抽一呢?"

对曰："百姓足，君孰与不足？百姓不足，君孰与足?"

有若回答说："如果百姓用度够，您怎么会不够呢？如果百姓用度不够，您又怎么会够呢?"

12.10　子张问崇德、辨惑。子曰："主忠信，徙义，崇德也。爱之欲其生，恶之欲其死。既欲其生，又欲其死，是惑也。'诚不以富，亦祗以异。'"【崇德：提升道德修养的水平。惑：迷惑，不分是非。徙义：顺从大义。徙：迁移。】

子张问如何提高道德修养、辨别迷惑。孔子说："以忠诚信实为主，使自己的思想合乎义，这就可以提高道德修养水平了。爱一个人，就希望他长寿；厌恶起来就恨不得他立刻死去。既要他活，又要他短命，这就是迷惑。（正如《诗》所说的：）'即使不是嫌贫爱富，也是喜新厌旧。'"

12.11　齐景公问政于孔子。孔子对曰："君君，臣臣，父父，子子。"公曰："善哉！信如君不君，臣不臣，父不父，子不子，虽有粟，吾得而食诸?"

齐景公向孔子问为政之事。孔子答道："君要像君，臣要像臣，父亲要像父亲，儿子要像儿子。"景公道："对呀！若是君不像君，臣不像臣，父不像父，子不像子，即使粮食很多，我能吃得着吗?"

12.12　子曰："片言可以折狱者，其由也与?"【片言：诉讼双方中一方的言辞，即片面之词，也称"单词"。折狱：狱，案件。即断案。】

孔子说："只听了单方面的供词就可以判决案件的，大概只有仲由吧。"

子路无宿诺。【无宿诺：有许诺就去做而不过夜。】

子路答应做的事，从来没有拖延。

12.13　子曰："听讼，吾犹人也。必也使无讼乎!"【听讼：审理诉讼案件。】

孔子说："审理诉讼案件，我同别人差不多。一定要使诉讼的案件根本不发生才好。"

12.14　子张问政。子曰："居之无倦，行之以忠。"

子张问如何处理政事。孔子说："在官位时勤勉不懈怠，执行政令时忠实不欺瞒。"

12.15　子曰："博学于文，约之以礼，亦可以弗畔矣夫!"【文：诗书礼乐，一切典章制度，著作义理。约：约束。畔：同"叛"。矣夫：语气词，表示较强烈的感叹。】

孔子说："君子广泛地学习古代的文化典籍，又以礼来约束自己，也就可以不离经叛道了。”

12.16 子曰：“君子成人之美，不成人之恶。小人反是。”

孔子说：“君子成全别人的好事，不助长别人的坏事。小人却和这相反。”

12.17 季康子问政于孔子。孔子对曰：“政者，正也。子帅以正，孰敢不正？”【季康子：即季孙肥(？—前468)，春秋时期鲁国的正卿。帅：通“率”，表率。】

季康子向孔子问为政之事。孔子答道：“政字的意思就是端正。您自己带头走正路，谁敢不走正路呢？”

12.18 季康子患盗，问于孔子。孔子对曰：“苟子之不欲，虽赏之不窃。”【欲：贪。赏：鼓励。】

季康子苦于盗贼太多，问孔子怎么办。孔子回答说：“假若您不贪求太多的财货，即使您奖励偷盗，他们也不会去偷盗的。”

12.19 季康子问政于孔子曰：“如杀无道，以就有道，何如？”孔子对曰：“子为政，焉用杀？子欲善而民善矣。君子之德风，小人之德草。草上之风，必偃。”【就：趋向、成就。草上之风：指风加之于草。上：通“尚”，临加、遇上。偃：仆，倒。】

季康子向孔子问为政之事，说：“如果杀掉无道的人，亲近有道的人，怎么样？”孔子说：“您治理政事，哪里用得着杀戮的手段呢？您只要想行善，老百姓也会跟着行善。在位者的品德好比风，在下者的品德好比草，风吹到草上，草就必定跟着倒。”

12.20 子张问：“士何如斯可谓之达矣？”子曰：“何哉，尔所谓达者？”子张对曰：“在邦必闻，在家必闻。”子曰：“是闻也，非达也。夫达也者，质直而好义，察言而观色，虑以下人。在邦必达，在家必达。夫闻也者，色取仁而行违，居之不疑。在邦必闻，在家必闻。”【达：通达，显达。闻：有名望。下人：下，动词。对人谦恭有礼。】

子张问：“读书人要怎样做才可以叫通达？”孔子道：“你所说的通‘达’是什么意思？”子张答道：“在国君的朝廷里必定有名望，在大夫的封地里也必定有名声。”孔子道：“这个只是虚假的名声，不叫通达。所谓通达，那是要品质正直，遇事讲理，善于揣摩别人的话语，观察别人的脸色，经常想着谦恭待人。这样的人，就可以在国君的朝廷里通达，在大夫的封地里通达。至于有虚假名声的人，只是外表上装出仁的样子，而行动上却正是违背了仁，自己还以仁人自居而不惭愧。但这种人，在国君的朝廷里必定会有名声，在大夫的封地里也必定会有名声。”

12.21 樊迟从游于舞雩之下，曰：“敢问崇德，修慝，辨惑。”子曰：“善哉问！

先事后得，非崇德与？攻其恶，无攻人之恶，非修慝与？一朝之忿，忘其身，以及其亲，非惑与？"【慝(tè)：邪恶的念头，错误。修：修治、整治，引申为清除、改正。忿：忿怒，气愤。】

樊迟陪侍孔子在舞雩台下散步，说道："请问怎样提高自己的品德，怎样消除自己的恶念，怎样可以明辨是非？"孔子道："问得好！先努力做事，然后才有所收获，不就能提高品德了吗？检讨自己的缺点，而不要攻击他人的缺点，不就消除恶念了吗？因为忍不住一时之气，忘了自己的安危，以至于牵连自己的亲人，这不就是糊涂吗？"

12.22 樊迟问仁。子曰："爱人。"问知。子曰："知人。"【知(zhì)：通"智"。后面"知人"的"知"读阴平，"知道"的意思。】

樊迟问什么是仁。孔子道："爱人。"樊迟又问什么是智。孔子道："善于识别人物。"

樊迟未达。子曰："举直错诸枉，能使枉者直。"【错：通"措"，放置。】

樊迟没有想通这番话。孔子便说："提拔正直的人，罢黜邪恶的人，这样就能使邪者归正。"

樊迟退，见子夏曰："乡也吾见于夫子而问知，子曰，'举直错诸枉，能使枉者直'，何谓也？"【乡(xiàng)：通"向"，刚才。】

樊迟退了出来，见到子夏，说道："刚才我去见老师向他问智，他说，'选拔正直的人，罢黜邪恶的人，这样就能使邪者归正'，这是什么意思？"

子夏曰："富哉言乎！舜有天下，选于众，举皋陶，不仁者远矣。汤有天下，选于众，举伊尹，不仁者远矣。"【皋陶(gāo yáo)：舜的臣子。远：远离。】

子夏道："这话的含义多么深刻呀！舜有了天下，在众人之中挑选人才，把皋陶选拔出来，那些不仁的人也就远离了。汤有了天下，在众人之中挑选人才，把伊尹选拔出来，那些不仁的人也就远离了。"

12.23 子贡问友。子曰："忠告而善道之，不可则止，毋自辱焉。"【道：通"导"。】

子贡问对待朋友的方法。孔子道："朋友有过失，要忠心地劝告他，恰当地引导他；他不听从也就罢了，不要再自讨没趣了。"

12.24 曾子曰："君子以文会友，以友辅仁。"【会：结交。辅：培养。】

曾参说："君子以文章学问来选择、交往朋友，依靠朋友的帮助培养自己的仁德。"

【思维积淀】

1. 子曰："克己复礼为仁。"

2. 子曰："己所不欲，勿施于人。"
3. 子曰："君子敬而无失，与人恭而有礼。"
4. 子曰："自古皆有死，民无信不立。"
5. 子曰："居之无倦，行之以忠。"
6. 子曰："博学于文，约之以礼。"
7. 子曰："君子成人之美，不成人之恶。小人反是。"
8. 子曰："举直错诸枉，能使枉者直。"

【思维探究】

1. 有若的观点体现了儒家的什么思想？

有若的观点体现了儒家"以民为本"(民本)思想。鲁国所征的田税是十分之二的税率，即使如此，国家的财政仍然十分紧张。这里，有若的观点是，实行"彻"制，即实行十分抽一的税率，减轻赋税，使百姓减轻经济负担。只要百姓富足了，国家就不可能贫穷。反之，老百姓一定民不聊生，国家经济也就随之衰退。这种以"富民"为核心的经济思想有其值得借鉴的价值。

2. 孔子"居之无倦"的观点有什么现实意义？

"居之无倦"乃为政之基。"居之无倦"本意是指为政者一定要坚守自己的职位，爱岗敬业，勤勉尽责，忠于职守，永不松懈倦怠。这是一种孜孜以求、坚持不懈的敬业精神，也是一种乐以忘忧、乐此不疲的工作境界。作为人民公仆，"居之无倦"是尽职工作的基本准则。

做到"居之无倦"，首先要弄清做官与做事的关系。做官还是做事，是每个干部必须面对的问题。两种态度，两种境界，反映着不同的世界观、人生观、价值观，也反映了不同的权利观、地位观、利益观。一心想做官，就会沽名钓誉、敷衍塞责，搞形式主义。这样的人也做事，但"只做上面叫我做的事"，这种"行之以忠"是在做表面文章，是实际上的阳奉阴违。相反，一心想着做事，就会实事求是，真抓实干，这样才会"居之无倦"，勤奋工作，在其位，谋其政，不懈怠。现实中有不少干部没有弄明白做官和做事的关系。有的干部一心想做官，却怕吃苦、怕面对矛盾；有的干部华而不实，说得很好，做得不行；有的干部在其位不谋其政，心思不用在工作上。这些与"居之无倦"的要求都是不相符合的。中国共产党的宗旨是为人民服务，为人民服务就是要踏踏实实地为人民做事。有为才有位。

做到"居之无倦"，关键是"勤奋"二字。一是要勤奋学习。在新形势下，党员干部面临着"能力恐慌"问题，唯有学习，才能满足新要求。要多向书本学习，在阅读中提高工作能力；多向实践学习，在工作中提高学习能力；多向群众学习，在联系群众中提高工作能力。二是要勤奋思考。"学而不思则罔，思而不学则殆。"这要求对学到的知识结合工作实际进行深入的思考，消化吸收，举一反三。三是要勤奋工作。热爱自己所从事的工作，对每一项工作做到不怕吃苦，认认真真，兢兢业业，尽职尽责。

3. 怎样理解孔子的“君子成人之美，不成人之恶。小人反是”？

儒家的核心价值观之一就是扬善抑恶，而孔子此言的目的就是彻底地扬善抑恶。我们知道，在人类中，善愈多，恶愈少，则愈有益于人类及世界发展，反之则有害于人类与世界。

事实上，在一个社会里，君子愈多，则善愈多，恶愈少；如果小人愈多，则善愈少，恶会愈多。

扬善抑恶的根本办法就是大力弘扬孔子及优秀的儒家思想，成长更多的君子，从而减少小人。

为什么君子可以“成人之美”而“不成人之恶呢”？为什么“小人反是”呢？君子之所以是君子，就是可以轻松识别何谓善、恶，并且已经将私欲控制在相当低的状态。当然，如果是将私欲完全消灭，对于每一个人来讲恐怕是不太可能的。小人的特点是：对于善恶的识别能力差，或是善恶不分，而且私欲极强。

正是由于君子对于善恶的轻松识别和对私欲的极度控制，所以他才会能够成全每一个人的善事、好事，而决不会去帮助人做恶事。也可以这样说，君子既能够轻松分清何谓善恶，又能够不为利益所动，所以才能够做到“成人之美”。而小人则不同，一是对于善恶的分辨不清，即便能够分辨清楚，他也不会摆脱私欲的控制。主要是因为小人完全没有能力抵挡私利的引诱，所以才会去“成人之恶”，而之所以去成人之恶，最终目的是为了获得利益，利益是小人成人之恶的始作俑者。

通过对于孔子此说的学习，我们不但可以了解君子对于社会的益处，更重要的是对小人会给社会、群体等带来巨大危害的认识能够深入。

4. “政者正也。子帅以正，孰敢不正”，孔子政治思想中，对为官者要求十分严格。结合上面语段，联系现实，谈谈你对“正”的看法。

孔子认为，为官，首在一个“正”字，正人先正己。只要身居官职的人能够正己，那么手下的大臣和平民百姓，就都会归于正道。在位者的品德好比风，在下的人的品德好比草，风吹到草上，草就必定跟着倒。所以，在位者要率先做出垂范。所谓“上梁不正下梁歪”，为官如此，治家如此，办企业如此，做人也如此。

5. 如何理解孔子的“不可则止，毋自辱焉”的交友论？

这是教我们如何恰当地处理朋友间的关系。劝善规过，是朋友的道义责任，所以“益友”才能与“良师”相提并论。开豁的心胸，理性的判断，极力的忍耐，是接受忠告的必要条件。但是，在朋友听不进逆耳的忠言时，也只有闭嘴大吉了，否则，就会大伤感情，甚至大打出手。在人伦关系中，“朋友”一伦是最松弛的一种。朋友之间讲求一个“信”字，这是维系双方关系的纽带。但对待朋友的错误，要坦诚布公地劝导他，推心置腹地讲明利害关系，但他坚持不听，也就作罢。如果别人不听，你一再劝告，就会自取其辱。这是交友的一个基本准则，也是对别人作为主体的一种承认和尊重。

6. 怎样理解曾子的"君子以文会友，以友辅仁"？

"以文会友"，即在交友的过程中既要注意朋友的素质，还要注意交友的方式，始终以礼相待。能做到以上两点，交友的过程不啻是个修身成仁的过程。

为什么"以友"能够"辅仁"？李泽厚引用康有为《论语注》的一段话，其解释可谓精当明了："人情孤独则懒惰，易观摩则奋历生。置诸众正友之中，则寡失德；置诸多闻人之中，则不寡陋。故辅仁之功，取友为大。"就是说，多跟好人、仁人交朋友，以"仁"的标准来交朋友，是成仁、达仁的重要途径。《论语》开篇第一章是"子曰：'学而时习之，不亦说乎？有朋自远方来，不亦乐乎？人不知而不愠，不亦君子乎？'"(《学而》)孔子乐陶陶于远方的朋友来与他相会，想必正是出于"辅仁"的原因吧。一帮仁人朋友欢聚在一起，其所论、所做自然离不开高尚的仁德。就像现在慈善家们聚在一起做善事，志愿者们结成组织做义工，大家互相勉励帮助别人，使自己的灵魂也得到升华，岂不是快乐无比的事？

7. 如何理解"己所不欲，勿施于人"？

子贡问曰："有一言而可以终身行之者乎？"子曰："其恕乎！己所不欲，勿施于人。"

子贡问孔子，人生修养的道理能不能用一个字来概括，我终身都可以照此目标去做的？孔子就讲出这个恕道。后世提到孔子教学的精神，每每说儒家忠恕之道。后人研究它所包括的内容，恕道就是推己及人，替自己想也替别人想。拿现在的话来说，就是对任何事情要客观，想到我所需要的，他也是需要的。有人对于一件事情的处理，常会有对人不痛快、不满意的地方。说老实话，假如是自己去处理，不见得比对方好，问题在于我们人类的心理，有一个自然的要求，都是要求别人能够很圆满；要求朋友、部下或长官，都希望他没有缺点，样样都好。但是不要忘了，对方也是一个人，既然是人就有缺点。再从心理学上研究，这样希望别人完美无缺，是绝对的自私，因为所要求对方的圆满无缺点，是以自己的看法和需要为基础的。我认为对方的不对处，实际上只是因为违反了我的看法，根据自己的需要或行为产生的观念。

由此可知恕道之难。后人解释恕道，把这个恕字分开来，解作"如""心"。就是合于我的心，我的心所要的，别人也要；我所想占的利益，别人也想占。我们分一点利益出来给别人，这就是恕；觉得别人不对，原谅他一点，也是恕。恕道对子贡来说尤其重要。因为他才华很高，孔门弟子中，子贡在事功上的表现，不但生意做得好，是工商业的巨子，他在外交、政治方面也都是杰出之才。才高的人，很容易犯不能饶恕别人的毛病，看到别人的错误会难以容忍。所以孔子对子贡讲这个话，更有深切的意义。他答复子贡说就是"恕"。"己所不欲，勿施于人"，这是对恕道的注解。

问题又来了，在《公冶长》篇中，我们看到子贡说过："我不欲人之加诸我也，吾亦欲无加诸人。”子曰：“赐也，非尔所及也。”子贡也已经提出他的推己及人之恕道。他说过“我不希望别人给我的；同样的，我也不想转加给别人”。可见他早已在实行恕道。可是在这里孔子却说，子贡啊！这不是你能做得到的。现在孔子反而教子贡，“己所不欲，勿施于人”。这与子贡的前言，有什么区别吗？从表面上看，似乎只有文字上的不同，其意义是一样的。事实上，大有立足点的不同。

子贡的话是以我为中心，我受到了妨害之后，才想到不要同样地找别人的麻烦。孔子说只要我自己发现不要的便不要再施给别人。根本上在严格要求自身的净化，不要靠比较以后才想到别人。

其次，如果把这两节连起来讲，正好可以互作阐发，那便是孔子教授法的机锋锐利。后世禅门中有个故事：唐末诗僧贯休作了两句很得意的诗“得句先呈佛，无人知此心”，他拿给一位禅门的老和尚看，老和尚反问他：“如何是此心呢？”贯休反而答不出来了。老和尚便笑说：“无人知此心。”这段孔子与子贡的对话，便同此一样隽永有味，值得深思反省。

站在书呆子的立场，专门研究自己的人生，我认为“己所不欲，勿施于人”这八个字做不到，随时随地我们会犯违背这八个字的错误。尤其在年轻一辈的团体生活中，就可以看到很多事例。前天就有一个正在服兵役的学生回来说，他三支牙刷，六条短裤，都被“摸”跑了。事实上自己根本有这些东西，可是就喜欢把别人的“摸”来，“摸”到了心里觉得很痛快。这种行为说他是“偷”吗？不见得这么严重。说他没有偷吗？年轻人有这种心理，摸来很好玩，很有味道，还在那里称英雄。东西被人“摸”跑了，心里一定会不高兴，可是自己有机会，也会“摸”人家的。过团体生活的时候，有的人洗了手，本来要在自己的毛巾上擦干净，看见旁边挂了一条，顺手擦在别人的毛巾上。为什么会有这样一个思想行为出来呢？这是小事，不能做到这八个字。对于大的事，做到我所不要、所不愿承受的事，也不让别人承受，就太伟大了，这个人不是人，是圣人了。太难了！可是作人的存心，必须要向这个方向修养。能不能做到，另当别论。

这八个字的修养，要做到很难很难，它同时也是“己所欲，施于人”。后来佛家思想传到中国，翻译为“布施”。施字上加一个“布”字，就是普遍的意思。佛家的布施和儒家这个恕道思想一样。所谓慈悲为本，方便为门，就是布施的精神。人生两样最难舍，一是财，一是命。只要有利于人世，把自己的生命财产都施出来，就是施。这太难了，虽然做不到，也应心向往之。

（摘自南怀瑾《论语别裁》，有改动）

【思维拓展】

1.“博学于文，约之以礼”，这一点在傅斯年身上是如何体现的？

傅斯年的人文品格

傅斯年是近代著名的历史学家、教育家和社会活动家，被胡适称为“人世间一个最难得最稀有的天才”。他家世显赫，出身于“开代文章第一家”。先祖傅以渐是清代顺治年间的首任状元。傅斯年固执、守节，对夷狄之防特别重视。他也最佩服有气节、知其不可为而为之的历史人物，以先贤节操自励，诸葛亮、文天祥、顾炎武、王夫之，都是他敬佩的历史人物。

傅斯年自幼聪颖，过目不忘，熟读儒学经典，他在同窗中年纪最小，但比他大的同学都向他请教。他被称为“黄河流域第一才子”，继孔圣人之后两千年来又一位“傅圣人”。虽然如此，但傅读书却极为用功，遇到不懂的字、词便记下来，随时向师长请教，有时找不到纸，便写在手、胳膊乃至大腿、肚皮上。夏天一出汗，弄得浑身都是墨迹。

傅斯年最大的爱好就是看书、买书。在北大时，胡适、傅斯年和叶公超三人被称为“三驾马车”。胡适对傅斯年极为赏识，他夸赞傅说：“他的学业根基比我深，读的中国古书比我多得多。”

傅斯年生活中几乎无娱乐可言，除了看几场卓别林的电影外，每天除了读书便是工作。抗战时期，偶尔下象棋，但更多的时间便是读书。早年对医学有所涉猎，一位“中央医院”的医生和傅初次晤面后，惊讶地对人说：“傅先生的医学知识比我丰富得多。”

在西南联大，傅斯年每天只吃一盘藤藤菜，有时只喝一碗稀饭，偶尔招待来访的客人，甚至要向邻居借钱，实在接济不上了就卖书。傅斯年一生最好读书藏书，积蓄几乎全部用在买书上，非到万不得已，是不卖书的。他穿的都是旧衣服，但干净平整。

抗战胜利后，傅斯年当上了北大代校长。有人评价傅斯年是中国历史上最有学问、最有志气、最有血性和最有修养的知识分子典范。他的读书之法与我等并无二异。然而，傅斯年之所以高出众人，是因为他善于察纳雅言，兼收并蓄，改正缺陷，日月精进。我们本都是一棵树，只不过他能用心专注，善于给自己修枝、打杈、寻水、培肥，终成栋梁。人人皆可为尧舜，但不只要有其心，更要有其行，至于他的做人之道，就更需要我们来学习了。

（摘编自 im007 的博客，作者：张光茫，有删节）

☞【**答案要点**】①博学于文：爱读书、买书，知识丰富广博。②约之以礼：生活简朴；富有血性，爱憎分明；善于修身，为人正直；他善于察纳雅言，兼收并蓄，改正缺陷，日月精进。

2. 孔子说：“先事后得，非崇德与？”阅读《爱国科学家邓叔群》一文，说一说邓叔群通过哪些事情实践了这句话？

爱国科学家邓叔群

经过清华学堂八年苦读，邓叔群于 1923 年经考试公费留学美国。同时去的同学大多选择学习外交、银行、军事、法律等专业，只有他不听别人劝告，为了解救贫困的中国农民，一心入读康奈尔大学的农林专业。留学期间，目睹同胞受到种族歧视，这激发了他为国争光的民族自尊心，决心在最短的时间内学到最精湛的科学知识。他不仅主科成绩都是A，而且荣获了全美最高科学荣誉学会颁发的两枚金钥匙证章。正当他博士论文接近完成时，国内岭南大学急需一位植物病理学教授，导师惠凑推荐了他，但建议他完成论文后再回去。邓叔群却认为，学到先进知识报效祖国，正是自己求学的真正目的，于是当即回国。

在回国后的10年中，为搜集我国第一手真菌资料，他手提竹篮，攀山入林，一样一样地采集，逐一鉴定，定名分类。他先后研究鉴定的真菌种类达一两千种，分隶于数百个属，其中首次发现的新属5个，新种121个，为世界真菌资源宝库增添了新标本。在世界真菌学史上为我国的真菌科学谱写了重要的第一章，向世界宣告了中国有自己的真菌科学。在世界著名真菌分类学家考尔夫教授总结的康奈尔大学120年来作出突出贡献的41位真菌学家中，他是唯一的东方人。

抗战开始不久，为了使自己的研究与国计民生关系更为直接，邓叔群转向了林业研究。他带领助手深入云南、西康、四川一带，勘察森林资源状况。他们冒风雨，顶烈日，忍饥寒，摸清了该地区森林资源的组成、分布、蓄积量及病虫害等情况，绘制了中国的早期林型图，并提出了合理经营、开发和管理原始森林的研究报告，为大后方建设提供了必要的参考。其中森林的材积估算、轮伐期、更新方法、造林方针等，至今仍有参考价值。

后来，邓叔群拒绝就任农林部副部长，而在甘肃省建设厅厅长张心一的支持下，举家奔赴甘肃，开始黄河上游水土保持的研究。经过几年艰苦奋斗，成功创办了洮河林场及三个分场，建立了一整套保证森林更新、营造量大于采伐量的制度，创建了以科学的方法经营和管理森林的新模式。邓叔群认为，水利和林、牧之间具有密切关系，要根治黄河水患，就必须三者并重。为保持黄河上游水土、减轻下游灾害，他提出了森林生态平衡理论。

中华人民共和国成立后，邓叔群院士来到东北筹建农学院，并在半年时间内，带病编写出一整套林科大学的教材纲要。作为沈阳农学院创建总指挥，他辛勤工作，调度有方，快速、高效地完成了建校任务。

邓叔群生活俭朴，不图物质享受。中华人民共和国成立后，他把抗日战争前在南京购建的花园洋房捐献给国家，还三次主动提出减薪。抗美援朝时，他将自己的积蓄捐作军用。1960年，他受林业部委托，举办森林病理学培训班，为各省培训出数十名专业技术骨干。培训结束后，他谢绝巨额酬金，只留一张结业合影作纪念。邓叔群一生的选择，都从人民和祖国的需要出发，他以自己的实际行动，践行着科学报国的理想。

（摘编自《中国真菌学先驱——邓叔群院士》）

☞【**答案要点**】①坚定信念，入读农林专业。②深入深山采集样本，谱写中国真菌科学新篇章。③转入林业，勘察资源，绘制了中国的早期林型图。④研究黄河上游水土保持，提出了森林生态平衡理论。⑤快速、高效地完成了筹建沈阳农学院的任务。⑥不计报酬地举办森林病理学培训班。

子路篇第十三

学程设计

学习阶段	学习内容	学习策略	学习反馈
思维感知	《子路篇》共有三十章，记有孔子的言论十六章，孔子答问十四章。	学生略读，借助工具书，自主学习，圈点勾画，做好笔记，为精读文本奠定基础。	感知文本，建构语言。掌握字词的含义，初步把握文本的内容。培育思维的敏捷性。
思维积淀	深入学习文本，梳理文本各章的关联。背诵文本的精彩语句，例如“名不正则言不顺，言不顺则事不成”，“其身正，不令而行；其身不正，虽令不从”，“君子和而不同，小人同而不和”等。	精读章节，理解文本内容。合作学习，对照翻译理解各章大意，并讨论分析，熟读成诵。	审美鉴赏，含英咀华。把握文本的深层含义，能背诵重点语句。形成健康向上的审美情趣与鉴赏品位。培育思维的严密性。
思维探究	1. 孔子毫不客气地指责樊迟是小人，可以清楚地看出他的什么教育思想？2. 孔子心目中的“士”是怎样的？3. “不得中行而与之，必也狂狷乎”应如何理解？4. 孔子说“不如乡人之善者好之，其不善者恶之”，可以看出他评价人的原则是什么？5. 新时代下，你如何解读“君子和而不同”？	利用文本注释、译文，学习检索相关评析资料，积极思考、理解、分析、比较、推理、判断，进行探究学习，突破重点、难点。在交流研讨的过程中碰撞出思维的火花。	理性探究，辨明观念。把握文本的价值取向，理解孔子论治国、修身等观点和主张。培育思维的深刻性。
思维拓展	阅读《钱穆：一生为故国的史学大师》和《蔡元培：引领时代风气的大先生》两篇文章，思考相关问题。	联系现实，迁移理解。古今贯通，进一步领悟孔子思想的现实意义，进行文化传承，拓展文化视野，增强文化自觉。用自己的语言评介人物，与英模人物对话。	个性感悟，确立价值。学习钱穆和蔡元培的事迹，感受英模人物的人格魅力，提升思想境界，汲取营养，丰富精神世界。培育思维的独创性。

【思维感知】

13.1 子路问政。子曰："先之劳之。"请益。子曰："无倦。"【先之劳之：先，引导，即教化。之，代老百姓。益：增加。】

子路问怎样管理政事。孔子说："做在老百姓之前，使老百姓勤劳。"子路请求多讲一点。孔子说："不要懈怠。"

13.2 仲弓为季氏宰，问政。子曰："先有司，赦小过，举贤才。"曰："焉知贤才而举之？"曰："举尔所知。尔所不知，人其舍诸？"【有司：古代负责具体事务的官吏。诸："之乎"的合音。】

仲弓做了季氏的家臣，问怎样管理政事。孔子说："先责成手下负责具体事务的官吏，让他们各负其责，赦免他们的小过错，选拔贤才来任职。"仲弓又问："怎样知道是贤才而把他们选拔出来呢？"孔子说："选拔你所知道的，至于你不知道的贤才，别人难道还会埋没他们吗？"

13.3 子路曰："卫君待子为政，子将奚先？"【卫君：卫出公，名辄，卫灵公之孙。奚(xī)：什么。】

子路（对孔子）说："卫国国君要您去治理国家，您打算先从哪些事情做起呢？"

子曰："必也正名乎！"

孔子说："首先必须正名分。"

子路曰："有是哉，子之迂也！奚其正？"【迂：迂腐。】

子路说："有这样做的吗？您想得太不合时宜了。这名怎么正呢？"

子曰："野哉，由也！君子于其所不知，盖阙如也。名不正则言不顺，言不顺则事不成，事不成则礼乐不兴，礼乐不兴则刑罚不中，刑罚不中，则民无所措手足。故君子名之必可言也，言之必可行也。君子于其言，无所苟而已矣。"【阙：通"缺"，存疑的意思。中(zhòng)：得当。苟：苟且，马马虎虎。】

孔子说："仲由，真粗野啊。君子对于他所不知道的事情，总是采取存疑的态度。名分不正，说起话来就不顺当合理；说话不顺当合理，事情就办不成；事情办不成，礼乐也就不能兴盛；礼乐不能兴盛，刑罚的执行就不会得当；刑罚不得当，百姓就不知怎么办好。所以，君子一定要定下一个名分，必须能够说得明白，说出来一定能够行得通。君子对于自己的言行，是从不马马虎虎对待的。"

13.4 樊迟请学稼。子曰："吾不如老农。"请学为圃。曰："吾不如老圃。"【圃(pǔ)：菜地，引申为种菜。】

樊迟向孔子请教如何种庄稼。孔子说："我不如老农。"樊迟又请教如何种菜。孔子说："我不如老菜农。"

樊迟出。子曰："小人哉，樊须也！上好礼，则民莫敢不敬，上好义，则民莫敢不服；上好信，则民莫敢不用情。夫如是，则四方之民襁负其子而至矣，焉用稼？”【用情：情，情实。以真心实情来对待。襁(qiǎng)：背婴孩的宽布带。】

樊迟退出以后，孔子说：“樊迟真是小人啊。在上位者只要重视礼，老百姓就不敢不敬畏；在上位者只要重视义，老百姓就不敢不服从；在上位的人只要重视信，老百姓就不敢不用真心实情来对待你。要是做到这样，四面八方的老百姓就会背着自己的小孩来投奔，哪里用得着自己去种庄稼呢？”

13.5 子曰：“诵《诗》三百，授之以政，不达；使于四方，不能专对。虽多，亦奚以为？”【达：通达。专对：独立应对。以：用。】

孔子说：“把《诗》三百篇背得很熟，让他处理政务，却不会办事；让他当外交使节，不能独立应对；虽然背得很多，又有什么用呢？”

13.6 子曰：“其身正，不令而行；其身不正，虽令不从。”

孔子说：“自身正了，即使不发布命令，老百姓也会去干；自身不正，即使发布命令，老百姓也不会服从。”

13.7 子曰：“鲁卫之政，兄弟也。”

孔子说：“鲁和卫两国的政事，就像兄弟(的政事)一样。”

13.8 子谓卫公子荆：“善居室。始有，曰：‘苟合矣。’少有，曰：‘苟完矣。’富有，曰：‘苟美矣。’”【卫公子荆：卫国大夫，字南楚，卫献公的儿子。善居室：善于管理经济，居家过日子。苟：差不多。合：足够。】

孔子谈到卫国的公子荆时说：“他善于管理经济，居家理财。刚开始有一点，他说：‘差不多也就够了。’稍微多一点时，他说：‘差不多就算完备了。’更多一点时，他说：‘差不多算是完美了’。”

13.9 子适卫，冉有仆。子曰：“庶矣哉！”冉有曰：“既庶矣，又何加焉？”曰：“富之。”曰：“既富矣，又何加焉？”曰：“教之。”【仆：驾车。庶：众多，这里指人口众多。】

孔子到卫国去，冉有为他驾车。孔子说：“人口真多呀！”冉有说：“人口已经够多了，还要再做什么呢？”孔子说：“使他们富起来。”冉有说：“富了以后又还要做些什么呢？”孔子说：“对他们进行教化。”

13.10 子曰：“苟有用我者，期月而已可也，三年有成。”

孔子说：“如果有人用我治理国家，一年便可以做出成绩，三年就会大有成效。”

13.11 子曰：“善人为邦百年，亦可以胜残去杀矣。诚哉是言也！”

孔子说："有仁德的人治理国家，经过一百年，也就可以消除残暴，废除刑罚杀戮了。这话真对呀！"

13.12 子曰："如有王者，必世而后仁。"【王：此作动词用，意为称王天下。世：古称三十年为一世。】

孔子说："如果有王者兴起，也一定要三十年才能实现仁政。"

13.13 子曰："苟正其身矣，于从政乎何有？不能正其身，如正人何？"

孔子说："如果端正了自身的行为，管理政事还有什么困难呢？如果不能端正自身的行为，怎能使别人端正呢？"

13.14 冉子退朝。子曰："何晏也？"对曰："有政。"

冉求退朝回来，孔子说："为什么回来得这么晚呀？"冉求说："有政事。"

子曰："其事也？如有政，虽不吾以，吾其与闻之。"

孔子说："只是一般的事务吧？如果有政事，虽然国君不用我了，我也会知道的。"

13.15 定公问："一言而可以兴邦，有诸？"孔子对曰："言不可以若是其几也。人之言曰：'为君难，为臣不易。'如知为君之难也，不几乎一言而兴邦乎？"【几：通"冀"，希望。】

鲁定公问："一句话就可以使国家兴盛，有这样的话吗？"孔子答道："说话不可以这么绝对，但有近乎于这样的话。有人说：'做君难，做臣不易。'如果知道了做君的难，这不近乎于一句话可以使国家兴盛吗？"

曰："一言而丧邦，有诸？"孔子对曰："言不可以若是其几也。人之言曰：'予无乐乎为君，唯其言而莫予违也。'如其善而莫之违也，不亦善乎？如不善而莫之违也，不几乎一言而丧邦乎？"

鲁定公又问："一句话可以亡国，有这样的话吗？"孔子回答说："说话不可以这么绝对，但有近乎这样的话。有人说过：'我做君主并没有什么可高兴的，我所高兴的只在于我所说的话没有人敢于违抗。'如果说得对而没有人违抗，不也很好吗？如果说得不对而没有人违抗，那不就近乎于一句话可以亡国吗？"

13.16 叶公问政。子曰："近者说，远者来。"

叶公问孔子怎样管理政事。孔子说："使近处的人高兴，使远处的人来归附。"

13.17 子夏为莒父宰，问政。子曰："无欲速，无见小利。欲速则不达，见小利则大事不成。"【莒(jǔ)父：鲁国的一个城邑，在今山东省莒县境内。】

子夏做莒父的总管，问孔子怎样办理政事。孔子说："不要求快，不要贪求小利。求快反而达不到目的，贪求小利就做不成大事。"

13.18 叶公语孔子曰："吾党有直躬者，其父攘羊，而子证之。"【党：乡党，古代以五百户为一党。直躬者：正直的人。攘羊：偷羊。证：告发。】

叶公告诉孔子说："我的家乡有个正直的人，他的父亲偷了人家的羊，他告发了父亲。"

孔子曰："吾党之直者异于是：父为子隐，子为父隐，直在其中矣。"

孔子说："我家乡的正直的人和你讲的正直的人不一样：父亲为儿子隐瞒，儿子为父亲隐瞒，正直就在其中了。"

13.19 樊迟问仁。子曰："居处恭，执事敬，与人忠。虽之夷狄，不可弃也。【居处恭：日常起居恭谨而不放肆。与人：对待他人。】

樊迟问怎样才是仁。孔子说："平常在家规规矩矩，办事严肃认真，待人忠心诚意。即使到了夷狄之地，也不可背弃。"

13.20 子贡问曰："何如斯可谓之士矣？"子曰："行己有耻，使于四方，不辱君命，可谓士矣。"【士：士在周代贵族中位于最底层。此后，士成为古代社会知识分子的通称。】

子贡问道："怎样才可以叫做士？"孔子说："自己在做事时有知耻之心，出使各国，能够完成君主交付的使命，可以叫做士。"

曰："敢问其次。"曰："宗族称孝焉，乡党称弟焉。"【弟(tì)：通"悌"。】

子贡说："请问次一等的呢？"孔子说："宗族中的人称赞他孝顺父母，乡党们称他尊敬兄长。"

曰："敢问其次。"曰："言必信，行必果，硁硁然小人哉！抑亦可以为次矣。"【果：果断、坚决。硁硁(kēng)：象声词，敲击石头的声音。这里引申为像石块那样坚硬。】

子贡又问："请问再次一等的呢？"孔子说："说到一定做到，做事一定坚持到底，不问是非地固执己见，那是小人啊。但也可以说是再次一等的士了。"

曰："今之从政者何如？"子曰："噫！斗筲之人，何足算也？"【斗筲(shāo)之人：竹器，容一斗二升。比喻器量狭小的人。】

子贡说："现在的执政者，您看怎么样？"孔子说："唉！这些器量狭小的人，哪里能数得上呢？"

13.21 子曰："不得中行而与之，必也狂狷乎！狂者进取，狷者有所不为也。"【中行：行为合乎中庸。狷(juàn)：拘谨，有所不为。】

孔子说："我找不到奉行中庸之道的人和他交往，只能与狂者、狷者相交往了。狂者敢作敢为，狷者对有些事是不肯干的。"

13.22　子曰："南人有言曰：'人而无恒，不可以作巫医。'善夫！""不恒其德，或承之羞。"子曰：不占而已矣。"【巫医：用卜筮为人治病的人。不恒其德，或承之羞：此二句引自《易经·恒卦·爻辞》。占：占卜。】

孔子说："南方人有句话说：'人如果做事没有恒心，就不能当巫医。'这句话说得真好啊！""人不能长久地保存自己的德行，免不了要遭受耻辱。"孔子说："(这句话是说，没有恒心的人)用不着去占卦了。"

13.23　子曰："君子和而不同，小人同而不和。"【和：不同的东西和谐地配合叫做和，各方面之间彼此不同。同：相同的东西相加或与人相混同，叫做同。各方面之间完全相同。】

孔子说："君子能够和周边的人和谐相处，而不同流合污；小人只盲目附和、求同，而不能和身边的人保持和谐的关系。"

13.24　子贡问曰："乡人皆好之，何如？"

子贡问孔子说："全乡人都喜欢、赞扬他，这个人怎么样？"

子曰："未可也。"

孔子说："这还不能肯定。"

"乡人皆恶之，何如？"

子贡又问孔子说："全乡人都厌恶、憎恨他，这个人怎么样？"

子曰："未可也。不如乡人之善者好之，其不善者恶之。"

孔子说："这也是不能肯定的。最好的人是全乡的好人都喜欢他，全乡的坏人都厌恶他。"

13.25　子曰："君子易事而难说也。说之不以道，不说也；及其使人也，器之。小人难事而易说也。说之虽不以道，说也；及其使人也，求备焉。"【易事：易于与人相处共事。难说：难于取得他的欢喜。器之：量才使用他。】

孔子说："为君子办事很容易，但很难取得他的欢喜。不按正道去讨他的喜欢，他是不会喜欢的；但是，当他使用人的时候，总是量才而用人。为小人办事很难，但要取得他的喜欢则是很容易的。不按正道去讨他的喜欢，也会得到他的喜欢；但等到他使用人的时候，却是求全责备。"

13.26　子曰："君子泰而不骄，小人骄而不泰。"

孔子说："君子安静坦然而不傲慢无礼，小人傲慢无礼而不安静坦然。"

13.27　子曰："刚、毅、木、讷近仁。"

孔子说："刚强、果敢、朴实、谨慎，这四种品德接近于仁。"

13.28 子路问曰："何如斯可谓之士矣？"

子路问孔子道："怎样才可以称为士呢？"

子曰："切切偲偲，怡怡如也，可谓士矣。朋友切切偲偲，兄弟怡怡。"【偲偲(sī)：勉励、督促、诚恳的样子。怡怡(yí)：和气、亲切、顺从的样子。】

孔子说："互助督促勉励，相处和和气气，可以算是士了。朋友之间互相督促勉励，兄弟之间相处和和气气。"

13.29 子曰："善人教民七年，亦可以即戎矣。"【即戎：类似于现在的上战场。】

孔子说："善人教练百姓用七年的时间，也就可以叫他们去当兵打仗了。"

13.30 子曰："以不教民战，是谓弃之。"

孔子说："如果不先对老百姓进行作战训练，这就叫抛弃他们。"

【思维积淀】

1. 子曰："名不正则言不顺，言不顺则事不成。"
2. 子曰："其身正，不令而行；其身不正，虽令不从。"
3. 子曰："欲速则不达，见小利则大事不成。"
4. 子曰："父为子隐，子为父隐，直在其中矣。"
5. 子曰："居处恭、执事敬、与人忠。"
6. 子曰："君子和而不同，小人同而不和。"
7. 子曰："君子泰而不骄，小人骄而不泰。"
8. 子曰："刚、毅、木、讷近仁。"

【思维探究】

1. 孔子毫不客气地指责樊迟是小人，可以清楚地看出他的什么教育思想？

孔子认为，在上位的人哪里需要学习种庄稼、种菜之类的知识，只要重视礼、义、信也就足够了。他培养学生，不是为了以后去种庄稼种菜，而是为了从政为官。在孔子时代，接受教育的人毕竟是少数，劳动者只要有充沛的体力就可以从事农业生产，而教育的目的，就是为了培养治国理政的知识分子。所以，孔子的教育目的并不是为了培养劳动者。这在当时的历史条件下有其相对的合理性。

2. 孔子心目中的"士"是怎样的？

孔子心目中的"士"，首先是有知耻之心、不辱君命的人，能够担负一定的国家使命；其次是孝敬父母、顺从兄长的人；再次才是"言必信，行必果"的人。至于当时的执政者，孔子认为是器量狭小的人，根本算不得"士"。

3.“不得中行而与之，必也狂狷乎”应如何理解？

“狂”与“狷”是两种对立的品质。一是流于冒进，进取，敢作敢为；一是流于退缩，不敢作为。孔子认为，中行就是不偏于狂，也不偏于狷。人的气质、作风、德行都不偏于任何一个方面，对立的双方应互相牵制，互相补充，这样，才符合中庸的思想。

4. 孔子说“不如乡人之善者好之，其不善者恶之”，可以看出他评价人的原则是什么？

孔子把握住了一个原则，即不以众人的好恶为依据，而应以善恶为标准。听取众人的意见是应当的，也是判断一个人优劣的依据之一，但决不是唯一的依据。他的这个思想对于我们今天识别好人与坏人仍有重要意义。

5. 新时代下，你如何解读“君子和而不同”？

“以和为贵”是中国文化的根本特征和基本价值取向。“君子和而不同”正是对“和”这一理念的具体阐发。“和而不同”追求内在的和谐统一，而不是表象上的相同和一致。今天，“和而不同”是人类共同生存的基本条件和基本法则。

在孔子的思想体系中，有两个观点极具现实价值：一个是“己所不欲，勿施于人”，另一个就是“君子和而不同”。前者已被《世界人类责任宣言》确定为全球治理的“黄金规则”；后者对于我们构建和谐社会和多元世界具有重要的启示意义。

在人与人、人与自然的关系上，中国传统文化历来主张平衡和谐，“以和为贵”是中国文化的根本特征和基本价值取向。“君子和而不同”正是对“和”这一理念的具体阐发。

孔子的本意是否如此，或者说，孔子是否认同后人的解释，不得而知。对“君子和而不同”的理解，在当今时代似应超越“义”“利”的道德范畴，而上升到思想方法和处事哲学的高度加以阐释。

从哲学意义上讲，“和”是和谐，是统一，“同”是相同，是一致；“和”是抽象的，内在的；“同”是具体的，外在的。“和而不同”，就是追求内在的和谐统一，而不是表象上的相同和一致。

这里，“君子和而不同”似乎可以区分为两种情况：

就自身而言，高明的人总是与别人相协调，但并不盲目地重复或附和别人，因协调而不重复故能达成和谐；不高明的人，见到旁人的成功就一窝蜂随大流地摹仿，反而引起恶性竞争，最终导致不和谐。这里可以举一个例子：美国开发西部的早期，曾一度形成了淘金热，各地的人们纷纷奔赴西部淘金。而一个叫史密斯的人，也想借此发财，但他不是直接像别人那样去淘金，而是去向淘金的人卖水。结果，许多淘金者空手而归，史密斯却大发一笔，从此成了富翁。他顺应了淘金的潮流，这是“和”；但他没有重复别人，这是“不同”，合起来就是“和而不同”，所以他比别人高明，发财是对高明的应有报偿。

对他人而言，高明的人总是追求和谐，为此而包容差异，在丰富多彩中达成和谐；不高明的人，总是强求一致，因容不得差异而往往造成矛盾冲突。比如，一个乐队，想要演奏出和谐美妙的音乐，需要使用十几种乃至几十种不同的乐器，各奏其乐，各发其声，从而汇成宏大动听的交响乐。反之，如果乐队中都使用同一种乐器，其单调乏味是可想而知的。再比如，用乱石砌墙、碎石铺路，一块块乱石奇形怪状，一块块碎石各不相同，但墙一旦砌成，风格和谐统一，路一旦铺就，犹如一体天成。又比如，生物分雌雄，动物分公母，人类分男女，倘若世界上只有同一个性别，无法交媾，也就无法造就新的生命。我们的世界本来就是，也应当是一个“和而不同”的多样性的世界。

在经济全球化的今天，“和而不同”这一两千多年前的古老观念仍然具有强大的生命活力，仍然可以成为现代社会发展的一项准则和一个目标。“和而不同”，是世界多元文化共同繁荣发展的必由之路；反之，“同而不和”就必然导致纷争乃至战争。现在，人类拥有的核武器可以在瞬息之间毁灭地球和人类自身。如果只强求“同”而不谋求“和”，矛盾冲突激化而导致核大战，那结果只能是共同毁灭，所以说，“和而不同”是人类共同生存的基本条件和基本法则。

这样看来，“和因义起，同由利生”的传统解释就显出了某种局限性。实际上，“和”可以因“义”而起，也可以因“利”而起，即便不讲“义”而仅言“利”，也应当求“和”，因为不“和”不仅不“义”，也不“利”。反过来说，言“利”未必生“同”，如果不是仅仅图一时之利、区区之利，而谋“长远之利”、“宏大之利”，就必须走“和而不同”之路。这也说明，“义”与“利”不一定是对立的关系，还是可以形成统一的。当然，由“义”而生“和”，同因“利”而致“和”，还是有所区别的，前者是自觉的、主动的，后者是消极的、被动的。

那么，怎样才能达成“和”的局面呢？实际上，孔子已为我们指明了答案——“不同”，也就是不强求一致，不重复别人。只有在大目标不冲突的前提下，承认差异，包容差异，乃至尊重差异，才能化解矛盾，共存共荣。

只要愿意共存共荣，就必然要磨合。磨合就是通过接触、交流、对话来建立共识，以达到“和”的目的。事实上，各国各民族不同的文明一直处于时断时续、时好时坏的磨合之中。磨合得好，才能比较顺利地从经济全球化过渡到文化上的多元一体，经过不断的磨合，最终进入“天下大同”的境界。这里的“大同”，是内在的和谐统一，而不是外在的相同一致，实质上就是“和而不同”的理想境界。

可见，“和而不同”所表现出来的文化宽容与文化共享的情怀，不仅具有伦理价值，还具有思想方法、工作方法和处世哲学的意义。

费孝通老先生在80寿辰聚会上，曾经意味深长地讲了一句16字箴言：“各美其美，美人之美，美美与共，天下大同。”这是对“君子和而不同”的极好的阐释。

（摘编自林治波《“君子和而不同”的解读》）

【思维拓展】

1. 孔子说："行己有耻，使于四方，不辱君命，可谓士矣。"阅读《钱穆：一生为故国的史学大师》，思考：老一代知识分子钱穆先生的故国情怀给了我们什么样的启示？

钱穆：一生为故国的史学大师

钱穆(1895—1990)，江苏无锡人，一代国学大师。钱穆读书治学始终充满一种理想和激情，一种民族情怀。钱穆的学生、著名学者余英时曾说："他给人的第一个印象，是个子不高，但神定气足，尤其是双目炯炯，好像把你的心都照亮了。"当时，中央研究院历史语言研究所所长傅斯年认为史学就是史料学，史学的工作是整理史料，不是作艺术的建设，不是做疏通的事业。这种思想在历史学界有很大影响，并得到政府支持。但是钱穆却坚持自己的理想，做贯通的历史。他在北京大学争取到一人把一门通史课讲完，其目的就是要说明历史应该是能融会贯通的，而不仅仅是考证史料，更重要的是他要说明中国历史是有其独特的规律和模式的，教师的任务就是让学生掌握它并对它保持信念。通过多次备课和讲授，钱穆终于将上自太古，下至清末贯通起来，形成了一个完整的体系。钱穆的民族情怀也贯穿在平时的生活中，在他初入北平，进燕京大学讲课时，就对校方用英文字母给教学楼命名表示不满。在他的提议下，燕京大学把外国名字均改为中国名字，也有了以钱穆名字命名的穆楼。据说，今天北京大学校园内的未名湖，也是钱穆命名的。

1937年，抗日战争爆发，钱穆随学校南迁。学校与清华大学、南开大学联合组建西南联合大学。生活一度非常艰苦，钱穆曾和吴宓、闻一多、沈有鼎四人合住一屋。在西南联合大学，钱穆继续讲授中国通史课程，局面更胜以前。著名历史学家、后来曾师从钱穆的严耕望讲述当时盛况："校外旁听者争坐满室，先生上讲坛，须登学生课桌，踏桌而过。"也是在这里，钱穆开始手不停挥地编写《国史大纲》，因为正值抗战期间，钱穆笔间感情更加充沛。《国史大纲》跨越了几千年的风雨，不断重演着外族人入侵与被同化的历史、中国人在面对外来挑战时所表现出的气节与智能……在一个西方世界占据优势，中国正在跌落自信的谷底时，钱穆希望中国人对于自己的历史保持着"温情与敬意"。该书一经出版发行，就成为全国大学的教科书，风行至今。抗战胜利，北大复校，傅斯年主持校务，钱穆没有得到聘书，就闭门著书立说。

1949年，钱穆经由广州去了香港，当时香港有无数流亡学生。这些流亡学生，就像在大海上四处飘泊，前途渺茫，失去了精神依托。在这种情况下，钱穆放弃了较为闲适的教书生活，在极为艰苦的情况下创建新亚书院，为内地流亡学生提供一个学习工作的场所。钱穆回忆新亚书院初创办时，"彼辈皆不能交学费，更有在学校天台上露宿，及蜷卧三、四楼之楼梯上者。予于晚间八九点返校，楼梯上早已不通行，需多次脚踏铺被而过"。在这时代巨变的无可奈何中，钱穆是要努力去培养传递文化的薪火。新亚书院是当时香港唯一不牟利的学校，许多老师来此授课，纯粹都是尽义务。学校还在每周末设公开学术讲座，吸引校外人士来听讲。

新亚书院位于香港著名的贫民区，条件十分艰苦。钱穆只有两间小屋，一间居住，一间办公。办公室给余英时的印象是“一张长桌子已占满了全部空间”。支撑着他的，是中国传统精神。余英时回忆，在一个炎热、潮湿的夏天，他发现钱穆正躺在地板上，病了。

钱穆叫余英时去买二十四史给他读，仿佛这足以驱逐其所有的痛苦。钱穆亲自给新亚书院写了校歌：“……乱离中，流浪里，饿我体肤劳我精。艰险我奋进，困乏我多情。千斤担子两肩挑，趁青春，结队向前行。珍重珍重，这是我新亚精神。”新亚书院最终成为20世纪后半叶中国教育的奇迹之一。1990年8月30日，钱穆在台北寓所辞世，享年96岁，身后留下1400万言的著作。1992年，家人将钱穆骨灰撒入茫茫太湖，以示其魂兮归来。

2009年8月8日，国学大师钱穆、傅斯年墨宝在香港拍卖。其中钱穆的信札，用行书写就，字体飘逸、秀雅，信中钱穆写道，“今日之国运，吾侪从事学术教育工作者皆不得辞其咎”。短短一句话，可见一代国学大师“以天下为己任”的胸襟。

（摘编自任士英主编《20世纪国学大师档案》）

☞【**答案要点**】①心怀祖国，就要把民族精神传扬下去，使之发扬光大；②在民族危机的时候，更需要有人担当，把民族精神传扬下去；③传扬民族精神，尤其要有一种不慕名利的奉献精神。

2. 孔子指出“居处恭，执事敬，与人忠”。结合你的理解，谈谈蔡元培先生的“人格魅力”表现在哪些方面？

蔡元培：引领时代风气的大先生

1916年，蔡元培应教育总长范源濂的电报回国。这位他当年的旧部言辞恳切：“国事渐平，教育宜急。现以首都最高学府尤赖大贤主宰……”当时的北京大学还是老样子，是个“臭虫窝”、“大染缸”。对于北大这种状态，几任校长都无能为力。或许是“国事渐平，教育宜急”打动了蔡元培，这与他这么多年来教育救国的奋斗历程不谋而合。

1917年1月4日，蔡元培踏入北大。从此，北大这一潭死水掀起大波澜。蔡元培开始了他一生最为辉煌和伟大的教育改革。先生在此，北大重生。他广延积学与热心的教员，激起学生学习的兴趣。在以学术为天责的前提下，他倡导思想自由，兼容并包。随后，陈独秀来了，胡适来了，梁漱溟来了……一时间，北京大学集合了当时最优秀的学术头脑。

蔡元培留学德国，发现德国的大学管理十分民主，而且，他发现学校不会因为校长的去留而出现教学秩序、教学质量大的波动，因为学校是由教授来管理的，校长和各学科长由教授会公选出来。

早在1912年，蔡元培起草颁布的《大学令》中就提出教授治校的相关内容，如第十六条提出："大学设评议会，以各科学长及各科教授互选若干人为会员，大学校长可随时召集评议会，自为议长。"

蔡元培来到北大当校长时，北大仍没有评议会，因为当时的教育部始终不允许成立。这次蔡元培据理力争，得到当局的同意。在北大的第一年，蔡元培就制定了《北京大学评议会规则》，组建了大学评议会，作为学校最高立法机关和权力机关，以让更多的教授议决立法方面的事。随后，北大评议会决定在北大各学科(系)设立教授会，规划各学科的工作。

从此，旧北大官僚衙门般的管理体制被教授治校的体制取代。经历思想自由，兼容并包，教授治校的洗礼，北京大学脱胎换骨。蔡元培被誉为引领时代风气的"大先生"。

蔡元培成功地革新了北大，他的办学理念深得高等教育界的认同和效仿。蔡元培之后的北大校长蒋梦麟，在任期间始终奉行蔡先生的办学理念和主张。清华大学校长梅贻琦在抗战后期筹划复校时重温蔡元培的经验，刻意模仿。

直至今日，蔡元培改革北大的往事仍被反复提起，后人渴望予以复制甚至超越，但人们往往失望地发现，有很多无法复制的东西，比如先生的人格魅力。

他是一位谦谦君子，但仍时有金刚怒目的一面。1922年10月，北大发生了"讲义风潮"，蔡元培的校长室外聚集了几百名学生，起哄呐喊，要求废除收取讲义费的决定，蔡元培对学生破坏纪律十分生气，他向学生吼道，"我跟你们决斗"，直到逼得学生慢慢散去。

更多时候，先生是个"老好人"，冯友兰、罗家伦在回忆文章中多次提到聆听先生的教诲时如沐春风的感觉。蔡元培经常写介绍信，哪怕只有一面之缘，只要有一技之长无不相助，其提携后辈之心让人为之动容。

在混乱的民国时代，争名逐利、爱财弄权是时代的底色。蔡元培是开国功臣，是教育总长，是北大校长，是中央研究院院长，足可谓位高权重，但大先生蔡元培竟没有自己的房子。

从绍兴山阴县笔飞弄走出来，求学、入仕、从教、革命、游学，到回到教育，蔡元培怀着救治病中之家国的热切，努力培养大写的人，为时代营造风气。

(摘编自《中国教育报》)

【链接】①蔡元培改革北大的影响不仅局限于教育领域。孙中山先生也从北大改革中受到巨大启发，认识到思想学术带动社会政治变革的内在规律，于是他后来大力改组国民党采取切实举措，为国民党注入了新的活力。可见，北大在思想文化方面的改革影响到中国社会层面的变化。

(摘编自《我们怎样才能更靠近蔡元培》)

②在北大改革中，祖父遵循"思想自由，兼容并包"的方针。他主张，"无论何种学派，苟其言之成理，持之有故，尚不达自然淘汰之运命，即使彼此相反，也听任他们自由发展"。

为了扭转北大的学术风气，祖父凭借其渊博的学识，融合中西文化的眼界，以兼容并包的用人方针，使北大聚拢了一批学有专长的教授。

（摘编自蔡磊砢《我是祖父的追随者》）

☞【**答案要点**】①心系国家，在国家需要的时候归国主政北大；②坚守原则，斥退不守纪律的学生；③热心提携后辈，经常写介绍信推荐人才；④淡泊名利，身在高位竟没有自己的房产。

宪问篇第十四

学程设计

学习阶段	学习内容	学习策略	学习反馈
思维感知	《宪问篇》共有四十四章，记有孔子言论二十二章，孔子与弟子及他人对话二十二章。	学生略读，借助工具书，自主学习，圈点勾画，做好笔记，为精读文本奠定基础。	感知文本，建构语言。掌握字词的含义，初步把握文本的内容。培育思维的敏捷性。
思维积淀	深入学习文本，梳理文本各章的关联。背诵文本的精彩语句，例如“见利思义，见危授命”，“其言之不怍，则为之也难”，“仁者不忧，知者不惑，勇者不惧”，“以直报怨，以德报德”等。	精读章节，理解文本内容。合作学习，对照翻译理解各章大意，并讨论分析，熟读成诵。	审美鉴赏，含英咀华。把握文本的深层含义，能背诵重点语句。形成健康向上的审美情趣与鉴赏品位。培育思维的严密性。
思维探究	1. 在《述而篇》中，孔子谈到过有关“耻”的问题，本篇第一章又提到“耻”的问题，如何理解？2. 孔子认为怎样的人才能称得上是“成人”？3. 为什么孔子对春秋时代两位著名政治家的评价截然相反？4. 如何理解“君子耻其言而过其行”？5. 在孔子看来，应当“何以报德”？6. 从看门人的话中，我们可以看出当时普通人对孔子的什么评价？7. 孔子提出“不在其位，不谋其政。”当代语境下，你如何理解“君子思不出其位”？	利用文本注释、译文，学习检索相关评析资料，积极思考、理解、分析、比较、推理、判断，进行探究学习，突出重点、难点。在交流研讨的过程中碰撞出思维的火花。	理性探究，辨明观念。把握文本的价值取向，理解孔子对“仁”、德政、品质等的论述。培育思维的深刻性。
思维拓展	阅读《乡情里的“精神家传”》和《吴冠中：飞向天堂的铁骨风筝》两篇文章，思考相关问题。	联系现实，迁移理解。古今贯通，进一步领悟孔子思想的现实意义，进行文化传承，拓展文化视野，增强文化自觉。用自己的语言评介人物，与英模人物对话。	个性感悟，确立价值。学习邓家三代人和吴冠中的事迹，感受英模人物的人格魅力，提升思想境界，汲取营养，丰富精神世界。培育思维的独创性。

【思维感知】

14.1　宪问耻。子曰："邦有道，谷；邦无道，谷，耻也。"【宪：姓原名宪，孔子的学生。谷：这里指做官者的俸禄。】

原宪问孔子什么是可耻。孔子说："国家有道，做官拿俸禄；国家无道，还做官拿俸禄，这就是可耻。"

"克、伐、怨、欲不行焉，可以为仁矣？"【伐：自夸。】

（原宪又问：）"好胜、自夸、怨恨、贪欲都没有的人，可以算做到仁了吧？"

子曰："可以为难矣，仁则吾不知也。"

孔子说："这可以说是很难得的，但至于是不是做到了仁，那我就不知道了。"

14.2　子曰："士而怀居，不足以为士矣。"【怀居：怀，思念，留恋。居，家居。指留恋家居的安逸生活。】

孔子说："士如果留恋家庭的安逸生活，就不配做士了。"

14.3　子曰："邦有道，危言危行；邦无道，危行言孙。"【危：直，正直。孙：通"逊"。】

孔子说："国家政治清明，要言行正直；国家政治昏暗，行为仍然要正直，但说话要随和谨慎。"

14.4　子曰："有德者必有言，有言者不必有德。仁者必有勇，勇者不必有仁。"

孔子说："有道德的人，一定有具有训诫意义的言辞，有华丽言辞的人不一定有道德。仁人一定勇敢，勇敢的人却不一定有仁德。"

14.5　南宫适问于孔子曰："羿善射，奡荡舟，俱不得其死然。禹稷躬稼而有天下。"【南宫适：适(kuò)，通"括"，即南容。羿：yì，传说中夏代有穷国的国君，善于射箭，曾夺夏太康的王位，后被其臣寒浞所杀。奡(ào)：传说中寒浞的儿子，后来为夏少康所杀。荡舟：用手推船。传说中奡力大，善于水战。禹：夏朝的开国之君，善于治水，注重发展农业。稷：传说是周朝的祖先，又为谷神，教民种植庄稼。】

南宫适问孔子："羿善于射箭，奡善于水战，最后都不得好死。禹和稷都亲自种植庄稼，却得到了天下。"

夫子不答。南宫适出。子曰："君子哉若人！尚德哉若人！"

孔子没有回答，南宫适出去后，孔子说："这个人真是个君子呀！这个人真尊重道德。"

14.6 子曰："君子而不仁者有矣夫，未有小人而仁者也。"
孔子说："君子中没有仁德的人是有的，而小人中有仁德的人是没有的。"

14.7 子曰："爱之，能勿劳乎？忠焉，能勿诲乎？"
孔子说："爱他，能不为他操劳吗？忠于他，能不对他劝告吗？"

14.8 子曰："为命，裨谌草创之，世叔讨论之，行人子羽修饰之，东里子产润色之。"【命：指国家的政令。裨谌(bì chén)：人名，郑国的大夫。世叔：即子太叔，名游吉，郑国的大夫。子产死后，继子产为郑国宰相。行人：官名，掌管朝觐聘问，即外交事务。子羽：郑国大夫公孙挥的字。东里：地名，郑国大夫子产居住的地方。】

孔子说："郑国发布的政令，都是由裨谌起草的，世叔提出意见，外交官子羽加以修饰，由子产作最后修改润色。"

14.9 或问子产。子曰："惠人也。"
有人问子产是个怎样的人。孔子说："是个有恩惠于人的人。"
问子西。曰："彼哉！彼哉！"【子西：这里的子西指楚国的令尹，名申。】
又问子西。孔子说："他呀！他呀！"
问管仲。曰："人也。夺伯氏骈邑三百，饭疏食，没齿无怨言。"【人也：即此人也。伯氏：齐国的大夫。骈邑：地名，伯氏的采邑。没齿：死。】

又问管仲。孔子说："他是个有才干的人，他把伯氏骈邑的三百家夺走，使伯氏终生吃粗茶淡饭，直到老死也没有怨言。"

14.10 子曰："贫而无怨难，富而无骄易。"
孔子说："贫穷而能够没有怨恨是很难做到的，富裕而不骄傲是容易做到的。"

14.11 子曰："孟公绰为赵魏老则优，不可以为滕薛大夫。"【孟公绰：鲁国大夫，属于孟孙氏家族。老：这里指古代大夫的家臣。优：有余。滕：诸侯国，在今山东滕县。薛：诸侯国，在今山东滕县东南一带。】

孔子说："孟公绰做晋国赵氏、魏氏的家臣，是才力有余的，但不能做滕、薛这样小国的大夫。"

14.12 子路问成人。子曰："若臧武仲之知，公绰之不欲，卞庄子之勇，冉求之艺，文之以礼乐，亦可以为成人矣。"【成人：人格完备的完人。臧武仲：鲁国大夫臧孙纥。卞庄子：鲁国卞邑大夫。】

子路问怎样做才是一个完美的人。孔子说："如果具有臧武仲的智慧，孟公绰的克制，卞庄子的勇敢，冉求的才艺，再用礼乐加以修饰，也就可以算是一个完人了。”

曰：“今之成人者何必然？见利思义，见危授命，久要不忘平生之言，亦可以为成人矣。”【久要：长久处于穷困中。】

（孔子又）说：“现在的完人何必一定要这样呢？见到财利想到义的要求，遇到危险能献出生命，长久处于穷困还不忘平日的诺言，这样也可以成为一位完美的人。”

14.13 子问公叔文子于公明贾曰：“信乎，夫子不言，不笑，不取乎？”【公叔文子：卫国大夫公孙拔，卫献公之子。谥号“文”。】

孔子向公明贾问到公叔文子，说：“先生他不说、不笑、不取钱财，是真的吗？”

公明贾对曰：“以告者过也。夫子时然后言，人不厌其言；乐然后笑，人不厌其笑；义然后取，人不厌其取。”【公明贾：姓公明字贾。卫国人。以：此处是“这个”“那个”的意思。夫子：文中指公叔文子。】

公明贾回答道：“这是告诉你话的那个人的过错。先生他到该说时才说，因此别人不厌恶他说话；快乐时才笑，因此别人不厌恶他笑；合于礼的要求的财利他才取，因此别人不厌恶他取。”

子曰：“其然？岂其然乎？”

孔子说：“是这样吗？难道只是这样吗？”

14.14 子曰：“臧武仲以防求为后于鲁，虽曰不要君，吾不信也。”【为后：为他确立封爵继承人。】

孔子说：“臧武仲凭借防邑请求鲁君在鲁国为臧氏世代授封，虽然有人说他不是要挟君主，我不相信。”

14.15 子曰：“晋文公谲而不正，齐桓公正而不谲。”【晋文公：姓姬名重耳，春秋时期有作为的政治家，著名的霸主之一。公元前636—前628年在位。谲（jué）：欺诈，玩弄手段。齐桓公：姓姜名小白，春秋时期有作为的政治家，著名的霸主之一。公元前685—前643年在位。】

孔子说：“晋文公诡诈而不正派，齐桓公正派而不诡诈。”

14.16 子路曰：“桓公杀公子纠，召忽死之，管仲不死。”曰：“未仁乎？”【公子纠：齐桓公的哥哥。齐桓公与他争位，杀掉了他。召忽：管仲和召忽都是公子纠的家臣。公子纠被杀后，召忽自杀，管仲归服于齐桓公，并当上了齐国的宰相。】

子路说：“齐桓公杀了公子纠，召忽自杀殉主，但管仲却没有自杀。”（子路又）说：“管仲不能算是仁人吧？”

子曰：“桓公九合诸侯，不以兵车，管仲之力也。如其仁，如其仁。”【九合诸侯：指齐桓公多次召集诸侯盟会。不以兵车：即不用武力。】

孔子说：“桓公多次召集各诸侯国盟会，不用武力，都是管仲的力量啊。这就是他的仁德，这就是他的仁德。”

14.17 子贡曰：“管仲非仁者与？桓公杀公子纠，不能死，又相之。”【相：帮助、辅佐。】

子贡问：“管仲不能算是仁人了吧？桓公杀了公子纠，他不能为公子纠殉死，反而做了齐桓公的宰相。”

子曰：“管仲相桓公，霸诸侯，一匡天下，民到于今受其赐。微管仲，吾其被发左衽矣。岂若匹夫匹妇之为谅也，自经于沟渎而莫之知也。”【微：无，没有。被发左衽：被，同“披”。衽，衣襟。“被发左衽”是当时的夷狄之俗。谅：遵守信用。这里指小节小信。自经：上吊自杀。渎：小沟渠。】

孔子说：“管仲辅佐桓公，称霸诸侯，匡正了天下，老百姓到今天还在享受他的好处。如果没有管仲，恐怕我们就要披散着头发，衣襟向左开了。哪能像普通百姓那样恪守小节，自杀在小山沟里，而谁也不知道呀。”

14.18 公叔文子之臣大夫僎与文子同升诸公。子闻之，曰：“可以为文矣。”【僎(xún)：人名。公叔文子的家臣。升诸公：公，公室。这是说僎由家臣升为大夫，与公叔文子同位。】

公叔文子的家臣僎和文子一同做了卫国的大夫。孔子知道了这件事以后说：“(他死后)可以给他‘文’的谥号了。”

14.19 子言卫灵公之无道也，康子曰：“夫如是，奚而不丧？”

孔子讲到卫灵公的无道，季康子说：“既然如此，为什么他没有败亡呢？”

孔子曰：“仲叔圉治宾客，祝鮀治宗庙，王孙贾治军旅，夫如是，奚其丧？”【仲叔圉：圉(yǔ)，即孔文子。他与祝鮀、王孙贾都是卫国的大夫。】

孔子说：“因为他有仲叔圉接待宾客，祝鮀管理宗庙祭祀，王孙贾统率军队，像这样，怎么会败亡呢？”

14.20 子曰：“其言之不怍，则为之也难。”【怍(zuò)：惭愧。】

孔子说：“说话如果大言不惭，那么实现这些话就是很困难的了。”

14.21 陈成子弑简公。孔子沐浴而朝，告于哀公曰：“陈恒弑其君，请讨之。”公曰：“告夫三子。”【陈成子：即陈恒，齐国大夫，又叫田成子。他以大斗借出，小斗收进的方法受到百姓拥护。公元前481年，他杀死齐简公，夺取了政权。简公：齐简公，姓姜名壬。公元前484—前481年在位。沐浴：斋戒沐浴，以示慎重。三子：指季孙、孟孙、叔孙三家。】

陈成子杀了齐简公。孔子斋戒沐浴以后，上朝去见鲁哀公，报告说：“陈恒把他的君主杀了，请你出兵讨伐他。”哀公说：“你去报告那三位大夫吧。”

孔子曰："以吾从大夫之后，不敢不告也。君曰'告夫三子'者。"之三子告，不可。【从大夫之后：孔子曾任过大夫职，但此时已经去官家居，所以说从大夫之后。之：动词，往。】

孔子退朝后说："因为我曾经做过大夫，所以不敢不来报告，君主却说'你去告诉那三位大夫吧'！"孔子去向那三位大夫报告，但三位大夫不愿派兵讨伐。

孔子曰："以吾从大夫之后，不敢不告也。"

孔子又说："因为我曾经做过大夫，所以不敢不来报告呀！"

14.22 子路问事君。子曰："勿欺也，而犯之。"

子路问怎样事奉君主。孔子说："不能欺骗他，但可以犯颜直谏。"

14.23 子曰："君子上达，小人下达。"

孔子说："君子向上通达于仁义，小人向下通达于财利。"

14.24 子曰："古之学者为己，今之学者为人。"

孔子说："古代的人学习是为了提高自己，而现在的人学习是为了给别人看。"

14.25 蘧伯玉使人于孔子，孔子与之坐而问焉。曰："夫子何为？"【蘧(qú)伯玉：人名，卫国的大夫，名瑗，孔子到卫国时曾住在他的家里。】

蘧伯玉派使者去拜访孔子。孔子让使者坐下，然后问道："先生最近在做什么？"

对曰："夫子欲寡其过而未能也。"

使者回答说："先生想要减少自己的错误，但未能做到。"

使者出，子曰："使乎！使乎！"

使者走了以后，孔子说："好一位使者啊，好一位使者啊！"

14.26 子曰："不在其位，不谋其政。"

孔子说："不在那个职位，就不要考虑那个职位上的事情。"

曾子曰："君子思不出其位。"

曾子说："君子考虑问题，从来不超出自己的职位范围。"

14.27 子曰："君子耻其言而过其行。"

孔子说："君子认为说得多而做得少是可耻的。"

14.28 子曰："君子道者三，我无能焉：仁者不忧，知者不惑，勇者不惧。"

孔子说："君子之道有三个方面，我都未能做到：仁德的人不忧愁，聪明的人不迷惑，勇敢的人不畏惧。"

子贡曰："夫子自道也。"

子贡说："这正是老师的自我表述啊！"

14.29 子贡方人。子曰："赐也贤乎哉？夫我则不暇。"【方人：评论别人。】

子贡评论别人的长短。孔子说："赐啊，你真的就那么贤良吗？我可没有闲工夫去评论别人。"

14.30 子曰："不患人之不己知，患其不能也。"

孔子说："不忧虑别人不知道自己，只忧虑自己没有本事。"

14.31 子曰："不逆诈，不亿不信，抑亦先觉者，是贤乎！"【逆：迎，预先猜测。亿：通"臆"，猜测。先觉：事先发觉。】

孔子说："不预先怀疑别人欺诈，也不猜测别人不诚实，然而能事先觉察别人的欺诈和不诚实，这就是贤人了。"

14.32 微生亩谓孔子曰："丘，何为是栖栖者与？无乃为佞乎？"【微生亩：鲁国人。是：如此。栖栖(xī)：忙碌不安、不安定的样子。】

微生亩对孔子说："孔丘，你为什么这样四处奔波游说呢？你不就是要显示自己的口才和花言巧语吗？"

孔子曰："非敢为佞也，疾固也。"【疾固：疾，恨。固，固执。】

孔子说："我不是敢于花言巧语，只是痛恨那些顽固不化的人。"

14.33 子曰："骥不称其力，称其德也。"【骥：千里马。】

孔子说："千里马值得称赞的不是它的气力，值得称赞的是它的品德。"

14.34 或曰："以德报怨，何如？"

有人说："用恩德来回报怨恨怎么样？"

子曰："何以报德？以直报怨，以德报德。"

孔子说："用什么来回报恩德呢？应该是用正直来回报怨恨，用恩德来回报恩德。"

14.35 子曰："莫我知也夫！"

孔子说："没有人了解我啊！"

子贡曰："何为其莫知子也？"

子贡说："怎么能说没有人了解您呢？"

子曰："不怨天，不尤人。下学而上达，知我者其天乎！"【尤：责怪、怨恨。】

孔子说："我不埋怨天，也不责备人，下学礼乐而上达天命，了解我的只有天吧！"

14.36　公伯寮愬子路于季孙。子服景伯以告，曰："夫子固有惑志于公伯寮，吾力犹能肆诸市朝。"【公伯寮：姓公伯名寮，字子周，孔子的学生，曾任季氏的家臣。愬(sù)：通"诉"，告发，诽谤。子服景伯：鲁国大夫，姓子服名伯，景是他的谥号。肆：古时处死罪人后陈尸示众。】

公伯寮向季孙诽谤子路。子服景伯把这件事告诉给孔子，并且说："季孙氏已经被公伯寮迷惑了，我的力量能够把公伯寮杀了，把他陈尸于市。"

子曰："道之将行也与，命也；道之将废也与，命也。公伯寮其如命何！"

孔子说："道能够得到推行，是天命决定的；道不能得到推行，也是天命决定的。公伯寮能把天命怎么样呢？"

14.37　子曰："贤者辟世，其次辟地，其次辟色，其次辟言。"【辟：通"避"，逃避。】

孔子说："贤人逃避动荡的社会而隐居，次一等者逃避到另外一个地方去，再次一等者逃避别人难看的脸色，再次一等者回避别人难听的话。"

子曰："作者七人矣。"【七人：即伯夷、叔齐、虞仲、夷逸、朱张、柳下惠、少连。】

孔子又说："这样做的已经有七个人了。"

14.38　子路宿于石门。晨门曰："奚自？"【石门：地名。鲁国都城的外门。晨门：早上看守城门的人。】

子路夜里住在石门，看门的人问："从哪里来？"

子路曰："自孔氏。"

子路说："从孔子那里来。"

曰："是知其不可而为之者与？"

看门的人说："是那个明知做不到却还要去做的人吗？"

14.39　子击磬于卫，有荷蒉而过孔氏之门者，曰："有心哉，击磬乎！"【磬(qìng)：一种打击乐器的名称。荷蒉(kuì)：荷，肩扛。蒉，草筐。肩背着草筐。】

孔子在卫国，一次正在敲击磬，有一位背着草筐的人从门前走过说："这个击磬的人有心事啊！"

既而曰："鄙哉！硁硁乎！莫己知也，斯己而已矣。深则厉，浅则揭。"【硁硁(kēng)：击磬的声音。深则厉：穿着衣服涉水过河。浅则揭：提起衣襟涉水过河。"深则厉，浅出揭"是《诗经·卫风·匏有苦叶》的诗句。】

一会儿又说："声音硁硁的，真可鄙呀，没有人了解自己，就只为自己罢了。(好像涉水一样)水深就穿着衣服趟过去，水浅就撩起衣服趟过去。"

子曰："果哉！末之难矣。"【末：无。难：责问。】

孔子说："说得真果断，没有什么可以责问他了。"

14.40　子张曰："书云：'高宗谅阴，三年不言。'何谓也？"【高宗：商王武丁。谅阴：古代指天子守丧。】

子张说："《尚书》上说，'高宗守丧，三年不谈政事。'这是什么意思？"

子曰："何必高宗？古之人皆然。君薨，百官总己以听于冢宰三年。"【薨（hōng）：周代时指诸侯去世。冢宰：官名，相当于后世的宰相。】

孔子说："不仅是高宗，古人都是这样。国君死了，朝廷百官都各管自己的职事，听命于冢宰三年。"

14.41　子曰："上好礼，则民易使也。"

孔子说："在上位的人喜好礼，那么百姓就容易管理了。"

14.42　子路问君子。子曰："修己以敬。"

子路问什么叫君子。孔子说："修养自己，保持严肃恭敬的态度。"

曰："如斯而已乎？"

子路说："这样就够了吗？"

曰："修己以安人。"

孔子说："修养自己，使周围的人们安乐。"

曰："如斯而已乎？"

子路说："这样就够了吗？"

曰："修己以安百姓。修己以安百姓，尧舜其犹病诸？"

孔子说："修养自己，使所有百姓都安乐。修养自己使所有百姓都安乐，尧舜还怕难以做到吧？"

14.43　原壤夷俟。子曰："幼而不孙弟，长而无述焉，老而不死，是为贼。"以杖叩其胫。【原壤：鲁国人，孔子的旧友。他母亲死了，他还大声歌唱，孔子认为这是大逆不道。夷俟（sì）：夷，双腿分开而坐。俟，等待。孙弟：通"逊悌"。】

原壤叉开双腿坐着等待孔子。孔子骂他说："年幼的时候，你不讲谦逊和孝悌，长大了又没有什么可说的成就，老而不死，像是贼一样害人。"说着，用手杖敲他的小腿。

14.44　阙党童子将命。或问之曰："益者与？"【阙党：即阙里，孔子家住的地方。将命：在宾主之间传言。】

阙里的一个童子，来向孔子传话。有人问孔子："这是个求上进的孩子吗？"

子曰："吾其居于位也，见其与先生并行也。非求益者也，欲速成者也。"【居于位：童子与长者同坐。】

孔子说："我看见他坐在成年人的位子上，又见他和长辈并肩而行，他不是要求上进的人，只是个急于求成的人。"

【思维积淀】

1. 子曰："见利思义，见危授命。久要不忘平生之言，亦可以为成人矣。"
2. 子曰："其言之不怍，则为之也难。"
3. 子曰："君子上达，小人下达。"
4. 子曰："君子耻其言而过其行。"
5. 子曰："仁者不忧，知者不惑，勇者不惧。"
6. 子曰："不患人之不己知，患其不能也。"
7. 子曰："以直报怨，以德报德。"
8. 子曰："不怨天，不尤人，下学而上达。"

【思维探究】

1. 在《述而篇》中，孔子谈到过有关"耻"的问题，本篇第一章又提到"耻"的问题，如何理解？

孔子认为，做官的人应当竭尽全力为国效忠，无论国家有道还是无道，都照样拿俸禄的人，就是无耻。在本篇第一章第二个层次中，孔子又谈到"仁"的问题。仁的标准很高，孔子在这里认为去除了"好胜、自夸、怨恨、贪欲"的人难能可贵，但究竟合不合"仁"，他说不得而知。显然，"仁"是最高的道德标准。

2. 孔子认为怎样的人才能称得上是"成人"？

孔子认为，具备完善人格的人，应当富有智慧、克制、勇敢、多才多艺和礼乐修饰。孔子还认为，有完善人格的人，应当做到在见利见危和久居贫困的时候，能够思义、授命、不忘平生之言，这样做就符合于义。尤其提出"见利思义"的主张，即遇到有利可图的事情，要考虑是否符合义，不义则不为。这句话对后世产生了极大影响。

3. 为什么孔子对春秋时代两位著名政治家的评价截然相反呢？

孔子主张"礼乐征伐自天子出"，对时人的违礼行为一概加以指责。晋文公称霸后召见周天子，这对孔子来说是不可接受的，所以他说晋文公诡诈。齐桓公打着"尊王"的旗号称霸，孔子认为他的做法符合礼的规定。所以，他对晋文公、齐桓公作出上述评价。

4. 如何理解"君子耻其言而过其行"？

这句话精练而含义深刻。孔子希望人们少说多做，而不要只说不做或多说少做。在社会生活中，总有一些夸夸其谈的人，他们口若悬河，滔滔不绝，说尽了大话、套话、虚话，但到头来，一件实事未做，给集体和他人造成极大的不良影响。因此，对照孔子所说的这句话，有此类习惯的人，似乎应当有所警戒了。

5. 在孔子看来，应当“何以报德”？

孔子不同意“以德报怨”的做法，认为应当是“以直报怨”。这是说，不以有旧恶旧怨而改变自己的公平正直，也就是坚持了正直，“以直报怨”对于个人道德修养极为重要。

6. 从看门人的话中，我们可以看出当时普通人对孔子的什么评价？

“知其不可而为之”，这是做人的大道理。人要有一点锲而不舍的追求精神，许多事情都是经过艰苦努力和奋斗而得来的。孔子“知其不可而为之”，反映出他孜孜不倦的执着精神。从这位看门人的话中，我们也可以看出当时普通人对孔子的评论。

7. 孔子提出“不在其位，不谋其政”。当代语境下，你如何理解曾子回答的“君子思不出其位”？

我们把孔子“不在其位，不谋其政”这个否定句换成肯定句来说，那就是：在其位，谋其政。现在有“善于”运用圣人之言的人肆意曲解，把孔子的话当作了少干工作、不负责任的挡箭牌，他想推卸责任了，或要少干工作了，就拿这句话来为自己辩解。

“不在其位，不谋其政”，是就消极意义来说的，它适用于那些好高骛远或权力欲极重的人，是告诫人们“手莫伸”，千万别干费力不讨好的事。

“在其位，谋其政”，是就积极意义来说的，它适用于那些见异思迁或干工作敷衍了事的人，是告诫人们要“守铺”，尽心尽力地、“思不出其位”地思考和实践于自己的职责，脚踏实地地完成好自己的工作。

卖什么就要吆喝什么，干什么就得琢磨什么，脚踏实地把自己的本分工作做好，这是社会分工对每个人起码的要求。如果每个人都把自己分内的工作做好了，这个社会就会按部就班地运转。我们到现实中去看一看，违背这一规矩的人不在少数。鲁迅先生在《且介亭杂文·隔膜》中说：“奴隶只能奉行，不许言议；评论固然不可，妄自颂扬也不可，这就是‘思不出其位。’……一乱说，便是‘越俎代庖’，当然‘罪有应得’。倘自以为是‘忠而获咎’，那不过是自己的糊涂。”若要找这样的“糊涂人”，那可真比比皆是。

“思不出其位”最终要实现的，首先是“知其所止”，即你应该知道你在何处停止。《诗》云：“缗蛮黄鸟，止于丘隅。”孔子据此而发感慨说：“于止，知其所止，可以人而不如鸟乎？”连鸟儿都知晓自己应该停息在何处，难道百灵之长的人连小鸟都不如吗？最后是落脚在实践中做到“止其所止”，该停在什么地方就停在什么地方，绝不敢越雷池一步。

当然，明白“知其所止”的人不多，能做到“止其所止”的人就更少得可怜了。我们常常看到的是，许多人在社会上没有准确定位，即弄不清自己的位置，对自己分担的工作热心不足，敷衍了事，得过且过，而对别人的职权却热心过度，情有独钟，经常有意识地把自己的手往别人那儿伸，还唯恐伸得太短管得太少，往往“种了别人的地”，人家不仅不领情，还产生矛盾；同时又“荒了自己的田”，秋后一算账，几乎颗粒无收。大凡“把手伸到别人地里”的人，都有着极强的权力欲望，喜好揽权弄权，由权力欲又滋长为支配欲，一切都想自己说了算。说过来道过去，孔子和曾子都是要告诉我们，为政首要的是要摆正自己的位置，减弱自己的权力欲望，实际上还是一个道德修养问题。

君子思虑的职责范围到底如何界定呢？孔子和曾子在这里所说都是狭义的，那就是你的工作责任。你所在的位置必然有个工作权限和责任界定，你该干什么不该干什么，早已规定得清清楚楚明明白白，它可能就挂在你办公桌的正前方墙上，说得严格一点，与你对面而坐的同事的工作你也不要管，甚至不要去打听，只管埋头做好你的事就行了。广义的“君子思”是什么呢？那当然是“家事国事天下事”无所不包了。范仲淹说：“先天下之忧而忧，后天下之乐而乐。”心里系念着国家和天下，有所考虑有所用心，谈谈想法可以，提提建议无妨，但它终究只是关注关心而已，绝不准许有具体干预的行为，也就是我们常说的“君子动口不动手”，甚至有些时候动口也会因你的见识低下而惹人嗤笑。在这里，我们一定要弄清楚“君子思”的狭义和广义之分，把握好这个度，你才能在自己的工作岗位上如鱼得水、灵活自如。

（摘编自马东方《传统解读》）

【思维拓展】

1. 孔子提出“君子上达”，结合你的理解，谈谈邓小宙继承的“精神家传”表现在哪些方面？

乡情里的“精神家传”

2013年1月27日，初冬的下午，阳光和煦。邓小宙站在安顺市一中“羲之图书楼”前，面对父亲当年捐建的“邓廷琮—张友杰图书馆”，百感交集。中午，邓小宙刚去祖坟上拜祭了爷爷和父亲。这样的拜祭，是他每年必须进行的一种“仪式”，不仅是为了纪念，更是为了告诉逝去的亲人，自己一定会将家族的教育慈善事业延续下去。

邓小宙的爷爷邓羲之，是清末民初安顺富甲一方的知名士绅。他看重文教，乐善好施，曾大力资助并参与编纂《续修安顺府志》；作为安顺救济院院长，他收养了很多孤儿并教他们谋生的技艺；他创办了老家大用镇最早的新式初、高两级学堂以及普定县建国中学，并为安顺县立中学(今安顺市一中)捐建“羲之图书楼”。

邓小宙的父亲邓廷琮，早年因战乱流落香港，靠着勤俭诚实和比别人更能吃苦的精神创办了自己的国际航空货运公司。功成名就后，邓廷琮没有忘记家族传统。2000年，他出资500万港币在香港注册成立邓廷琮教育基金会，每年资助100名黔籍贫困大学生。2001年，他回到阔别53年的家乡，看到安顺教育相对落后，便捐建了四所希望小学；他还捐资250万元为母校安顺市一中重建“羲之图书楼”，每年为学校30名贫困高中生提供助学金。在父亲的带动下，邓小宙和哥哥邓小宇也先后在老家大用镇捐建两所希望小学。“父亲一直认为教育对国家很重要，是立国之本!”邓小宙说。

2008年，邓廷琮去世后，悲痛万分的邓小宙在整理父亲的电脑资料时，发现父亲在生命最后两年写下的文章《没有虚度的一生》以及很多受资助学生寄来的照片和信。每一个学生背后，都有一个悲哀的故事。有的学生来自单亲家庭，有的是孤儿，他们说自己在最绝望无助时遇上基金会，才有机会继续念书，改变一生。更有一些学生说自己已经工作了，虽然工资不高，但希望每个月捐一点钱给基金会，以帮助更多需要帮助的贫困学生，就像基金会当年帮助他们一样！这一切，都让邓小宙更加理解了父亲为何乐于伸出双手，帮助别人。此后，他接过父亲的接力棒，出任邓廷琮教育基金会主席。

担心自己继承了父亲的遗志和工作，却继承不了他对基金会的那份感情和热爱，邓小宙倾尽全力推动基金会发展。在他的呼吁和募集下，4年后，基金会的基金增至1500万港币，资助对象也从安顺扩展到贵阳、铜仁、毕节、黔东南等地。邓小宙还将父亲生前以个人名义资助的高中生，正式纳入基金会的资助对象，并将基金会每年资助的人数从100名增加到140名，资助领域从教育扩展到医疗。截至目前，基金会已累计捐款1100万元，捐建多所学校、图书楼，资助1500余名贫困学生。现在，很多受资助的学生都已毕业，开始走入社会，服务国家。这让邓小宙很欣慰，他感到自己“终于可以告慰父亲的在天之灵”。“父亲一生都在不停地付出，从不问收获，即使在最艰难的时候。他教会了我怎样拥有一个丰富的、没有虚度的人生，让我明白什么是心灵的快乐。”邓小宙说。

2008年，邓小宙被推选为香港贵州联谊会会长。之前，他的父亲曾连续三届担任联谊会会长，为黔港交流倾注了大量心血。早在联谊会创办之初，邓廷琮便把自己在海景中心大厦办公楼的第8层让出一半，以每年1元港币的租金提供给联谊会办公。后来，邓小宙把联谊会搬到了条件更好的九龙油麻地，依然拿出自家办公楼的半层楼，年租金同样只象征性地收取1元港币。在这“1元港币”中，邓家父子以相同的方式传承着对家乡的爱。这种爱，在香港贵州联谊会无所不在——2008年贵州凝冻，联谊会向家乡捐助港币30多万元；2010年贵州大旱，又捐了37万余元港币……截至目前，联谊会已累计为贵州捐款数千万元港币。与此同时，联谊会还向老乡和会员们提供新移民辅导、职业介绍、医疗优惠、法律咨询、旅游优惠、访老探病、扶贫济困等各种帮助。

这些帮助，用邓小宙的话来说，都是“联谊会应该为会员做的”，“我们并不要求会员能为联谊会做什么，而是要求联谊会能为会员做些什么。希望联谊会能成为会员们在香港的家，一个充满乡情、关怀和爱心的家，能够提供精神上的支持和归宿感的家。”

有人问他什么是慈善，邓小宙说：“慈善就像一颗种子，可以长出一棵树。有了这棵树，又可以长出更多的树。慈善就是能带给别人更多快乐，就是自己的快乐；能带给别人更多幸福，就是自己的幸福。”

（摘编自《当代贵州》，作者：任玉梅，有改动）

☞【**答案要点**】①重视教育；②心系家乡；③热心慈善。

2. 孔子提倡“君子道者三，仁者不忧，知者不惑，勇者不惧”。结合你的理解，谈谈吴冠中“以鲁迅为精神父亲”的内涵。

吴冠中：飞向天堂的铁骨风筝

吴冠中先生于6月25日晚11点52分在北京逝世，享年91岁。突然的噩耗不仅震动了美术界，也叩击着普通民众的心灵。

回顾吴老的一生经历，他一直是孤独的另类，因为他的真实和硬气。“我不该学丹青，我该学鲁迅，这是我一辈子的心态，越到晚年越觉得绘画技术并不重要，内涵最重要。”2009年，吴老在自传《我负丹青》中对他燃烧一生激情付诸的丹青事业做出如上让人不解之说。

这“不解”的答案，印在他坦荡执著的一生中。

1946年以绘画第一名成绩考取教育部公费，次年留学巴黎。1950年返回祖国并开启创作生涯，及至近年厚积薄发，荣誉等身——他的艺途轨迹由命运的偶然和无奈铸就。

原先吴冠中迫于生计就读浙江大学工科，一年后与朱德群的偶然结识，重燃他对文艺的炙热，从此不管不顾痴魔献身丹青。

塞纳河畔，拳拳学子内心激烈的挣扎权衡，留在巴黎呼吸浓郁的艺术气息，还是回到百废待兴的新中国投身建设？吴冠中，义无反顾地成为第一批归国的学子。

这两个貌似偶然的转折，底里潜伏着必然。鲁迅弃医从文，忧民归国。以鲁迅为精神父亲的吴冠中，在心中的使命感驱使下也选择了相似的道路。

20世纪50年代末，无奈的吴冠中走上风景创作的道路。他把浓郁的情感映射在一张张风景中……塞翁失马，不曾想就此孕育出他浓柳成荫的独特艺术世界。进入春风吹拂的20世纪80年代，吴冠中的画作开始被业界接受。然而，吴冠中总是显得不合时宜，甚至身影孤单。《笔墨等于零》《绘画形式美》《油画的抽象美》——几篇言辞激烈的艺术文笔如同一颗颗重磅炸弹，引发强烈的纷议甚至责难。90年代后，当他的艺术成就被国内外权威美术界重视，艺术市场也热捧之时，耄耋之年的吴老仍是犀利得近乎苛求。

他的画作不断创新，严苛甄选后，又大量地焚毁不中意之作，以至于一个新加坡记者目睹后感慨，吴老烧的是豪华房子。

渐次，老人的逆耳言论，更是放眼到教育、文化，“美院无用论”、“以奖代养”、“文化虚假繁荣”……硬骨的人不畏揭丑，吴老就是要效仿鲁迅先生挑开陋习弊病的脓疮。

诚然，他当今的地位让人不得不做倾听状，可是多少人害怕他开口。谁又能知吴老的乖张源自对当今文艺界的忧虑。清醒的人定然能看出貌似繁荣的文化艺术界，实则外忧内困。

内忧，是对于艺术自身的雾里看花。短短30年，从西方舶来的现代艺术、后现代艺术、当代艺术，诸多名目纷沓而至，中国传统艺术被逼到死胡同。纷杂的艺术界浮世之风让业内人士都无从应对，更别说是普通大众。找不到自己方向的创作拼命求新求异，已然在当代艺术界有显赫坐标的大腕却不敢轻易改变风格，小心维护现有的风光。

外患，则源自这个被市场魔棒驱使的时代。一百多年前巴黎亦是鱼龙混杂的名利场。不同的是，那时对艺术纯净膜拜的心灵似乎更多。不该责怪活在当下的人们，首先得求生计。但诚如吴老所说，“艺术家本无职业”，选择以绘画技艺糊口，无人可指责。可又想头顶艺术家头衔，又要贪享眼前名利，必然成了吴老抨击之辈。

吴冠中的一生作为，可以看作一面镜子。多年激烈的言辞，饱含着他从“艺”到“人”的忧思。于是，吴老说出《我负丹青》中让人“不解”的言论。

风筝不断线，这是吴老一篇创作笔记的名字。他就犹如那只风筝，一直牵着他跌宕人生的那根线就是“在祖国、在故乡、在家园、在自己心底”的信念。这是一只铁骨风筝，风筝飞逝天堂，但是线永不会断，它萦绕在吴老的画上、文中，还有人们的心里。

（摘编自《江苏工人报》，作者：宗翩，有改动）

☞**【答案要点】**①吴冠中早年在使命感的驱使下，像鲁迅弃医从文一样选择回归祖国；②吴冠中在艺术观念乃至对其他领域的看法总是不合时宜，敢于揭短，言语犀利；③现实生活中，虽然不乏敢于直言、敢说真话的人，却也有很多缺乏主见、唯唯诺诺的人，文艺的繁荣和发展离不开前者。

卫灵公篇第十五

学程设计

学习阶段	学习内容	学习策略	学习反馈
思维感知	《卫灵公篇》共有四十二章，记有孔子言论三十四章，孔子与弟子谈话八章。	学生略读，借助工具书，自主学习，圈点勾画，做好笔记，为精读文本奠定基础。	感知文本，建构语言。掌握字词的含义，初步把握文本的内容。培育思维的敏捷性。
思维积淀	深入学习文本，梳理文本各章的关联。背诵文本的精彩语句，例如“志士仁人，无求生以害仁，有杀身以成仁”，“人无远虑，必有近忧”，“躬自厚而薄责于人”等。	精读章节，理解文本内容。合作学习，对照翻译理解各章大意，并讨论分析，熟读成诵。	审美鉴赏，含英咀华。把握文本的深层含义，能背诵重点语句。形成健康向上的审美情趣与鉴赏品位。培育思维的严密性。
思维探究	1. “予一以贯之”中的“一以贯之”该如何理解？2. 孔子所谓“杀身以成仁”该作何理解？3. 如何理解“子曰：‘君子不以言举人，不以人废言。’”？4. “子曰：‘巧言乱德。小不忍则乱大谋。’”有何意味？5. 如何理解“子曰：‘吾尝终日不食，终夜不寝，以思，无益，不如学也。’”？6. 如何理解“子曰：‘当仁不让于师。’”？7. 孔子的“有教无类”有着怎样的深远意义？8. 孔子说“当仁，不让于师”，那么如何理解孔子的“仁”的思想？	利用文本注释、译文，学习检索相关评析资料，积极思考、理解、分析、比较、推理、判断，进行探究学习，突破重点、难点。在交流研讨的过程中碰撞出思维的火花。	理性探究，辨明观念。把握文本的价值取向，理解孔子关于做人、处事、为政中的个人趋向问题，君子与小人、选择从政的对象、仁与不仁问题，以及他的教育思想等。培育思维的深刻性。
思维拓展	阅读《任继愈先生漫谈录》和《吴文俊的数学世界》两篇文章，思考相关问题。	联系现实，迁移理解。古今贯通，进一步领悟孔子思想的现实意义，进行文化传承，拓展文化视野，增强文化自觉。学习评介人物，与英模人物对话。	个性感悟，确立价值。学习任继愈和吴文俊的事迹，感受英模人物的人格魅力，提升思想境界，汲取营养，丰富精神世界。培育思维的独创性。

【思维感知】

15.1 卫灵公问陈于孔子。孔子对曰："俎豆之事，则尝闻之矣；军旅之事，未之学也。"明日遂行。【陈：通"阵"，军队作战时，布列的阵势。俎(zǔ)豆：古代盛食物的器皿，被用作祭祀时的礼器。】

卫灵公向孔子问军队列阵之法。孔子回答说："祭祀礼仪方面的事情，我曾经听说过；用兵打仗的事，从来没有学过。"第二天，孔子便离开了卫国。

15.2 在陈绝粮，从者病，莫能兴。子路愠见曰："君子亦有穷乎？"子曰："君子固穷，小人穷斯滥矣。"【病：指为饥饿所困。愠(yùn)：怒，怨恨。固穷：甘于贫困，不失气节。】

(孔子一行)在陈国断了粮食，随从的人都饿病了，不能起身。子路很不高兴地来见孔子，说道："君子也有穷困的时候吗？"孔子说："君子虽然穷困，但能够安于穷困；小人一遇穷困就无所不为了。"

15.3 子曰："赐也！女以予为多学而识之者与？"对曰："然，非与？"曰："非也，予一以贯之。"

孔子说："赐啊！你以为我是博学而强记的人吗？"子贡答道："是啊，难道不是这样吗？"孔子说："不是的。我是用一个根本的东西把它们贯彻始终的。"

15.4 子曰："由！知德者鲜矣。"

孔子说："由啊！懂得道德的人太少了。"

15.5 子曰："无为而治者，其舜也与！夫何为哉？恭己正南面而已矣。"【无为而治：国家的统治者不必有所作为便可以治理国家了。夫：代词，他。】

孔子说："能够不必亲政而使天下太平的人，大概只有舜吧？他做了些什么呢？只是庄严端正地坐在朝廷的王位上罢了。"

15.6 子张问行。子曰"言忠信，行笃敬，虽蛮貊之邦，行矣。言不忠信，行不笃敬，虽州里，行乎哉？立则见其参于前也，在舆则见其倚于衡也，夫然后行。"子张书诸绅。【行：通达的意思。蛮貊(mó)：古人对少数民族的贬称，蛮在南方，貊在北方。州里：五党为州，每州二千五百户，每里二十五户，后泛指乡里或本土。参：列，显现。衡：车辕前面的横木。绅：贵族系在腰间的大带。】

子张问如何才能使自己到处都能行得通。孔子说："言语要忠诚老实，行为要忠厚严肃，即使到了蛮貊地区，也可以行得通。言语不忠诚老实，行为不忠厚严肃，即使是在本乡本土，能行得通吗？站着，就仿佛看到忠信笃敬这几个字显现在面前，坐车，就好像看到这几个字刻在车辕前的横木上，这样才能使自己到处行得通。"子张把这些话写在腰间的大带上。

15.7 子曰："直哉史鱼！邦有道，如矢；邦无道，如矢。君子哉蘧伯玉！邦有道，则仕；邦无道，则可卷而怀之。"【史鱼：卫国大夫，名鳍，字子鱼，他多次向卫灵公推荐蘧伯玉。矢：箭，形容其直。卷而怀之：卷起来藏在怀里，喻隐退。卷：通"捲"。】

孔子说："好一个刚直不屈的史鱼！当国家政治清明，(他的言行)就像箭一样直；政治黑暗，(他的言行)也像箭一样直。好一位君子蘧伯玉！国家政治清明就出来做官，政治黑暗就(辞退官职)把自己的主张收藏在心里。"

15.8 子曰："可与言而不与之言，失人；不可与言而与之言，失言。知者不失人，亦不失言。"

孔子说："可以同他谈，却不同他谈，这就是失掉了人才；不可以同他谈，却同他谈，这就是浪费言语。有智慧的人既不失去人才，又不浪费言语。"

15.9 子曰："志士仁人，无求生以害仁，有杀身以成仁。"

孔子说："志士仁人，没有贪生怕死而损害仁的，只有牺牲自己的性命来成全仁的。"

15.10 子贡问为仁。子曰："工欲善其事，必先利其器。居是邦也，事其大夫之贤者，友其士之仁者。"

子贡问怎样培养仁德。孔子说："做工的人想把活儿做好，必须首先使他的工具锋利。住在这个国家，就要侍奉大夫中的那些贤者，与士人中的仁者交朋友。"

15.11 颜渊问为邦。子曰："行夏之时，乘殷之辂，服周之冕，乐则韶舞。放郑声，远佞人。郑声淫，佞人殆。"【夏之时：夏代的历法，便于农业生产。殷之辂(lù)：辂，天子所乘的车。殷代的车是木制成，比较朴实。周之冕：周代的帽子。韶舞：《韶》是舜时的舞乐，孔子认为《韶》乐尽善尽美。放：禁绝、排斥、抛弃。郑声：郑国的乐曲，孔子认为是淫声。远：远离。殆：危险。】

颜渊问怎样治理国家。孔子说："用夏代的历法，乘殷代的车子，戴周代的礼帽，音乐就奏《韶》乐。舍弃郑国的乐曲，疏远小人。郑国的乐曲浮靡不正派，小人太危险。"

15.12 子曰："人无远虑，必有近忧。"

孔子说："人没有长远的考虑，一定会有眼前的忧患。"

15.13 子曰："已矣乎！吾未见好德如好色者也。"

孔子说：“完了，我从来没有见过喜欢仁德像喜欢美色那样的人。”

15.14　子曰：“臧文仲其窃位者与！知柳下惠之贤而不与立也。”【窃位：身居官位而不称职。柳下惠：春秋中期鲁国大夫，姓展名获，又名禽，他受封的地名是柳下，惠是他的私谥。】

孔子说：“臧文仲大概是一个窃居官位的人吧！他明知道柳下惠是个贤人，却不举荐他一起做官。”

15.15　子曰：“躬自厚而薄责于人，则远怨矣。”

孔子说：“多责备自己而少责备别人，那就可以避免别人的怨恨了。”

15.16　子曰：“不曰‘如之何，如之何’者，吾末如之何也已矣。”【如之何：怎么办的意思。末：这里指没有办法。】

孔子说：“从来不想想‘怎么办，怎么办’的人，我对他也不知怎么办才好。”

15.17　子曰：“群居终日，言不及义，好行小慧，难矣哉！”

孔子说：“整天聚在一块，说的都是没道理的话，专好卖弄小聪明，这种人真难教导。”

15.18　子曰：“君子义以为质，礼以行之，孙以出之，信以成之。君子哉！”

孔子说：“君子(对于事业)以合宜为原则，依礼节加以推行，用谦逊的语言来表达，用忠诚的态度来完成。这才是真君子啊！”

15.19　子曰：“君子病无能焉，不病人之不己知也。”

孔子说：“君子只担忧自己没有才能，不担忧别人不了解自己。”

15.20　子曰：“君子疾没世而名不称焉。”【没世：死亡之后。】

孔子说：“君子担心死亡之后自己的名字不被人们所称颂。”

15.21　子曰：“君子求诸己，小人求诸人。”

孔子说：“君子严于要求自己，小人求全责备别人。”

15.22　子曰：“君子矜而不争，群而不党。”【矜(jīn)：庄重。】

孔子说：“君子庄重而不与别人争执，合群而不结党营私。”

15.23　子曰：“君子不以言举人，不以人废言。”

孔子说：“君子不因为一个人一句话(说的好)便举荐他，也不因为一个人不好而鄙弃他说的好话。”

15.24　子贡问曰：“有一言而可以终身行之者乎？”子曰：“其恕乎！己所不欲，勿施于人。”

子贡向孔子问道：“有没有一个字可以终身奉行的呢？”孔子回答说：“大概是恕吧！自己不想要的任何事物，不要强加给别人。”

15.25　子曰：“吾之于人也，谁毁谁誉？”如有所誉者，其有所试矣。斯民也，三代之所以直道而行也。”

孔子说：“我对于别人，诋毁过谁？赞美过谁？如有所赞美的，必须是曾经考验过他的。夏商周三代的人都是这样做的，所以三代能直道而行。”

15.26　子曰：“吾犹及史之阙文也，有马者借人乘之，今亡矣夫。”【阙文：史官记史，遇到有疑问的地方便缺而不记，这叫做阙文。】

孔子说：“我还能够看到史书存疑的地方，就像有马的人（自己不会调教，就）先给别人使用，这种精神，今天没有了罢。”

15.27　子曰：“巧言乱德。小不忍，则乱大谋。”

孔子说：“花言巧语足以败坏人的德行。小事情不能忍耐，就会败坏大事情。”

15.28　子曰：“众恶之，必察焉；众好之，必察焉。”

孔子说：“大家都厌恶他，（我）必须考察一下；大家都喜欢他，（我）也一定要考察一下。”

15.29　子曰：“人能弘道，非道弘人。”

孔子说：“人能够使道发扬光大，不是道使人的才能扩大。”

15.30　子曰：“过而不改，是谓过矣。”

孔子说：“有了过错而不改正，这才真叫错了。”

15.31　子曰：“吾尝终日不食，终夜不寝，以思，无益，不如学也。”

孔子说：“我曾经整天不吃饭，彻夜不睡觉，去左思右想，结果没有什么好处，还不如去学习。”

15.32　子曰：“君子谋道不谋食。耕也，馁在其中矣；学也，禄在其中矣。君子忧道不忧贫。”【馁（něi）：饥饿。禄：做官的俸禄。】

孔子说：“君子谋求道，不谋求衣食。耕田，也会饿肚子；学习，可以得到俸禄。君子只担心得不到道，不担心贫穷。”

15.33　子曰：“知及之，仁不能守之；虽得之，必失之；知及之，仁能守之；不庄以莅之，则民不敬。知及之，仁能守之，庄以莅之，动之不以礼，未善也。”【知及之：知，通“智”。之，小则指卿大夫士的俸禄，大则指国家。】

孔子说：“凭借聪明才智得到它，但不用仁德保持它；即使得到，也一定会丧失。凭借聪明才智得到它，用仁德保持它；但不用庄重的态度来治理百姓，那么百姓也不会尊敬他。凭借聪明才智得到它，用仁德可以保持它，能用庄重的态度来治理百姓，但假若役使百姓却不符合礼的要求，那也是不完善的。”

15.34　子曰：“君子不可小知而可大受也，小人不可大受而可小知也。”【小知：知，作为的意思，做小事情。大受：受，责任，使命的意思，承担大任。】

孔子说：“君子不能让他们做那些小事，但可以让他们承担重大的使命；小人不能让他们承担重大的使命，但可以让他们做那些小事。”

15.35　子曰：“民之于仁也，甚于水火。水火，吾见蹈而死者矣，未见蹈仁而死者也。”

孔子说：“百姓们对于仁(的需要)，比对于水火(的需要)更迫切。我只见过人跳到水火中而死的，却没有见过实行仁而死的。”

15.36　子曰：“当仁，不让于师。”

孔子说：“面对着仁德，即使是老师，也不同他谦让。”

15.37　子曰：“君子贞而不谅。”【贞：坚贞，守正道。谅：信，守信用。】

孔子说：“君子固守正道，而不拘泥于小信。”

15.38　子曰：“事君，敬其事而后其食。”【食：食禄，俸禄。】

孔子说：“事奉君主，要认真办事，而把领取俸禄的事放在后面。”

15.39　子曰：“有教无类。”【类：此作动词用，区分。】

孔子说：“人人都可以接受教育，没有(贫富、地域等的)区别。”

15.40　子曰：“道不同，不相为谋。”

孔子说：“主张不同，就不要在一起谋划(大事)。”

15.41　子曰：“辞达而已矣。”

孔子说：“言辞只要能表达意思就行了。”

15.42 师冕见，及阶，子曰："阶也。"及席，子曰："席也。"皆坐，子告之曰："某在斯，某在斯。"师冕出，子张问曰："与师言之道与？"子曰："然，固相师之道也。"【师冕：乐师，这位乐师的名字叫冕，古代的乐师多是盲人。相：帮助。】

乐师冕来见孔子，走到台阶沿，孔子说："这儿是台阶。"走到坐席旁，孔子说："这儿是坐席。"等大家都坐下来，孔子告诉他："某某在这里，某某在这里。"师冕走了以后，子张就问孔子："这就是与乐师谈话的方式吗？"孔子说："是的，这就是帮助乐师的方式。"

【思维积淀】

1. 子曰："志士仁人，无求生以害仁，有杀身以成仁。"
2. 子曰："工欲善其事，必先利其器。"
3. 子曰："人无远虑，必有近忧。"
4. 子曰："躬自厚而薄责于人，则远怨矣。"
5. 子曰："君子义以为质，礼以行之，孙以出之，信以成之。"
6. 子曰："君子求诸己，小人求诸人。"
7. 子曰："君子矜而不争，群而不党。"
8. 子曰："己所不欲，勿施于人。"

【思维探究】

1. "予一以贯之"中的"一以贯之"该如何理解？

"一以贯之"和《里仁篇》的"夫子之道，忠恕而已矣"相同。从这里可以看出，子贡他们所重视的，是孔子的"多学而识之"，即博学多才；而孔子自己所重视的，则在于他的以忠恕之道贯穿于其整个学行之中。这里，孔子讲到"一以贯之"，这是他学问渊博的根本所在。

2. 孔子所谓"杀身以成仁"该作何理解？

仁：仁爱，儒家道德的最高标准，指为正义而牺牲生命。后泛指为了维护正义事业而舍弃自己的生命。这段话，孔子主要谈了他的以"仁"为最高原则的生死观。生命对每个人来讲都是十分宝贵的，但还有比生命更可宝贵的，那就是"仁"。"杀身成仁"，就是要人们在生死关头宁可舍弃自己的生命也要保全"仁"。自古以来，它激励着多少仁人志士为国家和民族的生死存亡而抛头颅洒热血，谱写了一首首可歌可泣的壮丽诗篇。

3. 如何理解"子曰：'君子不以言举人，不以人废言。'"？

从第18章到第23章，这6章讲君子的所作所为以及与小人的不同。什么是君子呢？孔子认为，君子应当注重义、礼、逊、信的道德准则；应当严格要求自己，尽可能做到立言立德立功的“三不朽”，传名于后世；应当行为庄重，与人和谐，但不结党营私，不以言论重用人，也不以人废其言，等等。当然，这只是君子的一部分特征。

4.“子曰：‘巧言乱德。小不忍则乱大谋。’”有何意味？

“小不忍则乱大谋”，这句话在民间极为流行，甚至成为一些人用以告诫自己的座右铭。的确，这句话包含有智慧的因素，尤其对于那些有志于修养大丈夫人格的人来说，这句话是至关重要的。有志向、有理想的人，不会斤斤计较个人得失，更不应在小事上纠缠不清，而应有开阔的胸襟，远大的抱负，只有如此，才能成就大事，从而达成自己的目标。

5. 如何理解“子曰：‘吾尝终日不食，终夜不寝，以思，无益，不如学也。’”？

这里讲的是学与思的关系问题。在前面的章节中，孔子已经提到“学而不思则罔，思而不学则殆”的认识，这里又进一步加以发挥和深入阐述。思是理性活动，其作用有两方面，一是发觉言行不符合或者违背了道德，就要改正过来；另一方面是检查自己的言行若符合道德标准，就要坚持下去。但学和思不可以偏废，只学不思不行，只思不学也是十分危险的。总之，思与学相结合才能使自己成为有德行、有学问的人。这是孔子教育思想的重要组成部分。

6. 如何理解“子曰：‘当仁，不让于师。’”？

在一般情况下，孔子和儒家特别重视师生关系的和谐，强调师道尊严，学生不可违背老师。但是，在仁德面前，即使是老师，也不必谦让。这是把实现仁德摆在了第一位，仁是衡量一切是非善恶的最高准则。

7. 孔子的“有教无类”有着怎样的深远意义？

孔子的教育对象、教学内容和培养目标都有自己的独特性。他办教育，反映了当时文化下移的现实，学在官府的局面得到改变，除了出身贵族的子弟可以受教育外，其他各阶级、阶层都有了受教育的可能性和某种机会。他广招门徒，不分种族、氏族，都可以到他的门下受教育。所以，我们说，孔子是中国古代伟大的教育家，开创了中国古代私学的先例，奠定了中国传统教育的基本思想。

8. 孔子说“当仁，不让于师”，那么如何理解孔子的“仁”的思想？

孔子思想的核心——仁

“仁”是中国古代一种含义极广的道德范畴，指人与人之间相互亲爱。孔子把“仁”作为人的最高道德原则、道德标准和道德境界。他第一个把整体的道德规范集于一体，形成了以“仁”为核心的伦理思想结构，包括孝、悌、忠、恕，礼、知、勇，恭、宽、信、敏、惠等内容，对后世产生了很大的影响。

“仁”的本义。查《说文解字》，对仁解释为：亲也，从人从二。儒家的观点认为，一个人是自然人，二人以上就成为社会人。仁在《论语》中出现109次(君子出现107次)，是出现频率最高的汉字。

“仁”的基本含义有三种：一是仁德，如同仁堂，里仁为美，辅仁大学；二是仁者，如仁人志士；三是等同于人，如井有仁焉，但少见。

孔子仁德思想的要义是“爱人”。《论语·颜渊》篇里“樊迟问仁：子曰：爱人”。这里的爱是爱惜、爱护之意，为广义之爱，即大爱。

仁的原则——忠恕。《里仁》篇里，子曰：“参乎！吾道一以贯之。”曾子曰：“唯。”子出。门人问曰：“何谓也?”曾子曰：“夫子之道，忠恕而已矣。”意思是：孔子说，曾参啊！我讲的道，拿一个道理把它贯穿起来。曾子说：我明白了。孔子就出去了。曾子的师兄弟来问：这是什么意思呢？曾子就告诉他们，我们的老师所讲的道，讲忠恕之道而已。

“忠”，尽力为人谋，中人之心，故为忠；“恕”，推己及人，如人之心，故为恕。“忠恕”，是以待自己的态度对待人，是“仁”的具体运用，是仁的实践原则，成为儒家处理人际关系的基本原则之一。

忠是从积极的方面说，也就是孔子在《雍也》篇里所说的：“己欲立而立人，己欲达而达人。”自己想有所作为，也尽心尽力地让别人有所作为，自己想飞黄腾达，也尽心尽力地让别人飞黄腾达。这其实也就是人们通常所理解的待人忠心的意思。

恕是从消极的方面说，也就是孔子在《卫灵公》篇里回答子贡“有一言而可以终身行之者乎?”的问题时所说的：“其恕乎！己所不欲，勿施于人。”自己不愿意的事，不要强加给别人。

总起来说，忠恕之道就是人们常说的将心比己，推己及人。自己想这样，也要想到人家也想这样；自己不想这样，也要想到人家也不想这样。

子贡曰：“我不欲人之加诸我也，吾亦欲无加诸人。”子曰：“赐也，非尔所及也。”(《公冶长》篇)子贡说：“我不想别人凌驾于我之上，我也不想凌驾于别人之上。”孔子说：“子贡啊！这不是你所能做得到的。”子贡的这番话，正是孔子的“己所不欲，勿施于人”的补充。

孔子的孙子子思在《中庸》第13章说：忠恕之道不远，施诸己而不愿，亦勿施于人。是说我所不情愿别人强加给自己的，也不强加给别人，中心意思，反对强加，既反对别人强加给自己，自己也绝不强加给别人，并且从自己做起，反对“强加”。如打扰、轻视、歧视、欺辱、压制、侵略等。它的理念是倡导“自主”和“尊重他人的自主”。忠恕是推己及人，日常生活中的琐事亦然，如说话、加塞、打牌，都反映了一个人的人缘、人品。

“仁”的人格特征。子张问仁于孔子。孔子曰：“能行五者于天下，为仁矣。”“请问之。”曰：“恭、宽、信、敏、惠。恭则不侮，宽则得众，信则人任焉，敏则有功，惠则足以使人。”意思是：子张向孔子问仁。孔子说：“能够处处实行五种品德。就是仁人了。”子张说：“请问哪五种。”孔子说：“庄重、宽厚、诚实、勤敏、慈惠。庄重就不致遭受侮辱，宽厚就会得到众人的拥护，诚信就能得到别人的任用，勤敏就会提高工作效率，慈惠就能够使唤人。”

孔子“仁”的思想影响和造就了古往今来的仁人志士前赴后继。如文天祥“人生自古谁无死，留取丹心照汗青”；如岳飞“精忠报国”；如谭嗣同(戊戌六君子之一，1898 年英勇就义)；如李大钊(第一个走上绞架，从容就义)；如无数为祖国解放而牺牲的革命先烈等。

“仁”的文化学意义。《论语》中孔子论君子之人格皆以“仁”为纲。如何评价孔子的“仁”和“仁”的文化学意义呢？“仁”的思想是中国古代人格文化的完整形态。完整的人格文化的创设必须具备两种形态：主动创设和被动创设。“仁”的思想作为人格文化符合规范。其中：

忠，己欲立而立人，己欲达而达人，——主动(积极、倡导)创设；

恕，己所不欲，勿施于人。——被动(消极、限制)创设。

(摘自《世界历史》，作者：许明，有改动)

【思维拓展】

1. 阅读《任继愈先生漫谈录》，思考：任先生就是孔子“知德者鲜矣”的“知德者”，那么任先生的“德”体现在哪些方面呢？

任继愈先生漫谈录

任继愈先生去世快七年了，我早该写一点文字来纪念我所敬重的先生。第一次去冯钟芸先生家，恰好任先生在家。面对一位大哲学家，我心中忐忑，非常拘谨。渐渐地，见得多了，就放松了许多。再往后，比较熟悉了，就觉得非常亲切，聊起来如沐春风。

我曾经对王弼的《老子指略》很感兴趣。当然是不自量力，花了一个月时间，把《老子指略》翻译成了现代汉语。请任先生给我看一下。任先生看了以后，对我说：“翻译古代哲学家的著作，要弄清他使用的主要的概念，它的内涵和外延。光用古汉语的方法是不够的。古人抽象思维的水平，无法与今人相比，他们所用的概念，不能达到今人所达到的高度抽象的水准。”我听了以后，非常惭愧。回去以后，又重读了任先生的《老子新译》，初步明白了任先生的方法，譬如“道”这个概念，任先生把《道德经》里出现“道”字的句子都找了出来，结合上下文，分析它的含义，看老子所谓的“道”有几种含义。

任先生家里有一副对联：“为学须入地狱，浩歌冲破云天。”我明白这副对联的意思。

硕士生阶段，我跟冯钟芸先生学的是诗歌。1985 年，因为林庚先生当年不想招生，我只好改学小说，报考了吴组缃先生的博士生。当时我已近不惑之年，无法等第二年再考。冯先生送了我一套人民文学出版社出版的《金瓶梅词话》，任先生送了我一句话：“你虽然改为攻读小说了，平时还是要读读唐诗宋词，去俗。”我想是这个道理。虽然以后主攻的方向变为小说了，但还是要经常读读唐诗宋词，保持诗歌高远飘逸的境界。

我的博士论文是《〈儒林外史〉及其时代》，分析吴敬梓对科举、对八股的批判。任先生提议我写一篇八股文，找找感觉。可是因为懒，我没有写，对八股的认识，确实是不深的。任先生说："八股文，也是一种智力测验。"我体会到了任先生的意思，对八股和科举也不能一味地否定。

追星，一个收集制作名师授课录像的公司，仰慕任先生的名声，希望采访任先生，请我去动员。任先生婉言谢绝了，说他的时间很紧："我一年比一年衰弱，就好像银行的存款，你们的存折上还有100元，我的存折上只有5元了。我的任务很重，还有一些项目没完成。我要集中精力，把这些项目做完。"

2001年，由任先生推荐，我在国图文津街老馆讲了一次《红楼梦》。主持人是蔡萍老师。讲完以后，蔡老师告诉我："任馆长来听讲座了。"我一惊，问蔡老师："任先生现在在哪儿?"蔡老师说："走了。"我说："你怎么没告诉我呢?"蔡老师向我解释说："任先生不让告诉，怕你紧张吧。任先生经常来听讲座。"

任先生生命的最后时光，住在北京医院。我去看任先生，任先生的女儿任远在。任先生说："医院不愿意病人长住，占着床位。"我说："医院考虑的是收益……先秦的法家，认为人与人的关系，只有利害关系。"任先生说："只讲利益，就不能长久。"任远告诉我："你和他谈别的，他就困。你和他谈学问，他就来精神。"

我的回忆如此琐碎，不能成为一篇文章，只是一种记录，希望这些琐碎的记录，能够挽留住渐行渐远的回忆。

（摘编自《中华读书报》，作者：张国风，有改动）

【相关链接】①任继愈，中国哲学家、宗教学家、历史学家，曾任中国国家图书馆馆长。

②有一次，一所新成立的学校请任继愈题写校名，他在了解了学校的教学宗旨后欣然提笔。不久秘书科就收到该校送来的一笔现金，行政处长知道任先生会拒收，到他家里扔下钱就跑。没几天，这所学校的校长就收到了"母亲水窖"的捐献证书。

☞**【答案要点】**①专注研究。任先生婉言谢绝采访，因为他要集中精力做项目。②关爱后进。任先生在很多方面给予"我"指导；曾去听"我"的讲座，怕"我"紧张不让人告诉"我"。③淡泊名利。任先生给一所学校题写校名，校方给的现金他替学校捐赠了出去。④治学严谨。任先生把《道德经》中出现"道"字的句子都找出来，结合上下文分析，看老子所谓的"道"有几种含义。

2. 阅读《吴文俊的数学世界》，思考：孔子以为自己的成功是因为"一以贯之"，那么吴文俊与之有相似之处吗？除此之外，还有哪些因素也促进了吴文俊的成功？

吴文俊的数学世界

吴文俊小学时成绩平平，也没有显示出独特的数学才华，初中时数学甚至得过零分，高中时最喜欢的是物理而非数学。但他从小就对读书有浓厚兴趣，初中时国文成绩一直不错，尽管高三时物理得了满分，但教物理的赵贻经老师却看出了他的数学潜力，力荐他入数学系。正始中学决定，吴文俊必须报考数学系，才能得到每年一百块大洋的奖学金，加之他父母又不放心独子离开上海，吴文俊就进入了上海交大数学系。所谓“知之不如好之，好之不如乐之”，吴文俊向来是以兴趣为先导来读书的，因为他对物理有兴趣，甚至一度想要转系，是大三时教数学的武崇林老师帮助他摆脱了专业上的困惑，使他认识到数学的巨大魅力。

1940年，吴文俊从上海交大毕业，先后在育英中学、培真中学担任数学教员，直到1946年见到了影响他一生的恩师陈省身，他才由一个普通的中学数学老师成为数学研究所的专业研究员。对于吴文俊的数学研究，他的学生高小山总结说：“吴先生做拓扑研究，一下子就能抓住核心问题，为代数拓扑学的兴起作出了影响深远的贡献。他从事机器定理证明也是这样，极其敏锐地看出了信息时代数学的发展趋势，他的研究受到中国古代数学的启发，汲取了中国传统数学的养分。使用吴先生的方法，几乎所有数学定理的证明，都可以由计算机来完成，从而让人类把精力放到更加宏观的层面上去思考问题。”

对吴文俊来说，虽然最初选择数学是被动的，但综观其一生，数学已逐渐成为他生命的一部分。从事数学研究，吴文俊特别强调数学思维。他说：“要创新，就要独立思考，就不能总是跟着人家亦步亦趋，当然开始的时候参考借鉴也是必要的。牛顿就说过，他之所以获得成功，因为他站在巨人的肩膀上，才能看得远，所以不能忽略学习，可是除了学习之外，还要能够独立思考，这是创新的必要条件。现在摆在中国面前的是，数学就要靠下一代、下下代在创新方面取得巨大成功，中华民族才可以得到复兴。”吴文俊自己的经历就是很好的例子。他在数学上的一系列成就，特别是他运用机械化思想来考察数学，发现了数学的不同侧面，并建立了新的模式，这全面得益于他的独辟蹊径。

对我国的数学基础教育，吴文俊也颇有心得。我国中学生多次在国际奥数竞赛中获奖，被当作我国数学教育成功的证明，但吴文俊更赞同丘成桐的观点：“奥数应该是一种建立在兴趣之上的研究性、高层次学习，中国的奥数学习过分关注海量题目，直接与考试、竞赛挂钩，对系统学数学不利。作为基础学科，应着重引导学习的兴趣，不应当过分追求功利。”吴文俊同样清醒认识到：“竞赛获奖固然可贵，但也不能看得过重，因为它不能代表学生对数学的深度理解，也不能有效地训练数学思维。”他认为，数学教育更重要的是培养数学的思维方式。

有人曾揶揄数学家迂腐，吴文俊不但不迂腐，而且兴趣广泛，内心充满童趣，他说：“我是个想怎样就怎样的人，想玩就玩，想工作了就会安安静静地工作，从不多想。”他喜欢看电影、读历史小说，也喜欢看围棋比赛。老伴说他“贪玩”，他却说：“读历史书籍、看历史影片，帮助了我的学术研究；看围棋比赛，更培养了我的全局观念和战略眼光。”

吴文俊37岁时就获得了国家自然科学一等奖，40多年后，他再次获得国家最高科技奖。如此长的学术生命，在数学界是非常罕见的。当记者提出疑问时，吴文俊反问道："我为什么不能保持这么长的学术生命？"在他看来，学术生命是能够终生保持的，很多人做不到，那是他们自己的问题，应该自我反省。他特别强调研究数学要下扎实的工夫。他说："外国许多数学家，尽管有的我非常佩服，可是我并不认同他们靠所谓巧思妙想研究数学的办法。应该根据客观实际具体分析，一切以事实为主。这是我主要的想法。"

（摘编自柯琳娟《吴文俊传》）

【相关链接】①1974 年，吴文俊转向中国数学史研究，从中得到启发，开创了具有中国传统数学特点的数学机械化之路。他提出的"吴方法"，继承和发扬了中国古代数学基于"计算"的传统，与通常基于逻辑的方法根本不同，首次试想了高效的几何定理自动证明。国际机器证明研究领域的权威人物 S. 穆尔说："在吴文俊之前，机械化的几何定理证明处于黑暗时期，而吴的工作给整个领域带来光明。"（黄婷、邱德胜《数学大师：华罗庚、陈省身、吴文俊》）

②一般说来，吴教授的工作，都是独辟蹊径，不袭前人，富有创造性的。（陈省身为吴文俊颁发杰出科学家奖时的评语）

☞**【答案要点】**①踏实的学习练就扎实功底，深刻的思考直抵事物的本质。②兴趣广泛，视野开阔，使他的思维活跃，能够融会贯通，富有创造性，不蹈袭前人，不盲从权威，能够独辟蹊径。③学术视野广阔，注重人文修养，富有生活情趣，心胸开阔，能够保持罕见长久的学术生命。

季氏篇第十六

学程设计

学习阶段	学习内容	学习策略	学习反馈
思维感知	《季氏篇》共有十四章。记有孔子言论十章，齐景公一章，国君及夫人不同场合称谓一章，冉有与孔子对话一章，陈亢与伯鱼对话一章。	学生略读，借助工具书，自主学习，圈点勾画，做好笔记，为精读文本奠定基础。	感知文本，建构语言。掌握字词的含义，初步把握文本的内容。培育思维的敏捷性。
思维积淀	深入学习文本，梳理文本各章的关联。背诵文本的精彩语句，例如“不患寡而患不均，不患贫而患不安”，“君子有三戒：少之时，血气未定，戒之在色；及其壮也，血气方刚，戒之在斗；及其老也，血气既衰，戒之在得”等。	精读章节，理解文本内容。合作学习，对照翻译理解各章大意，并讨论分析，熟读成诵。	审美鉴赏，含英咀华。把握文本的深层含义，能背诵重点语句。形成健康向上的审美情趣与鉴赏品位。培育思维的严密性。
思维探究	1. 孔子在严厉批评冉有、子路的同时，阐述了怎样的治国理念？2. 孔子所谓天下有道无道该如何理解？3. 如何理解孔子所言“禄之去公室五世矣，政逮于大夫四世矣，故夫三桓之子孙微矣”？4. 本篇第四至第六章体现了孔子有关人际交往的哪些观点？5. 如何理解孔子说的“生而知之者，上也；学而知之者，次也；困而学之，又其次也；困而不学，民斯为下矣”？6. 如何看待“君子有九思”的修身之道？	利用文本注释、译文，学习检索相关评析资料，积极思考、理解、分析、比较、推理、判断，进行探究学习，突破重点、难点。在交流研讨的过程中碰撞出思维的火花。	理性探究，辨明观念。把握文本的价值取向，理解孔子均贫富、和众寡的德政主张，尊天子、卑诸侯、抑制陪臣的政治理想以及君子修养之道等。培育思维的深刻性。
思维拓展	阅读《一窗昏晓送流年》和《学界典范》两篇文章，思考相关问题。	联系现实，迁移理解。古今贯通，进一步领悟孔子思想的现实意义，进行文化传承，拓展文化视野，增强文化自觉。用自己的语言评介人物，与英模人物对话。	个性感悟，确立价值。学习童庆炳和启功的事迹，感受英模人物的人格魅力，提升思想境界，汲取营养，丰富精神世界。培育思维的独创性。

【思维感知】

16.1　季氏将伐颛臾。冉有、季路见于孔子曰："季氏将有事于颛臾。"【颛臾(zhuānyú)：鲁国的附属国，在今山东省费县西。有事：指有军事行动，用兵作战。】

季氏将要讨伐颛臾。冉有、子路去见孔子说："季氏将要对颛臾采取军事行动了。"

孔子曰："求！无乃尔是过与？夫颛臾，昔者先王以为东蒙主，且在邦域之中矣，是社稷之臣也。何以伐为？"【东蒙主：东蒙，蒙山。主，主持祭祀的人。】

孔子说："冉求，这难道不是你的过错吗？颛臾，从前周天子曾经授权它主持东蒙山的祭祀，而且它的国土本来就在鲁国的疆域之内，是鲁国的臣属啊，为什么要攻打它呢？"

冉有曰："夫子欲之，吾二臣者皆不欲也。"

冉有说："季孙大夫想去攻打，我们两个人本来都是不愿意的。"

孔子曰："求！周任有言曰：'陈力就列，不能者止。'危而不持，颠而不扶，则将焉用彼相矣？且尔言过矣，虎兕出于柙，龟玉毁于椟中，是谁之过与？"【周任：人名，周代史官。陈力就列：按才力担任适当的职务。陈力，发挥能力。相：搀扶盲人的人叫相，这里是辅助的意思。兕(sì)：雌性犀牛。柙(xiá)：用以关押野兽的木笼。椟(dú)：匣子。】

孔子说："冉求，周任有句话说：'尽自己的力量去任职，实在做不好就辞职。'人们遇到危险不去扶助，瞎子将要跌倒了不去搀扶，那还用辅助的人干什么呢？而且，你说的话错了。老虎、犀牛从笼子里跑出来，龟甲、美玉在匣子里毁坏了，这是谁的过错呢？"

冉有曰："今夫颛臾，固而近于费。今不取，后世必为子孙忧。"【费(bì)：季氏的采邑。】

冉有说："现在颛臾，城墙坚固，而且离季氏的采邑费地很近。现在不把它占领，将来一定会成为子孙的忧患。"

孔子曰："求！君子疾夫舍曰欲之而必为之辞。丘也闻有国有家者，不患寡而患不均，不患贫而患不安。盖均无贫，和无寡，安无倾。夫如是，故远人不服，则修文德以来之。既来之，则安之。今由与求也，相夫子，远人不服，而不能来也；邦分崩离析，而不能守也；而谋动干戈于邦内。吾恐季孙之忧，不在颛臾，而在萧墙之内也。"【不患寡而患不均，不患贫而患不安：应为不患贫而患不均，不患寡而患不安。"贫"和"均"是从财富着眼，与下文"均无贫"呼应，"寡"和"安"是从人民着眼，与下文"和无寡"呼应。萧墙：照壁屏风，此处指宫廷之内。】

孔子说："冉求，君子讨厌那种不肯实说自己想要那样做，而一定要找借口来为自己的行为辩解的做法。我听说过：对于诸侯和大夫，不必担心财富少，只需担心财富分配不均；不必担心人民少，只需担心境内不安定。若是财富分配平均，也就没有所谓贫穷；境内和平团结，便不会觉得人民少；境内安定，国家就不会倾覆。如果做到这样，远方的人还不归服，就再修仁、义、礼、乐的政教来招致他们。(他们)已经来了之后，就让他们安心。现在，仲由和冉求你们两个人辅助季氏，远方的人不归服，而不能招徕他们；国内民心离散，你们不能保全，反而想在国境之内用兵。我恐怕季孙的忧患不在颛臾，而是在鲁国宫廷之内啊！"

16.2 孔子曰："天下有道，则礼乐征伐自天子出；天下无道，则礼乐征伐自诸侯出。自诸侯出，盖十世希不失矣；自大夫出，五世希不失矣；陪臣执国命，三世希不失矣。天下有道，则政不在大夫。天下有道，则庶人不议。"【盖：副词，大约，大概。希：同"稀"，少。陪臣：原指诸侯之大夫，后指大夫的家臣。】

孔子说："天下政治清明，制作礼乐和出兵征伐的命令都由天子下达；天下政治昏乱，制作礼乐和出兵征伐的命令由诸侯作主决定。政令由诸侯作主决定，大概延续到十代就很少有不丧失的；政令由大夫作主决定，延续五代后就很少有不丧失的；大夫的家臣把持国家政权，延续到三代就很少有不丧失的。天下政治清明，那么国家的最高政治权力就不会掌握在大夫手中。天下政治清明，那么普通百姓就不会议论国家政治了。"

16.3 孔子曰："禄之去公室五世矣，政逮于大夫四世矣，故夫三桓之子孙微矣。"【五世：指鲁国宣公、成公、襄公、昭公、定公五世。逮：及。四世：指季孙氏文子、武子、平子、桓子四世。三桓：鲁国仲孙、叔孙、季孙都出于鲁桓公，所以叫三桓。】

孔子说："鲁国的权力从国君手中失去已经有五代了，政权落在大夫之手已经四代了，所以仲孙、叔孙、季孙三家的子孙也要衰微了。"

16.4 孔子曰："益者三友，损者三友。友直，友谅，友多闻，益矣。友便辟，友善柔，友便佞，损矣。"【谅：诚信。便辟：惯于走邪道。善柔：善于和颜悦色骗人。便佞(nìng)：惯于花言巧语。】

孔子说："有益的朋友有三种，有害的朋友有三种。同正直的人交友，同诚信的人交友，同见闻广博的人交友，这是有益的。同逢迎谄媚的人交朋友，同当面恭维背后毁谤的人交朋友，同惯于花言巧语的人交朋友，这是有害的。"

16.5 孔子曰："益者三乐，损者三乐。乐节礼乐，乐道人之善，乐多贤友，益矣。乐骄乐，乐佚游，乐晏乐，损矣。"【节礼乐：孔子主张用礼乐来节制人。节，调节。骄乐：骄纵不知节制的乐。佚游："佚"通"逸"。指游荡无度。晏乐：沉溺于宴饮取乐。】

孔子说："有益的乐趣有三种，有害的乐趣有三种。以得到礼乐的调节为乐趣，以称道别人的好处为乐趣，以有许多贤德之友为乐趣，这是有益的。以骄纵为乐趣，以游荡为乐趣，以饮食荒淫为乐趣，这是有害的。"

16.6　孔子曰："侍于君子有三愆：言未及之而言谓之躁，言及之而不言谓之隐，未见颜色而言谓之瞽。"【愆(qiān)：过失。瞽(gǔ)：盲人。】

孔子说："侍奉在君子旁边陪他说话，容易犯三种过失：还没有轮到你说话的时候就说话，这是急躁；到该你说的时候，你却不说，这叫隐瞒；不看君子的脸色而贸然说话，这叫瞎子。"

16.7　孔子曰："君子有三戒：少之时，血气未定，戒之在色；及其壮也，血气方刚，戒之在斗；及其老也，血气既衰，戒之在得。"

孔子说："君子有三种事情应引以为戒：年轻的时候，血气还不成熟，要警惕戒除迷恋女色；到了壮年，血气方刚，要警惕戒除好胜喜斗；等到老年，血气已经衰弱了，要警惕戒除贪得无厌。"

16.8　孔子曰："君子有三畏：畏天命，畏大人，畏圣人之言。小人不知天命而不畏也，狎大人，侮圣人之言。"【大人：身居高位或有道德的人。圣人：道德高尚的人。狎(xiá)：轻慢。】

孔子说："君子有三件敬畏的事情：敬畏天命，敬畏居高位的人，敬畏圣人的话。小人不懂得天命，因而也不敬畏它，轻慢居高位的人，亵渎圣人的话语。"

16.9　孔子曰："生而知之者，上也；学而知之者，次也；困而学之，又其次也；困而不学，民斯为下矣。"

孔子说："生来就知道的，是上等的人；经过学习以后才知道的，是次一等的人；遇到困难再去学习的，是又次一等的人；遇到困难还不学习，这样的人就是最下等的人了。"

16.10　孔子曰："君子有九思：视思明，听思聪，色思温，貌思恭，言思忠，事思敬，疑思问，忿思难，见得思义。"

孔子说："君子有九种要思考的事：看的时候，要思考看明白了没有；听的时候，要思考听清楚了没有；自己的面色，要思考是否温和；自己的容貌态度，要思考是否谦恭；说话时，要思考是否忠诚；对待工作，要思考是否谨慎严肃；遇到疑问，要思考怎样向别人请教；将发怒时，要思考是否有后患；获取财利时，要思考是否合乎义的准则。"

16.11　孔子曰："见善如不及，见不善如探汤。吾见其人矣，吾闻其语矣。隐居以求其志，行义以达其道。吾闻其语矣，未见其人也。"

孔子说："看到善良的行为就努力追求，好像赶不上似的；看到邪恶的行为就使劲避开，就好像将要把手伸到开水中一样。我见到过这样的人，也听到过这样的话。以隐居避世来保全自己的志向，依照义而贯彻自己的主张。我听到过这种话，却没有见到过这样的人。”

16.12　齐景公有马千驷，死之日，民无德而称焉。伯夷叔齐饿于首阳之下，民到于今称之。其斯之谓与？【千驷：古代一般用四匹马拉一架车，所以一驷就是四匹马，千驷就是四千匹马】

齐景公有骏马四千匹，（他）死的时候，百姓们觉得他没有什么德行可以称颂的。伯夷、叔齐饿死在首阳山下，百姓们到现在还在称颂他们。说的就是这个意思吧？

16.13　陈亢问于伯鱼曰：“子亦有异闻乎？”【陈亢：陈子禽。异闻：这里指不同于对其他学生所讲的内容。】

陈亢询问孔子的儿子伯鱼说：“你在老师那里也听到过什么特别的教诲吗？”

对曰：“未也。尝独立，鲤趋而过庭。曰：‘学诗乎？’对曰：‘未也。’‘不学诗，无以言。’鲤退而学诗。他日，又独立，鲤趋而过庭。曰：‘学礼乎？’对曰：‘未也。’‘不学礼，无以立。’鲤退而学礼。闻斯二者。”【趋：跑，疾走。因孔鲤敬畏父亲而快步过庭。】

伯鱼回答说：“没有呀。有一次他曾经独自站在庭中，我快步走过时，他问我：‘学《诗》了吗？’我回答说：‘没有。’他便说：‘不学诗，就不懂得怎么说话。’我回去就学《诗》。又有一天，他又独自站在庭中，我又快步走过时，他说：‘学礼了吗？’我回答说：‘没有。’他说：‘不学礼就没有立足社会的依据。’我回去就学礼。我就听到过这两点。”

陈亢退而喜曰：“问一得三，闻诗，闻礼，又闻君子之远其子也。”【远：不亲近，不偏爱。】

陈亢回去高兴地说：“我提一个问题，得到三方面的收获，听了关于《诗》的道理，听了关于礼的道理，又知道了君子怎样严格教育自己儿子的道理。”

16.14　邦君之妻，君称之曰夫人，夫人自称曰小童；邦人称之曰君夫人；称诸异邦曰寡小君；异邦人称之亦曰君夫人。

国君的妻子，国君称她为夫人，夫人自称为小童；本国的人称她为君夫人；当着别国人就称她为寡小君；别国的人也称她为君夫人。

【思维积淀】

1. 孔子曰：“吾恐季孙之忧，不在颛臾，而在萧墙之内也。”

2. 孔子曰：“益者三乐，损者三乐。乐节礼乐，乐道人之善，乐多贤友，益矣。乐骄乐，乐佚游，乐晏乐，损矣。”

3. 孔子曰：“不患寡而患不均，不患贫而患不安。”

4. 孔子曰：“君子有三戒：少之时，血气未定，戒之在色；及其壮也，血气方刚，戒之在斗；及其老也，血气既衰，戒之在得。”

5. 孔子曰："君子有三畏：畏天命，畏大人，畏圣人之言。小人不知天命而不畏也，狎大人，侮圣人之言。"

6. 孔子曰："见善如不及，见不善如探汤。"

7. 孔子曰："不学诗，无以言。"

8. 孔子曰："不学礼，无以立。"

【思维探究】

1. 孔子在严厉批评冉有、子路的同时，阐述了怎样的治国理念？

孔子说："丘也闻有国有家者，不患寡而患不均，不患贫而患不安。盖均无贫，和无寡，安无倾。夫如是，故远人不服，则修文德以来之。既来之，则安之。"这的确是古往今来治国理政的精辟之论，也是对古代治国经验的深刻总结。针对春秋末期社会动荡、贫富分化的状况，孔子主张首先应当保持内部的稳定。朱熹对"不患寡而患不均，不患贫而患不安"的解释是："均，谓各得其分；安，谓上下相安。"孔子认为，不论是治国还是治家，重要的不是忧虑物质的匮乏，而是忧虑物质财富的分配不公；不是忧虑社会的贫穷，而是忧虑社会的不安定；只要分配得公正就没有贫穷，社会和谐了就没有匮乏，国家安定了就不会垮台。

当时的社会，哪个诸侯国政治清明，社会和谐，民众就会往哪里去；哪个诸侯国民众多，那里就富足强盛。孔子大力倡导"德政"，希望采用礼、义、仁、和的方式解决问题，一个重要的着眼点，就是争取民心。他在回答叶公问政时，讲了六个字："近者说(悦)，远者来。"(《论语·子路篇》)就是说，要使自己国家的民众感到高兴，使其他国家的民众前来投奔。他在这里讲的"既来之，则安之"，与"近者说(悦)，远者来"是一脉贯通的。孔子认为，具有亲和力、凝聚力、吸引力的政治，才算是能够强国富民的政治。

2. 孔子所谓天下有道无道该如何理解？

孔子所谓天下有道无道，实则为有关国家政治得失的道理。孔子生于乱世，希望通过恢复礼制来实现治理社会的目的。他认为礼乐并不是每一个人都能制作的，"非天子不议礼，不制度，不考文"；"虽有其位，苟无其德不敢作礼乐焉；虽有其德，苟无其位，亦不敢作礼乐焉"《礼记·中庸》。即制礼作乐者，必为德位兼备之人。如果大权旁落于诸侯、大夫、陪臣手中，就会引起动乱，出现无道的局面。本篇第二章正是强调，如果天下有道，则天子制礼作乐，决定战争征伐。如果天下无道，那么诸侯、大夫、陪臣虽僭其位，也不会长久。

3. 如何理解孔子所言"禄之去公室五世矣，政逮于大夫四世矣，故夫三桓之子孙微矣"？

孔子在这里是谈历史发展的趋势。三桓氏是指季孙氏、叔孙氏、孟孙氏，其为鲁国的三家最有权势的家族，他们把持鲁国的国政，历经鲁成公、鲁襄公、鲁昭公、鲁定公，季武子开始专鲁国国政。到鲁定公时期，鲁国国君的势力已经难以驾驭三家朝臣；到鲁哀公，国君的势力已经远不如三桓氏了。因为当时三桓氏的势力很大，孔子预言他们将要衰微。孔子预言的根据是：凡是违礼抗上的大臣，他的下属也不会顺从他，最后也会以他对待国君的态度对待他。孔子对于三桓氏掌握国家政权的局面表示不满，提出了自己的认识和态度。他认为当时的社会政治变革就是“天下无道”，这还是基于他的“礼治”的思想，希望变为“天下有道”的政治局面。

4. 本篇第四至第六章体现了孔子有关人际交往的哪些观点？

本篇第四至第六章主要讲的是社会交往过程中应当注意的问题。孔子认为，交朋友要结交那些正直、诚信、见闻广博的人，而不要结交那些逢迎谄媚、花言巧语的人；要用礼乐调节自己，多多地称道别人的好处；与君子交往要注意不急躁、不隐瞒等。这些对我们都有一定的参考价值。

5. 如何理解孔子说的“生而知之者，上也；学而知之者，次也；困而学之，又其次也；困而不学，民斯为下矣”？

这是根据天赋和学习态度来划分的四个等级。“生而知之者”是智力最上等的人，具有非凡的天赋，也就是我们今天所说的天才人物。“学而知之者”是一般勤奋好学的人，天赋虽然没有什么特别突出的地方，但通过刻苦学习仍然可以成为有用的人才，这是次一等级的人。“困而知之者”是在生活或工作中遇到困难时才知道努力学习的人，“书到用时方恨少”，按照孔子的看法，这属于第三等级的人。最后还有一种“困而不学”的人。明明已经在生活与工作中感到非常困难了，却仍然不愿意花时间和精力去学习，而是以滥为滥，浑浑噩噩“混”日子。这种人，按照孔子的看法，是属于最下等的不可救药的人。既然有这样四个等级的划分，那么，孔子自己属于哪个等级的人呢？以我们的看法，他当然应该属于天才的级别，是生而知之的了。可他自己却并不这样认为，在《述而篇》里，他曾说：“我非生而知之者，好古，敏以求之者也。”可见，他自己排队是在第二个等级里，也就是学而知之的人。

6. 如何看待“君子有九思”的修身之道？

孔子所谈的“君子有九思”，把人的言行举止的各个方面都考虑到了，他要求自己和学生们一言一行都要认真思考和自我反省，这里包括个人道德修养的各种规范，如温、良、恭、俭、让、忠、孝、仁、义、礼、智等，所有这些，是孔子关于道德修养学说的组成部分。

君子视思明，要分得清是非，辨得明真假，要把人和事看得通透。可往往人就是看不清是非曲直，或者不敢或者不想看清真假虚实。要么放弃了自我的标准，换得一时安稳，却遭受良心的煎熬，痛苦一生。当然，如果是看不清人和事，但是看清了自己，愿意与世无争，逍遥自在，这样的君子，还是不错，至少能守住自己内心的那块天地。

君子听思聪，不要听风则雨，要多听多想，要听得聪明。人多嘴杂，每个人的标准不同，思维方式不同，同一个事物在不同人那里千差万别，有的真实有的夸张，光是听人说，安能辨它真伪？君子要多听，要善于听不同的声音，还要听得聪明，要听得出什么对，什么对自己有利。首先要做一个好的听者，才能做一个好的语者。

君子色思温，谦谦君子，自古就有。君子应该有平和的心态，温润的言语。要心怀宽广，有容乃大；要处变不惊，潇洒自如。有时候太激烈和明显的表情能瞬间转变周围的气氛，引起不必要的麻烦，君子应该有比常人更大的气量，比常人更稳定的情绪。

君子貌思恭，要真诚待人，无论贵贱，懂得尊敬，也懂得谦卑，就像是玉一块，不如炭火那么炽热，不如冰水那么寒冷，温温的，让人觉得舒服。只有尊敬别人，才能得到别人的尊敬，那些目空无人、总是高高在上的人，不懂得自己什么时候应该谦虚和恭敬的人，是不会有好结果的。

君子言思忠，要学会说话，懂得说话，什么时候该说话，什么时候该说什么话。要言行一致，说出的话，掷地有声，常言道：君子一言，驷马难追。自己的话要对自己的心忠诚，自己的话要对自己的行为忠诚。只可惜，有的人阳奉阴违，心口不一，让人感到厌恶。

君子事思敬，要懂得敬业，每一份事业都需要全心全意，都要全情投入。没有随随便便就能做好的事情，只有仔细思考，周密准备，态度认真，才有可能把事情做好。

君子疑思问，要好奇，要有疑问，要多问。只有不断发现问题，不断思考问题，才能不断解决问题，才能不断进步。要学会提问，需要时间的积累和实践的经验，才能知道什么地方有问题；要有提问的好奇心，才能在别人没有发现的地方发现问题。人之所以为人，除了会使用工具以外，还有思考，人类在思考中进化。

君子忿思难，君子要克制自己的情绪，要学会三思而后行，学会忍让。当然，这些都是在自己的最大限度以内的，不能因为需要做君子就让那些小人们得寸进尺。首先是要忍让，其次才是反击。退一步海阔天空，有时候一时的忍耐，可以换来今后长久的安稳。

君子见得思义，在利益面前，要知道自己坚守的道义。有的人见利忘义，可以牺牲别人的一切甚至生命。君子爱财取之有道，切不可把道义放两旁，把利字摆中间。

【思维拓展】

1. 孔子说："生而知之者，上也；学而知之者，次也；困而学之，又其次也；困而不学，民斯为下矣。"阅读《一窗昏晓送流年》，思考：童庆炳先生属于哪一类人？他在文艺学理论研究领域取得了巨大成就，有哪些原因？请结合材料具体分析。

一窗昏晓送流年

——追记北京师范大学文学院教授童庆炳先生

2015年6月14日，北京的天空澄碧如洗，北京师范大学文学院资深教授、著名文艺理论家童庆炳离去了。

先他而去的妻子曾恬曾在文章中这样描写自己的老伴儿："他一直是个'努力型'的人……他在10年前就为自己的退休生活画了蓝图：写哪几本学术书，写哪几本小说，上午工作几个小时，下午工作几个小时，写的书名叫什么……也说退休后要加强锻炼，一周多爬一次香山，等等。他说，人如果有工作做，又有能力做，是福气；人若能做自己喜欢的工作，而且能有创造性地做，那就是人生的大享受，是大福气。"

20世纪80年代后期，北京师范大学文艺学学科创始人黄药眠先生去世，文艺学学科遭受重创。危难之中，童先生辞去研究生院副院长一职，回到文艺学教研室担任学科带头人，与程正民老师一起带领一批中青年学者，使北师大文艺学学科走出低谷，并跻身教育部人文社会科学重点研究基地和国家重点学科。

与他一起奋斗的学生们都记得被称为"四大战役"的学术创新活动：1986年到1992年，完成教育部博士点基金项目"中西比较文论研究"，由人民文学出版社出版《中西比较诗学体系》上下卷，这是中国第一部完整的中西比较诗学著作；1990年到1994年，完成国家社科"85规划"重点项目"文艺心理学研究"，"心理美学丛书"由百花文艺出版社陆续出版；1993年到1994年，撰写出版具有开拓性的"文体学丛书"和"文艺新视角丛书"；1990年到1997年，编写出观念更新的《文学理论教程》等教材，至今仍被国内高校广泛采用。

"团队学术成就的取得，靠的正是坚硬如钢的顽强意志、毅力。北师大文艺学学科正是先后凭借黄药眠先生和童庆炳先生两代统帅的统领，建设起了全国学界独树一帜的文艺学学派。"时为北师大中文系教授的王一川说。

童先生在学术上通达开明，善于包容不同的见解，是学界素来称道的。他常常告诉学生，外来的新思想、新观念没有什么可怕的，千万不要视若洪水猛兽，关键是开放而有自己的主见，容纳新知而又有消化之功。

作为中央马克思主义理论研究和建设工程文学组首席专家，童庆炳曾诚恳地指出，现在的文学理论界有种风气，认为西方的理论一定比中国的高明，因此不加辨别地搬用、套用西方理论，直接造成很多文章内容空洞，下定义者和推论者多，分析现实、讲道理者少，这不可取。西方文化传统、社会环境等与我们有很大差异，我们可以有所借鉴，但绝不能照搬照抄。

作为作家型的文艺理论家，童庆炳出版过两部长篇小说《生活之帆》和《淡紫色的霞光》。1988年，北京师范大学研究生院与中国作家协会鲁迅文学院联合开设了首届文学创作研究生班，童庆炳不仅担任了总导师，还为学生开设了"创作美学"课程。在某种意义上，这也得益于童先生作家与理论家兼备的特殊身份，也是他将文艺理论与创作实践结合起来的一次富有成效的实践。

在中国当代文坛，作家通常不把文学理论家当回事，理论家一般也对作家不服气。但在童先生看来，理论研究和文学创作是认知世界的两种不同方式，前者是理性的、逻辑的，后者是审美的、直感的，不存在高低贵贱之分，它们的合作，有助于推动彼此向更高水平发展。越是名作家的创作就越需要严格的批评，因为他们的作品影响很大，读者对他们的期待很高。所以评论家不仅对艺术负有责任，而且对社会也负有不可推卸的责任。因此，评论家必须拥有自己的文学理念、生活信念和社会理想。

多年之后，人们还不时回忆：他学识渊博，授课深入浅出，流畅而不急切，精细而不烦琐，理性而不艰涩，论点阐释必结合实例分析，追根溯源之后又有理论提升。虽然是理论课，他却有许多贴近生活的比喻，他的声音回旋于静空，在学生们的心里形成共振。

“万卷古今消永日，一窗昏晓送流年”，这是启功先生赠给童庆炳先生的墨宝。窗外绿树成荫，窗内书香迎面。想必，童先生是欢喜的。在另一个世界里，他依然会延续这样的日子。

（摘编自《光明日报》，作者：靳晓燕）

【相关链接】①童庆炳，1936 年生，1958 年毕业于北京师范大学中文系，长期从事中国古代诗学、文艺心理学、文学文体学、美学方面的研究。童庆炳是中国文艺学理论领域的泰斗，培养出大批学者、作家，莫言、刘震云、余华、迟子建等知名作家都曾是他担任总导师的首届文学创作研究生班的学生，其中莫言、刘震云等在当时就已成名，其他的大多数则在学习期间起步，在毕业后才逐渐成为“大腕”作家。②童庆炳确认了文学的审美品质，把文学创作看作一种以审美活动为核心的精神活动后，还从社会现实、心理美学、社会学、文体学、语言学和文化学等诸视角，在与古今中西各种文学理论的对话和沟通中，进一步丰富和完善着自己以“审美特征”为中心的文学思想，而创建了一个以审美为核心的文艺学理论体系。

（摘编自《童庆炳与中国审美论文艺学的创构》，作者：吴子林）

☞**【答案要点】**（一）一以贯之，努力勤勉。她妻子评价他是一个“努力型”的人，启功先生赠送他的诗句“万卷古今消永日，一窗昏晓送流年”，也赞美了他常年刻苦读书钻研的精神。（二）①薪火相传，团队合作。在童先生之前，黄药眠先生已经为北师大文艺学学科的发展做了奠基性的工作；童先生统领文艺学学科之后，又有一批共同奋斗的教师学生，形成了一个意志顽强、卓有成效的研究团队。②致力于学术创新（做具有创造性的工作）。在他统领北师大文艺学学科期间，带领师生开展了被称为“四大战役”的一系列具有创造性的工作；对西方的文学理论，从不照搬照抄。③通达开明，善于包容不同的见解。他的研究涉及多个领域，视角多样，善于兼收并蓄，将古今中西的各种文学理论融会贯通，并在此基础上创立自己的文艺学理论体系。

2. 阅读《学界典范》不难发现，启功先生不正是孔子所谓“见善如不及，见不善如探汤。吾见其人矣，吾闻其语矣”之人吗？请结合文章内容分析启功先生的形象。

学界典范

启功先生的一生就像展现于人间的一道彩虹，为中华民族的文化增添了无限的光辉。现在他已离我们远去，但人们仍在深切地怀念他。启功先生逝世于 2005 年 6 月 30 日，寿年 96 岁。他是名闻遐迩的书画家、鉴定家、训诂学家、文学家、史学家，给我们留下了丰厚的遗产。尤其他那种卓荦大气、蔼然待人的风尚深深地铭刻在了我的心中。

记得在1963年的秋天，聆听过先生关于"董其昌书画作品鉴析"的讲座，那时我12岁。后来，在"文革"中又有幸聆听先生教诲，即使在那种缄口齐喑的情况下，先生仍显示出了实事求是、坚持真理、雅然风趣的品尚。虽认识先生很早，但一般情况下，不敢前往问学打扰。大概是在1978年左右，先生为出版《二十四史事》，在中华书局校点"清史"。忘记了是一种什么机缘，先生通知我将一篇关于《装潢历史沿变》的稿子送去。当我骑车来到中华书局的传达室时，先生已在那儿等候。我那个时候写的稿子值得请先生斧正吗？真是不知天高地厚！尽管如此，过了几日，先生竟通知我到他的小乘巷寓所见面。几位兄长陪我到了小乘巷先生的一间狭小的卧室兼工作室，室内到处堆放着书籍和纸张，我们只好坐在先生的卧床上。未等寒暄，先生便伏案翻开了我那篇所谓文章，逐字逐句地念，随之以铅笔改谬。

当看到书画形式沿变的段落时，先生说："立轴条幅画，唐时已定型，不是有杜甫为王宰山水图的题诗吗？'壮哉昆仑方壶图，挂君高堂之素壁。'当时的书画形式，并不完全是横卷。"在座的几位都为先生顺手拈来的诗句所折服。

后些年先生身兼多职，诸事繁多，我再未有过名为"看望"、实为"打扰"的举动。但凡经我向先生索取"赐墨"或题写书名堂号的，我多是请人代办，且一一应愿。记得1986年的一天，先生还着人转来一幅写给我的法书，诗意含蓄，并有题记数行，经反复咀嚼，方领悟到，其诗是在鞭策我于事业上应图精进。其边题褒责皆有：我曾有出语不当处，应自省，反映了先生对人的真淳之意；所指我的"擅长"，褒奖有过，故而此幅也未曾示人，折叠置书架20多年矣。

如今回想起来，我烦劳先生的事情太多了，不知耽误了他多少宝贵的时间。即使在"稿酬"通行的情况下，凡我托办的事情，并没给过一次报酬，我也未有一杯热茶敬给先生，反倒让先生为我付出了那么多的精力。先生病中，多次拟随他人去医院看望，总是唯恐"添乱"而作罢，只是请人带去祝愿。在先生仙逝4年后的今天，尤感深深的愧疚和忏悔。

先生逝世，四方哀吊。我去的是北京师范大学所设置的灵堂。早早起床，沐浴更衣，怀抱96朵白色康乃馨，奔向了北师大。把花束置放在祭台上，后退几步，便不自觉地双腿跪下，含着泪水，虔诚地三叩首。因为时间尚早，灵堂里只有我和守灵者，便无所顾忌地像孩子似的向先生说："总想去看望，唯恐添乱，如今后悔，启功先生安息吧，晚生永远怀念您！"

先生旅途漫长，艰难坎坷，但心胸坦荡，意气骏爽，宏著等身，吐纳自深，酌处万机，适度得宜，令人仰慕，堪称学界之楷范。揣其成因，我认为恰如宋王安石云："不畏浮云遮望眼，自缘身在最高层。"

（摘自《新华文摘》，作者：冯鹏生，有改动）

☞【**答案要点**】①学识渊博。他不仅是著名的文学家、史学家还是书画家、鉴定家，在多个领域都有所建树。②治学严谨。在修改文章时字斟句酌，逐字逐句修改校对。

③实事求是、坚持真理。即使在“文革”那种缄口齐喑的情况下，也能保持这种品格。④待人真诚周到。去拜访他时送上墨宝作为礼物，送给我的法书中真诚地鞭策我事业上应图精进。⑤关心后辈，不求回报。无论有多忙都会答应后辈的请求。此外，在稿酬通行的情况下，但凡我托办的事情，并未索取一次报酬。

阳货篇第十七

学程设计

学习阶段	学习内容	学习策略	学习反馈
思维感知	《阳货篇》共有二十六章。记有孔子言论十四章，孔子与儒悲的故事一章，孔子与阳货、子游、子张、伯鱼、宰我对话各一章，孔子与子贡对话两章、与子路对话四章。	学生略读，借助工具书，自主学习，圈点勾画，做好笔记，为精读文本奠定基础。	感知文本，建构语言。掌握字词的含义，初步把握文本的内容。培育思维的敏捷性。
思维积淀	深入学习文本，梳理文本各章的关联。背诵文本的精彩语句，例如“性相近也，习相远也”，“巧言令色，鲜矣仁”等。	精读章节，理解文本内容。合作学习，对照翻译理解各章大意，并熟读成诵。	审美鉴赏，含英咀华。把握文本的深层含义，能背诵重点语句。形成健康向上的审美情趣与鉴赏品位。培育思维的严密性。
思维探究	1. 如何理解“色厉而内荏，譬诸小人，其犹穿窬之盗也与”？2. 孔子认为“性相近，习相远”，为何又说“唯上知与下愚不移”？3. 孔子为什么强调要实行仁德？4.“六言”为何会转化为“六弊”？5. 如何理解“《诗》，可以兴，可以观，可以群，可以怨”？6. 如何理解孔子说的“君子义以为上，君子有勇而无义为乱，小人有勇而无义为盗”？7. 怎样理解孔子所言“唯女子与小人为难养也，近之则不孙，远之则怨”？8. 孔子答应阳货的请求、谈君子与小人的区别、对勇与义的辩论等故事，是如何体现孔子的通权达变的？	利用文本注释、译文，学习检索相关评析资料，积极思考、理解、分析、比较、推理、判断，进行探究学习，突破重点、难点。在交流研讨的过程中碰撞出思维的火花。	理性探究，辨明观念。把握文本的价值取向，理解孔子论礼乐的精神内涵，以及礼对于仁、智、信等品质的规范之功，诗教的作用等。培育思维的深刻性。
思维拓展	阅读《周恩来：随机应变，妙语连珠》和《侯仁之：城市的知音》两篇文章，思考相关问题。	联系现实，迁移理解。古今贯通，进一步领悟孔子思想的现实意义，进行文化传承，拓展文化视野,增强文化自觉。用自己的语言评介人物,与英模人物对话。	个性感悟，确立价值。学习周恩来和侯仁之的事迹，感受英模人物的人格魅力，提升思想境界，汲取营养，丰富精神世界。培育思维的独创性。

【思维感知】

17.1 阳货欲见孔子，孔子不见，归孔子豚。【阳货：又叫阳虎，季氏的家臣。归：通“馈”，赠送。豚(tún)：小猪。】

阳货想见孔子而孔子不见，(于是,)(阳货就)赠送孔子一只熟小猪，(想要孔子去拜见他)。

孔子时其亡也，而往拜之。遇诸涂。【时其亡：等他外出的时候，“时”当为“待”。涂：通“途”，道路。】

孔子打听到阳货不在家时，前往阳货家拜谢他，却在半路上遇见了。

谓孔子曰：“来！予与尔言。”曰：“怀其宝而迷其邦，可谓仁乎？”曰：“不可。”“好从事而亟失时，可谓知乎？”曰：“不可。”“日月逝矣，岁不我与。”【迷其邦：听任国家迷乱。亟(qì)：屡次。】

阳货对孔子说：“来，我有话要跟你说。”(孔子走过去。)(阳货)说：“把自己的本领藏起来而听任国家迷乱，这可以算做是仁吗？”(孔子回答)说：“不可以。”(阳货)说：“喜欢参与政事而又屡次错过机会，这可以称得上是智慧吗？”(孔子回答)说：“不可以。”(阳货)说：“时间一天天过去了，年岁是不等人的。”

孔子曰：“诺，吾将仕矣。”

孔子说：“好吧，我将要去做官了。”

17.2 子曰：“性相近也，习相远也。”

孔子说：“人的本性是相近的，由于(后天的)习染不同才相差很远。”

17.3 子曰：“唯上知与下愚不移。”【知：通“智”。】

孔子说：“只有上等的智者与下等的愚者是改变不了的。”

17.4 子之武城，闻弦歌之声。夫子莞尔而笑，曰：“割鸡焉用牛刀？”【武城：鲁国的一个小城，当时子游是武城宰。弦歌：弦，指琴瑟。以琴瑟伴奏歌唱。莞尔：形容微笑的样子。】

孔子到武城，听见弹琴唱歌的声音。孔子微笑着说：“杀鸡何必用宰牛的刀呢？”

子游对曰：“昔者偃也闻诸夫子曰：‘君子学道则爱人，小人学道则易使也。’”【子游：孔子学生，姓言，名偃，以“文学”为孔子所称道。君子、小人：这里的君子和小人指的是执政者和平民百姓。】

子游回答说：“以前我听先生说过，‘执政者学习了礼乐之道就有了仁爱之心，百姓学习这些也会变得容易听从政令。’”

子曰：“二三子！偃之言是也。前言戏之耳！”

孔子说：“学生们，子游的话是对的。我刚才说的话，只是开个玩笑而已。”

17.5　公山弗扰以费畔，召，子欲往。【公山弗扰：人名，又称公山不狃，字子洩，季氏的家臣。】

公山弗扰在费邑反叛季氏，召孔子前往，孔子准备前去。

子路不说，曰："末之也已，何必公山氏之之也。"【末之也已：末，无；之，到、往；末之，无处去；已，止，算了。之之也：第一个"之"字是助词，后一个"之"字是动词，去、到的意思。】

子路不高兴，说："没有地方去就算了，为什么一定要去公山弗扰那里呢？"

子曰："夫召我者，而岂徒哉？如有用我者，吾其为东周乎？"【徒：徒然，空无所据。为东周：建造一个东方的周王朝。】

孔子说："他来召我，难道只是一句空话吗？如果有人用我，我将在东方复兴周礼，建设一个东方的西周。"

17.6　子张问仁于孔子。孔子曰："能行五者于天下，为仁矣。"

子张问孔子什么是仁。孔子说："能够在天下实行五种品格就算是仁了。"

"请问之。"曰："恭、宽、信、敏、惠。恭则不侮，宽则得众，信则人任焉，敏则有功，惠则足以使人。"

（子张说：）"请问哪五种品格？"（孔子说：）"谦恭、宽厚、诚实、勤敏、慈惠。谦恭就不致遭受侮辱；宽厚就能得到大众的拥护；诚实就能得到别人的任用；勤敏就会提高工作效率；慈惠就能够使唤他人。"

17.7　佛肸召，子欲往。【佛肸（bì xī）：晋国大夫范氏家臣，中牟城地方官。】

佛肸召孔子去，孔子打算前往。

子路曰："昔者由也闻诸夫子曰：'亲于其身为不善者，君子不入也。'佛肸以中牟畔，子之往也，如之何？"【中牟：地名，在晋国，约在今河北邢台与邯郸之间。】

子路说："从前我听先生说过：'亲自做坏事的人那里，君子是不去的。'现在佛肸据中牟叛乱，你却要去，这如何解释呢？"

子曰："然，有是言也。不曰坚乎，磨而不磷；不曰白乎，涅而不缁。吾岂匏瓜也哉？焉能系而不食？"【磷：损伤。涅：一种矿物质，可用作颜料染衣服。缁（zī）：黑色。匏瓜：葫芦中的一种，味苦不能吃。系（jì）：结，扣。】

孔子说："是的，我说过这样的话。不是说坚硬的东西磨也磨不坏吗？不是说洁白的东西染也染不黑吗？我难道是一个苦味的葫芦吗？怎么能只挂在那里而不给人吃呢？"

17.8　子曰："由也，女闻六言六蔽矣乎？"对曰："未也。"【蔽：同"弊"。】

孔子说："仲由呀，你听说过六种品德和六种弊病吗？"子路回答说："没有。"

"居！吾语女。好仁不好学，其蔽也愚；好知不好学，其蔽也荡；好信不好学，其蔽也贼；好直不好学，其蔽也绞；好勇不好学，其蔽也乱；好刚不好学，其蔽也

狂。”【居：坐。愚：受人愚弄。荡：放荡，好高骛远而没有根基。贼：害。绞：说话尖刻。】

孔子说：“坐下，我告诉你。爱好仁德而不爱好学习，它的弊病是容易被人愚弄；爱好智慧而不爱好学习，它的弊病是行为放荡；爱好诚信而不爱好学习，它的弊病是容易被人利用；爱好直率却不爱好学习，它的弊病是说话尖刻；爱好勇敢却不爱好学习，它的弊病是犯上作乱；爱好刚强却不爱好学习，它的弊病是狂妄自大。”

17.9　子曰：“小子何莫学夫《诗》？《诗》，可以兴，可以观，可以群，可以怨。迩之事父，远之事君。多识于鸟兽草木之名。”【兴：激发感情的意思。观：观察了解天地万物与人间万象。群：合群。怨：怨而不怒。迩(ěr)：近。】

孔子说：“学生们为什么不学习《诗》呢？学《诗》可以激发人的感情，可以观察风俗民情政治得失，可以团结众人，可以讥讽时弊。近则可以(用来)侍奉父母，远则可以(用来)侍奉君主；还可以多认识一些鸟兽草木的名字。”

17.10　子谓伯鱼曰：“女为《周南》《召南》矣乎？人而不为《周南》《召南》，其犹正墙面而立也与？”【《周南》《召南》：《诗经·国风》中的第一、二两部分篇名。周南和召南都是地名。这是当地的民歌。正墙面而立：面向墙壁站立着。】

孔子对伯鱼说：“你学过《周南》《召南》了吗？一个人如果不学习《周南》《召南》，那就像面对墙壁而站立着吧？”

17.11　子曰：“礼云礼云，玉帛云乎哉？乐云乐云，钟鼓云乎哉？”

孔子说：“礼呀礼呀，难道仅仅指的是玉帛之类的礼器吗？乐呀乐呀，难道仅仅指的是钟鼓之类的乐器吗？”

17.12　子曰：“色厉而内荏，譬诸小人，其犹穿窬之盗也与？”【色厉内荏：厉，威严，荏，软弱。外表严厉而内心软弱。窬(yú)：洞。】

孔子说：“外表严厉而内心软弱，用小人来打比方，大概就像钻洞爬墙的小偷一样吧！”

17.13　子曰：“乡愿，德之贼也。”【乡愿：指老好人，伪君子。贼：祸害。】

孔子说：“没有是非观念的好好先生，就是祸害道德的人。”

17.14　子曰：“道听而途说，德之弃也。”

孔子说：“在道路上听到传言就四处传播，是应该被有道德之人所唾弃的。”

17.15　子曰：“鄙夫可与事君也与哉？其未得之也，患不得之。既得之，患失之。苟患失之，无所不至矣。”

孔子说："可以同卑鄙恶劣的小人一起侍奉君主吗？这些人在没有得到官位时，总是忧虑得不到；已经得到了，又(总是)害怕失去它。如果(他)担心失去官职，就没有什么事情是他们做不出来的了。"

17.16　子曰："古者民有三疾，今也或是之亡也。古之狂也肆，今之狂也荡；古之矜也廉，今之矜也忿戾；古之愚也直，今之愚也诈而已矣。"【狂：狂妄自大，愿望太高。肆：放肆，不拘礼节。荡：放荡，不守礼。廉：不可触犯。戾：火气太大，蛮横不讲理。】

孔子说："古代的人有三种毛病，现在的人恐怕连这样的毛病也变了。古代狂妄的人肆意直言，而现在的狂妄的人却是放荡不羁；古代矜持的人还能方正威严，现在矜持的人却凶恶蛮横；古代愚笨的人不过是直率一些，现在的愚笨者却是欺诈别人罢了。"

17.17　子曰：巧言令色，鲜矣仁。"【此章已见于《学而篇》第一至第三章。此处系重出。巧言令色：巧，好；令，善。巧言令色，即满口说着讨人喜欢的话，装出讨人喜欢的脸色。】

孔子说："花言巧语，伪装出一副和善的面孔，这种人是很少有仁德的。"

17.18　子曰："恶紫之夺朱也，恶郑声之乱雅乐也，恶利口之覆邦家者。"【恶(wù)：厌恶，憎恶。覆：倾覆，灭亡。】

孔子说："我厌恶用紫色(杂色)取代红色(正色)的正位，厌恶用郑国的靡靡之音扰乱正统的雅乐，厌恶用伶牙利齿颠覆国家的小人。"

17.19　子曰："予欲无言!"子贡曰："子如不言，则小子何述焉?"子曰："天何言哉！四时行焉，百物生焉，天何言哉?"【小子：学生，晚辈。】

孔子说："我不想说话了。"子贡说："您如果不说话，那么我们这些学生还传述什么呢?"孔子说："上天说了什么呢？四季照常运行，百物照样生长。天说了什么呢?"

17.20　孺悲欲见孔子，孔子辞以疾。将命者出户，取瑟而歌，使之闻之。【孺悲：鲁国人，鲁哀公曾派他向孔子学礼。户：《说文》云，"半门曰户"。】

孺悲想见孔子，孔子以有病为借口推辞不见。传话的人刚出房门，孔子便取来瑟边弹边唱，有意让孺悲听到。

17.21　宰我问："三年之丧，期已久矣。君子三年不为礼，礼必坏；三年不为乐，乐必崩。旧谷既没，新谷既升，钻燧改火，期可已矣。"【钻燧改火：古人钻木取火，四季所用木头不同，每年轮一遍，叫改火。期(jī)：一年。】

宰我问："父母去世，服丧守孝三年，时间太长了吧。君子三年不学习礼仪，礼仪一定会荒废；三年不演奏音乐，音乐一定会荒废。陈谷已经吃完，新谷已经成熟，钻燧取火的木头也轮换了一遍，守孝有一年的时间也就可以了。"

子曰："食夫稻，衣夫锦，于女安乎？"【食夫稻：古代北方少种稻米，故大米很珍贵。这里是说吃好的。】

孔子说："守孝才一年的时间，你就吃开了大米饭，穿起了锦缎衣，你心安吗？"

曰："安。"

宰我说："我心安。"

"女安，则为之！夫君子之居丧，食旨不甘，闻乐不乐，居处不安，故不为也。今女安，则为之！"【旨：甜美，指甜美的食物。甘：香甜。】

孔子说："你心安，你就那样去做吧。君子居丧期间，吃美味不觉得甘美，听音乐不觉得快乐，闲居也不觉得安适，所以才不那么做。现在既然你觉得安心，那么你就按照你想的那样去做吧！"

宰我出，子曰："予之不仁也！子生三年，然后免于父母之怀，夫三年之丧，天下之通丧也，予也有三年之爱于其父母乎！"

宰我退了出来。孔子说："宰我真是不仁啊！孩子出生三年以后，才能脱离父母的怀抱。父母去世后守孝三年，这是天下通行的礼制。宰我难道没有在他父母的怀抱里得到过三年的爱抚吗！"

17.22 子曰："饱食终日，无所用心，难矣哉！不有博弈者乎？为之，犹贤乎已。"

孔子说："整天吃饱了饭，什么事也不做，这就难办了啊！不是还有玩博戏和下棋的游戏吗？做这些事也比闲着好。"

17.23 子路曰："君子尚勇乎？"子曰："君子义以为上。君子有勇而无义为乱，小人有勇而无义为盗。"

子路问道："君子崇尚勇敢吗？"孔子答道："君子认为义是最高尚的品德。君子只有勇敢而没有道义，就会犯上作乱；小人只有勇敢而没有道义，就会做盗贼。"

17.24 子贡曰："君子亦有恶乎？"子曰："有恶。恶称人之恶者，恶居下流而讪上者，恶勇而无礼者，恶果敢而窒者。"【恶(wù)：憎恶。下流：下等的，在下的。讪(shàn)：毁谤。窒：阻塞，不通事理，顽固不化。】

子贡说："君子也有憎恶的事吗？"孔子说："有憎恶的事。憎恶一味宣扬别人坏处的人，憎恶身居下位而毁谤上级的人，憎恶勇敢而不懂礼节的人，憎恶专断而又顽固不化的人。"

曰："赐也亦有恶乎？""恶徼以为知者，恶不孙以为勇者，恶讦以为直者。"【徼(jiǎo)：窃取，抄袭。知：通"智"。孙：通"逊"。讦(jié)：攻击、揭发别人的

阴私。】

孔子又说："赐，你也有憎恶的事吗?"子贡说："憎恶窃取别人的成绩而自以为聪明的人，憎恶不谦逊而自以为勇敢的人，憎恶揭发别人的隐私而自以为直率的人。"

17.25 子曰："唯女子与小人为难养也，近之则不孙，远之则怨。"【孙：通"逊"，谦和有礼。】

孔子说："只有女子和小人是难得同他们共处的，亲近他们，他们就会无礼；疏远他们，他们就会怨恨。"

17.26 子曰："年四十而见恶焉，其终也已。"【见：被。恶(wù)：厌恶。】

孔子说："到了四十岁的时候还被人厌恶，他这一生也就算完了。"

【思维积淀】

1. 子曰："性相近也，习相远也。"
2. 子曰："君子学道则爱人，小人学道则易使也。"
3. 子曰："道听而途说，德之弃也。"
4. 子曰："《诗》，可以兴，可以观，可以群，可以怨。迩之事父，远之事君。"
5. 子曰："其未得之也，患不得之。既得之，患失之。苟患失之，无所不至矣。"
6. 子曰："巧言令色，鲜矣仁。"
7. 子曰："君子义以为上，君子有勇而无义为乱，小人有勇而无义为盗。"
8. 子曰："年四十而见恶焉，其终也已。"

【思维探究】

1. 如何理解"色厉而内荏，譬诸小人，其犹穿窬之盗也与"?

孔子斥责"乡愿"，明确地点出这种人欺世盗名，似德而害德，极具欺骗性。这也说明孔子的"中庸之道"并不是后人所理解的"骑墙"或"和稀泥"。

要想理解孔子的教诲，必须弄清"乡愿"一词的含义。何谓乡愿?从历代学者各方面的注解中，可以将其内涵归结为四个字，即好好先生。这种人没有什么是非观念，遇事一律"好好好"。他们谁也不得罪，看似有德，实际上是最大的道德败类。孔子毫不掩饰地表达了对这种没有立场者的厌恶之情，痛骂其为"德之贼"。

好好先生最重要的特点就是缺乏原则和立场，遇事和稀泥。有人认为，这种人的作为正好符合孔子提倡的中庸之道。这么说，是对孔子思想的误解与亵渎。所谓中庸，是不偏不倚，无过无不及，追求的是一种恰到好处。而好好先生只知道做好人，为了向与他有来往的人示好，为了能让"一个乡里的人都说他好"，他们可以置原则及制度于不顾。而违背原则，则会带来严重后果，甚至有可能造成"一家人笑，一街人哭"的可悲局面。之所以会这样，原因在于原则制度会牵涉许许多多的人，对原则制度的违背，必然会影响其他人的正当利益。由此可见，这种人的存在对社会秩序是有害的。

2. 孔子认为“性相近，习相远”，为何又说“唯上知与下愚不移”？

这两句话是密切相关的。“性相近，习相远”是对我们一般人，或者借用孔子在《雍也篇》里的词语，叫做“中人”（“中人以上，可以语上也；中人以下，不可以语上也”）而言的。所有的中人天赋都差不多，只是因为后天的教养习染不同而相差很远了。但“上知”与“下愚”的人却是无法改变的。因为“上知”就是“生而知之者，上也”一类的人，是天才，生来就有某种天赋才能，而不是靠后天教养才取得的。而“下愚”则是“困而不学，民斯为下矣”的人。即便在生活与工作中遇到困难了都还不愿意学习，这样的“下愚”，你有什么办法去改变他呢？所以，中人是“性相近，习相远”，而“唯上知和下愚”的人是难以改变的。

3. 孔子为什么强调要实行仁德？

仁德就是恭、宽、信、敏、惠，所以又叫五德。实行仁德的人，会恭敬待人，自然不会遭人侮辱。能宽和处事，因此会得到民众的拥护。能够诚信交友，所以能够得到他人的信任。办事敏捷，所以能够获得成功。能够慈惠周济百姓，所以能够使唤天下的人而没有怨言。这五德说易做难，能行五德的人，自然也就是仁者了。

4. “六言”为何会转化为“六蔽”？

这里所谈的六种品德和六种弊病，古成语称为“六言六蔽”（“蔽”同“弊”）。仁、智、信、直、勇、刚都是好品德，都是我们应该喜好而加以修养的。但是，如果不通过学习而明白事理，通权达变地把握其实质，便很容易偏执一隅，造成危害，从而由“六言”（六种美好的品德）变成“六蔽”。这种事例，无论在历史上还是在现实中都有很多。就以春秋时期为例。宋国和楚国在弘这个地方开战，楚军正在渡河时，宋军中有人建议冲杀过去消灭楚军。可宋襄公为了表示“仁”，说是“不鼓不成列”，要等楚军完全渡过河列好阵以后才开战。结果宋军大败，宋襄公自己也因伤腿而送了命。这是“好仁不好学，其蔽也愚”的典型。此外如著名的《东郭先生与狼》的寓言故事，实质上也是说的“好仁不好学，其蔽也愚；好信不好学，其蔽也贼”的道理。东郭先生对狼讲仁慈，讲信用，结果害了自己。这些教训都是非常深刻的。推而广之，“六言六蔽”实则主张理论与实践相结合，具体问题具体分析，通权达变，掌握精髓和实质。

5. 如何理解“《诗》，可以兴，可以观，可以群，可以怨”？

诗“可以兴”。诗可以激发人的性情，可以给人以极大的鼓励。《诗》“可以观”，可以指导我们对社会、对周边环境的观察，了解天地万物与人间万象。《诗》“可以群”，让我们结交志同道合的朋友。《诗》“可以怨”，可以用来讥讽时政。

6. 如何理解孔子说的“君子义以为上，君子有勇而无义为乱，小人有勇而无义为盗”？

无论君子小人，只要无道义、无德，就会危害社会。孔子尚德尚义而不尚勇，主张用礼义来规范约束勇敢。当然，这并不是说勇敢这种品质不好，而是说如果不加以规范约束，勇敢就会走向反面，就会出问题。这就是他在“六言六蔽”里所说的“好勇不好学，其蔽也乱”，以及在《泰伯篇》里所说的“勇而无礼则乱”。尤其是对那些道德品质败坏的小人来说，无勇倒还没有什么，一旦有勇，那便真会成为害群之马，肆无忌惮，无恶不作，闹得社会不得安宁了。所以，我们一定要随时用道德规范或者说礼义来约束自己，特别是在那些容易引起“一时之忿”的场合下，多想想后果，以义为上，以免闯下祸乱，给他人和自己都带来危害。

7. 怎样理解孔子所言“唯女子与小人为难养也，近之则不孙，远之则怨”？

孔子是不是蓄意要轻视妇女，所以把她们与“小人”并列而论呢？话不能这样说，因为我们不能脱离社会时代背景来看问题。孔子时代的社会结构是以男权为中心，女性的确大多没有接受过文化教育，信息相对闭塞，思想相对落后，心胸相对狭窄，这些都是事实。而孔子自然是站在男性中心的角度说话，也是不言而喻的。因此，不能认为圣人对女子特别有偏见，而是有社会和时代的种种复杂因素。

人们都以为孔子不尊重女性，把女性和小人画等号。美国华裔学者、中国孔学会会长杜维明先生认为孔子这句话是政治判断，并非生活判断，也不是性别判断，孔子是站在政治意义的角度来说这句话的。孔子此言是说，对待“女人”与“小人”应当心存一份敬畏和戒惧。孔子的意思是，无论为人处世，还是为政治国，都必须处理好与“女子”、“小人”的关系，要取得他们的拥护、理解与支持不是轻而易举的事情：对他们过于亲近，他们就难免简慢不驯顺；如果疏远了他们，他们就会产生怨愤。孔子此语，也体现了他对“女子”与“小人”的重视、关注和深切体察。

8. 孔子答应阳货的请求、谈君子与小人的区别、对勇与义的辩论等故事，是如何体现孔子的通权达变的？

孔子是个有趣之人。在论及齐国名相管仲时，他老人家的态度就更有意思了。众所周知，孔子半生游历流离，正是希望以一己之力匡正“礼崩乐坏”的世道。知其不可而为之，很有些死硬派的味道。

有人不满管仲不为旧主徇死，“投敌变节”做了宰相。不过貌似“死硬”的老夫子，却有另一番见解：管仲帮着桓公称霸诸侯，匡正天下。没有他，我们如今怕要折在异族手里，随着他们披头散发，掖反衣服，“礼”又如何保全？要是管仲当年也如一小民，不声不响地拣个山沟一死了之，那还成话？

孔子心中的“君子”，须有入世的心态、治世的本事。不肯跳出成规，不懂得因势利导、因地制宜的人，显然是不够格的。所谓君子，该通达时，须懂得权变。至死而不悟，便阻于滞涩、失之灵动了。

孔子认为，人按照人格分君子小人，道不同则不相为谋，硬相谋就是不智；同样，对在上位的统治者和在下位的老百姓，也要有所不同，即使是对于不同的统治者，他也采取“有道则行，无道则藏”的办法，通达权变。他看到鲁桓公和季孙氏观齐舞三日不朝，就明白自己的道在鲁国行不通，辞官离开鲁国，去周游列国。

《论语》中还有这样一个故事，孔子在卫国，一天正敲击着磬，有一个挑着筐子的汉子恰在门前走过，便说道：“这个击磬者是有深意的呀！”等一会又说道：“磬声硁硁的，可鄙呀！它好像在说，没有人知道我呀！没有人知道自己，这就罢休好了。水深，索性连衣裳走过去；水浅，无妨撩起衣裳走过去。”孔子道：“好坚决！没有办法说服他了。”这个荷蒉者认为孔子固执，不懂得变通。在践行自己的思想学说受到挫折时，内心确实要宽阔，不能偏狭，要听得进别人的劝告，也要敢于接受现实。别人不了解，不支持自己的学说，或许正说明推行“道”的时机还不成熟，自可保持高洁。可及时调节自己，如荷蒉者那样通达权变，要么改变思想主张，要么改变自己的生活方式。他认为孔子的思想确有为“道”的原则所累的成分，在适应社会、灵活应对现实礼崩乐坏的局面上，缺乏一些权变的空间。然而孔子并不是真的不会通达权变，“危邦不入，乱邦不居。天下有道则见，无道则隐”就说明主张中庸之道的孔子是非常看重通达权变的。孔子坚守的“道”，则是他变通的基本原则，在“守死善道”前提下权变。孔子担心的并不是自身是否为人所知，也未因此否定自己的“道”，只是担心自己能力不够，做得不够。因此对荷蒉者，知其不可说服，也就通达权变以待。

孔子周游列国，推行仁义，虽到处碰壁，仍坚持不懈。其忧国忧民之心，可敬可佩、可歌可泣。一次，孔子游说到匡地，被卫国人层层包围，但他仍弹琴高歌，满不在乎。子路见孔子，问道：‘老师您有什么可乐的呢?’孔子说：‘过来！我告诉你吧：我早就忌讳贫穷，仍难免潦倒，命运所制也；我也早就向往腾达，仍未得富贵，时运所限也。当尧舜之时而天下无穷人，非智得也；当桀纣之时而天下无通达者，亦非智失也，时势使然也。行于水中不避蛟龙，此是渔夫之勇；行于陆上不避狮虎，此乃猎人之勇；白刃交于前，视死若生，此乃烈士之勇；知穷之有命，知通之有时，临大难而不惧者，圣人之勇也！仲由，你且坐下。我的命运自有老天安排！’不一会儿，有身披铠甲的人走过来，向孔子道歉：‘很对不起先生！我们以为是阳虎，故包围起来。现在才明白误认先生了，我们马上撤退！’所以说，孔子可谓是一个通达权变的至德之人啊！

（摘编自《光明网》，有改动）

【思维拓展】

1. 阅读《周恩来：随机应变，妙语连珠》，思考周恩来让世人敬佩的原因。

周恩来：随机应变，妙语连珠

周恩来总理作为中华人民共和国的第一代领导人，他的捷才让世人佩服得五体投地。下面这些答问都不是提前准备好的，也是事先难以预料到的。周总理不仅回答得巧妙，而是在很短的时间里，几乎是对方刚说完，马上就回答。没有过硬的素质和超人的智慧是根本做不到的。

1. 在日内瓦会议期间，一个美国记者先是主动和周恩来握手，周总理出于礼节没有拒绝，但没有想到这个记者刚握完手，忽然大声说："我怎么跟中国的好战者握手呢？真不该！真不该！"然后拿出手帕不停地擦自己刚和周恩来握过的那只手，然后把手帕塞进裤兜。这时很多人在围观，看周总理如何处理。周恩来略略皱了一下眉头，他从自己的口袋里也拿出手帕，随意地在手上擦了几下，然后——走到拐角处，把这个手帕扔进了痰盂。他说："这个手帕再也洗不干净了！"尽管中美当时处于敌对状态，但周总理一贯的思想，还是把当权者和普通美国民众分开。在谈判桌上横眉冷对，那是一点情面也不讲的。但会场外，他可是统战高手，尽量做工作，力图潜移默化。他对普通美国民众一直是友好的，包括新闻记者在内。所以，在那个美国记者主动要和周总理握手时，周总理没有拒绝。但这个记者看来纯粹要使周总理难堪，否则不会自己主动握手，然后又懊悔不迭地拿手帕擦手。周总理在他擦手之前，也不会意识到他会这样做。当时大堂里人很多，就看你周恩来下不下得了台。所以周总理也拿出手帕擦手。请注意两人做法不同的是：记者擦完手后仍把手帕塞回裤兜，而周总理是擦完手后把手帕扔进了痰盂。周总理的意思是：你的手帕还能用，我的手帕因为擦了以后沾染了你的细菌，你这无耻小人的病菌，再也不可能洗干净使用了，所以我就把它扔到痰盂里去。

2. 一位美国记者在采访周总理的过程中，无意中看到总理桌子上有一支美国产的派克钢笔。那记者便以带有几分讥讽的口吻问道："请问总理阁下，你们堂堂的中国人，为什么还要用我们美国产的钢笔呢？"周总理听后，风趣地说："谈起这支钢笔，说来话长，这是一位朝鲜朋友的抗美战利品，作为礼物赠送给我的。我无功受禄，就拒收。朝鲜朋友说，留下做个纪念吧。我觉得有意义，就留下了这支贵国的钢笔。"美国记者一听，顿时哑口无言。什么叫自己搬石头砸自己的脚？这就是一个典型事例。这位记者的本意是想挖苦周总理：你们中国人怎么连好一点的钢笔都不能生产，还要从我们美国进口。结果周总理说这是朝鲜战场的战利品，反而使这位记者丢尽颜面。也是，他想和周总理较劲，门儿都没有。

3. 一个西方记者说："请问，中国人民银行有多少资金？"周恩来委婉地说："中国人民银行的货币资金嘛？有 18 元 8 角 8 分。"当他看到众人不解的样子，又解释说："中国人民银行发行的面额为 10 元、5 元、2 元、1 元、5 角、2 角、1 角、5 分、2 分、1 分的 10 种主辅人民币，合计为 18 元 8 角 8 分……"周总理举行记者招待会，介绍我国建设成就。这位记者提出这样的问题，有两种可能性，一个是嘲笑中国穷，实力差，国库空虚；一个是想刺探中国的经济情报。周总理在高级外交场合，同样显示出机智过人的幽默风度，让人折服。你说这样的问题事先怎么准备，没有雄辩的口才和飞速的思维怎么可能做到？

4. 长沙马王堆汉墓发现不腐女尸引起世界轰动。基辛格博士秘密访华时曾向周总理提出一个要求："尊敬的总理阁下，贵国马王堆一号汉墓的发掘成果震惊世界，那具女尸确是世界上少有的珍宝啊！本人受我国科学界知名人士的委托，想用一种地球上没有的物质来换取一些女尸周围的木炭，不知贵国愿意否？"周总理听后，随口问道："国务卿阁下，不知贵国政府将用什么来交换？"基辛格说："月土，就是我国宇宙飞船从月球上带回的泥土，这应算是地球上没有的东西吧！"周总理听后哈哈一笑说："我道是什么，原来是我们祖宗脚下的东西。"基辛格听后一惊，疑惑地问道："怎么？你们早有人上了月球，什么时候？为什么不公布？"周总理笑了笑，用手指着茶几上的一尊嫦娥奔月的牙雕，认真地对基辛格说："我们怎么没公布？早在5000多年前，我们就有一位嫦娥飞上了月亮，在月亮上建起了广寒宫住下了，不信，我们还要派人去看她呢！怎么，这些我国妇孺皆知的事情，你这个中国通还不知道？"周总理机智而又幽默的回答，让博学多识的基辛格博士笑了。长沙马王堆汉墓女尸经历千年而不腐烂，这是一个应当严禁外泄的国家科研机密。周总理不为基辛格博士提出的用月土交换木炭的方案所动心，并且巧妙地借用中国古代传说，婉转地拒绝了对方的请求。

（摘编自《新华网》，有改动）

☞【**答案要点**】①坚决维护本国利益，不失风范。周总理在他擦手之前，并没有意识到对方会这样做，总理既在表面上回了礼，也没有给对方留一点情面。②随机应变，维护尊严。记者的本意是想挖苦周总理，结果搬起石头砸了自己的脚，哑口无言。③雄辩的口才，敏捷的思维。面对西方记者想嘲笑中国穷，刺探中国的经济情报，总理机智解围。④机智幽默。据理力争。总理讲了一个悠久而又优美的故事将基辛格博士的要求巧妙驳回。

2. 阅读《侯仁之：城市的知音》，思考分析侯仁之取得成就的自身因素主要有哪些？

侯仁之：城市的知音

1932年，"一·二八淞沪抗战"以失败告终，20岁的侯仁之在苦闷中彷徨。弟弟侯硕之的一句话，让他下定决心放弃曾想从事的医学，投考历史专业。弟弟的那句话是："学医，只能给个人看病。学历史，可给社会治病！"这一年，侯仁之考取燕京大学历史专业。

1937年抗战爆发后北平沦陷，燕京大学成为沟通沦陷区、解放区和大后方的秘密通道。当时正在读研究生的侯仁之承担了将爱国学生送往解放区或大后方的工作。抗战胜利一年后，侯仁之前往英国利物浦大学求学。

在英国期间，侯仁之逐渐接受了历史地理学的理念。他意识到，沿革地理存在明显的局限性。1949年，侯仁之学成归国，并将历史地理学引入中国。从此，一个新的、科学的历史地理学学科逐步建立起来，侯仁之成为公认的"中国历史地理学第一人"。

要搞好历史地理学的研究，大量的实地调查必不可少。在张家口考察期间，侯仁之发现一段长城与众不同。深感疑惑的侯仁之回来后立刻查资料，最终确认这是明后期沿着长城开设的“马市”。如今这种贸易已消失在历史中，但却由遗留的建筑记录下来。从此，他的研究兴趣由“历史”转向“地理”，而野外考察和考古研究，也成为贯穿他学术生涯的重要内容。

1958 年，侯仁之开始了沙漠研究。当时有人认为，沙漠地区不仅文献资料少，而且调查访问都很困难，难以开展历史地理研究。侯仁之反驳道：“必须勇敢打破旧传统，坚决走出小书房，跳出旧书堆。”此后数年，侯仁之多次奔赴西北沙漠进行考察。

1964 年夏天，侯仁之在陕北榆林附近的沙漠中考察统万城。统万城是 5 世纪一个少数民族小王朝的都城，已在沙漠中沉寂了千年。经过细致的调查研究，侯仁之得出结论，统万城的沙化，是人类不合理活动的结果。那时，人们普遍认为西北沙漠中很多古城被废弃是“大漠流沙”造成的。而侯仁之却证明，这是“肤浅的广为流传的错误观点”，人类活动才是造成沙化的主要原因。这直接为后来人们治理沙漠打下了认识基础，侯仁之也因此成为“沙漠历史地理研究的先驱”。

在这次考察中，侯仁之还纠正了一个普遍的说法：榆林三迁，即榆林因流沙侵袭而被迫三次南迁。侯仁之证实，榆林不仅没有三迁，反而在原址五次扩展。古城榆林终于明晰了自己的“身世”。

在学术生涯中，侯仁之梳理过脉络的城市有很多。承德、临淄、邯郸、芜湖、敦煌……在侯仁之的慧眼下，一个个城市的前世今生或者得以浮现，或者更加丰满。他对许多城市做了深入的研究，充满着热爱。对他而言，北京有着更重要的意义。侯仁之曾说：“我对北京，是知之愈深，爱之弥坚。”

侯仁之在北京定居60年，为北京倾注了大量心血。比如有 800 多年历史的卢沟桥在 20 世纪 80 年代还是进京要道。卡车、拖拉机往来穿梭，卢沟桥受损严重。侯仁之对此心急如焚。他写了《保护卢沟桥刻不容缓》一文，发表在《北京日报》上。6 天后，北京市政府决定，卢沟桥禁止机动车与兽力车通行。如今，经过多次整修的卢沟桥已经得到妥善保护。侯仁之最为人所知的壮举是保护莲花池。正是因为他的积极奔走，原本要建在莲花池上的北京西客站主楼东移了 100 米。“先有莲花池，后有北京城”，北京城的血脉得以保留。

与他的研究相比，这些事还只能算作“信手为之”。在几十年的学术生涯里，他以历史地理学的眼光，解决了北京城市起源、城址转移、城市发展的特点及其客观规律等关键性问题。毫不夸张地说，如果没有侯仁之，人们可能无法充分解读北京的厚重。

（作者：高毅哲）

☞【**答案要点**】①对国家民族深沉的爱；②富有创新精神，有打破旧传统的勇气；③注重实地考察的研究方法；④强烈的社会责任感和积极关注现实的精神。

微子篇第十八

学程设计

学习阶段	学习内容	学习策略	学习反馈
思维感知	《微子篇》共有十一章。记有孔子称赞比干、柳下惠等两章，孔子游历两章，孔子与逸民对话一章，另有通过与隐士行为对比体现孔子思想的记述四章，记周代有德之人两章。	学生略读，借助工具书，自主学习，圈点勾画，做好笔记，为精读文本奠定基础。	感知文本，建构语言。掌握字词的含义，初步把握文本的内容。培育思维的敏捷性。
思维积淀	深入学习文本，梳理文本各章的关联。诵读文本的精彩语句，例如“四体不勤，五谷不分，孰为夫子?”，“往者不可谏，来者犹可追”等。	精读章节，理解文本内容。合作学习，对照译文理解各章大意，并讨论分析，熟读成诵。	审美鉴赏，含英咀华。把握文本的深层含义，能背诵重点语句。形成健康向上的审美情趣与鉴赏品位。培育思维的严密性。
思维探究	1. 孔子为什么要离开齐国，鲁国？2. 如何理解“直道而事人，焉往而不三黜？枉道而事人，何必去父母之邦?”3. 如何理解孔子说的“我则异于是，无可无不可”？4. 如何看待子路劝人为官的话？5. 从孔子“虞仲、夷逸，隐居放言，身中清，废中权。我则异于是，无可无不可”中，我们应如何理解中国隐士与历史文化之间的渊源？	利用文本注释、译文，学习检索相关评析资料，积极思考、理解、分析、比较、推理、判断，进行探究学习，突破重点、难点。在交流研讨的过程中碰撞出思维的火花。	理性探究，辨明观念。把握文本的价值取向，理解孔子以天下为己任、积极求用的用世观，以及遇事唯义、通达权变的态度等。培育思维的深刻性。
思维拓展	阅读《巴金的“巴金”和别人眼里的“巴金”》和《林庚：喧闹时代里的隐退者》两篇文章，思考相关问题。	联系现实，迁移理解。古今贯通，进一步领悟孔子思想的现实意义，进行文化传承，拓展文化视野，增强文化自觉。学习评介人物，与英模人物对话。	个性感悟，确立价值。学习巴金和林庚的事迹，感受英模人物的人格魅力，提升思想境界，汲取营养，丰富精神世界。培育思维的独创性。

【思维感知】

18.1 微子去之，箕子为之奴，比干谏而死。孔子曰：“殷有三仁焉。”【微子：殷纣王的同母兄长，见纣王无道，劝他不听，于是离开纣王出走。箕(jī)子：殷纣王的叔父。他屡劝纣王而不听，便披发装疯，被降为奴隶。比干：殷纣王的叔父，屡次强谏，激怒纣王而被杀。】

微子离开了纣王，箕子做了纣王的奴隶，比干因为进谏而被纣王杀死。孔子说：“殷朝有三位仁人啊！”

18.2 柳下惠为士师，三黜。人曰：“子未可以去乎？”【士师：典狱官，掌管刑狱。黜(chù)：罢免。】

柳下惠当典狱官，多次被罢官。有人说：“你难道不可以离开鲁国吗？”

曰：“直道而事人，焉往而不三黜？枉道而事人，何必去父母之邦？”【焉往：到哪里去。】

柳下惠说：“按正道侍奉君主，到哪里不会被多次罢官呢？如果不按正道侍奉君主，为什么一定要离开父母之国呢？”

18.3 齐景公待孔子曰：“若季氏，则吾不能；以季、孟之间待之。”

齐景公谈到对待孔子的礼节时说：“像鲁君重用季氏那样(对待孔子)，我做不到；我用介于季氏孟氏之间的待遇对待他。”

曰：“吾老矣，不能用也。”孔子行。

齐景公又说：“我老了，不能有什么作为了。”孔子便离开了齐国。

18.4 齐人归女乐，季桓子受之，三日不朝。孔子行。【归：通“馈”，赠送。季桓子：鲁国宰相季孙斯。】

齐国人赠送了一些歌姬舞女(给鲁国)，季桓子接受了，三天不上朝。孔子于是便离开了鲁国。

18.5 楚狂接舆歌而过孔子曰：“凤兮凤兮！何德之衰？往者不可谏，来者犹可追。已而已而！今之从政者殆而！”【接舆：人名，楚国隐士，佯装狂人。谏：更改，挽回。追：追悔，补救。】

楚国的狂人接舆唱着歌从孔子的车旁走过，他唱道：“凤凰啊，凤凰啊，你的德运怎么这么衰弱呢？过去的已经无可挽回，未来的还能够补救。算了吧，算了吧。今天的执政者无可救药了！”

孔子下，欲与之言。趋而辟之，不得与之言。【趋：快步走。辟：通“避”。】

孔子下车，想同他谈谈，他却赶快避开了，孔子没能和他交谈。

18.6 长沮、桀溺耦而耕。孔子过之，使子路问津焉。【长沮、桀溺：两位隐士，真实姓名和身世不详。耦(ǒu)而耕：两个人合力耕作。问津：寻问渡口。津，渡口。】

长沮、桀溺在一起耕种，孔子路过那里，让子路去询问渡口在哪里。

长沮曰："夫执舆者为谁？"【执舆：即执辔。】

长沮问(子路)："那个拿着缰绳驾车的是谁？"

子路曰："为孔丘。"

子路说："是孔丘。"

曰："是鲁孔丘与？"

长沮说："是鲁国的那位孔丘吗？"

曰："是也。"

子路说："是的。"

曰："是知津矣。"

长沮说："那他是早已知道渡口在哪里了。"

问于桀溺。桀溺曰："子为谁？"

子路再去问桀溺。桀溺说："你是谁？"

曰："为仲由。"

(子路)说："我是仲由。"

曰："是鲁孔丘之徒与？"

桀溺说："你是鲁国孔丘的门徒吗？"

对曰："然。"

(子路)回答说："是的。"

曰："滔滔者天下皆是也，而谁以易之？且而与其从辟人之士也，岂若从辟世之士哉？"耰而不辍。【辟：通"避"。耰(yōu)：用土覆盖种子。】

(桀溺)说："如今世道滔滔，如江河日下，不可复返，这种情况你们同谁去改变它呢？而且你与其跟着躲避恶人的志士，为什么不跟着(我们这些)躲避整个社会的人呢？"一边说，一边仍旧不停地做田里的农活。

子路行以告。

子路回来后(把情况)报告给孔子。

夫子怃然曰："鸟兽不可与同群，吾非斯人之徒与而谁与？天下有道，丘不与易也。"【怃(wǔ)然：怅然，失意。】

孔子很怅然地说："人是不能与飞禽走兽合群共处的，如果不和人群打交道又同什么打交道呢？如果天下太平，我就不会与你们一道来从事改革了。"

18.7 子路从而后，遇丈人，以杖荷蓧。【荷(hè)：背负。蓧(diào)：一种除草的竹制工具。】

子路跟随孔子出行，却落在了后面，遇到一个老人，(老人)用拐杖挑着除草的工具。

子路问曰："子见夫子乎？"

子路问道："您看到我的老师了吗？"

丈人曰："四体不勤，五谷不分，孰为夫子？"植其杖而芸。

老人说："四肢不勤劳，五谷分不清，哪个是你的老师呢？"说完，便把拐杖插在地上锄起草来。

子路拱而立。

子路拱着手恭敬地站在一旁。

止子路宿，杀鸡为黍而食之。见其二子焉。【黍(shǔ)：黏小米。食(sì)：拿东西给人吃。】

(老人)留子路到他家住宿，杀了鸡，做了小米饭给他吃，又叫他的两个儿子出来与子路见面。

明日，子路行以告。

第二天，子路赶上孔子，(把这件事)向他作了报告。

子曰："隐者也。"使子路反见之。至，则行矣。

孔子说："这是个隐士啊。"叫子路回去再看看他。子路到了那里，老人却已经离开了。

子路曰："不仕无义。长幼之节，不可废也；君臣之义，如之何其废之？欲洁其身，而乱大伦。君子之仕也，行其义也。道之不行，已知之矣。"

子路说："不做官是不合乎义理的。长幼间的关系是不可能废弃的；君臣间的关系怎么能废弃呢？想要自身清白，却破坏了长幼、君臣这样根本的伦理关系。君子做官，只是履行自己道义上的责任。至于政治主张行不通，(我们)早就知道了。"

18.8　逸民：伯夷、叔齐、虞仲、夷逸、朱张、柳下惠、少连。【逸民：隐者。】

隐逸的贤人有：伯夷、叔齐、虞仲、夷逸、朱张、柳下惠、少连。

子曰："不降其志，不辱其身，伯夷、叔齐与！"

孔子说："不降低自己的意志，不屈辱自己的身份，这是伯夷叔齐吧！"

谓"柳下惠、少连，降志辱身矣，言中伦，行中虑，其斯而已矣"。

又说："柳下惠、少连降低自己的志向，屈辱自己的身份，但说话合乎伦理，行为合乎人心，那也不过如此罢了。"

谓"虞仲、夷逸，隐居放言，身中清，废中权。我则异于是，无可无不可"。【放：放置，不再谈论世事。】

又说："虞仲、夷逸虽然过着隐居的生活，却放肆直言。能洁身自爱，却废弃自我合乎权变。我和他们不同，没有什么可以这样做，也没有什么不可以这样做的问题。"

18.9 大师挚适齐，亚饭干适楚，三饭缭适蔡，四饭缺适秦，鼓方叔入于河，播鼗武入于汉，少师阳、击磬襄入于海。【大师挚：大通“太”。太师是鲁国乐官之长，挚是人名。亚饭、三饭、四饭：都是乐官名。干、缭、缺是人名。鼓方叔：击鼓的乐师名方叔。播鼗(táo)武：播小鼓的乐师名武，鼗，小鼓。少师：乐官名，副乐师。击磬襄：击磬的乐师名襄。】

太师挚逃到了齐国，亚饭干逃到了楚国，三饭缭逃到了蔡国，四饭缺逃到了秦国，打鼓的方叔逃到了黄河边，敲小鼓的武逃到了汉水边，少师阳和击磬的襄逃到了海滨。

18.10 周公谓鲁公曰：“君子不施其亲，不使大臣怨乎不以。故旧无大故，则不弃也。无求备于一人。”【鲁公：指周公的儿子伯禽，封于鲁。施：通“弛”，怠慢、疏远。以：用。】

周公对鲁公说：“君子不疏远他的亲族，不使大臣们抱怨没被重用。旧友老臣没有大的过失，就不要抛弃他们。不要对某一个人求全责备。”

18.11 周有八士：伯达、伯适、仲突、仲忽、叔夜、叔夏、季随、季騧。【伯适(kuò)。季騧(guā)。】

周代有八位贤士：伯达、伯适、伯突、仲忽、叔夜、叔夏、季随、季騧。

【思维积淀】

1. 柳下惠曰：“直道而事人，焉往而不三黜？枉道而事人，何必去父母之邦？”

2. 丈人曰：“四体不勤，五谷不分，孰为夫子？”

3. 子路曰：“长幼之节，不可废也；君臣之义，如之何其废之？欲洁其身，而乱大伦。君子之仕也，行其义也。”

4. 楚狂接舆歌而过孔子曰：“凤兮凤兮！何德之衰？往者不可谏，来者犹可追。已而已而！今之从政者殆而！”

5. 周公谓鲁公曰：“君子不施其亲，不使大臣怨乎不以。故旧无大故，则不弃也。无求备于一人。”

【思维探究】

1. 孔子为什么主动离开齐国、鲁国？

从这一行为我们看出孔子对这种事情的态度：道不同，不相为谋。

孔子离开齐国的原因不是礼数不周到，而是齐景公不能施行孔子的主张。当时齐国执政的是晏婴，他反对儒家，齐景公本是一个没有主见、懦弱无能的国君，处处受制于晏婴等臣属，孔子到齐国是为了行仁政，实现自己的理想、抱负，既然环境不允许，也就立即离开齐国，决不枉道以事人。

鲁定公十四年，孔子为鲁司寇，摄行相事，齐人惧怕。齐平公为了讨好鲁定公，便馈赠给鲁国歌姬舞女。孔子极力反对，季桓子却欣然接受。君臣观看演出，被声色所惑，三天不视朝听政。看到鲁国君臣如此迷恋女色，朝政日衰，不足有为，孔子极度失望而去职离鲁。

孔子胸怀天下，一生追求的就是恢复周礼，推行仁政。他周游列国，宣扬自己的治国思想，尽管愿望十分迫切，但也没有迁就或将就，而是冷静地进行分析，再做出明确的选择。

其实，孔子能够出仕的机会并不算少，但都因为与君王道不同而放弃了。他这种坚守理想，拒不“枉道而事人”的品格，也许正是其成为圣人的重要因素。

2. 如何理解“直道而事人，焉往而不三黜？枉道而事人，何必去父母之邦？”

只要你坚持原则，认真正直地工作，那随时都有可能丢官，起码也要停职检查好几次罢。鲁国如此，到其他国家去还不是一样，这是时代的病态，不是我们一两个人能把它治疗得好的。相反，如果你不那么认真正直，不那么坚持原则，而是拿原则当儿戏，以权力做交易，多做人情，多拉关系，圆滑老练，把上下左右的关系都“勾兑”得好好的，那你根本就不会丢官，连停职检查都落不到你的头上来，又有什么必要出走到国外去发展呢？那么，柳下惠作哪种选择呢？是坚守正直的态度宁可丢官，还是为了保住官位而委曲求全呢？我们知道他是坚持走正路而绝不走邪路的，所以，他成了鲁国著名的贤人，孟子称他为“圣之和者也”，把他和伯夷、伊尹、孔子等圣人相提并论。所谓丢官事小，失节事大。

无论什么时代，无论哪个国家，个人立身处世都可能遭到不公平的待遇。人们常说“事情做得越多越容易犯错误，越认真坚持原则越得罪人”，大致就是这个意思。关键是我们要选取一种自己立身处世的态度。

3. 如何理解孔子说的“我则异于是，无可无不可”？

孔子主张以积极用世为前提的灵活态度，“无可无不可”，没有什么是非这样不可的，也没有什么是非不这样不可的。当然，孔子并不是不讲原则，在《里仁》篇里他已说过：“君子之于天下也，无适也，无莫也，义之与比。”“无适也，无莫也”就是“无可无不可”，衡量标准只有一个，那就是“义之与比”，只要是符合正义的就行。说得具体一点，也就是“用之则行，舍之则藏”。用孟子的话来说，就是“应该做官就做官，应该罢官就罢官，应该做得久就久做，应该马上走就马上走”（《孟子·公孙丑上》。所以孟子称孔子为“圣之时”，即圣人中的识时务者。

总的来说，逸民隐士也罢，圣人也罢，虽然他们穷达行藏各有不同，但都有自己立身处世的原则和志向，这一点却是相同的。

4. 如何看待子路劝人为官的话？

子路说的是孔子的思想，归结起来有如下几个要点：一、官还是应该做的；二、不能因为自己要洁身自好便破坏君臣之间的伦常关系；三、君子做官不外乎是“行义以达其道”，即努力实现自己的政治理想；四、至于政治理想很难实现，这是我们早就知道的了，也算是“知其不可而为之”吧。

这些思想都是孔子在其他地方多次表达过的。子路在这里转述，是针对那隐居老人的思想而言，劝他不要隐居，而应该出来为社会、为国家做一点有意义的事，为拯救这个变乱的世道而作一份贡献。当然，有一点是必须要搞清楚的：子路劝人做官，绝不是劝人去出风头，争权夺利，捞个人的好处，而是“行其义也”，为社会大众谋利益而作出自我牺牲。

5. 从孔子“虞仲、夷逸，隐居放言，身中清，废中权。我则异于是，无可无不可”中，我们应如何理解中国隐士与历史文化之间的渊源？

中国人尊崇隐士的传统可以一直上溯到历史的源头。黄帝作为华夏民族和中国文化的始祖，其治国与修身之术传说是来自于一位神化了的隐士高人——广成子。广成子传给黄帝的秘诀，既是肉体的长生不老之术，又是社会的长治久安之道。从此，尊崇隐士的传统得以确立，隐士思想就像历史洪流背后那无所不在的影子，总是在关键时刻悄悄修正和改变着中华文明的成色和进程。

许由拒绝尧帝让天下于他，从而奠定了上古隐士面对世俗权力的绝对精神优势。善卷、壤父、务光三位上古高士，或以布衣而为王者之师，或击壤高歌于太平之世，或以自杀身死来拒绝当帝王，他们虽然在典籍中只有昙花一现般的记录，但却足以成为后世隐者的楷模。接下来的老子、庄子，一举奠定了传之千古的中国道家学术的基石，成为集中国上古隐士思想之大成者。另外，伯夷、叔齐为了道义而双双饿死在首阳山，体现了上古隐者的高尚气节；伯牙、子期一曲高山流水成为千古知音的绝唱；楚狂接舆、蓬莱安期生，更是上古隐者中特立独行的异类。他们不仅丰富了中国隐士的形态类型，更为后世隐者开启了一条纵情自在、游戏人生的潇洒道路。

孟子说过：“穷则独善其身，达则兼济天下。”文人得意时仕，失意时隐，自古而然。但六朝隐士之多，恐为历代之冠。“隐逸”的另一个表现，就是出现了对隐居生活由衷赞美和吟咏的“隐逸诗”。有的诗的标题就用了“招隐”二字。比如西晋张载的《招隐诗》有这样的句子：“来去捐时俗，超然辞世伪。得意在丘中，安事愚与智。”因写《三都赋》而洛阳为之纸贵的左思，也写了两首《招隐诗》，其中有句曰：“惠连非吾屈，首阳非吾仁。相与观所向，逍遥撰良辰。”诗中提到的惠连是指柳下惠、鲁少连，曾屈己受禄；首阳的典故则是指不食周禄、宁愿饿死首阳山的伯夷、叔齐。意思是说，无论是惠连的曲意求仕，还是夷齐的舍身全节，都与我无涉，我只知徜徉逍遥，怡然自得。

东晋大诗人陶渊明有“千古隐逸诗人”之称，他虽没有以“招隐”为题的诗篇，但他的诗却达到了“隐逸诗”的巅峰。最有名的当然要数那篇题为《饮酒》第五的诗：“结庐在人境，而无车马喧。问君何能尔，心远地自偏。采菊东篱下，悠然见南山。山气日夕佳，飞鸟相与还。此中有真意，欲辨已忘言。”这样的“隐逸诗”，真是到了超凡脱俗的地步。和“隐逸诗”同时流行起来的还有山水诗，这也是“隐逸文化”的一个表现。

山水诗和“隐逸诗”可说是孪生姐妹。要隐逸，就必然会得意于丘中，徜徉于林泉，这必然会拥抱山川、赞美山川，吟哦之间，形成寄情于景、借景抒情的山水诗。和前朝山水不同的是，六朝的山水诗，更多一分超然物外的意境和逍遥自适的心情，诗风则更加轻灵飘逸，文笔则更加婉约隽永。像左思的诗句“未必丝与竹，山水有清音”，谢灵运的诗句“云日相辉映，空水共澄鲜”，谢朓的诗句“望山白云里，望水平原外”、“天际识归舟，云中辨江树”等等，其意境之美，可和盛唐的山水诗相媲美。钟嵘的《诗品》，对谢朓诗的评价是：“一章之中，自有玉石”，“奇章秀句，往往警遒”。清代的王夫之在讲到谢朓的诗时说“‘天际识归舟，云中辨江树’，隐然一含情凝眺之人，呼之欲出。从此写景，乃为活景，故人胸中无丘壑，眼底无性情，虽读尽天下书，不能道一句”。说得很是中肯。

隐逸既是一种文化现象，也是一种生存方式；隐士是一个特殊的社会群体，更是一种特殊社会语境的产物。在中国古代，无论是哪个学派，似乎都对隐士和隐逸文化有一种解不开的情结，儒、道两家更是如此。作为中国传统文化主流构成的儒、道两家，都各自有着一套系统的隐逸文化观。道家讲隐逸，其出发点和归宿都在于追求精神的绝对自由，是对个体生命的无上珍视，他们要解除对个体生命的一切羁绊，世俗的功名利禄当然要首当其冲。这正是庄子所说的“逍遥游”的人生境界，这种境界是能“乘天地之正，而御六气之辩，以游于无穷者，彼其恶乎哉！”(《庄子·逍遥游》)而最终达到“天地与共生，而万物与我为一”(《庄子·达生》)的忘我境界。孔子曾对隐逸行为发表过明确的看法，他说：“天下有道则见，无道则隐。”(《论语·泰伯》)并以赞赏的口气评价能这样实践的人：“君子哉！蘧伯玉，邦有道则仕；邦无道，则可卷而怀之”(《论语·卫灵公》)；“宁武子，邦有道，则知；邦无道，则愚。其知可及也，其愚不可及也”(《论语·公冶长》)。尽管孔子自己不能实践这种隐逸思想，但他也曾流露出“道不行，乘桴浮于海”(《论语·公冶长》)的心愿。孟子虽然用世进取而少隐逸之慨，但他也提出了“士”的一条原则，即“穷则独善其身，达则兼济天下”(《孟子·尽心上》)，这一原则实际上也为后世不被当道者所容的士人走上隐士的道路提供了行为依据。

(作者：杨倩)

【思维拓展】

1. 孔子说：“不降其志，不辱其身。”阅读《巴金的“巴金”和别人眼里的“巴金”》，结合材料，分别从巴金和别人的角度谈谈你的理解。

巴金的“巴金”和别人眼里的“巴金”

现在传媒热点中的巴金，多半不是巴金的巴金，是别人的巴金，用他自己的话来说，他已经是在为别人活着。

1998年，巴金对前来采访的赵兰英说：“我一生没写什么东西，不过就写了《随想录》这一部作品。”赵后来对此的评述是：“我感觉得出，这不是虚伪，而是清醒。这就是作家巴金。”对于巴金1998年的这句言说，上海大学历史系教授朱学勤的理解是他晚年的亮点所在。这是巴金的巴金。被人们一演再演的《家》《春》《秋》他并不放在眼里。而这本《随想录》他看得那么重，因为这是中国左翼知识分子反思的一个起点啊，此前的作品则几乎是一条左翼文学延续线。而现在传媒热点中的巴金，多半不是巴金的巴金，而是别人的巴金，用他自己的话来说，他“已经是在为别人活着”。《人格的发展——巴金传》的作者、复旦大学中文系教授陈思和曾对巴金作过访谈。据他回忆，巴金第一句话就说：“到现在我还不认为自己是个作家，我写作是业余的。”陈思和当时就问他：“那么你认为最重要的是什么呢？”巴金说：“最重要的还是应该对社会进步做点实际工作。”

如果联系巴金一生的追求，可以看出巴金始终是一个持有坚定理想和信仰的人。他的理想是建设一个合理的公正的社会秩序，他觉得应该按照自己的理想去从事社会的实际工作，推动社会进步。但是到后来(20世纪30年代)，巴金发现现实离自己的理想很远很远，只得将自己的悲愤、绝望、痛苦，通过文学表达出来。所以他的写作从某种程度上说不是一种文学创作，而是一种政治情绪的宣泄，只是用审美的方式来完成。所以，后来当作为文学家的巴金获得了巨大的成功的时候，他内心的痛苦却从来没有减少过。

对此陈思和曾经在这部传记中写过一段话，大致的意思是：巴金的魅力不是来自于他的人格的完满，而是他的人格的分裂。他自己想从事的社会革命的事业，离他一步步地远去，而他不想做的文学的事业，却使他功成名就。文学地位越高，他就越痛苦；越痛苦，他的文学创作就越有个性。这样的一个循环，构成了巴金独特的写作道路。

陈思和说：“记得在那次采访中，我故意问他，如果你从事实际革命，恐怕你也做不到现在这个成就。还不如从事文学创作，能够对那么多人都产生影响。”巴金笑了，说：“我还是觉得我应该去从事点实际的工作。”陈思和对巴金这句话的理解就是，巴金从来没有觉得自己写的小说是对社会进步有实际效益的，他写作主要是发泄他达不到理想的悲愤，所以他觉得这是空洞的东西。而《随想录》则不同，对巴金来说，这是一部对实际生活产生了效应的书，是一部直接推动了社会理性、社会进步、促使人们反思历史的书。

《随想录》不但使晚年的巴金迎来了人生中又一次创作高峰，他由此而表现出来的高尚的人格也得到读者的理解和尊重。对此，学术界给予了极高的评价，认为其在中国文学史上具有里程碑意义，即标志着新时期文学结束了夸饰时代，进入了说真话的时代；标志着文学真正进入了关心人、尊重人的时代。

但近年来，学术界对《随想录》的思想价值和成就开始出现一些不同观点。比如美国哈佛大学东亚系教授李欧梵先生认为，《随想录》更多的是从日常生活的角度，作一些感性的思考，并没有达到一个知识分子应该具有的深度，从一个大时代的背景来思考“文化大革命”。李欧梵说，人们为《随想录》这部作品所震动，多数是因为他在写作中所体现出的人道主义情怀。

社科院哲学研究所研究员徐友渔认为，说真话是最基本的品德，但在中国往往是最难的事，所以比起那些靠说假话求官获利的人，尤其是相比于那些漠视苦难和不公正、粉饰现实的作家，巴金非常令人尊敬。“即使如此，巴金仍然值得尊敬。”李欧梵说，“这样一个纯真的人，一直做一个好人的人，他从来没有觉得自己了不起。”

（作者：朱强，刘建平）

【相关链接】①巴金自1978年底到1986年8月，历时八年，写完了《随想录》。这部42万字的巨著，对于年届八旬的巴金来说，不仅意味着工作的艰辛，它更是一次老人对自己心灵的无情拷问，是一次痛定思痛的自我忏悔。这是巴金高度的精神自觉和时代自觉的体现。（百度文库）

②《随想录》堪称一本伟大的书。这是巴金用全部人生经验来倾心创作的。没有对美好理想的追求，没有高度严肃的历史态度，老年巴金就不会动笔。（百度知道）

③我想《随想录》是一个以文学形式出现的知识分子的社会文化批判书……它与新时期国家意识形态存在某种方向上的一致性。

☞**【答案要点】**①在巴金自己看来，他并不认为自己是个作家，他的写作只是业余的，他的理想是干些推动社会进步的实际工作；②在一般人看来，巴金是个作家，他因为创作出了人们喜爱的《家》《春》《秋》等著名文学作品而受到人们的尊重。

2. 孔子因为丈人的回答“四体不勤，五谷不分，孰为夫子?”称丈人为“隐者也”；本文说林庚先生是喧闹时代里的“隐退者”，请结合全文，谈谈你的理解。

林庚：喧闹时代里的隐退者

如果不是他去世的消息被媒体报道，林庚似乎已被人们遗忘了。今年中秋节的前两天，这位97岁的老人在睡梦中辞世，人们这才又记起早年与吴组缃、李长之、季羡林并称“清华四剑客”、后来又与吴组缃、王瑶、季镇淮并称“北大中文四老”的林庚先生。

北大中文系教授钱理群曾告诉自己的每一个学生，要去接触林庚，拜访林庚，因为这位老人有着故去的知识分子们身上最深厚、最值得传承的精神财富。

这笔精神财富近20年来一直隐居在北京大学燕南园里。20世纪80年代林庚从北大退休，便一直居住在这里。学生们从门口偶尔路过，能看到林庚先生正静坐在藤椅上，他的侧影清癯而安详。

这些学生再也听不到林庚讲课了。

据听过课的人们回忆，林庚讲课，有时身着白衬衣，吊带西裤，有时身着丝绸长衫。他腰板挺直，始终昂着头，大多数时间垂着双手，平缓地讲着，讲到会心关键处，会举起右手，辅以一个有力的手势，他从不用讲稿，偶尔看看手中卡片，但旁征博引，堂下鸦雀无声，仿佛连“停顿的片刻也显得意味深长”。

林庚退休之前，中文系特意为他安排了一堂“告别课”。尽管从1933年在清华大学给朱自清当助教开始，林庚已经执教半个世纪，但他的讲课题目还是几经更换才定下，讲课内容也斟酌再三，教案足足准备了一个多月。这一课，讲的是“什么是诗”。

讲课那天，他穿一身经过精心设计的黄色衣服，配黄皮鞋，头发一丝不乱。照钱理群的说法，“美得一上台就震住了大家”。然后，他款款讲来，滔滔不绝。但是，课后当钱理群送他回家，他一进门便倒下，大病一场。

晚年，燕南园里这位坐在藤椅上的老人，已经少问世事，不接受媒体访问，淡出公众视野，甚至，连那些从他门口路过的学生，有些也已经不知道他是谁了。“功利、名望，仿佛已经完全从先生的心里消失。”张鸣说。

隐居中的林庚，惟独在有人请他为学生讲课时绝不推辞。“对学生，对年轻人，林庚有一种超乎寻常的感情和期待。”张鸣说。在他那间20多年毫无变化、简朴陈旧的客厅里，他面对来访的学生，很容易激动起来。阳光从东、南、西三面的窗户里洒进来，学生们“坐在他面前，甚至连敬仰的心都很难产生，他实在太随和，太真诚”。学生袁行霈回忆，他从不对学生耳提面命，疾言厉色，也不肯当面表扬，或者说些惯常的客套话。学生去看望他时，他起身迎接。离开时，又总是要送出大门，说声“谢谢”。

这位曾经的北平现代派诗人、后来的古典文学研究者，一生追慕的是“寒士文学”和“布衣感”。他推崇不在权贵面前低头、“贵者虽自贵，视之若尘埃。贱者虽自贱，重之若千钧”的骨气。他的学生袁行霈至今记得先生的一句话：“人走路要昂着头，我一生都是昂着头的。”

不过，“文革”中林庚曾被选调入“两校写作小组”。这段历史，成为有人指责林庚的罪名之一。但钱理群向记者转述，在一次为一本古书做注的讨论会上，江青曾送给林庚一枝花，托他“转交夫人”。林庚不卑不亢，接过花，随手放在桌上，没有任何受宠若惊的表情。“这起码说明林庚先生的态度。他是温和的，他不是激烈反抗型的文人，这与他的性格，一向相符。而他对政治里的事情，原本并不清楚。”钱理群说。他认为，此前和此后，林庚与政治，再无半点瓜葛，可以作为一个证明。而林庚晚年的隐居，被钱理群看作“从根底上是自由的精神”。

“在做人上，他是成功的。”钱理群评论，“相比一些在世时被推上高位，被别人供奉的人，林庚的结局是最美的。”

“他并不显赫，社会上的人也许并不知道他是谁，然而学生却永远铭记。”钱理群说，这是作为一个老师，可以得到的最高评价。

（作者：张伟）

☞【**答案要点**】①生活简朴。②潜心学问。③热爱学生。

子张篇第十九

学程设计

学习阶段	学习内容	学习策略	学习反馈
思维感知	《子张篇》共有二十五章。全为孔子弟子语录，记有子张三章，子夏九章，子游三章，曾子四章，子贡六章(有重合)。	学生略读，借助工具书，自主学习，圈点勾画，做好笔记，为精读文本奠定基础。	感知文本，建构语言。掌握字词的含义，初步把握文本的内容。培育思维的敏捷性。
思维积淀	深入学习文本，梳理文本各章的关联。诵读文本的精彩语句，例如“君子尊贤而容众，嘉善而矜不能”，“日知其所亡，月无忘其所能，可谓好学也已矣”，“博学而笃志，切问而近思，仁在其中矣”等。	精读章节，理解文本内容。合作学习，对照译文理解各章大意，并讨论分析，熟读成诵。	审美鉴赏，含英咀华。把握文本的深层含义，能背诵重点语句。形成健康向上的审美情趣与鉴赏品位。培育思维的严密性。
思维探究	1. 子张认为，作为一位合格的“士”，应该具备哪四条标准？2. 怎样理解子夏与子张对交友的不同看法？3. 如何理解子夏所说的“日知其所亡，月无忘其所能，可谓好学也已矣”？4. 如何理解“博学而笃志，切问而近思”？5. 子夏认为君子为什么要做到“信”？6. 如何理解子游与子夏的争论？7.《子张篇》中弟子们是如何传承孔子思想的？	利用文本注释、译文，学习检索相关评析资料，积极思考、理解、分析、比较、推理、判断，进行探究学习，突破重点、难点。在交流研讨的过程中碰撞出思维的火花。	辨明观念，理性探究。把握文本的价值取向，理解孔子弟子所论道德信义、交友原则、好学精神、学仕关系、孝道规定、学无常师等。培育思维的深刻性。
思维拓展	阅读《化作星辰长伴“天眼”——追忆我国“天眼”之父南仁东》和《申泮文：爱国是心灵深处的“化学反应”》两篇文章，思考相关问题。	联系现实，迁移理解。古今贯通，进一步领悟孔子思想的现实意义，进行文化传承，拓展文化视野，增强文化自觉。学习评介人物，与英模人物对话。	个性感悟，确立价值。学习南仁东和申泮文的事迹，感受英模人物的人格魅力，提升思想境界，汲取营养，丰富精神世界。培育思维的独创性。

【思维感知】

19.1　子张曰："士见危致命，见得思义，祭思敬，丧思哀，其可已矣。"【士：对有一定社会地位或有修养的读书人的通称。致命：献出生命。】

子张说："读书人看见危险便肯献出生命，看见有利可得时便考虑是否合乎道义，祭祀的时候考虑到是否严肃恭敬，居丧的时候考虑到是否悲痛哀伤，那大概就可以了吧。"

19.2　子张曰："执德不弘，信道不笃，焉能为有？焉能为亡？"【弘：大，发扬光大。笃：有忠贞不渝、踏踏实实、专一诚实、坚定不移之意。亡（wú）：通"无"，没有。】

子张说："执守仁德却不能使之发扬光大，信奉道义却不能专一诚实，（这样的人）有他不为多，没他不为少。"

19.3　子夏之门人问交于子张。子张曰："子夏云何？"

子夏的学生问子张怎样去交朋友。子张说："子夏说了些什么？"

对曰："子夏曰：'可者与之，其不可者拒之。'"【与：交往，结交。】

答道："子夏说，可以交往的去结交他，不可以交往的拒绝他。"

子张曰："异乎吾所闻：君子尊贤而容众，嘉善而矜不能。我之大贤与，于人何所不容？我之不贤与，人将拒我，如之何其拒人也？"【嘉：褒扬，赞美。矜：怜悯，同情。与：同"欤"，语气助词，用于句末，表示疑问、感叹或反诘。】

子张说："我所听到的与此不同：君子尊敬贤人，也接纳普通人；褒奖有能力的人，而怜悯无能的人。我若是个贤良之人，对什么人不能容纳呢？我若不是个贤良之人，别人将会拒绝我，我怎么能去拒绝别人呢？"

19.4　子夏曰："虽小道，必有可观者焉；致远恐泥，是以君子不为也。"【虽：纵然，即使。泥：拘泥，阻碍。】

子夏说道："即使是小技艺，也一定有可取的地方；但恐怕它妨碍远大事业，因此君子不从事。"

19.5　子夏曰："日知其所亡，月无忘其所能，可谓好学也已矣。"【日：每天。亡：通"无"，没有。月：每月。】

子夏说："每天都学习自己不会的，每月都不忘掉已经掌握的，可以说是好学了。"

19.6　子夏曰："博学而笃志，切问而近思，仁在其中矣。"【切问：问与切身有关的问题。】

子夏说："广泛地学习，并且坚守自己的志趣；就与切身有关的问题提出疑问，并且多去思考问题，（如果这样做了，）仁德就在这中间了。"

19.7　子夏曰："百工居肆以成其事，君子学以致其道。"【百工：百，虚指，百工指各种工匠。肆：古代工匠劳动的作坊。致：达到。】

子夏说："各行各业的工匠整天在作坊里完成他们分内的工作，君子要通过学习来达到大道。"

19.8　子夏曰："小人之过也必文。"【文：文饰，掩盖。】

子夏说："小人对于错误一定加以掩饰。"

19.9　子夏曰："君子有三变：望之俨然，即之也温，听其言也厉。"【俨然：庄严，庄重。即：靠近，接近。温：温和。厉：严正不苟。】

子夏说："君子有三种变化：远远望着，庄重严肃；接近他，则感到温和可亲；听他的话，却又严厉不苟。"

19.10　子夏曰："君子信而后劳其民；未信，则以为厉己也。信而后谏；未信，则以为谤己也。"【厉：伤害，折磨。】

子夏说："君子必须得到信任以后才去役使百姓；没有得到信任，百姓就会以为你在折磨他们。（君子）必须得到信任以后才去进谏，没有得到信任，（国君）会以为你在毁谤他。"

19.11　子夏曰："大德不逾闲，小德出入可也。"【逾：逾越，超过。闲：本义是栅栏，这里是阻拦、界限的意思。】

子夏说："人的重大节操不能逾越界限，小节稍稍出入一点是可以的。"

19.12　子游曰："子夏之门人小子，当洒扫应对进退，则可矣，抑末也。本之则无，如之何？"【子游，姓言，名偃，字子游，亦称"言游"、"叔氏"，春秋末吴国人，与子夏、子张齐名，"孔门十哲"之一。洒扫：洒水、扫地，即打扫、收拾房间之类。应对：指接待时的问答等仪节。进退：指接待宾客时的进出等仪节。抑：表转折，不过，但是。本：根本，这里用作动词，探究其根本。】

子游说："子夏的学生们，叫他们做做打扫、接待客人、应对进退的工作，那是可以的，不过这只是礼仪的末节罢了。探讨根本性的知识却没有，这怎么可以呢？"

子夏闻之，曰："噫！言游过矣！君子之道，孰先传焉？孰后倦焉？譬诸草木，区以别矣。君子之道，焉可诬也？有始有卒者，其惟圣人乎！"【后倦：放在后面讲述。区：种类。卒：终。】

子夏听了这话，便说："咳！言游说错了！君子的学问，哪一项先传授呢？哪一项最后讲述呢？学问犹如草木，是要区别为种类的。君子的学问，怎么可以歪曲呢？（依照一定的次序去传授而）有始有终的，大概只有圣人罢！”

19.13　子夏曰：“仕而优则学，学而优则仕。”

子夏说：“做官了，有余力便去学习；学习了有余力，就可以去做官。”

19.14　子游曰：“丧致乎哀而止。”【致：通“至”，极。止：停止，有足够之意。】

子游说：“居丧，充分表现出他的悲哀之情也就够了。”

19.15　子游曰：“吾友张也，为难能也，然而未仁。”

子游说：“我的朋友子张是难能可贵的了，然而还没有做到仁。”

19.16　曾子曰：“堂堂乎张也，难与并为仁矣。”【堂堂乎：指子张的性情高广盛极。】

曾子说：“子张的为人高不可攀了，（但是）难以和他一同履行仁德。”

19.17　曾子曰：“吾闻诸夫子：人未有自致者也，必也亲丧乎！”【诸：之于的合音。自致：自动地达到极点。】

曾子说：“我听老师说过，平常时候，人的感情是不可能自动地发挥到极致的，（如果有，）那一定在父母死亡的时候吧！”

19.18　曾子曰：“吾闻诸夫子：孟庄子之孝也，其他可能也；其不改父之臣与父之政，是难能也。”【孟庄子：即仲孙速，其父是鲁大夫孟献子，即仲孙蔑。】

曾子说：“我听老师说过：孟庄子的孝，别的都容易做到；而留用他父亲的僚属，不改变他父亲的施政纲领，这是难以做到的。”

19.19　孟氏使阳肤为士师，问于曾子。曾子曰：“上失其道，民散久矣。如得其情，则哀矜而勿喜！”【阳肤：曾子的弟子。士师：典狱官，犹今之法官。哀矜：哀怜，同情。】

孟氏任命阳肤做典狱官，阳肤向曾子求教。曾子说：“（现今）在上位的人丧失道义，百姓早就离心离德了。你假若能够审出犯罪的实情，便应该同情他们，可怜他们，千万不要沾沾自喜！”

19.20　子贡曰：“纣之不善，不如是之甚也。是以君子恶居下流，天下之恶皆归焉。”【纣：商朝最后一个君主，是历史上有名的暴君。又称“帝辛”，“辛”为商朝时以死之日代称死者。据史料看，纣文武双全，对东方的开发，对文化的发展和中国的统一，都曾有过贡献。但他宠爱妲己，贪酒好色，刚愎自用，拒纳忠言。制定残酷的刑法，压制人民。又大兴土木，无休止地役使人民。后周武王会合西南各族向纣进攻，纣兵败，逃入城内引火自焚而死。殷遂灭。恶：第一个读 wù，讨厌；第二个读 è，坏事。】

子贡说："殷纣王的不善，并不像传说的那样过分。因此，君子非常憎恶居于下流，（一旦居于下流），天下的一切坏名声都会归到他的头上来。"

19.21 子贡曰："君子之过也，如日月之食焉：过也，人皆见之；更也，人皆仰之。"【更：改正。】

子贡说："君子的过失好比日食和月食：（他）犯错误的时候，每个人都看得见；他改正错误的时候，每个人都敬仰他。"

19.22 卫公孙朝问于子贡曰："仲尼焉学？"子贡曰："文武之道，未坠于地，在人。贤者识其大者，不贤者识其小者。莫不有文武之道焉。夫子焉不学？而亦何常师之有？"【公孙朝：卫国大夫。坠：落，引申为失传。识：记住，了解。常师：固定的老师。】

卫国的公孙朝向子贡问道："仲尼的学问是从哪里学来的？"子贡说："周文王、武王之道，并没有失传，而是流传在人间。贤能的人便抓住根本，不贤能的人只抓些末节。没有地方没有文王、武王之道。我的老师在哪里不能学习呢？又为什么要有固定的老师呢？"

19.23 叔孙武叔语大夫于朝曰："子贡贤于仲尼。"【叔孙武叔：鲁大夫，名州仇。】

叔孙武叔在朝廷中对官员们说："子贡比他老师仲尼要贤能一些。"

子服景伯以告子贡。【子服景伯：鲁国大夫。以：把。】

子服景伯便把这话告诉了子贡。

子贡曰："譬之宫墙，赐之墙也及肩，窥见室家之好。夫子之墙数仞，不得其门而入，不见宗庙之美，百官之富。得其门者或寡矣。夫子之云，不亦宜乎！"【宫墙：指围墙。仞：一人之高，旧有七尺、八尺之说。百官：朝堂诸曹办事的房舍。子贡以天子、诸侯才有的宗庙、百官比喻孔子学说的博大精深。】

子贡道："拿房屋的围墙作比喻，我的围墙只有肩膀那么高，谁都可以探望到房屋里面的美好。我老师的围墙却有几丈高，要是找不到门走进去，就看不到那里面庙堂的雄伟，房舍的富丽。能够找着大门的人或许不多罢，那么，武叔那样说，不也很自然吗？"

19.24 叔孙武叔毁仲尼。子贡曰："无以为也！仲尼不可毁也。他人之贤者，丘陵也，犹可逾也；仲尼，日月也，无得而逾焉。人虽欲自绝，其何伤于日月乎？多见其不知量也。"【无以为：不要这样做。多：只是，仅仅。】

叔孙武叔毁谤仲尼。子贡道："不要这样做！仲尼是毁谤不了的。别人的贤德，好比山丘，还可以跨越过去；仲尼，简直是太阳和月亮，不可能超越。即使人家要自绝于太阳月亮，那对太阳月亮有什么损害呢？只不过表示他不自量力罢了。"

19.25 陈子禽谓子贡曰："子为恭也，仲尼岂贤于子乎？"

陈子禽对子贡道："您对孔子是客气谦恭吧，难道仲尼真比您还要贤能吗？"

子贡曰："君子一言以为知，一言以为不知，言不可不慎也。夫子之不可及也，犹天之不可阶而升也。夫子之得邦家者，所谓立之斯立，道之斯行，绥之斯来，动之斯和。其生也荣，其死也哀，如之何其可及也？"【知：同"智"。邦家：封国和采邑，这里偏指国。道：通"导"，引导。绥：安抚。和：同心协力。】

子贡道："君子从一句话中可以显示他的智慧，也可从一句话中表现他缺乏智慧，所以说话不可不审慎啊。我的老师是没人能够比得上的，犹如天空不能搭着梯子爬上去一样。我的老师如果有一国一家之位，他要百姓自立，百姓就会自立于社会；他引导百姓，百姓就会按他的指引前进；他安抚百姓，百姓就会从远方来归顺；他动员百姓，百姓就会同心协力。我的老师活着的时候十分荣耀，去世了令人哀恸，我怎么能够赶得上他呢？"

【思维积淀】

1. 子张曰："君子尊贤而容众，嘉善而矜不能。"
2. 子夏曰："日知其所亡，月无忘其所能，可谓好学也已矣。"
3. 子夏曰："博学而笃志，切问而近思，仁在其中矣。"
4. 子夏曰："仕而优则学，学而优则仕。"
5. 子贡曰："君子之过也，如日月之食焉：过也，人皆见之；更也，人皆仰之。"
6. 子贡曰："文武之道，未坠于地，在人。贤者识其大者，不贤者识其小者。"
7. 子贡曰："君子一言以为知，一言以为不知，言不可不慎也。夫子之不可及也，犹天之不可阶而升也。夫子之得邦家者，所谓立之斯立，道之斯行，绥之斯来，动之斯和。其生也荣，其死也哀，如之何其可及也？"

【思维探究】

1. 子张认为，作为一位合格的"士"，应该具备哪四条标准？

孔子曾提到"见利思义，见危授命"，还提出君子"九思"的观点，其中就有"见得思义"。同时，孔子十分重视祭祀，曾说"祭如在，祭神如神在"，认为人应该"慎终追远"。

在孔子这些思想的基础上，子张总结了古代"士"应该具备的四条标准，即"见危致命""见得思义""祭思敬""丧思哀"。更为确切地说，这四条标准其实可以概括为三种美德，即对国家的忠、对社会的义、对已故亲人的孝。

2. 怎样理解子夏与子张对交友的不同看法？

子夏与子张的交友之道皆闻于孔子，孔子根据二人各自的性格特点因材施教，因为二人对老师的话进行了片面理解，才导致二人在交友问题上的分歧。

子夏注重个体修养，见恶如探汤，唯恐避之不及，所以主张交友应慎重而有所选择；而子张善于与各种人结交，所以主张宽容包涵的交友之道。两者看似矛盾，实则不然。交友一般分为初交和深交两个阶段，初交要学子张而泛交，深交就要像子夏一样慎重地选择。如果把子张和子夏的交友之道结合起来，可能就是孔子的交友之道了。

3. 如何理解子夏所说的“日知其所亡，月无忘其所能，可谓好学也已矣”？

儒家强调“修己以安人”，“修己”是“安人”的基础，而好学是实现“修己”的途径。

学习不能一蹴而就，而是需要不断的积累，才有可能有所成就，或有所创见。子夏所说的好学，是指我们要时时复习，还要不断学习新的知识，也就是要做到孔子所说的“温故而知新”。顾炎武的《日知录》即取名于此。

4. 如何理解“博学而笃志，切问而近思”？

子夏谈论求仁之道，子夏认为，君子求仁应该广泛地学习，坚守自己的志趣；恳切地发问，切近实际的考虑能否实行，做到理论联系实际、言行一致，提升自我的修养。

子夏的这一观点，与《中庸》中的“博学之，审问之，慎思之，明辨之，笃行之”的理论是一致的。朱熹对“近思”尤为推崇，他与吕祖谦合编北宋理学家周敦颐、程颢、程颐、张载四人之学说，即名之为《近思录》。

5. 子夏认为君子为什么要做到“信”？

取信于民是孔子对君子的基本要求，也是基本的治国之道。《论语》中多次提到“信”，例如“人而无信，不知其可也”等等，强调“信”是为人处世的基本要求。孔子用“文、行、忠、信”四种内容教育学生，可见“信”的重要。

子夏认为，要役使百姓或者进谏君主，必须以取得信任为前提，不能取得他们的信任，民众就会有抵触心理，以为在虐待他们，不会听从命令；君主会把忠言进谏当成毁谤，君子的政治理想就难以得到实现。

6. 如何理解子游与子夏的争论？

子游与子夏争论的问题是授业方法，即教学方法的差异问题。

子游重本，批评子夏的门人做些洒水扫地、应对宾客、进退礼仪的事情还可以，却不知道根本之道，其实是在批评子夏传授给学生的是枝节末学。子夏则对子游的批评予以回应，认为传道授业应该由浅入深，先小节、后大事，循序渐进。两者孰优孰劣？

本与末即大道与小道，子夏从小道入手，并非忽略大道；子游重大道，也未尝不传授学生小道。正如程树德《论语集释》引元人许谦《读四书丛说》云："读此章者颇易失旨。但见'言游过矣'四字，便谓子游之言全非。盖子游但言门人虽知洒扫之末，不即举大学之本以教之；子夏则言教之当有序。子游未尝讥子夏教洒扫之非，而子夏亦未尝言不教以大学也。"

7.《子张篇》中，弟子们是如何传承孔子思想的？

《子张篇》集中记载了孔子的一些主要弟子——子张、子夏、子游、曾子、子贡等人的言辞。

这些弟子对孔子学说的继承发扬，概括地说，大致有以下几点。

第一，对孔子的伟大历史文化贡献作出高度的评价，维护老师的形象，肯定老师的地位。这方面，子贡所付出的努力最多，发挥的作用最大，影响也最为深远持久。他强调孔子学说的博大精深，仰之弥高，用之不竭，是一座美不胜收、异彩纷呈的思想宝库："夫子之墙数仞，不得其门而入，不见宗庙之美，百官之富，得其门者或寡矣。"强调孔子作为不世出的"圣人"，犹如日月，犹如苍天，是高耸入云的不朽丰碑，是永远无法企及和逾越的："他人之贤者，丘陵也，犹可逾也；仲尼，日月也，无得而逾焉"，"夫子之不可及也，犹天之不可阶而升也"。一再指出，孔子是真正的人类文化思想之永恒奇迹，"其生也荣，其死也哀"。

第二，提倡专心学习，像孔子那样，把学习视为自己的生命；通过学习，积累知识，蕴涵义理，塑造人格，提升境界。"学而时习之"，这是孔子立德为仁、明礼治政的起点。他一生都在学习，因而最终能够成其伟大。孔子的学习理念与实际努力，始终在影响着其弟子们的人生理想与价值取向。弟子们在潜移默化之中，早已完全认同了老师的理念与方法。因此，在他们看来，要传承与弘扬孔子的学说，最重要的环节就是注重学习，打好基础，锲而不舍，心无旁骛。这就是子夏所总结的"日知其所亡，月无忘其所能，可谓好学也已矣""博学而笃志，切问而近思，仁在其中矣""百工居肆以成其事，君子学以致其道"。

第三，主张谦虚谨慎，要像孔子那样，做到虚怀若谷，谦逊谨慎，见贤思齐，从善改恶，脚踏实地从小事做起，不好高骛远，忌自满得意。众所周知，孔子对理想君子人格的追求，业已成为其生命的有机组成部分。这种君子人格，从大处说，是礼、义、仁、智、信无所不包；从小处说，则是要从严于律己、躬身自勉做起，即注重细节，注重小节，取得成绩之时，谦逊低调；犯有过错之时，不惮悔改，"苟日新，日日新，又日新"。孔门弟子深谙夫子所汲汲倡导"立德为仁"先要做人的基本道理，在践行孔子思想的过程中逐一加以落实。为此，他们提倡随时改进不足，修正错误，"君子之过也，如日月之食焉。过也，人皆见之；更也，人皆仰之"。主张把君子之道落到细微之处，力求从细微之处见精神，"君子之道，孰先传焉？孰后传焉？譬诸草木，区以别矣"。强调持之以恒，锲而不舍；"执德不弘，信道不笃，焉能为有？

焉能为亡?”在此基础上成就君子理想人格:“士见危致命,见得思义,祭思敬,丧思哀。”

与此同时,他们还倡导立身处世要做到“守经用权”,使坚持原则性与运用灵活性得到有机的统一,“大德不逾闲,小德出入可也”。尤为难能可贵的是,他们还秉承孔子“学而不思则罔”的主张,强调独立思考,自出机杼,忌随波逐流,人云亦云,没有主见,丧失原则。子贡对于商纣王的评价,就集中地体现了这种优秀的文化自觉意识:“纣之不善,不如是之甚也。是以君子恶居下流,天下之恶皆归焉。”

特别值得注意的是,本篇中孔门弟子虽然在尊奉孔子地位,践行孔子思想,弘扬儒学精神等基本问题上有高度的一致,但是,作为具体的个体,他们的秉性气质、境界器局、行为方法、思维模式以及关注问题的侧重点,却是各具特点,有所差异。在本篇中,我们今天所能看到的,是子张的自信张扬,子夏的平易低调,曾子的笃行寡言,子贡的敏捷雄辩。他们的鲜明个性,栩栩如生;他们的音容笑貌,跃然纸上。他们各得孔子之道的一部分精髓要义,境界或许有高下之分,感悟或许有多寡之别,但组合在一起,则铸就了孔子思想学说新的完整体系,这也许就是子贡所理解的“文武之道”的一般传承规律:“文武之道,未坠于地,在人。贤者识其大者,不贤者识其小者,莫不有文武之道焉!”

(作者:黄朴民)

【思维拓展】

1. 孔子说:“博学而笃志,切问而近思。”阅读《化作星辰长伴“天眼”——追忆我国“天眼”之父南仁东》一文,思考:本文展现了南仁东的哪些优秀品格?

化作星辰长伴“天眼”——追忆我国“天眼”之父南仁东

2017年9月15日深夜,500米口径球面射电望远镜(FAST)首席科学家、总工程师南仁东因病情恶化,静悄悄地离开了我们,享年72岁。

“咱们也建一个吧。”

没有南仁东,很难想象“天眼”会伫立于世。二十多年来,从FAST的选址、立项、可行性研究,到指导各项关键技术的研究以及模型试验,南仁东似乎为这只“天眼”着了魔,把余生精力毫无保留地奉献给了它。

故事得从1993年讲起。

那年,日本东京召开国际无线电科学联盟大会。科学家提出要建设下一代射电望远镜,为10年、20年后的射电天文学发展做打算。

“咱们也建一个吧。”国际上提出要建平方公里阵列望远镜,时任中国科学院北京天文台副台长的南仁东则和几位同仁一起提议,可以根据我国国情,建造我们自己的大望远镜。

从这么一句话开始,南仁东把自己与“天眼”牢牢绑在了一起。“这二十几年,南老师没干别的。”南仁东的学生甘恒谦说,这些年,南仁东的努力程度常人难以想象。

在国际上，用钢结构建造的射电望远镜，口径突破100米已经是工程的极限。想建更大口径的望远镜，就要选择一个又大又圆的坑，借助地势来实现。贵州的喀斯特地貌，坑洼无数，成了天然的候选目标。

为了找到最满意的地点，南仁东从几百张遥感地质图像里挑选出所有接近圆形的洼地，闷头钻进贵州的大山里。他要拄着竹竿翻山越岭，到现场去勘察，这个洼地合不合适，距离嘈杂的闹市有多远。

“那几年南老师几乎踏遍了当地所有的洼地。”甘恒谦说，南仁东爬的山路连那里的农民看了都摇头。那个时候，南仁东的体力是同龄人中的佼佼者。

挑剔的南仁东最终相中了最圆的那个大坑——位于贵州平塘县的大窝凼。然后，他正式提出利用喀斯特地形建造大型射电望远镜的设想。

为了推动工程立项，南仁东每次向相关部门汇报项目，都至少提前一个小时到达会场。他担心因为一丁点儿意外而迟到。

那段时间，经常需要写个三五千字的项目介绍，要得很急。南仁东就和同事一起在办公室，逐字逐句斟酌，常常弄到凌晨。他怕稍有疏漏，影响项目的成败。

对每个细节都了如指掌

夜以继日的付出，让这个恢弘的望远镜工程在南仁东的头脑中逐渐成型。

跟随南仁东做博士后的岳友岭回忆，本科时就听南仁东讲射电天文方法课。那是十几年前，FAST大部分技术的攻关开始取得突破。南仁东就在课堂上给学生们讲，FAST各个细节的具体情况，研究到了什么程度，离预期还有多远。

2007年，FAST终于正式立项。南仁东更拼命了。

这个巨大的工程需要攻克太多难关，南仁东常常无暇顾及自己的身体。为了节省时间，中午他总是随便吃点饼干、方便面完事。遇到特别有难度的事，南仁东会长时间沉默不语。

FAST开始建造时，大家发现，南仁东总能很快找到问题的关键所在。“南老师对FAST是如此了解，从最初讨论到每一个细节设计，所有关键技术他都了如指掌。”岳友岭说。

南仁东则偶尔会跟学生提起，他毕业于清华大学无线电专业，上学时还曾在机械制图比赛里拿过第一名。尽管清华大学有专门的机械制图专业。

岳友岭参与了FAST工程钢索设计部分。FAST上的钢索需要伸缩变形，这就需要计算钢索的耐疲劳程度。岳友岭记得，刚开始大家根据FAST 30年的寿命初步预估，钢索需要承受约600万次拉伸。南仁东却算出了另一个答案：200万次。后来大家经过多次计算模拟，发现南仁东是对的，600万次的估计远远超出寿命所需，是不合理的。

“钢索应该用什么样的钢，钢索接头部分用什么技术解决，用什么样的工艺支撑FAST的外形，南老师都一清二楚。”岳友岭回忆。

在设计FAST馈源舱时，最初有4个塔和6个塔等多种设想，但馈源舱的姿态调整一直不能满足科研需求。南仁东曾提出，设计一个带有流体配重的馈源舱。

“这是个非常好的构想，需要极有创造力才行。很难有人想到，用这么简单的设计来应对如此复杂的难题。”甘恒谦说，虽然南仁东的提议因为过于超前而最终未被采用，但这件事让他对南老师在工程方面的造诣佩服得五体投地。

青丝熬成白发

作为首席科学家，南仁东主导和参与了FAST项目每个工程难题，带领FAST渡过一次又一次危机。

学生们知道，巨大的“天眼”里，熔铸了南仁东的心血，更熔铸了他的感情。在FAST建造过程中，这位低调沉默的硬汉常常触景生情吟诗咏志。2008年底，FAST奠基时，奠基石上就刻着南仁东亲自拟的对联：“北筑鸟巢迎圣火，南修窝凼落星辰。”

去年9月FAST竣工仪式上，一段宣传片介绍了FAST二十几年来从无到有的历程。岳友岭从视频中看到了南仁东二十多年前的照片，感慨万千：“南老师拄着竹竿，爬山越岭为FAST选址时，头发和胡子还是黑的。”

如今，世界上单口径最大的射电望远镜已向苍穹睁开“天眼”，而为它把青丝熬成白发的那个人，却永远闭上了双眼。

也许，他只是太累了。也许，他只想化作星辰，与“天眼”长伴！

（摘编自《科技日报》，作者：刘园园，有改动）

☞**【答案要点】**①矢志不渝，信念坚定；②精益求精，细致入微；③为国忘身，殚精竭虑。

2. 结合孔子“有教无类”“因材施教”的教育思想，思考申泮文作为一名化学教育家具有哪些优秀品格？

申泮文：爱国是心灵深处的“化学反应”

申泮文曾经给自己的职业做了一个排序：首先是教育家，然后才是科学家。他说：“我感到自己身上有一种责任，那就是要努力把年轻人培养成才，为中国的教育事业尽一份力量。”101岁的人生，有近70年站在讲台上，他也因此创造了一个纪录——中国执教时间最长的化学教师。

申泮文有着英国绅士般的风度——学生先后聆听了申先生的《双语化学》课程后，不仅被他的渊博学识所折服，也被老先生的儒雅风度所感动。因为知道是资深院士讲课，所以同学们都提早一个小时来到教室。上课铃响后，申泮文准时站在讲台上，但第一句话让所有同学目瞪口呆：“按照国际上女士优先的原则，请前三排男生起立，将座位让给女生。”至今，化学系所有的班级都保留着这样一个传统，无论大课小课，前三排的座位永远属于女生。

“申先生在授课的时候从来不迟到，而且都是站着给学生们上课。”南开大学化学学院车云霞教授回忆。一年夏天，课前突然天黑如夜，暴雨瓢泼。有些学生都没能赶来上课，申泮文却准时手擎雨伞出现在了教室门口。看着半个身子淋得湿透的先生，同学们掌声如雷。

申泮文特别重视“基础”和“传统”，他说，西南联大和南开在中国教育史上的重要意义，就在于树立了真正的大学精神，并确立了很好的人才培养模式。“老教授、名教授坚持给本科生上课，这种情况在国际知名大学其实比较普遍，只是国内越来越稀有，这是不正常的！”在他看来，名教授上课，不仅是一种形式，更是传达一种气质，一种渗入骨髓的对真理的思辨与追求，能对青年学生产生巨大的影响。“我希望南开能够保持这个传统，全国的大学也都能一起把它发扬光大。”

面对高校中渐盛的“重科研轻教学”风气，申泮文如鲠在喉，经常在各种场合呼吁：“教师要在教学改革上多用力。”

人生的最后几年，申泮文最关注的还是教学改革，他最后承担的项目课题是关于“化学学科教育教学体系的改革”。即使躺在病床上，他依旧不断向前来探望的学校领导、同事和学生询问教学改革的进展。

申泮文曾经这样阐述他对化学这门古老学科的理解：“没有一门科学能像化学这样创造出新的物质，因此化学是一门创造新世界的科学。”申泮文教授在讲课或演讲中，经常与同学们互动，有问必答，有惑必解。他说：“我不喜欢那种鸦雀无声的课堂。因为只有在思想的碰撞中，才能溅出创新的火花！”

作为化学教育家，申泮文不仅注重培养学生的专业兴趣和学习能力，还特别强调爱国主义教育。他认为，南开学校之所以培养了无数治国良才，是与南开精神密不可分的。他经常对学生说：“我经历过抗日战争，深刻感受到爱国主义氛围对人才培养的重要性。”

申泮文是一位没有出国留学、没有博士学位的中科院资深院士，但是他积极创造条件让青年师生出国深造，参加国内外各种形式的教学培训和交流研讨。他常对学生讲：“科学技术没有国界，可是科学家有祖国，科学家的社会责任是为祖国人民谋福利。”

2005 年，申泮文以“我国执教时间最长的化学教师”的评语，入选“中国 10 位最令人感动的教师”。那一年，他 90 岁。

每年新生入学，南开大学很多院系都会邀请申泮文开办“铸我南开魂”系列校史讲座，他不论多忙都从不拒绝：“爱国主义教育是育人的根本，是我们教师最崇高的责任。”

这是一位精彩地走过了 101 个春秋的世纪老人。他的世界观、价值观、人生观无一不显现着中国优秀传统文化在老一辈知识分子身上的深厚积淀，他的一言一行，正是对“允公允能，日新月异”这一南开精神的完美诠释。

（摘编自《光明日报》，有改动）

☞【**答案要点**】①将自己首先定位为教育家，一心为国家教育事业贡献力量；②注重对学生进行爱国主义教育，强调南开精神，乐于参加“铸我南开魂”系列校史讲座；③创造条件让青年师生出国深造，为国家培养人才。

尧曰篇第二十

学程设计

学习阶段	学习内容	学习策略	学习反馈
思维感知	《尧曰篇》共有三章。记有孔子言论一章，另有尧禅让时的命舜之辞、商汤告天之辞、武王分封之辞一章，孔子答子张问从政一章。	学生略读，借助工具书，自主学习，圈点勾画，做好笔记，为精读文本奠定基础。	感知文本，建构语言。掌握字词含义，初步把握文本内容。培育思维的敏捷性。
思维积淀	深入学习文本，梳理文本各章的关联。背诵文本的精彩语句，例如“尊五美，屏四恶，斯可以从政矣”，“君子惠而不费，劳而不怨，欲而不贪，泰而不骄，威而不猛”，“因民之所利而利之，斯不亦惠而不费乎？”等。	精读章节，理解文本内容。合作学习，对照译文理解各章大意，并讨论分析，熟诵经典。	审美鉴赏，含英咀华。把握文本的深层含义，能背诵重点语句。形成健康向上的审美情趣与鉴赏品位。培育思维的严密性。
思维探究	1. 尧帝、商汤、周武王的话分别讲述了什么内容？2. 如何理解孔子所说的“尊五美，屏四恶”？3. 如何理解《尧曰篇》的内容与主旨？4. 孔子对君子的品格提出了怎样的要求？	利用注释、译文，学习检索相关评析资料，积极思考、理解、分析、比较、推理、判断，进行探究学习，突破重点、难点。在交流研讨的过程中碰撞出思维的火花。	理性探究，辨明观念。把握文本的价值取向，理解尧“允执中”、武王唯贤是亲的治国思想，商汤一心为民的精神，孔子“尊五美，屏四恶”的主张等。培育思维的深刻性。
思维拓展	阅读《焦裕禄是怎样炼成的》和《爱人者，人恒爱之——从口碑看杨善洲》两篇文章，思考相关问题。	联系现实，进行迁移学习。古今贯通，进一步领悟孔子思想的现实意义，传承优秀文化，拓展文化视野，增强文化自觉。学习评介人物，与英模人物对话。	个性感悟，确立价值。学习焦裕禄和杨善洲的事迹，感受英模人物的人格魅力，提升思想境界，汲取营养，丰富精神世界。培育思维的独创性。

【思维感知】

20.1 尧曰："咨！尔舜！天之历数在尔躬，允执其中。四海困穷，天禄永终。"舜亦以命禹。【咨：即"啧"，表示赞誉的感叹词。历数：日月星辰运行之法，指天命。这里指帝王更替的一定次序。尔躬：你身上。尔，你；躬，身。允：诚实，不欺。执：执守，保持。】

尧（让位给舜的时候）说道："啧啧！你这位舜！上天的大命已经落到你的身上了，你要忠实地保持中正之道。如果天下的百姓都陷于困苦贫穷，上天赐给你的禄位就将会永远地终止了。"舜（让位给禹的时候）也说了这样一番话。

曰："予小子履，敢用玄牡，敢昭告于皇皇后帝：有罪不敢赦。帝臣不蔽，简在帝心。朕躬有罪，无以万方；万方有罪，罪在朕躬。"【履：商汤的名字。玄牡：黑色的公牛，祭祀时做祭品用。皇，大。后帝：天帝。简：简察，此有清楚了解之意。万方：天下各方的百姓。朕：我，从秦始皇开始专用作帝王的自称。】

（商汤）说："我这个后辈小子履谨用黑色公牛来祭祀，明明白白地告于光明而伟大的天帝：有罪的人（我）不敢擅自去赦免。您的臣仆（的罪恶）我也不敢隐瞒掩盖，您心里也是早就清楚了解的。我本人若有罪，就不要牵连天下万方；天下万方若有罪，都归我一个人来承担。"

周有大赉，善人是富。"虽有周亲，不如仁人。百姓有过，在予一人。"【赉（lài）：赏赐，此处指大封诸侯。】

周朝大封诸侯，使善人都富贵起来。（周武王说）："我虽然有至亲，却不如有仁德之人。百姓如果有罪过，都在我一个人身上。"

谨权量，审法度，修废官，四方之政行焉。兴灭国，继绝世，举逸民，天下之民归心焉。【权：秤锤，指量轻重的标准。量：斗斛，指量容积的标准。法度：量长度的标准。】

谨慎地审定统一度量衡器，治理瘫痪了的国家机构，全国的政令就都会通行了。恢复被灭亡的国家，承续已经断绝了的后代世系，提拔被遗落的人才，天下的百姓就都会真心归服了。

所重：民、食、丧、祭。

所要重视的四件事是：人民、粮食、丧礼、祭祀。

宽则得众，信则民任焉，敏则有功，公则说。

宽厚就会得到民众的拥护，诚信就会得到民众的信任，勤敏就会有功绩，公正就会使民众高兴。

20.2 子张问于孔子曰："何如斯可以从政矣？"【斯：就】

子张向孔子问道："怎样才能处理好政事呢？"

子曰："尊五美，屏四恶，斯可以从政矣。"【屏（bìng）：同"摒"，摒弃，排除。】

孔子说："尊崇五种美德，排除四种恶政，这就可以处理好政事了。"

子张曰："何谓五美？"

子张又问："五种美德是什么？"

子曰："君子惠而不费，劳而不怨，欲而不贪，泰而不骄，威而不猛。"【欲而不贪：欲，追求仁义；贪，追求财色。下文云："欲仁而得仁，又焉贪？"皇侃《义疏》："欲仁义者为廉，欲财色者为贪。"泰：庄重矜持。】

孔子说："君子给人民以好处，而自己却无所耗费；劳役百姓，百姓却不怨恨；追求仁德却不贪财色；庄重矜持却不傲慢；仪表威严却不凶猛。"

子张曰："何谓惠而不费？"

子张说："怎样叫做给百姓以好处而自己却无所耗费呢？"

子曰："因民之所利而利之，斯不亦惠而不费乎？择可劳而劳之，又谁怨？欲仁而得仁，又焉贪？君子无众寡，无小大，无敢慢，斯不亦泰而不骄乎？君子正其衣冠，尊其瞻视，俨然人望而畏之，斯不亦威而不猛乎？"【因：根据。】

孔子道："根据百姓的利益而让他们获利，这不就是给人民以好处而自己却无所耗费吗？选择可以让老百姓劳作的时间和事情让他们去做，这样又有谁会怨恨呢？自己追求仁德便得到了仁德，又还贪求什么呢？君子无论人多人少，无论事大事小，都不敢怠慢，这不就是庄重矜持却不骄傲吗？君子衣冠整齐，目光严肃端正，庄严地使人见了就生敬畏之心，这不就是仪表威严却不凶猛吗？"

子张曰："何谓四恶？"

子张又接着问："四种恶政又是什么呢？"

子曰："不教而杀谓之虐；不戒视成谓之暴；慢令致期谓之贼；犹之与人也，出纳之吝谓之有司。"【致期：限定期限。贼：谋害。与人：这里指给予别人财物。出纳：本指财物的付出与收入，此处复词偏义，只指付出，给予。】

孔子说："不加教化便杀戮叫做残酷；不加申诫便要看到成绩叫做粗暴；开始懈怠，而突然限期完成叫做贼害；同样给人以财物，该给的时候却出手悭吝，叫做器量狭小。"

20.3　孔子曰："不知命，无以为君子也；不知礼，无以立也；不知言，无以知人也。"【立：这里指立足于世。】

孔子说："不懂得天命，就没有办法用来成为君子；不懂得礼，就没有办法用来立足于社会；不懂得分析别人的言语，就没有办法用来判断了解别人。"

【思维积淀】

1. 子曰："谨权量，审法度，修废官，四方之政行焉。兴灭国，继绝世，举逸民，天下之民归心焉。"

2. 子曰："宽则得众，信则民任焉，敏则有功，公则说。"

3. 子张问于孔子曰："何如斯可以从政矣？"子曰："尊五美，屏四恶，斯可以从政矣。"子张曰："何谓五美？"子曰："君子惠而不费，劳而不怨，欲而不贪，泰而不骄，威而不猛。”子张曰：“何谓惠而不费?”子曰：“因民之所利而利之，斯不亦惠而不费乎？择可劳而劳之，又谁怨？欲仁而得仁，又焉贪？君子无众寡，无小大，无敢慢，斯不亦泰而不骄乎？君子正其衣冠，尊其瞻视，俨然人望而畏之，斯不亦威而不猛乎?”子张曰：“何谓四恶?”子曰：“不教而杀谓之虐；不戒视成谓之暴；慢令致期谓之贼；犹之与人也，出纳之吝谓之有司。”

4. 孔子曰：“不知命，无以为君子也；不知礼，无以立也；不知言，无以知人也。”

【思维探究】

1. 尧帝、商汤、周武王的话分别讲述了什么内容？

这一章可以算是对《论语》全书中有关治国平天下思想的总结，首先记述了从尧帝以来先圣先王的遗训。尧帝提出了“允执其中”的观点，即在治理国家时要精心一意，诚恳地秉执中正之道。尧帝在这里告诫舜帝，要顺应时代的发展，担此大任，不要肆意妄为，不要不顾条件地一味蛮干。

商汤的话应该是讨伐夏桀时告天之辞，另外也有人认为是商汤因为干旱而祈祷于桑林之辞。无论哪种观点，商汤的话都反映了他一心为民、高度负责的精神。

周武王的话应该是在分封诸侯时所说，指出了君主应该唯贤是亲，应该选用仁德之人治理国家。

孔子对于三代以来先王的美德善政十分向往，他的理想政治是：宽得众，敏有功，民信任。

2. 如何理解孔子所说的“尊五美，屏四恶”？

子张向孔子询问为政之道时，孔子提出了“尊五美，屏四恶”的主张。这是孔子政治主张的基本原则。

在《论语·颜渊》中，子张就如何为政的问题问于孔子，孔子回答“居之无倦，行之以忠”，主要是针对臣子如何侍奉君主而言的。在《论语·尧曰》篇中，子张又问政于孔子，孔子的回答更为详尽，侧重点也不同，是从统治者对百姓的态度而言的，倡导要实行德政，反对滥施暴政和刑罚。

孔子强调要为政以德，统治者要先正其身，做好本职工作，才能要求百姓。他反对暴民、虐民、害民的暴政，提倡统治者在教化人民的同时，也要赏民，调动人民的积极性，表现了孔子的民本思想。

3. 如何理解《尧曰篇》的内容与主旨？

本篇共三章，主要谈到尧禅让帝位给舜，舜禅让帝位给禹，即所谓三代的善政和孔子关于治理国家事务的基本要求。

第一章记述了从尧帝以来历代先圣先王的遗训，讲的是如何为帝王的问题。后面的部分，孔子对三代以来的美德善政作了高度概括。我们不难发现，作为帝王，首先，要勇于承担上天赋予的职责，好好干，使百姓富裕。其次，赏罚要分明，惩治有罪之人，提拔有功之人。第三，要敢于担责，不推诿。百姓不善，要更多的从自身找原因，而不是把责任推给百姓。第四，制定良好的制度，治国有序有方，社会安定和谐。第五，重视礼，诚信、宽厚、勤勉、公正。可以说，儒家的使命就是要后世帝王以尧舜禹汤、文武周公为榜样，即使难以做到，也要努力按照他们的标准去做。因此，这一章可以说是对《论语》全书中有关治国安邦平天下思想的总结，对后代产生了很大的影响。

第二章是子张向孔子请教为官从政的要领。这里，孔子讲了“五美四恶”，这是他政治主张的基本点，其中包含有丰富的“民本”思想，比如：“因民之所利而利之”，“择可劳而劳之”，反对“不教而杀”、“不戒视成”的暴虐之政。从这里可以看出孔子对德治、礼治社会的主张。

在第三章中，孔子再次向君子提出三点要求，即“知命”、“知礼”、“知言”，这是君子立身处世需要特别注意的问题。《论语》一书最后一章谈君子人格的内容，表明此书之侧重点，就在于塑造具有理想人格的君子，培养治国安邦平天下的志士仁人。

总之，本篇首先以三代圣王的史实为例，引出孔子对为政要领的论述，最后对为政者的素质提出要求，形散神聚，层层递进，为《论语》全书做了一个精彩的总结。

4. 孔子对君子的品格提出了怎样的要求？

“三知”(“知命”、“知礼”、“知言”)均为君子人格塑造所必需，但“三知”之间又各有自己的特点和要求，故需要予以具体的分析。

第一，先知命方可能为君子。“三知”之中，“知命”对于君子最为紧要，因而被置于“三知”的首位。君子信奉命，是因为他首先认识到“有命”。相形之下，小人因达不到这一理性的高度，所以他们既不知命也不信奉。

那么，何为“命”呢？朱熹以为：“此只是气禀之命。富贵、死生、祸福、贵贱，皆禀之气而不可移易者。”“命”既然源于气禀，便与人体同在，人不可能“移易”自己的身体，也就不可能移易命。形象地说，死于水火的就不会死于刀兵，所以叫做“定命”。君子面对定命不会逃避，而是认知其为何逃不得的道理，从而自觉顺命。朱熹强调，君子价值实现的关键就在这里。而小人之所以是小人，就在于唯利是图。显然，“知命”的内涵打上了理学义利之辨的烙印，“知命”需要明辨义利，义以为上。

君子的修身处世，只有了解其所面临的命运，才能安下心来践履人事而等待天命的降临。从孔子到朱熹，都认为认识自己的命运并充满信心地迎接即将到来的吉凶祸福，是成就君子必须的要件。

第二，必“知礼”方能规劝人生。人生活于社会之中，而社会是由一定的规范即“礼”来维系的。

君子的修身成人，“礼”是最根本的保障。礼对于“成人”的功用，主要表现有二：一在于有德性，二在于有礼仪，而这两方面都是由“知礼”来提供的。“知礼”则德性坚定，而不会生放荡邪僻之心；以礼仪来整肃己身，则不会有懒惰散漫之举。人的举手投足、持身践履，实际上都不可能离开礼而行。礼可以与人的身体相比：身体发肤、骨肉、筋脉不备，则不成其为人；人不备礼，同样也不能成其为人。“成人”乃指成就君子人格。

“礼”既然维系着人的日常生活践履，所以圣人教化尽管多方，然无不以礼为准绳：“六经其教虽异，总以礼为本。”那么，“知礼”就是人立足社会所必需，只有“知礼”，才能安定和规范人生。为规范社会成员的行为而操劳一生的孔子，要求“克己复礼”，希望通过不同个体对自己行为的自觉约束来回复到周礼的规范，这刚好表现了修身与处世的统一：“复礼”的内涵在“正名”，“君君，臣臣，父父，子子”，各色人等都需要合乎等级名分的规范；而在己身的修养，便是“非礼勿视，非礼勿听，非礼勿言，非礼勿动”的以礼自律。在此基础上，如果人人都能够约束己身并以践行礼为己任，天下便会是一个仁爱和睦的社会。所谓“克己复礼，天下归仁焉”。在此意义上，“克己复礼为仁”表达的是儒家修身处世的理想。反之，人若“不知礼，则耳目无所加，手足无所措”。人不知礼，则既不能端正自身，更不能矫正社会，完全失去了在社会立足的资格。

落实到每一个个体，人之循礼，有自内而外的仁德的扩充推广即立足性善的适宜，用理学的话语，就是发而中节，行为自然符合礼；也有从外而内的以圣人教诲和国家礼法来规劝即立足性恶的教化，己身在意志作用下遵守礼。但不论哪一条道路，目的都在使己身能够立足于社会。可以说，自大道既隐、天下为家以来，儒家圣王前后相传，未有不谨于礼者。所以，“知礼”不但是君子所必须，而且是非常急迫的任务。

第三，须“知言”才能明白事理。与“知命”、“知礼”立足于生命和礼法相比，“知言”显得不是那么紧要。然而，“知言”为何又能与“知命”、“知礼”并立呢？道理很简单，因为命、礼的重要性是借助于言才得以彰显的。同时，“知命”、“知礼”突出“知”，是落实于“为”、“立”的践履的，相互间的关系，可以用朱熹的“论先后，知为先；论轻重，行为重”来概括；只有“知言”的“不知言，无以知人”是双重的知，故又显示了与“知命”、“知礼”不同的特色。

为何“不知言，无以知人”？因为“言之得失，可以知人之邪正”。言从心生，人之邪正一定会从言语中表现出来，故可以通过言去了解其实。如果说“知命”、“知礼”是知道其是什么和怎么做的话，“知言”则不是知道言是什么和怎么做，而是在知晓言本身的问题在哪里并针对性地予以纠正。如果不纠正，偏邪不正之言必然会损害政治，危害日常事务活动。

“知言”的重要性无可置疑，如何恰当“知言”则体现了自己的修养水准。要提高自己的修养水准并修成君子人格，最好的途径就是学《诗》：“不学《诗》，无以言”（《论语·季氏》）。孔子对于培养自己的下一代，有所谓“过庭之训”，但内容不过就是学《诗》以言，学《礼》以立。孔子曾云：“诵《诗》三百，授之以政，不达；使于四方，不能专对；虽多，亦奚以为？”（《论语·子路》）这里固然对诵《诗》三百而不能从容行政和出使四方提出了批评，但之所以将双方联系在一起，正是表明在孔子心中，双方是应当理想地融合为一的。不论在国内还是国外，受命者要圆满完成交办的任务，适时地诵引诗篇是必备的才能。朱熹发挥说：“《诗》本人情，该物理，可以验风俗之盛衰，见政治之得失。其言温厚和平，长于风谕。故诵之者，必达于政而能言也。”《诗》作为人情物理的恰当概括，为从政者提供了最充分的资源和最活泼的形式，所以能诵《诗》者理当善于言辞并从容行政也。否则，根本不具备君子的品格。

诵诗与践礼，在孔子的生活中是经常涉及的问题。《礼记·礼器》记述孔子之言曰：“诵《诗》三百，不足以一献；一献之礼，不足以大飨；大飨之礼，不足以大旅；大旅具矣，不足以飨帝。毋轻议礼！”礼(祭祀)有小有大，孔子这里不是说祭各路小神的一献之礼都比知诗重要，而是说，即便能诵《诗》三百即已知诗能言，但如果不知礼，则不足以承担一献之礼的职责。所以，如果不学礼，就不能轻率地去议论礼。在这里，无疑表明了行重知轻的关系，但行重不等于是知礼重、知言轻，因为礼与言都各有其知与行的问题，知礼、知言都需要落实于行上。诵《诗》三百而通达行政，知晓礼仪而酬酢适宜，是学为君子互不可缺的要求。

（节选自《江南大学学报》，2012 年第 2 期。作者：向世陵，有改动）

【思维拓展】

1. 孔子在《尧曰篇》中提到了君子应该“欲而不贪”，阅读《焦裕禄是怎样炼成的》，思考：焦裕禄同志的哪些优秀品格与之有联系？

焦裕禄是怎么样炼成的

焦裕禄精神犹如一座不朽的丰碑，在焦裕禄同志逝世五十年后，依旧昂然屹立于中国人民的心中。

1922 年，焦裕禄出生在山东北崮山村的一个贫苦农民家庭。由于生活所迫，焦裕禄年仅 13 岁，就辍学回家了。为了生计，为了挑起家庭的重担，年幼的他不得不四处打工。焦裕禄曾做过包身工、渔夫和纤夫、车夫、矿工等繁重的体力工作。少年时期的颠沛流离，以及多次流落异乡的经历，让他深深体味了旧社会生活的艰辛，但同时也磨练了他的意志，激发了他的勇气，锻造了他的性格。

日伪统治时期，焦裕禄家中原本就十分困难的生活，变得愈加窘迫。他的父亲焦方田走投无路，被逼上吊自杀；他的哥哥离家逃荒，杳无音讯；而焦裕禄则被日寇抓去做苦工。1943 年，焦裕禄不甘忍受日寇的残害，九死一生，终于虎口脱险，回到家中。然而，这并没有使他过上安稳的生活，由于生计所迫，他又不得不带着全家人流落异乡。

1945 年，抗日战争胜利。焦裕禄回到家乡后，生活也随之发生了重大的转折。他先是成为民兵骨干，接着又加入了共产党。1947 年，由于解放军战略部署的需要，焦裕禄随军南下，加入了淮海大队，支持新解放区。到达豫皖苏边区时，他所在的淮海大队被留在了那里，并在那里展开了轰轰烈烈的土地改革、剿匪反霸工作。在那里，焦裕禄充分发挥了他的胆量勇气和聪明才智。尤其是他智擒顽匪黄老三的故事，几十年来仍被人们津津乐道。

中华人民共和国成立后，焦裕禄的工作发生了巨大的变化。为了建设祖国，他先是被调到洛阳矿山机器厂，成为了一名工业新兵；接着又去东北求学；学成归来后，他将自己学到的技术和管理知识，充分地应用到实际工作中，很快他就成为了厂里的模范主任。由于焦裕禄管理有方，1962 年被调任尉氏县委副书记。到任后，他走访民众，了解情况，很快便展开了富民工程，并取得了很好的效果。

1962 年末，焦裕禄的工作再一次发生了变动，而这一次的变动，是他璀璨人生的终结，也是他辉煌人生的巅峰。三年严重自然灾害刚刚结束，焦裕禄就被调到了灾害最为严重的兰考县。在当地，流传着这样一首歌谣："冬春风沙狂，夏秋水汪洋。一年劳动半年糠，交租纳税恨官堂。扶老携幼去逃荒，卖了儿和女，饿死爹和娘。"那里时常遭受风沙、盐碱、水涝三大灾害的侵袭。在焦裕禄到达兰考时，兰考已经连续三年六季遭受严重自然灾害了，有些地方在生产上甚至遭到了毁灭性打击，可以说焦裕禄是临危受命，然而他却毫不犹豫地接受了这个艰巨的任务，并在一张纸上写下了这样一句话，"拼上老命大干一场，决心改变兰考面貌"，由此可见他的决心和信心。焦裕禄到任后的第一件事，就是"追洪水，查风路，探流沙"，展开大规模的一线调研工作，以便为日后的治理灾害工作打下坚实的基础。此外，他还四处走访群众，从经验丰富的老农那里征求意见和建议。他从几个老农的口中，听到了"兰考三件宝，泡桐、花生和大枣"的民谚，从而"碰撞"治理沙丘的"药方"。经过半年多全面、深入地调查、研究之后，他终于确定了一套全面的治水、治沙、治碱方案。然而，就在他满怀信心，准备与"三害"大干一场的时候，病魔的阴影却潜入了他的身躯。

焦裕禄患上了肝病，而且日益严重。肝病最怕过度劳累，但他却不肯因病而休息，仍坚持带病工作，坚持带领人民群众治理"三害"。就这样，他的头脑中时时刻刻想的都是兰考的治理工作和兰考人民的幸福，直到在一次剧烈地疼痛发作时，被送去开封治病。医院经过检查确认他患的是胃癌，并且只剩下二十多天的生命。这个沉痛的消息，对于焦裕禄的家人、同事乃至全体兰考县人民来说，都如同一个晴天霹雳。陪同人员哭求医生救救他，但此时医生也已无能为力。

焦裕禄病情不断恶化，疼痛愈加频繁和剧烈，但他却从未向组织上提出过任何要求，也没有寻求任何一点医生的关照。兰考的同志去医院探望他时，他总是要先询问县里的工作情况。临终前，仍不忘兰考的灾害治理工作，他曾嘱托一位同事说："我死了，不要多花钱。我死后只有一个要求，要求组织上把我运回兰考，埋在沙堆上，活着我没有治好沙丘，死了也要看着你们把沙丘治好！"1964 年 5 月 14 日，年仅 42 岁的焦裕禄，永远地闭上了双眼。

焦裕禄虽然离开了人们，然而他的精神却从未离去。他亲民爱民、艰苦奋斗、科学求实、迎难而上、公正廉洁、无私奉献的精神，影响并激励着一代又一代的共产党人。

（焦裕禄干部学院教务部李西泽博士　有改动）

☞【答案要点】①历经磨难，坚毅不屈；②亲民爱民，艰苦奋斗；③兢兢业业，勤政爱民；④科学求实，迎难而上；⑤公正廉洁、无私奉献。

2. 结合《尧曰篇》关于君子的论述，阅读《爱人者，人恒爱之——从口碑看杨善洲》，结合文章内容，思考杨善洲的事迹是如何深刻地诠释了爱的真谛的？

爱人者，人恒爱之

——从口碑看杨善洲

在保山，在云南，提起杨善洲的名字，人们会说："他就是一个普通的老人，很亲切，很和蔼，每一个认识他的人都会喜欢他！"爱人者，人恒爱之。人们给予杨善洲这么高的评价，就是因为他这一辈子一直坚持行善，把爱传播给身边的每一个人。

他爱家人，用他自己独特的方式

很多人认为，杨善洲为了大家舍了小家，对家人有点"冷血"。

太多的例子似乎可以证明这一观点：他从不让家人搭顺风车，不给任何亲戚开后门托关系……

这样一个"不念亲情"的人，一定寒透了家人的心吧？

"你错了，他爱家人，只不过是用他自己独特的方式。"小女婿杨江勇否定了记者的猜测，"我们都一直能感受到他对家人浓浓的爱。"

提起丈夫，83岁的张玉珍老人眼里噙满泪花。在别人眼里，杨善洲常年在外工作，夫妻俩聚少离多，按说老人应该对丈夫充满了抱怨。可张玉珍却只记着丈夫的好：两次住院丈夫都一直守在身边，每天早早地买好早点端到床前，一直守到夜里很晚才回去。

杨善洲是出了名的孝子。"奶奶在世的时候经常念叨，说保山的万金油比老家的好用，其实是想让他多回来看看她。爹爹信以为真，每次托人带东西给奶奶，都一定不忘放一盒保山的万金油。"杨善洲的大女儿杨惠菊说。

尽管杨善洲的儿女子孙没沾到他的"光"，却没有一丝抱怨。大女儿杨惠菊已经60岁了，在老家当了一辈子的农民。她从药箱里掏出一大摞胃药，哽咽着说："这是爹爹去年住院，我去看他时拿给我的。他说，知道我胃不好，就给我买了，本想托人带给我。那时他已经病得下不了床了，却还想着我……"

他爱同事，把别人的事当成自己的事

在杨善洲住院的最后几十天里，一直陪伴着他的除了家人，还有两位特殊的"亲人"：一位是大亮山林场原场长自学洪，一位是他以前的秘书苏加祥。

"如果不是老书记，我一定不可能坚持在大亮山干这么多年。"自学洪坦诚地说，"十多年的交往，他拿我当家人一样，我觉得有义务陪他走到最后，这也是全体林场人的共同心愿。"

朱家兴，曾是大亮山林场的职工。1997年7月，他突然昏迷不醒，医院发了病危通知书。家人六神无主地痛哭着。杨善洲闻讯找到主治医生："只要对病人有用，

要什么药尽快去调，医药费我负责!”两个多月后，朱家兴的命捡回来了。2.6 万余元的医药费，全部是杨善洲一人掏的腰包。

受到过杨善洲关心的同事太多了：他自己住油毛毡房，把砖瓦房让给新来的技术员；他把工资偷偷拿出来安排炊事员为大家改善伙食；他不肯为自己的家人农转非，却主动为家在农村的科技干部家属转了城镇户口……

“我的对象也是老书记给我落实的。”苏加祥忘不了，1986 年 5 月 29 日晚上，市委正在开常委会，杨善洲却说：“现在休会 15 分钟，大家去后院参加一下小苏的婚礼。”原来，苏加祥参加工作四五年了，一直找不着对象。作为直接领导，杨善洲托人给苏加祥介绍了一位姑娘，帮他解决了终身大事。

他爱百姓，永远把别人放在自己前面

杨惠菊很少看到父亲流泪，除了奶奶过世，她印象中父亲还流过一次泪。那是 2007 年的除夕夜，坐在堂屋椅子上的杨善洲默默地抹着眼泪。大女儿杨惠菊赶忙凑上前去，问父亲是不是哪里不舒服。老人轻轻摇了摇头：“这大过年的，那老两口也没人照顾。我要是死了，他们可该怎么办啊!”

2005 年冬天，两位老人到大亮山林场找活干。60 多岁的人还来找活干，杨善洲感到很奇怪，就仔细询问老人家里的情况。得知两位老人家因为子女不孝生活无着后，杨善洲一边想办法做他们子女的工作，一边开始接济两位老人。每年除夕，他都要把老人接到自己家来过年，逢年过节还要托人给老人送去礼品。

2007 年，保山市一位市民段某的一只眼睛被人无故打瞎，多方求助，却迟迟得不到合理的赔偿，最终找到了杨善洲。“把人眼睛打瞎了还能不管?”气愤不已的杨善洲出面主持公道正义，帮受害人讨回了 7 万元的医药费和伤害赔偿。杨善洲过世后，段某在他的灵堂整整守候了一夜。

“老书记住院的时候，我们都管他叫‘爷爷’。他就像爷爷一样慈祥，凡事都先为我们着想。”保山市人民医院呼吸科护士李毓奕说，“他本来可以住高干病房，可他不想麻烦人，就直接住进了普通病房。住院时，癌细胞已经扩散了，可他从来不大声呻吟，实在疼得受不了，就叫我们给他打一针止疼针，还会抱歉地说麻烦了。半夜家属给他熬粥，他每次都先分给我们护士吃一点。”

没有人知道，84 载春秋中，杨善洲帮助过多少普通的老百姓。我们只是听医护人员说，在他生病住院期间，每天总有老百姓挤满了病房，只为了问候一声，看他一眼；我们只是听当地百姓说，在他去世的那天，人们的哭声撼动了保山城。

（作者：姜洁　宣宇才　徐元锋　有改动）

☞【**答案要点**】①朴实的亲情才是真爱。杨善洲不以权谋私，其发自心底的朴实的母子之情、父女之情和夫妻之情，令人感动。②无私的关爱才是真爱。杨善洲先人后己，对同事像亲人一样，处处关心，无微不至，是真正无私的关爱。③博大的爱心才是真爱。杨善洲胸怀百姓疾苦，时刻把百姓利益放在心中，关心爱护身边的每一个人，爱得博大。

主要参考书目

朱熹. 四书章句集注[M]. 中华书局，1983.
程树德. 论语集释[M]. 中华书局，1990.
李泽厚. 论语今读[M]. 生活·读书·新知三联书店，2004.
杨朝明. 论语诠解[M]. 山东友谊出版社，2013.
杨伯峻. 论语译注[M]. 中华书局，2017.
刘毓庆. 论语绎解[M]. 商务印书馆，2017.
杨义. 论语还原[M]. 中华书局，2015.
施忠连. 论语鉴赏辞典[M]. 上海辞书出版社，2007.
金良. 论语译注[M]. 上海古籍出版社，2016.
刘强. 论语新识[M]. 岳麓书社，2016.

后　记

男儿欲遂平生志，六经勤向窗前读

一个人的阅读史就是他的精神发育史，一个民族的精神发育是不是健全、是不是既能接续传统又能吸纳新知，关键在于对自己的历史文化是不是有所敬畏。

武汉市黄鹤英才(教育)计划“朱圣权名师工作室”成立以来，坚持用经典涵养正气、淬炼思想、升华境界、指导实践。深味《论语》一年多来，收获颇多。我们获得的不仅仅是知识系统，更重要的是价值判断，明白了人的一生进退有据，提升了人格道德素质。大家如切如磋，如琢如磨，深感在语文学科中坚持立德树人，增强文化自信，充分发挥语文课程的育人功能的责任重大。

一是新的面向。2017年版的《普通高中语文课程标准》指出：《论语》既可以作为“整本书阅读与研讨”“中华传统文化经典研习”学习任务群的备选，也可以推荐学生在课外阅读。

二是新的视域。整部《论语》纳入2018年北京高考范围。《论语》纳入语文学科经典阅读考查范围，测试考生文言阅读能力的同时，也引导学生接受好学勤勉、谦虚恭顺等良好品德的教诲，以增强青少年对祖国优秀传统文化的自信。正是基于当下的语境和传承的使命，《〈论语〉阅读思维学程》一书得以应时而生。

作为在政府教育主管部门指导下，集教学、科研、培训等职能于一体的教学、教研、学习共同体的名师工作室，理应成为教师发展研究的窗口，成为教师发展交流体会、反思问题、解决困惑、创生智慧、形成思想的中心，理应为学生的发展做一点实事，出一份薄力。于是我们萌生了为学生写一本小书的愿望。本书以杨伯峻先生《论语译注》为底本，注释采纳了历代学者的研究成果；在译文上，先疏通文字大意，对重点词语进行翻译，只要不影响其大意的把握，不做过多的旁征博引，参考众说，择善而从；学程设计板块，目的便于读者用现代学习方式进行学习，强化元认知能力的培育，提高学习效率，领悟其精神；思维感知板块，原文用横线画出，注释紧跟其后，强调整体感知，培养自主学习能力；思维积淀板块，强化经典记忆，注重传承，注重语感的培育；思维探究板块主要是突破重点、难点，注重思维品质的提升；思维拓展板块，精选了一些人物传记材料，借鉴榜样力量，提升人格素养。

“男儿欲遂平生志，六经勤向窗前读。”读经典是让自己找到生命存在的意义和价值，做心灵健康、善良诚信的好人，成为“为天地立心，为生民立命，为往圣继绝学，为万世开太平”的人才，传承和弘扬中华民族“修身、齐家、治国、平天下”优秀传统。惟其如此，我们的人生也才能具有无比深厚的人文底蕴、无比广阔的舞台、无比强大的前进定力。

本书是集体智慧的结晶，也是武汉市黄鹤英才(教育)计划的成果。本书的作者以武汉市黄鹤英才(教育)计划“朱圣权名师工作室”成员为主体，也有个别高校教师。在本书即将付梓之际，特对武汉市教育局领导表示诚挚感谢，没有他们人力、财力方面的保障，这本书是难以顺利问世的。同时要感谢武汉市教育局教师工作处的汤拥东处长、武汉市教科院教师继续教育中心的施火发主任和李莉副主任、武汉市十九中学的熊建明校长；感谢武汉市黄鹤英才(教育)计划“朱圣权名师工作室”基地学校武汉市第十九中学、武汉市黄陂区第三中学、武汉市吴家山第四中学的领导和老师，感谢武汉大学出版社的鼎力支持。最后特别要感谢的是湖北省特级教师、武汉市十大名师、武汉市儒家文化研究专业委员会理事长王先海先生，他一直非常关注本书的编写，从选题立意到样章修改，提出了许多宝贵的建议，给予了无私的支持，而且在百忙之中，为本书作序和审订，倾注了大量的精力，提携后学，令人感动。另外值得一提的是，本书在编写过程中，参考和引用了一些学者、同行的宝贵资料，在此表示诚挚的谢意。

庄子说，“始生之物其形必丑”，本书缺点错误在所难免，我们恳切盼望各位专家、老师、青年朋友不吝赐教。

朱圣权　王　耿

2018年9月